Adeus à razão

FUNDAÇÃO EDITORA DA UNESP

Presidente do Conselho Curador
Mário Sérgio Vasconcelos

Diretor-Presidente
Jézio Hernani Bomfim Gutierre

Superintendente Administrativo e Financeiro
William de Souza Agostinho

Conselho Editorial Acadêmico
Danilo Rothberg
João Luís Cardoso Tápias Ceccantini
Luiz Fernando Ayerbe
Marcelo Takeshi Yamashita
Maria Cristina Pereira Lima
Milton Terumitsu Sogabe
Newton La Scala Júnior
Pedro Angelo Pagni
Renata Junqueira de Souza
Rosa Maria Feiteiro Cavalari

Editores-Adjuntos
Anderson Nobara
Leandro Rodrigues

Paul Feyerabend

Adeus à razão

Tradução
Vera Joscelyne

© 2003 Editora UNESP
Publicado pela Verso em 1987
Reimpresso em 1988
© 1987 Paul Feyerabend
Todos os direitos reservados
© 2009 da tradução brasileira
Título original: Farewell to Reason

Direitos de publicação reservados à:
Fundação Editora da UNESP (FEU)
Praça da Sé, 108
01001-900 – São Paulo – SP
Tel.: (0xx11) 3242-7171
Fax: (0xx11) 3242-7172
www.editoraunesp.com.br
www.livrariaunesp.com.br
feu@editora.unesp.br

CIP – Brasil. Catalogação na fonte
Sindicato Nacional dos Editores de Livros, RJ

F463a
Feyerabend, Paul K., 1924-1994
    Adeus à razão/Paul Feyerabend; tradução Vera Joscelyne. – São Paulo: Editora UNESP, 2010.

    Tradução de: Farewell to reason
    Inclui bibliografia e índice
    ISBN 978-85-393-0045-7

1. Filosofia. 2. Relatividade. 3. Racionalismo. I. Título.

10-2677.
                                                             CDD: 101
                                                             CDU: 101

Editora afiliada:

Sumário

Introdução 7

1. Notas sobre o relativismo 27
2. A razão, Xenófanes e os deuses homéricos 111
3. O conhecimento e o papel das teorias 127
4. A criatividade 155
5. O progresso na filosofia, na ciência e nas artes 173
6. Banalizando o conhecimento: comentários sobre as excursões de Karl Popper pela filosofia 195
7. A teoria de pesquisa de Ernst Mach e sua relação com Einstein 231
8. Algumas observações sobre a teoria da matemática e do *continuum* de Aristóteles 263
9. Galileu e a tirania da verdade 295
10. Hilary Putnam sobre a incomensurabilidade 315
11. Pluralismo cultural ou a admirável monotonia nova? 325
12. Adeus à razão 333

Referências bibliográficas.. 379
Índice remissivo 389

Introdução

Os ensaios reunidos neste volume tratam da diversidade e da mudança na cultura. Eles tentam mostrar que, enquanto a diversidade é benéfica, a uniformidade diminui nossas alegrias e nossos recursos (intelectuais, emocionais e materiais).

Existem tradições poderosas contrárias a esse ponto de vista. Essas tradições podem até admitir a possibilidade de as pessoas organizarem suas vidas de várias maneiras; acrescentam, porém, que a variedade precisa ter limites. Esses limites, dizem elas, são constituídos pelas leis morais, que regulam as ações humanas, e pelas leis físicas, que definem nossa posição na natureza. Filósofos, desde Platão até Sartre, e cientistas, de Pitágoras a Monod, afirmaram possuir essas leis e reclamaram da variedade (de valores, de crenças e de teorias) que ainda permanecia.

No final da década de 1970 e no começo da de 1980, essas reclamações passaram a ser ainda mais prementes. "A cultura contemporânea", ouvimos dizer, "está em crise." Ela está dilacerada, de um lado, por uma "contradição profunda entre as ideias humanistas tradicionais do homem e do mundo e, do outro, pela descrição mecanicista desprovida de valores da ciência", enquanto as humanidades, a filosofia, as artes e o pensamento social estão, além disso, corroídos por uma "cacofonia cultural" ou "doença filosófica". A fragmentação observada por alguns críticos é tão extrema que Jurgen Habermas recentemente falou de um "neue Unübersichtlichkeit" – uma nova impossibilidade de um levantamento topográfico: é impossível encontrarmos nosso caminho no dilúvio de estilos, teorias e pontos de vista que inundam a vida pública.[1]

As reclamações são surpreendentemente desinformadas. É verdade que a "cultura" ocasionalmente fica um tanto desorganizada. Mas a tendência não é nada nova e é compensada por poderosas tendências contrárias: as escolas superam, passam à frente ou absorvem outras escolas, cientistas de campos diferentes criam áreas de estudo interdisciplinares (exemplos: sinergia, biologia molecular), grandiosos "esquemas unificadores" (evolução; holismo; soluções dualistas do problema mente-corpo; especulações linguísticas) embaçam distinções importantes, o cinema, a arte informatizada, o *rock*, a física de alta energia (cf. o ensaio fascinante de Andrew Pickering, *Constructing Quarks*) misturam princípios comerciais, inspiração artística e descobertas científicas de uma maneira que nos lembra o que ocorreu no Renascimento no século XV. Há fragmentação, mas há também uniformidades novas e poderosas.

A falta de perspectiva exibida pelos críticos é ainda mais surpreendente. Eles falam da "(!) crise da cultura contemporânea" ou da "cultura mundial", quando o que querem dizer é vida acadêmica e artística ocidental. Mas as brigas de professores e as contorções da arte ocidental tornam-se insignificantes quando comparadas à expansão constante do "progresso" e do "desenvolvimento" no Ocidente, o que corresponde à disseminação do comércio, da ciência e da tecnologia ocidentais. Esse é um fenômeno internacional: ele caracteriza tanto sociedades capitalistas quanto as socialistas; ele é independente das diferenças ideológicas, raciais e políticas e influencia um número cada vez maior de povos e cul-

---

[1] Sobre a "crise" e as "contradições profundas", ver: Sperry, 1985, p.6. Sobre o conflito entre as ciências e as humanidades, Snow, 1959 e Jones, 1965. Jones chama o conflito entre as ciências e as humanidades de "crise da cultura contemporânea". A expressão "cacofonia cultural" aparece em um número da publicação *Precis*, introduzindo uma discussão sobre o pós-modernismo na Escola de Arquitetura da Universidade de Columbia; a "doença" está em Popper, 1966, p.369. As observações de Habermas podem ser encontradas em *Die Neue Unübersichtlichkeit*, 1985.

turas. Quase não há aqui nenhum vestígio dos debates e desacordos que tanto exercitam nossos intelectuais. O que está sendo imposto, exportado e uma vez mais imposto é uma coleção de ideias e práticas uniformes que têm o apoio intelectual e político de grupos e instituições poderosas.[2] Hoje, formas de vida ocidentais já são encontradas nos cantos mais remotos do mundo, mudando os hábitos de pessoas que há umas poucas décadas não estavam sequer cientes de sua existência. As diferenças culturais desaparecem e artesanatos, costumes e instituições nativas vão sendo substituídos por objetos, costumes e formas organizacionais ocidentais. A seguinte passagem de um discurso presidencial, feito para a Sociedade Americana de Parasitologia, contém uma descrição excelente desse processo.

> A essência das sociedades locais pré-industriais é sua variedade e a adaptação local. Cada uma delas está ligada a um tipo específico de *habitat* e desenvolveu sua própria expressão cultural e comportamental. A ampla variedade das formas sociais humanas resultantes é uma resposta a uma variedade igual de *habitats*, cada um deles com um conjunto de restrições ambientais específicas.
>
> Numa oposição quase diametral, o desenvolvimento industrial tecnológico se caracteriza por um ambiente controlado, relativamente uniforme e altamente simplificado, tipicamente com uma redução geral no número de espécies, que passam a ser umas poucas formas domesticadas, inclusive

---

[2] Decisiva entre esses grupos é uma nova classe, uma elite científico-tecnológica que, segundo alguns autores (Daniel Bell e John Kenneth Galbraith entre eles), cada vez mais determina o prestígio e o poder. Bakunin (1972, p.319), que enfatizou a importância do conhecimento científico, também nos alertou contra "o reino da inteligência científica, o mais aristocrático, despótico, arrogante e elitista de todos os regimes". Hoje seus temores se tornaram realidade. Pior ainda, o conhecimento passou a ser uma mercadoria, sua legitimidade relacionada com a legitimação do legislador: "a ciência parece mais completamente subordinada aos poderes prevalecentes do que nunca e... está em risco de se tornar um fator importante no conflito deles..." (Lyotard, 1984, p.8). A elite que administra a comunidade muitas vezes apoia aquilo que Thompson (1982, p.1 ss., especialmente p.20) chamou de "exterminismo", uma estrutura de pesquisa abstrata e desenvolvimento tecnológico direcionada para assassinatos em massa. Também Chomsky (1986), bem como os debates sobre a função dos laboratórios nacionais reimpressos no *Bulletin of the Atomic Scientists*, de 1985.

humanas, e até doenças animais ou vegetais ali acidentalmente localizados... Altos níveis de pauperização ambiental e homogeneização amplamente distribuídas caracterizam as sociedades industrializadas em todos os sistemas políticos e econômicos do mundo. (Heyneman, *Journal of Parasitology*, 70 (1), p.6, 1984)

"Estamos... ameaçados pela monotonia e pelo tédio" é o sumário sucinto de Jacob (1982, p.67). A própria civilização ocidental vem perdendo sua diversidade a tal ponto que um autor norte-americano pôde escrever, no número de 18 de abril de 1985 do *International Herald Tribune*: "Como um nevoeiro progressivo, a mesmice está engolindo o país [os Estados Unidos]". Os conflitos que tanto desagradam a nossos críticos culturais tornam-se invisíveis quando comparados a essa tendência massiva em direção a uma uniformidade tecnológica, social e natural.

A tendência não é benéfica, mesmo quando avaliada pelos valores daqueles que até aqui a estimulavam. Há problemas ecológicos. Esses são mundiais, bem documentados, razoavelmente bem compreendidos e muitas pessoas os conhecem por experiência própria (poluição química e radioativa de rios, dos oceanos, do ar e dos lençóis freáticos; redução da camada de ozônio; uma queda drástica no número de espécies animais e vegetais; desertificação e desflorestamento). Muitos dos chamados "problemas do Terceiro Mundo", tais como a fome, as doenças e a pobreza, parecem ter sido causados – e não amenizados – pelo avanço constante da Civilização Ocidental.[3] O impacto espiritual da tendência é menos óbvio, mas não menos doloroso. Para muitas sociedades a aquisição do conhecimento era parte da vida; o conhecimento adquirido era relevante e refletia os inte-

---

[3] Um relato geral é o de Bodley, 1982. Os casos especiais de saúde e de fome são analisados por Borrini, 1986. Rahnema (1983) descreve como a imposição da tecnologia ocidental destruiu sistemas de imunidade social que tinham fornecido uma proteção eficiente contra catástrofes sociais e naturais. O alerta de Hayek (1979), de que as sociedades que haviam passado por um longo processo de adaptação estavam mais bem equipadas para lidar com problemas do que intelectuais utilizando teorias e equipamentos mais avançados, foi drasticamente confirmado por modelos informatizados dos efeitos da "intervenção racional" – todos eles deixaram a sociedade em um estado pior que antes.

resses pessoais e do grupo. A imposição de escolas, alfabetização e informação "objetiva", separada das preferências e dos problemas locais, tirou da existência seus ingredientes epistêmicos e tornou-a árida e sem sentido. Aqui, também, o Ocidente abriu caminho, separando as escolas da vida e submetendo essa última a regras escolásticas.[4]

Estudando fenômenos como esses, acadêmicos, representantes de culturas nativas e associações internacionais concluíram que há muitas maneiras de viver, que culturas diferentes da nossa não são erros, e sim resultados de uma adaptação delicada ao meio específico, e que elas encontraram – e não perderam – os segredos de uma boa vida. Mesmo problemas altamente técnicos, como os do controle de armamentos, nunca são totalmente "objetivos" e são sempre permeados pelos componentes "subjetivos", isso é, pelos componentes culturais.[5] "Nos humanos", escreve François Jacob em um texto que já citei,

> a diversidade natural é... fortalecida pela diversidade cultural, o que permite que a humanidade se adapte melhor a uma variedade de condições de vida e use melhor os recursos do mundo. Nessa área, no entanto, estamos agora sendo ameaçados pela monotonia e pelo tédio. A variedade extraordinária que os seres humanos colocaram em suas crenças, seus costumes e suas instituições está se reduzindo a cada dia. Se as pessoas morrem fisicamente ou se transformam sob a influência do modelo fornecido pela civilização industrial, o fato é que muitas culturas estão desaparecendo. Se

---

[4] Cf. Rahnema, 1985. A situação no Ocidente foi descrita em Illich, 1970.
[5] Em seu livro *Facing the Threat of Nuclear Weapons*, Drell (1983, p.36 ss.), conselheiro do governo americano sobre questões de segurança nacional e do controle de armamentos, declara quatro "metas de negociação". A terceira meta é "permitir que os dois países (os Estados Unidos e a União Soviética) coloquem em prática as provisões negociadas por meio de reduções seletivas de acordo com seus estilos tecnológico e burocrático diferentes. Embora essas reduções devam ser equitativas, elas podem, ao mesmo tempo, ser assimétricas. Assim, as negociações devem ser extremamente flexíveis". Peierls (1985, p.287) escreve de forma semelhante: "É evidente que as situações geográfica e estratégica dos dois lados são diferentes; que suas armas nucleares, os meios de lançá-las e suas organizações de inteligência são completamente diferentes; e que, portanto, qualquer avaliação da força relativa passa a ser altamente especulativa": um intercâmbio entre duas nações que diz respeito a seus interesses vitais não pode ser realizado de maneira "objetiva" e esquemática.

não quisermos viver em um mundo coberto por um único meio de vida tecnológico, que fala inglês com sotaque e é totalmente uniforme – ou seja, um mundo muito enfadonho –, temos de ter cuidado. Temos de usar melhor nossa imaginação. (1982, p.67)

Os ensaios reunidos no presente volume sustentam esse ponto de vista ao criticar os filósofos que se opõem a ele.

Mais especificamente, irei criticar duas ideias que foram muitas vezes utilizadas para tornar a expansão ocidental intelectualmente respeitável – a ideia da Razão e a ideia da Objetividade.

Dizer que um procedimento ou um ponto de vista é objetivo (ou objetivamente verdadeiro) é afirmar que ele é válido independentemente das expectativas, ideias, atitudes e desejos humanos. Essa é uma das reivindicações básicas que os cientistas e intelectuais de hoje fazem a respeito de seu trabalho. *A ideia de objetividade*, no entanto, é mais antiga que a ciência e independente dela. Ela se ergueu sempre que uma nação, uma tribo ou uma civilização identificou seus meios de vida com as leis do universo (físico e moral) e ela tornou-se perceptível quando culturas diferentes com visões objetivas diferentes se confrontaram. Há várias reações a esse evento; eu menciono três delas.

Uma reação foi a *persistência*: nossas formas de viver são certas e não vamos mudá-las. Culturas pacíficas tentaram conter a mudança evitando contato. Os pigmeus, por exemplo, ou os mindoros das Filipinas não lutaram contra os intrusos ocidentais, tampouco se submeteram a eles. Eles simplesmente saíram de sua esfera de influência. Nações mais beligerantes usaram a guerra e mataram para erradicar aquilo que não se enquadrava em sua visão da Bondade. "A Lei de Moisés", escreve Voegelin (1956, p.375 ss.) sobre esse ponto,

> está cheia de fantasias sedentas de sangue referentes ao extermínio radical dos gentios (*goyim*) em Canaã de um modo geral e dos habitantes das cidades em particular. E a lei para exterminar os *goyim* é... motivada pela abominação de sua adesão a outros deuses que não Javé: as guerras de Israel no Deuteronômio são guerras religiosas. O conceito de guerra como um instrumento para exterminar todas as pessoas à vista que não acreditem em Javé é uma inovação do Deuteronômio...

Os representantes da civilização ocidental, embora gostem de *slogans* humanitários, nem sempre foram hostis a concepções semelhantes.

A persistência também caracteriza desenvolvimentos mais recentes nas ciências (físicas e sociais) que são holistas, dão ênfase aos processos históricos e não às leis universais e deixam a "realidade" surgir de uma interação (muitas vezes indivisível) entre o observador e a coisa observada. Pois os autores que estimulam a tendência (Bohn, Jantsch, Maturana, Prigogine, Varela, os proponentes de uma "epistemologia evolucionária" e outros mais) desarmam a variedade cultural ao mostrar não só que ela se encaixa em seu esquema, mas também como o faz. Em vez de dar orientação para escolhas pessoais e sociais, eles se isolam em seus edifícios teóricos e, dali, explicam por que as coisas eram como eram, são como são e serão como serão. Isso é o velho objetivismo outra vez, apenas envolto em uma linguagem revolucionária e pseudo-humanitária.

Uma segunda reação é o *oportunismo*: os líderes das culturas conflitantes examinam as instituições, costumes e crenças mútuas e aceitam ou adaptam aquelas que consideram atraentes. Esse é um processo complicado. Ele depende da situação histórica, das atitudes dos participantes, seus medos, necessidades, expectativas; pode levar a lutas pelo poder dentro das culturas e pode até ser influenciado por mudanças climáticas temporárias que aumentam algumas falhas e diminuem outras. De qualquer maneira, um encontro oportunista de culturas não pode ser reduzido a regras gerais. O oportunismo cultural era praticado (e ainda o é) por indivíduos, grupos pequenos e civilizações inteiras. Um exemplo é o caso das nações, reinos e tribos que povoavam o Antigo Oriente Próximo durante o fim da Idade do Bronze, um período que o egiptólogo Henry Breasted chamou de "Primeiro Internacionalismo". Essas nações, reinos e tribos estavam muitas vezes em guerra umas com as outras, mas intercambiavam materiais, línguas, indústrias, estilos, pessoas com habilidades especiais – tais como arquitetos, navegadores, prostitutas – e até deuses (detalhes encontram-se em Webster, 1964). Outro exemplo é o Império Mongol. Marco Polo foi testemunha da enorme curiosidade que os sucessores de Genghis Khan demonstravam por coisas estrangeiras e pelas maneiras engenhosas que se adaptavam a suas necessidades. O próprio Grande Khan percebeu a importância dos costumes estrangeiros e se opôs a conselheiros que queriam destruir cidades a fim de universalizar seus próprios hábitos nômades. Um exemplo moderno interessante é o dos Nativos do Quênia, dado por Karen Blixen (Dinesen, 1985, p.54 ss.), os quais, "em virtude de sua familiaridade com uma variedade de raças e tribos" eram "mais [homens] do mundo que os colonos suburbanos ou provincianos que tinham sido criados em uma comunidade uniforme e com um conjunto de ideias estáveis".

A terceira reação é o *relativismo*: costumes, crenças e cosmologias não são simplesmente sagrados, corretos, ou verdadeiros; eles são úteis, válidos, verdadeiros *para* algumas sociedades e inúteis – ou até perigosos –, inválidos e inexatos *para* outras. Como explico no capítulo 1, o relativismo tem muitas formas, algumas mais intuitivas e irrefletidas, outras altamente intelectuais. Ele é mais generalizado do que os críticos das versões intelectuais parecem acreditar. Por exemplo, os pigmeus que tentaram evitar as maneiras ocidentais podem bem ter sido relativistas e não dogmáticos – presumindo que eles se importavam com diferenças como essas (Turnbull, 1963).

Segundo muitos historiadores, os gregos introduziram ainda outro método para lidar com a variedade cultural. Tentando separar o Caminho Certo do Caminho Errado, eles não se valiam nem de tradições mantidas firmemente nem de adaptações *ad hoc*. Valiam-se de *argumentos*.

Ora, o argumento não era uma novidade. O argumento ocorre em todos os períodos históricos e em todas as sociedades. Ele desempenha um papel importante na abordagem oportunista: um oportunista deve se perguntar como as coisas estrangeiras irão melhorar sua vida e que outras mudanças elas irão causar. Ocasionalmente, os "primitivos" usavam argumentos para inverter as posições dos antropólogos que tentavam convertê-los ao racionalismo. "Deixe o leitor considerar qualquer argumento que demolisse completamente todas as reivindicações dos Azande sobre o poder de [seu] oráculo", escreve Evans-Pritchard (1937, p.319 ss.) sobre esse assunto.

> Se o argumento fosse traduzido para as formas de pensar dos Azande, serviria para corroborar toda sua estrutura de crenças, pois suas noções místicas são eminentemente coerentes, estando inter-relacionadas por meio

de uma rede de conexões lógicas e estando assim ordenadas de tal maneira que nunca contradizem a experiência sensorial de uma forma demasiado grosseira, mas, pelo contrário, a experiência parece justificá-las.

"Posso observar", acrescenta Evans-Pritchard (p.270), "que descobri que isso [consultar oráculos para decisões cotidianas] era uma forma tão satisfatória de administrar minha casa e meus negócios quanto qualquer outra que conheço." O argumento, como a linguagem, a arte ou o ritual, é universal; mas, também como a linguagem ou a arte ou o ritual, ele tem muitas formas. Um simples gesto ou um grunhido pode decidir um debate para a satisfação de alguns participantes, enquanto que outros irão necessitar de árias longas e coloridas para se convencerem. Assim, o argumento já estava bem estabelecido muito antes de os filósofos gregos começarem a pensar sobre o assunto. O que os gregos inventaram não foi apenas o argumento, mas uma maneira especial e padronizada de argumentar, que, acreditavam, era independente da situação em que ocorresse e cujos resultados tinham autoridade universal. Dessa forma, a ideia antiga das *verdades* independentes da tradição (a noção material da objetividade, como isso poderia ser chamado), que tinha se deparado com o problema de variedade cultural, foi substituída pela ideia um tanto menos antiga das *maneiras de descobrir a verdade* independentes da tradição (a noção formal de objetividade). E ser racional ou usar a razão passou a significar usar essas maneiras e aceitar seus resultados.

A noção formal de objetividade tem problemas semelhantes aos da noção material. Isso não é nada surpreendente – procedimentos "formais" fazem sentido em alguns mundos, mas são tolice em outros. Por exemplo, a exigência de críticas infinitas acompanhadas de explicações cada vez mais abrangentes se rompe em um universo que é finito, tanto qualitativa quanto quantitativamente. Tendo a propensão de romper formas de vida que fornecem segurança material e realização espiritual, ela pode ser rejeitada também por razões éticas: algumas pessoas preferem prosperar em um mundo estável em vez de estarem constantemente se adaptando a ideias novas. A exigência de buscar contestações e de levá-las a sério resulta em um desenvolvimento ordenado apenas em um mundo em que casos de refuta são raros e aparecem apenas com grandes intervalos, como grandes terremotos. Em um mundo assim, podemos melhorar, construir e viver pacificamente com nossas teorias de uma refuta até a próxima. Mas tudo isso é impossível se as teorias estão rodeadas por "um oceano de anomalias", como ocorre na maioria das questões sociais (cf. meu *Philosophical Papers*). O hábito de objetivar crenças básicas ou os resultados de pesquisas passa a não fazer sentido em um mundo que contém alguma forma de complementaridade e em sociedades adaptadas a contatos sociais íntimos. E a não contradição não pode ser exigida em um mundo em que se considera que uma mulher idosa tem "a garganta redonda e doce de uma deusa" (Ilíada 3.386 ss.). O resultado é claro: a variedade cultural não pode ser domesticada por uma noção formal de verdade objetiva, porque ela contém uma variedade dessas noções. Aqueles que insistem em uma noção formal particular estarão tão propensos a se deparar com problemas (no sentido deles) quanto os defensores de uma concepção específica de mundo.

À medida que a ciência progrediu e produziu um depósito de informações que ia aumentando constantemente, as noções formais de objetividade foram usadas não só para *criar conhecimento*, mas também para *legitimá-lo*, isto é, para mostrar a validade objetiva dos *corpos de informação já existentes*. Isso levou a novos problemas: não existe um conjunto finito de regras gerais que tenha substância (que recomende ou proíba alguns procedimentos bem definidos) *e* seja compatível com todos os eventos que levam à ascensão e ao progresso da ciência moderna. Descobriu-se que exigências formais defendidas por cientistas e filósofos estavam em conflito com desenvolvimentos iniciados e apoiados pelo mesmo grupo. Para solucionar o conflito, as exigências foram gradativamente enfraquecidas, até que evaporaram totalmente.[6]

Cientistas também solaparam princípios universais de pesquisa de uma maneira mais direta. Quem iria imaginar que a fronteira entre sujeito e objeto seria questionada como parte de um argumento científico e que a

---

[6] O processo de enfraquecimento é descrito com perspicácia e exemplos históricos em Lakatos, 1970; cf. Lakatos, I. History of Science and Its Rational Reconstructions. *Boston Studies in the Philosophy of Science*, v.VII. Para o ponto final, o desaparecimento de todo o conteúdo, cf. v.II, cap.8, seção 9 e cap.10 de meu *Philosophical Papers*.

ciência iria progredir graças a isso? No entanto, foi exatamente isso o que aconteceu na teoria quântica e nos estudos fisiológicos, tais como os de Maturana e Varela (e antes nas investigações de Mach sobre a fisiologia da percepção). Quem iria imaginar que a noção "repugnante" (Eddington) e "teológica" (Hoyle) de um começo do universo iria uma vez mais desempenhar um papel importante? No entanto, os cálculos de Friedmann e as descobertas de Hubble e outros tiveram precisamente esse resultado. Quem teria imaginado que as teorias científicas poderiam ser preservadas diante de evidência negativa inequívoca e que a ciência lucraria com esse procedimento? Mas Einstein, que mais de uma vez ridicularizou a preocupação com uma "verificação de poucos efeitos", avançou justamente dessa maneira. Um exame de períodos de pesquisa, tais como a teoria quântica mais antiga, ou de desenvolvimentos que precederam a descoberta da estrutura do DNA mostra que a ideia de uma ciência que caminha graças à argumentação logicamente rigorosa nada mais é que um sonho.[7] É claro, há rigor em todos esses procedimentos que *prima facie* são caóticos, exatamente como há rigor no *Demoiselles d'Avignon* – mas é um rigor que se encaixa na situação, que é complexo, que muda e difere muito do rigor "objetivo" de nossos lógicos e epistemólogos menos talentosos.[8]

Uma segunda ideia que desempenha um papel importante na defesa da civilização ocidental é a *ideia da Razão* (com "R" maiúsculo) ou racionalidade. Como a noção de objetividade, essa ideia tem uma variante material e uma formal. Ser racional no sentido material significa evitar certas ideias e aceitar outras. Para alguns intelectuais, entre eles os primeiros cristãos, o gnosticismo – com suas hierarquias coloridas e seus desenvolvimentos estranhos –, era o auge da irracionalidade. Hoje, ser irracional significa, por exemplo, acreditar em astrologia, no criacionismo ou, para grupos diferentes, acreditar na origem racial da inteligência. Ser racional no sentido formal significa seguir certo procedimento. Empiristas

---

[7] Isso se aplica ao "contexto da descoberta" *e* ao "contexto da justificativa": boas justificativas precisam ser descobertas exatamente como ocorre com boas teorias ou bons experimentos.
[8] Para detalhes, cf. cap.5, v.II de meu *Philosophical Papers*.

renitentes acham que manter ideias plenamente em conflito com o experimento é irracional, enquanto que teóricos empedernidos sorriem com a irracionalidade daqueles que reveem princípios básicos a cada tremor momentâneo da evidência. Esses exemplos já demonstraram que não seria lá muito produtivo deixar que afirmações tais como "isso é racional" ou "isso é irracional" influenciassem a pesquisa. As noções são ambíguas e nunca explicadas claramente, e tentar segui-las ao pé da letra seria contraproducente: procedimentos "irracionais" muitas vezes levam ao sucesso (no sentido daqueles que os chamam de "irracionais"), enquanto procedimentos "racionais" podem causar problemas terríveis. Rigorosamente falando, temos aqui duas *palavras*, "Razão" e "Racionalidade", que podem ser conectadas com quase qualquer ideia de procedimento e depois rodeá-la com uma aura de excelência. Mas como é que essas duas palavras conseguiram receber seu enorme poder embelezador?

A premissa de que existem padrões de conhecimento e de ação universalmente válidos e aglutinadores é um caso especial de uma crença cuja influência vai muito além do domínio do debate intelectual. Essa crença (da qual já dei alguns exemplos) pode ser formulada dizendo que existe uma maneira certa de viver que o mundo deve aceitar. Essa crença impulsionou as conquistas muçulmanas; ela acompanhou os cruzados em suas batalhas sangrentas; ela orientou os descobridores de novos continentes; ela lubrificou a guilhotina e agora fornece combustível para debates sem fim dos defensores libertários e/ou marxistas da Ciência, da Liberdade e da Dignidade. É claro, cada movimento alimentava a crença com seu próprio conteúdo particular; cada um mudava o conteúdo quando surgiam dificuldades e deturpava-o quando vantagens pessoais ou do grupo estavam em jogo. Mas a ideia de que há um conteúdo assim, que seja universalmente válido e que justifique a intervenção, sempre desempenhou e ainda desempenha um papel importante (como indiquei acima, isso é mantido até mesmo por alguns críticos do objetivismo e do reducionismo). Podemos supor que a ideia é um vestígio de épocas em que questões importantes eram irradiadas de um único centro, de um rei ou deus cioso, apoiando e dando autoridade a uma única visão de mundo. E podemos, além disso, supor que a Razão e a Racionalidade são poderes de tipo semelhante e estão rodeadas pela mesma aura que rodeava deuses, reis, tiranos e suas leis impiedosas. O conteúdo evaporou-se; a aura permanece e faz com que os poderes sobrevivam.

A ausência de conteúdo é uma tremenda vantagem; ela permite que grupos especiais se denominem "racionalistas", afirmem que sucessos amplamente reconhecidos foram obra da Razão e usem a força assim obtida para suprimir desenvolvimentos contrários a seus interesses. Não é nem preciso dizer, a maioria dessas afirmações são espúrias.

Já mencionei o caso das ciências: elas podem prosseguir de uma maneira ordenada, mas os padrões que ocorrem não são estáveis e não podem ser universalizados. O Iluminismo, outro suposto presente da Razão, é um *slogan*, não uma realidade. "O Iluminismo", escreveu Kant, "é a liberação do homem da imaturidade que ele atraiu para si. A imaturidade é a incapacidade humana de fazer uso de sua compreensão sem orientação de outro. Autocontraída é essa imaturidade quando sua causa não está na falta de razão, mas na falta de resolução" (Beck, 1957, p.3). O Iluminismo, nesse sentido, é uma raridade hoje em dia. Os cidadãos seguem as sugestões de especialistas, não do pensamento independente. Isso é o que hoje significa "ser racional". Partes cada vez maiores das vidas dos indivíduos, das famílias, das aldeias e das cidades são dominadas por especialistas. Em breve, uma pessoa não poderá dizer "estou deprimido" sem ter de escutar a objeção: "Então você acha que é um psicólogo?".[9] "Se eu tiver um livro", escreveu Kant há muito tempo, "que compreenda por mim, um pastor que tenha uma consciência por mim, um médico que decida minha dieta e assim por diante, não preciso me incomodar. Se eu puder pagar, não preciso pensar – outros irão prontamente realizar o trabalho cansativo por mim." É verdade que há, e sempre houve, razão (com "r" minúsculo) para termos esperança. Sempre existem pessoas que lutam contra a uniformidade e defendem o direito que indivíduos têm de viver, pensar e agir como lhes pareça conveniente. Sociedades inteiras,

---

[9] Em uma passagem surpreendente (Theaet. 144d8-145a13) que antevê todo o desenvolvimento, o Sócrates de Platão critica Teodoro, um dos interlocutores do diálogo, por ter dito que Teeteto se parecia com ele, embora ele não fosse nenhum especialista em reconhecimento de semelhanças faciais.

dentre elas tribos "primitivas", ensinaram-nos que o progresso da Razão não é inevitável, que ele pode ser atrasado e que as coisas podem melhorar como resultado disso. Os cientistas estão indo mais além dos limites tradicionais da pesquisa; cidadãos tanto em pequenas comunidades quanto em grande escala examinam as decisões de especialistas que os afetam. Mas esses são pequenos favores se comparados à centralização cada vez maior do poder, que é uma consequência quase inevitável das tecnologias de grande escala e das instituições correspondentes.

O que me traz até a questão da *liberdade*. As liberdades confortáveis que temos e que ainda faltam a milhões de pessoas só muito raramente foram conseguidas de uma maneira Razoável – elas vieram de lutas e de soluções conciliatórias que levaram em conta muitos elementos e cuja estrutura não pode ser explicada por princípios gerais que abrangem todos os casos, desde Clístenes até Mandela. Cada movimento tinha suas próprias políticas, seus próprios sentimentos, sua própria imaginação; cada luta dava seu próprio significado a essa palavra poderosa: liberdade. É possível, é claro, resumir as lutas individuais e extrair uma "lição política" dos resumos – mas sem políticas concretas o resultado é sempre pouco estimulante, inútil, enganador e não realista. Também é possível usar os *slogans* mais insípidos e os "princípios" mais vazios para vender ou impor uma visão de mundo coerente e significativa. Isso não encoraja a liberdade, ao contrário, engendra escravidão, embora uma escravidão embalada em frases libertárias ressoantes.

Combinando essas considerações com os *insights* obtidos pelos cientistas que estudam as conquistas materiais e espirituais dos povos nativos, descobrimos que *não há nada na natureza da ciência que exclua a variedade cultural*. A variedade cultural não está em conflito com a ciência vista como uma investigação livre e irrestrita; ela está em conflito com filosofias como o "racionalismo" ou o "humanismo científico" e com uma força, às vezes chamada de Razão, que usa uma imagem congelada e distorcida da ciência para obter aceitação para suas próprias crenças antediluvianas. Mas o Racionalismo não tem nenhum conteúdo identificável, nem a Razão nenhuma agenda reconhecível que esteja acima dos princípios da parte envolvida que se apropriou de seu nome. Tudo que ele faz agora é emprestar categoria ao impulso geral na direção da monotonia. É hora de desprender a Razão desse impulso e, como ela já ficou totalmente comprometida pela associação, dar-lhe adeus.

O que contei até aqui é um lado da história; muitas coisas foram conseguidas apesar da Razão, e não com sua ajuda. O outro lado é que a Razão realmente deixou sua marca. Ela deformou as conquistas, esticou-as além de seus limites e é, portanto, pelo menos em parte, responsável pelos excessos que estão sendo propagados sob seu nome. Meus argumentos nos ensaios que se seguem irão lidar com a falsa consciência criada pela presença dessa força deformadora.

Começo com uma filosofia que solapa a própria base da Razão, a saber, o relativismo. Para os objetivos da discussão, dissolvi o monolítico "relativismo" em uma série de teses, começando com afirmações modestas e quase triviais (embora existam objeções mesmo aqui) e continuando até chegar a outras afirmações mais ousadas e, infelizmente, também mais técnicas. Meu objetivo é mostrar que o relativismo é razoável, humano e mais difundido do que normalmente se presume.

A seguir, no capítulo 2, introduzo Xenófanes, o primeiro intelectual ocidental. Xenófanes era um tipo interessante, com um intelecto vívido; não era contrário a piadas, nem a afirmações pomposas e uma retórica pesada. Sua crítica da tradição e especialmente sua crítica dos deuses homéricos recebeu elogios de autores tão distintos quanto Mircea Eliade, W. K. C. Guthrie, Karl Popper e Franz Schachermayr. Isso mostra logo de início a desonestidade básica de todas as filosofias Racionais: elas introduzem premissas estranhas que não são nem plausíveis nem argumentadas, e depois ridicularizam seus oponentes por terem ideias diferentes. Os sucessores imediatos de Xenófanes perceberam essa fragilidade. Heródoto e Sófocles escreveram sobre os deuses como se Xenófanes nunca tivesse existido e alguns cientistas antigos criticaram a abordagem abstrata em seu próprio campo.

Isso me traz ao tema do capítulo 3, a ideia de que o conhecimento deve ser baseado em princípios ou teorias universais. Não podemos negar que *existem* teorias bem-sucedidas que usam conceitos um tanto abstratos. Mas antes de fazer com que sua existência seja a base para conclusões abrangentes sobre tudo o que afirmamos conhecer, devemos fazer as três perguntas seguintes: o que é que essas teorias significam? (elas descrevem características que permeiam uma "realidade objetiva" ou meramente nos ajudam na predição de eventos cuja natureza é determinada de maneira independente?); qual é o grau de sua eficiência? (talvez as teorias, consideradas literalmente, sejam sempre inadequadas e as verdadeiras consequências que lhes são atribuídas sejam produzidas com a ajuda de premissas corretivas *ad hoc*, chamadas de aproximações?); e como são usadas? Tendo respondido a essas perguntas, devemos ainda perguntar se os sucessos da física, da astronomia ou da biologia molecular determinam que a medicina, a defesa nacional ou nossas relações com outras culturas devem incluir princípios de objetividade e abstração comparáveis.

A resposta à terceira pergunta – como são usadas as teorias científicas? – é que a prática de inventar, aplicar e aprimorar teorias é uma arte e, portanto, um processo histórico. A ciência como empreendimento vivo (ao contrário de ciência como um "corpo de conhecimento") é parte da história. As fórmulas que adornam nossos manuais são partes temporariamente congeladas de atividades que se movem com o fluxo da história. É preciso que sejam descongeladas, conectadas uma vez mais ao fluxo a fim de que sejam compreendidas e produzam resultados. Elas são de fato descongeladas sempre que há uma mudança fundamental, como é demonstrado pelos trabalhos científicos desses períodos. Distinções tais como aquela entre as ciências naturais e as ciências sociais, ou a distinção mais antiga entre *Naturwissenschaften* [ciências naturais] e *Geisteswissenschaften* [ciências humanas] ou mesmo a distinção relacionada entre as ciências e as artes (as ciências e as humanidades) não são distinções entre coisas reais e sim entre coisas reais (artes, humanidades, ciências – todas elas sendo ou lidando com tradições em uso) e pesadelos sobre elas.

Os pesadelos tiveram uma influência decisiva e nada benevolente em nossas tentativas de entender o conhecimento. Se a realidade for descrita por teorias que são não apenas válidas independentemente da vida humana mas que não contêm nenhuma de suas características, então como é possível que a mente humana a alcance? Não haveria um abismo intransponível entre os esforços humanos e seus supostos resultados? Mas a mente humana não alcança a realidade – o sucesso das ciências é testemunho disso. Tentativas de fornecer um relato Racional do processo de transposição (teorias de indução e confirmação; idealismo transcendental) fracassaram. Elas também pareciam fazer com que cientistas se transformassem em máquinas indutoras e processadores de dados. Então os defensores da teoria sugeriram uma solução simples: cientistas são como artistas; eles alcançam a realidade em uma série de milagres chamados saltos criativos. O capítulo 4 mostra que isso é uma solução caricaturesca, mesmo para as artes. E ela nem sequer é necessária: quando a ciência é tratada como parte da história, eliminam-se os problemas que a ideia de criatividade individual foi criada para solucionar.

Elimina-se, também, a diferença aparente entre as ciências e as artes. As consequências para a ideia do progresso são explicadas no capítulo 5: avaliações de progresso são avaliações relativas em ambas.

Alguns leitores que me acompanharam até o fim do capítulo 4 irão indicar que, embora minhas críticas da Razão e da Racionalidade possam ser corretas para versões mais antigas, elas já não se aplicam ao "racionalismo crítico" de Popper. O capítulo 6 é uma resposta a essa objeção. Ele mostra que uma filosofia universalmente crítica como a de Popper ou não tem substância – ela nada exclui – ou elimina ideias e bloqueia ações que poderíamos querer manter. Uma verbosidade vazia ou um obstáculo – essas são as alternativas disponíveis para Popper e ele às vezes usa uma, às vezes outra, dependendo do tipo de crítica que quer evitar. Por exemplo, ele não é contra a aplicação de "alguma forma de imperialismo" contra as pessoas que resistem a entrar no palácio maravilhoso da Civilização Ocidental (Popper, 1963, p.181).

Existem filosofias melhores? Existem filosofias da ciência que forneçam compreensão sem eliminar ideias e ações que possam fazer avançar o conhecimento? Sim, existem filosofias assim – e o capítulo 7 dá um exemplo delas: a filosofia de Ernst Mach. Ele contribuiu para a física, para a fisiologia, para a história da ciência, para a história das ideias e para a filosofia em geral. Mach não tinha nenhuma dificuldade em perseguir um espectro tão amplo de interesses porque viveu e trabalhou antes de o Círculo de Viena ter redefinido e estreitado drasticamente nossa imagem das ciências. A ciência, para Mach, era uma tradição histórica. Ele usou histórias, não modelos abstratos, para explicar seu desenvolvimento e para preparar os cientistas para sua tarefa. Ele buscou, e depois aplaudiu, teorias relativistas de tempo e espaço (a introdução ao *Physical Optics*, que é uma crítica severa à teoria especial da relatividade, agora parece ser uma falsificação fabricada pelo filho de Mach, Ludwig) e antecipou características básicas da mecânica quântica. Ainda mais importante, no entanto, ele relatou uma construção de teorias que combinava considerações históricas, teóricas e psicológicas e deu-nos um modelo para os métodos de pesquisa de Einstein. Falando a linguagem do materialismo dialético, podemos dizer que Mach fez um relato materialista sobre o crescimento do conhecimento (científico). Isso é o que Mach *fez*. O que *dizem que ele fez* é outra história. Para a maioria dos historiadores e filósofos, Mach era um positivista intolerante que queria que a ciência se limitasse a observações simples e que rejeitava os átomos e a relatividade por serem demasiado gerais e abstratos. A diferença não é o resultado de profundas dificuldades na interpretação de textos obscuros e confusos – as ideias de Mach são expressas claramente, em termos simples, e podem ser encontradas em todas as suas obras principais. A diferença só pode ser explicada por uma falta de cuidado considerável por parte de quase todos os seus críticos. Assim, um estudo de Mach não só nos introduz a uma pessoa maravilhosa e a uma filosofia da ciência fascinante; ele também nos dá uma lição interessante sobre a natureza da erudição: "especialistas" muitas vezes não sabem o que estão dizendo e a "opinião erudita", comumente, não passa de boatos desinformados.

Mach não foi a única vítima da ignorância ideologicamente motivada. Aristóteles, orientando os teóricos da Igreja na época de Galileu, e Niels Bohr, no século XX, são outros exemplos. Tratei de Niels Bohr no v.1, cap.16 de meu *Philosophical Papers*. O capítulo 8 mostra que a ideia de *continuum* mantida por cientistas desde Galileu (sem hesitação) até Weyl (com muita hesitação) era um passo atrás se comparada ao relato de Aristóteles. O capítulo 9 analisa uma carta muitas vezes citada e bastante discutida – a carta de Bellarmino para Foscarini – à luz de um antigo debate sobre a autoridade do conhecimento especializado. Mostra-se que a posição da Igreja foi mais forte e mais humana do que geralmente se presume.

O capítulo 10 discute as dificuldades que o fenômeno de incomensurabilidade cria para as tradições teóricas (e para Hilary Putnam, um de seus defensores). O capítulo 11 é parte de minha contribuição para um debate que foi iniciado e publicado pela Faculdade de Arquitetura da

Universidade de Columbia. A declaração que iniciou o debate deplora o suposto "caos" do pensamento filosófico moderno e pede uma ideologia unificada. Eu contesto tanto o diagnóstico (é possível que haja um caos crescente nos departamentos de filosofia, mas certamente há uma uniformidade crescente no mundo) quanto a solução. Meu argumento principal é que *a colaboração não precisa de uma ideologia compartilhada*.

O capítulo 12, por fim, contém um resumo da "minha" filosofia (que, é claro, não é minha, e sim uma condensação de ideias razoáveis do mundo inteiro) rodeado de respostas às críticas. Foi escrito, em alemão, para uma coleção de quarenta ensaios elogiando ou condenando meu trabalho, ou até mesmo bocejando por conta dele (*Versuchungen*, 1980; 1981), e foi traduzido e reescrito para este volume. O capítulo deixa claro que minha preocupação não é nem a racionalidade, nem a ciência, nem a liberdade – abstrações como essas causaram mais mal do que bem – e sim a qualidade das vidas dos indivíduos. Essa qualidade deve ser conhecida por experiência pessoal antes que possam ser feitas quaisquer sugestões de mudança. Em outras palavras, sugestões de mudança devem vir de amigos, não de "pensadores" distantes. É hora de parar de raciocinar sobre as vidas de pessoas que nunca vimos, é hora de abandonar a crença de que a "humanidade" (que generalização pretensiosa!) pode ser salva por grupos de pessoas conversando em escritórios bem aquecidos, é hora de sermos modestos e de nos aproximarmos daqueles que supostamente irão lucrar com nossas ideias, como se fôssemos ignorantes precisando de instrução, ou, se a questão é negócios, como um pedinte, e não como os maiores presentes que o céu já enviou para os Pobres, Enfermos e Ignorantes.

O título do capítulo 12, que é também o título do livro, significa duas coisas: alguns pensadores, confusos e abalados pelas complexidades da história, disseram adeus à razão e substituíram-na por uma caricatura; sendo incapazes de esquecer a tradição (e não sendo contrários a um pouco de relações públicas), continuaram a chamar essa caricatura de razão (ou Razão, com "R" maiúsculo, para usar minha própria terminologia). A Razão foi um grande sucesso entre filósofos que não gostam de complexidade e entre políticos (tecnólogos, banqueiros etc.) que não se importam em acrescentar um pouco de classe a sua luta pela dominação do mundo. É um desastre para o resto, isto é, para praticamente todos nós. É hora de lhe dizer adeus.

Os ensaios que levaram a esses capítulos foram escritos em épocas diferentes, diferem em estilo e ocasionalmente se imbricam. Alguns deles foram um tanto acadêmicos, outros vieram de palestras informais, outros ainda foram reações a questionamentos e comentários. Reescrevi a maior parte deles, mas mantive sua diversidade estilística e algumas das repetições. Minha amiga linda, bondosa e muito paciente, Grazia Borrini, foi generosa o bastante para trabalhar com uma variedade de versões. Foi através dela que me familiarizei com o vasto tema do "desenvolvimento". Sem sua crítica suave, mas firme, este livro teria sido menos bem argumentado, mais abstrato e certamente muito mais obscuro do que – infelizmente! – ainda é.

I

Notas sobre o relativismo

Ao encontrar raças, culturas, costumes e pontos de vista pouco familiares, as pessoas reagem de várias maneiras. Podem ficar surpresas, curiosas e ansiosas por aprender; podem sentir desprezo e uma sensação natural de superioridade; podem demonstrar aversão e até ódio. Estando equipadas com um cérebro e uma boca, elas não só sentem, mas também falam – articulam suas emoções e tentam justificá-las. O relativismo é uma das ideias que emergiram desse processo. É uma tentativa de dar sentido ao fenômeno da variedade cultural.

O relativismo tem uma longa história: começou mais ou menos lá pela Idade do Bronze no Oriente Próximo, um período que o egiptólogo Henry Breasted chamou de "Primeiro Internacionalismo". Foi discutido e transformado em uma doutrina pelos gregos, durante a transição das cosmologias dos pré-socráticos pautadas pela matéria para as ideias políticas dos sofistas, Platão e Aristóteles. Inspirou o movimento cético e, através dele, os predecessores do Iluminismo, tais como Montaigne, e os intérpretes dos relatos de viagem dos séculos XVI e XVII. Perdurou durante todo o Iluminismo e, nos dias atuais, está bastante em moda como uma arma contra a tirania intelectual e como um meio de desmascarar a ciência. As ideias e práticas relativistas não estão restritas ao Ocidente e não são um luxo intelectual. Ocorreram na China e foram transformadas em uma das belas artes por nativos africanos após o encontro com raças, costumes e religiões diferentes ter lhes mostrado as muitas maneiras de viver que existem sobre esta terra.[1]

A ampla distribuição do relativismo faz com que ele seja um tópico de difícil discussão. Culturas diferentes enfatizam aspectos diferentes e os expressam da maneira que mais convém a seus interesses. Há versões simples com as quais todos nós podemos aprender, e versões sofisticadas que são apenas para especialistas. Algumas são baseadas em um sentimento ou uma atitude; outras parecem respostas a problemas matemáticos. Ocasionalmente, não há sequer uma versão; há apenas uma palavra – "relativismo" – e uma reação (carinhosa ou zangada, mas de qualquer forma prolixa) a ela. Para lidar com essa abundância, abandonarei a unidade sugerida pela palavra "relativismo" e discutirei, em vez disso, uma variedade de pontos de vista. Começo com algumas observações práticas.

1 O relativismo prático (oportunismo)

O relativismo prático (que imbrica com o oportunismo) refere-se à maneira pela qual ideias, costumes e tradições diferentes dos nossos podem influenciar nossas vidas. Ele tem uma parte "factual", que trata da ma-

---

[1] "A falta de preconceito no Nativo", escreve Karen Blixen sobre sua experiência no Quênia (Dinesen, 1972, p.54), "é uma coisa surpreendente se você espera encontrar tabus obscuros em povos primitivos. Creio que isso é resultado de sua familiaridade com uma variedade de raças e tribos e das relações humanas cheias de vida que foram trazidas para o leste da África, primeiro pelos antigos comerciantes de marfim e de escravos e, em nossos dias (na década de 1930), pelos colonos e caçadores de grandes animais. Quase todos os nativos, até o pequeno pastor nas planícies, já tinham em sua vida ficado frente a frente com um amplo espectro de nações que eram tão diferentes umas das outras, e da sua própria, quanto um siciliano é diferente de um esquimó: ingleses, judeus, bôeres, árabes, somalis, indianos, suaílis, masais e kawirondos. Com relação à receptividade às ideias, o nativo é mais um homem do mundo que o colono ou missionário suburbano ou provinciano que cresceu em uma comunidade uniforme e com um conjunto de ideias estáveis. Muito da falta de entendimento entre os brancos e os nativos surge devido a isso."

neira como *podemos* ser influenciados, e uma parte "normativa", que trata da maneira como *deveríamos* ser influenciados (como as instituições de um Estado devem lidar com a variedade cultural). Para discuti-lo, introduzo aqui a seguinte *tese*:

> R1: indivíduos, grupos e civilizações inteiras podem lucrar ao estudar culturas, instituições e ideias estrangeiras, por mais forte que sejam as tradições que apoiam suas próprias ideias (por mais forte que sejam os argumentos que servem de base a elas). Por exemplo, os católicos podem se beneficiar ao estudar o budismo, médicos podem se beneficiar com um estudo de Nei Ching ou de um encontro com feiticeiros africanos, psicólogos podem se beneficiar de um estudo das maneiras como os romancistas e atores constroem um personagem, cientistas de um modo geral podem se beneficiar com um estudo de métodos e pontos de vista não científicos e a civilização ocidental como um todo pode aprender muito com as crenças, hábitos e instituições de povos "primitivos".

Observe que R1 não recomenda o estudo de instituições e ideias pouco familiares e certamente não transforma esse tipo de estudo em uma exigência metodológica; apenas indica que o estudo pode ter efeitos considerados benéficos pelos defensores do *status quo*. Observe também que nem todas as pessoas que permitem que ideias e costumes estrangeiros influenciem sua maneira de ver as coisas formulam teses sobre esse processo. Elas podem agir assim em virtude de um sentimento de confiança nos seres humanos, ou porque ainda estão em contato com o resto da natureza (as pessoas, além de terem aprendido com outros seres humanos, já aprenderam com animais e plantas), ou em virtude de uma forte tendência a imitar os demais. Portanto, concentrar-se em uma *tese* (tal como a R1) já restringe a discussão, pois parte do princípio de que as partes expressam seus motivos por palavras e que usam essas palavras em vez de se valerem de exemplos, empatia, mágica ou outros meios não verbais.

Existe um amplo espectro de respostas a R1. As quatro que se seguem são algumas delas.

A. A tese é rejeitada. Isso ocorre quando uma visão de mundo fortemente consolidada, que influencia as vidas cotidianas dos que nela creem, é considerada a única medida aceitável de verdade e excelência. As leis do Deuteronômio, o Estado perfeito de Platão, a Genebra de Calvino e alguns cultos do século XX são exemplos disso. Muitos cientistas gostariam que suas ideias, produtos e visões de mundo alcançassem uma proeminência comparável[2] – e estão chegando muito perto de ter seus desejos realizados.[3]

---

[2] Wilson (1978, p.192 ss.) escreve o seguinte: "a religião... perdurará por muito tempo como uma força vital na sociedade. Como o gigante mítico Antaeus, que extraía energia de sua mãe, a Terra, a religião não pode ser vencida por aqueles que meramente a desmereçam. A debilidade espiritual do naturalismo científico ocorre por ele não ter uma fonte primeva de poder desse tipo. Embora explicadas as fontes biológicas da força emocional da religião (uma afirmação ousada, não substanciada pelo relatório de pesquisa de Wilson), ela não é capaz, em sua forma atual, de se valer delas, porque o épico evolucionário nega a imortalidade ao indivíduo e o privilégio divino à sociedade [isso, é claro, é verdade – mas as pessoas podem e realmente vivem vidas plenas sem esses ingredientes; ausência de privilégio divino não significa ausência de reverência e realização espiritual; o materialismo sim] e sugere apenas um significado existencial para a espécie humana [sugere mesmo?]. Os humanistas nunca desfrutarão do prazer quente da conversão espiritual e da autoentrega; os cientistas não podem honestamente servir como padres [embora estejam fazendo um esforço muito grande para usurpar essa função e a 'autoentrega' à objetividade não preconceituosa que vai com ela]. Então chegou o momento de perguntar: será que existe uma maneira de desviar o poder da religião para os serviços da nova grande empresa [i.e., a ciência materialista] que desnuda as fontes daquele poder?". Em suma: existe uma maneira de fazer a ciência tão poderosa quanto a religião costumava ser e, para muitas pessoas, ainda é?

[3] Bakunin previu "o reinado da inteligência científica, o mais autocrático, déspota, arrogante e elitista de todos os regimes" (Dolgoff, 1972, p.319). Autores mais próximos de nossa própria época confirmam essa predição. Assim, Daniel Bell (1967) acredita que "todo o complexo do prestígio social será enraizado nas comunidades intelectuais e científicas", enquanto Galbraith (1967) afirma que "o poder na vida econômica, com o decorrer do tempo, passou de sua antiga associação com a terra para a associação com o capital e depois, em épocas recentes, para a mistura de conhecimento e técnicas que constitui a tecnoestrutura. As "comunidades intelectuais e científicas" cada vez mais rejeitam interferência externa – elas têm as melhores qualificações, dizem, para distinguir entre as questões importantes e as sem importância e para reconhecer os limites de suas realizações. Cientistas importantes e oportunistas filosóficos ansiosos para estarem do lado certo afirmam, além disso, que o espírito científico é capaz de policiar não só a ciência, mas toda nossa existência. Cf. Wilson, 1978; Skinner, 1971; e, sobre todo o problema, Chomsky, 1986, p.60 ss.

B. A tese é rejeitada, mas somente em certas áreas. Isso ocorre em culturas pluralistas que contêm partes que interagem fragilmente (religião, política, arte, ciência, ações privadas e públicas etc.), cada parte sendo guiada por um paradigma bem definido e exclusivo. Os indivíduos são divididos de acordo com isso; "como cristão", uma pessoa pode depender da fé; "como cientista", ele ou ela deve usar evidências. Ou, como um historiador disse de Calvino ao comentar sobre a execução de Serveto: "Como homem ele não foi cruel, mas como teólogo ele foi impiedoso; e foi como teólogo que ele lidou com Serveto".[4]

---

[4] Lifton (1986; 1987, especialmente o cap.14) examinou esse fenômeno de "duplicação" no caso extremo de médicos dos campos de concentração. O fenômeno é mais generalizado do que ele indica. Quatro de suas cinco características (*Future*, p.196) aplicam-se a muitos biólogos e cientistas sociais e todas as cinco aplicam-se a pesquisadores médicos que torturam animais para ampliar seu conhecimento e talvez para que seres humanos vivam um pouco mais. "Nessas lutas acerca da identidade profissional", escreve Lifton (*Future*, p.91), ao discutir médicos de Auschwitz, "o padrão mais forte era a tecnicalidade de tudo. Como um médico da SS me disse: 'Ética não era uma palavra usada em Auschwitz'. Os médicos e outras pessoas falavam apenas sobre como fazer as coisas da forma mais eficiente possível, sobre o que funcionava melhor." Não é preciso um oficial da SS para colocar a "doçura" da eficiência ou da tecnologia acima dos interesses humanos. Quando foi descoberto, em novembro de 1944, que os alemães não poderiam de forma alguma fabricar uma bomba atômica, "começou a surgir entre os físicos atômicos (ocupados em construir uma bomba americana) a ideia de que a bomba já não era necessária e que era possível poupar a humanidade daquele apocalipse que eles vinham preparando para ela. Apesar disso, não houve muitos entre eles que exigissem a cessação imediata do trabalho com a bomba. Um ato assim tão radical de renúncia, no mesmo momento em que o sucesso estava à vista, não viria facilmente para aqueles que por muitos meses tinham feito o melhor possível para concluir o projeto" (Rouzé, 1965, p.68). Detalhes são encontrados no abrangente estudo de Rhodes (1986), como o discurso de Oppenheimer (p.761) com seu progressismo hegeliano. O livro mostra que alguns cientistas, Bohr e Szilard entre eles, compreenderam que as armas atômicas tornavam o pensamento político tradicional obsoleto e sugeriam alternativas. Bohr estava ciente do perigo, mas também da possibilidade de que o próprio tamanho do perigo pudesse levar a uma maior abertura política no mundo todo (a isso Rhodes chama de "complementaridade da bomba"). Hoje muitos cientistas trabalham ativamente para o desarmamento nuclear. Mas há outros cientistas para quem a pesquisa vem à frente da *détente*. Assim, o diretor do Lawrence Livermore National Laboratory, argumentando (em uma carta para o Congresso reimpressa no *Bulletin*

Uma resposta ainda mais liberal, C, estimula um intercâmbio de ideias e atitudes entre diferentes domínios (culturas), mas os sujeita às leis que regulam o domínio (cultura) em que se entrou. Assim, alguns pesquisadores médicos reconhecem a utilidade de ideias e terapias médicas não ocidentais, mas acrescentam que essas coisas foram descobertas por meios científicos e devem ser confirmadas com sua ajuda; elas não têm uma autoridade independente.

Finalmente, no polo "esquerdo" de nosso espectro, temos a ideia D, segundo a qual até mesmo nossas premissas mais básicas, nossas crenças mais sólidas e nossos argumentos mais conclusivos podem ser mudados – aprimorados, perderem parte de seu poder ou passarem a ser considerados irrelevantes – por comparação com aquilo que, à primeira vista, parece loucura total.

As reações de A a D (e outras reações) desempenharam um papel importante na história da raça humana; o destino da liberdade, da tolerância e da racionalidade estão inextricavelmente ligados à maneira pela

---

of the Atomic Scientists, novembro 1985, p.13) contra a proibição geral dos testes nucleares, indicou que "os *designers* especialistas em armamentos invariavelmente deixariam o programa porque não poderiam verificar suas ideias teóricas com experimentos"; a necessidade dos cientistas de continuar com o jogo da ciência da maneira mais simples e mais eficiente se sobrepõe às questões da paz e da sobrevivência. Da mesma forma, objeções à Guerra nas Estrelas foram respondidas com o comentário de que o conhecimento humano precisa aumentar. O grupo especial no Livermore Laboratory que lidava com a Guerra nas Estrelas compreendia "jovens especialistas brilhantes que eram socialmente desajustados. Todo seu tempo e energia eram gastos com a ciência. Não tinham mulheres nem interesses externos. Eles se concentravam nos problemas técnicos não convencionais..." (Hugh de Witt citado em Broad, 1985, p.25). A civilização ocidental, de um modo geral, hoje valoriza a eficiência a tal ponto que ocasionalmente faz com que as objeções éticas pareçam "ingênuas" ou "não científicas". Há muitas semelhanças entre a civilização e o "espírito de Auschwitz". Eu não concluiria, no entanto (como o faz Nandi, 1981), que as características mais importantes da civilização são patológicas. Isso não é exatamente mais inteligente e certamente não mais esclarecedor do que a acusação de "irracionalidade" ou "falta de base científica" usada com tanta liberalidade pelas pessoas importantes do *status quo*. A civilização ocidental (e, nesse caso, também Auschwitz) é uma das muitas manifestações possíveis da vida humana, e os problemas que ela cria não são solucionados dando-lhe nomes ofensivos.

qual grupos de influência e culturas inteiras lidaram com a diversidade (de ideias, costumes e atitudes) e, assim, com R1. Nesta seção e na próxima, apenas examinarei as afirmações da *ciência* e dos desenvolvimentos nela baseados. Por "ciência" quero dizer a ciência moderna, natural e social (teórica e aplicada), como é interpretada pela maioria dos cientistas e por uma grande parte do público educado: uma investigação que visa à objetividade, usa observação (experimento) e razões contundentes para estabelecer seus resultados e é guiada por regras bem definidas e logicamente aceitáveis. Irei argumentar que nem valores, nem fatos, nem métodos podem corroborar a afirmação de que a ciência e as tecnologias que nela se baseiam (testes de QI, medicina e agricultura baseadas na ciência, arquitetura funcional e coisas semelhantes) se sobrepõem a todos os outros empreendimentos.

Falar de *valores* é uma maneira indireta de descrever o tipo de vida que queremos levar, ou achamos que deveríamos levar. Hoje, as pessoas organizaram suas vidas de muitas maneiras diferentes. Portanto, é de se esperar que as ações que parecem perfeitamente normais em uma cultura sejam rejeitadas e condenadas em outra. Para dar um exemplo (um caso verdadeiro que ouvi de Christina von Weizsäcker): um médico sugere exames de raio X para apontar com precisão a doença de um membro de uma tribo no centro da África. Seu paciente quer que ele use outros métodos: "O que está ocorrendo dentro de mim não é do interesse de ninguém". Aqui, o desejo de saber e, com base no conhecimento, de curar da maneira mais eficiente possível contradiz o desejo de manter a privacidade e a integridade do corpo (da pessoa). Discutir sobre valores significa examinar e resolver conflitos dessa natureza.

Será que o desejo do paciente é razoável? Ele é razoável para uma comunidade que valoriza a privacidade e a integridade do corpo e espera que seus sábios trabalhem dentro dos limites definidos por esses valores.[5] Mas

---

[5] Parece que o apoio inicial para a acupuntura na China veio de grupos que eram contra a anatomia e métodos intrusivos de cura e diagnóstico porque eles consideravam o corpo humano sagrado (Veith, 1966, p.2 ss.). (Joseph Needham tende a negar a existência de tais tendências.) Para ideias ocidentais antigas sobre dissecação, ver: O'Malley, 1965, cap.1.

não o é para uma comunidade em que a eficiência e a busca do conhecimento superam tudo o mais. (Grande parte da civilização ocidental parece funcionar dessa maneira – cf. nota de rodapé 4.) Não é razoável, mas é tolerado em uma sociedade que recebe bem a eficiência e as regras dos especialistas, mas dá lugar a idiossincrasias pessoais. Não é razoável e é denunciado sempre que o desejo desafia regras sociais estabelecidas. É tanto razoável quanto não razoável (ou seja lá que outras palavras são usadas para indicar acordo ou conflito com exigências básicas) em uma sociedade que estimula o desenvolvimento, dentro de um arcabouço único, de muitas maneiras diferentes de viver. Algumas aceitarão o desejo e irão estimulá-lo, outras proferirão abusos e ridicularizarão seus proponentes. Os debates sobre aborto, eutanásia, manipulação genética, inseminação artificial e os intercâmbios (intelectuais, políticos, econômicos e militares) entre culturas diferentes ilustram a maneira pela qual os valores influenciam opiniões, atitudes e ações. Muitos debates continuam mesmo depois de os envolvidos terem recebido toda a informação disponível e terem começado a argumentar da mesma maneira. As tensões que permanecem são tensões entre valores, não entre o bem e o mal ou entre informação completa e insuficiente (embora muitos debates sejam dificultados por esses elementos também) e não entre razão e irracionalidade (embora os valores defendidos sejam muitas vezes considerados partes da razão).[6]

Existem, essencialmente, três maneiras de resolver essas tensões: poder, teoria e um intercâmbio aberto entre os grupos em colisão.

A *forma do poder* é simples e bastante popular. Não há qualquer argumento: não há qualquer tentativa de entender; a forma de vida que tem o poder impõe sua regra e elimina o comportamento que lhe é contrário. Conquistas estrangeiras, a colonização, os programas de desenvolvimento e uma grande parte da educação ocidental são exemplos disso.

---

[6] Separar fatos, valores e racionalidade é, evidentemente, um artifício. Os fatos são constituídos por procedimentos que contêm valores, os valores se modificam sob o impacto dos fatos e os princípios de raciocínio presumem uma certa ordem do mundo (a lei da não contradição é absurda em um mundo absurdo). Uso o artifício para simplificar a discussão. Isso restringe meus argumentos e, portanto, deve ser aceitável para os defensores de valores objetivos.

A *abordagem teórica* usa o entendimento, mas não o entendimento das partes envolvidas. Grupos especiais, filósofos e cientistas entre eles, estudam os valores conflitantes, organizam-nos em sistemas, fornecem diretrizes para a resolução de conflitos – e isso resolve a questão. A abordagem teórica é convencida, ignorante, superficial, incompleta e desonesta.

Ela é convencida porque presume que só intelectuais têm ideias que valem a pena e que o único obstáculo para um mundo harmonioso é a discórdia entre seus níveis. Assim, Roger Sperry, em um livro interessante e desafiante, observa que "as condições atuais do mundo exigem uma abordagem global unificada com perspectivas de valor... que incluirão o bem-estar de toda a biosfera" (1985, p.6, 32, 72 e 75). Atualmente, diz Sperry, essa abordagem unificada é bloqueada pela "crise da cultura contemporânea", ou seja, "a profunda contradição entre as ideias humanistas tradicionais do homem e do mundo e as descrições mecanicistas e despidas de valor da ciência" (ibidem, p.6). Para remover a contradição, Sperry sugere uma reforma da ciência que elimine o reducionismo e "ponha a mente e a consciência no assento do motorista" (p.32). A visão de mundo resultante ainda difere dos "marcos de referência mitológicos, intuitivos, místicos ou terrenos pelos quais o homem tem... tentado viver e achar sentido" (p.75). Ainda existe(m) "contradição(ões) profunda(s)" entre "o cosmos natural da ciência" e as culturas fora do âmbito da civilização ocidental. Mas essas contradições não formam uma "crise" e a ciência não é modificada para resolvê-las: as culturas fora das ciências e das humanidades simplesmente não contam. Muitos intelectuais importantes pensam em linhas semelhantes.[7]

Em segundo lugar, a abordagem teórica é ignorante. Por exemplo, ela deixa de considerar que muitos dos problemas enfrentados hoje pelos países do Terceiro Mundo (fome, superpopulação, decadência espiritual) surgiram porque formas de vida ecologicamente sólidas e espiritualmente

---

[7] Assim, Wilson (1978, p.8) dá as boas-vindas ao estímulo ao conhecimento causado pelo surgimento de "antidisciplinas" às ciências estabelecidas. As humanidades (que são academicamente bem estabelecidas) são aceitas como antidisciplinas, ao contrário das ideias e pontos de vista não acadêmicos, que não são aceitos como tais.

satisfatórias foram interrompidas e substituídas pelos artifícios da Civilização Ocidental.[8] Os "marcos de referência mitológicos, intuitivos, místicos ou terrenos" mencionados por Sperry não eram apenas castelos de areia: eles entregaram o que prometeram; eles garantiram a sobrevivência material e a realização espiritual nas circunstâncias mais adversas.[9] Os mensageiros do progresso e da civilização destruíram o que não tinham construído e ridicularizaram aquilo que não entenderam. Seria uma visão acanhada presumir que hoje só eles possuem as chaves para a sobrevivência.

Terceiro, a abordagem teórica é surpreendentemente superficial. Ela substitui o rico conjunto de ideias, percepções, ações, atitudes e gestos, até o mais fugidio sorriso do menor dos bebês que surge do funcionamento de um valor específico, por conceitos áridos e abstratos e presume que uma escolha "racional" entre essas quimeras já decide a questão: "... os profundos problemas epistemológicos que confrontam qualquer pessoa que deseje descrever a 'natureza humana' não parecem ter sido levados em conta pelos... teóricos. Confrontados com a riqueza e complexidade extraordinárias da vida social humana no passado e no presente, eles escolheram o caminho do século XIX de descrever toda a humanidade como uma transformação da sociedade burguesa europeia"

---

[8] Cf. notas de rodapé 3 e 4 da Introdução. As culturas não científicas podem também ter uma concepção mais clara dos perigos de conhecimentos radicalmente novos. Inúmeros mitos nos dizem o que os intelectuais compreenderam só recentemente – e não sem muita resistência –, que a informação separada das circunstâncias de sua origem tem tendências destrutivas e que o curso da natureza não pode ser mudado sem repercussões.

[9] Não quero dizer com isso que tudo está muito bem nas sociedades nativas e que a ajuda externa nunca é necessária. Parasitas, doenças infecciosas e deficiências congênitas constituem problemas enormes e alguns deles são amenizados pela medicina ocidental (detalhes em Spink, 1978 – um livro um tanto otimista demais). Não há sociedade perfeita, assim como não há um corpo humano perfeito. No entanto, os autores que critico vão além. Eles não só presumem que a ajuda pode ser necessária, presumem *a priori* que *qualquer* mudança na direção da civilização ocidental, e especialmente da ciência ocidental, será certamente uma melhoria. Isso simplesmente não é verdade.

(Lewontin, Rose e Kamin, 1984, p.245).[10] A superficialidade se aplica também nas abordagens às ciências. Há pouca discussão sobre a grande variedade de disciplinas científicas, escolas, métodos, respostas. Tudo o que obtemos é um monstro monolítico, a "ciência", que, segundo dizem, segue um único caminho e fala com uma única voz.

A abordagem teórica é, em quarto lugar, incompleta: ela permanece calada sobre a questão da imposição. Isso não significa que os teóricos não têm nenhuma opinião sobre o assunto. Pelo contrário, eles têm opiniões muito claras. Esperam que suas sugestões sejam eventualmente aceitas pelas instituições dos países industriais ocidentais e dali sigam se infiltrando primeiro para a educação e depois para o desenvolvimento. Como seus predecessores, os administradores coloniais, eles não têm nenhuma compunção em deixar que o poder imponha suas ideias. Mas, ao contrário dos administradores coloniais, eles próprios não aplicam o poder; pelo contrário, enfatizam a racionalidade, a objetividade e a tolerância, o que significa que não são apenas desrespeitosos, ignorantes e superficiais, mas também bastante desonestos. Felizmente existem hoje cientistas que, orientados por um respeito profundo por todas as formas da existência humana, descobriram a força inerente das ideias "primitivas" e das instituições "arcaicas" e mudaram sua visão do conhecimento de acordo com isso. A seu ver, a pesquisa não é um privilégio de grupos especiais e o conhecimento (científico) não é a medida universal da excelência humana. O conhecimento é uma mercadoria local destinada a satisfazer necessidades locais e a solucionar problemas também locais; ele pode ser modificado pelo que vem de fora, mas só após consultas prolongadas que incluam a opinião de todas as partes envolvidas. A "ciência" ortodoxa, de acordo com essa visão, é uma instituição entre muitas, não o único repositório de informações sólidas. As pessoas até podem

---

[10] Esses autores criticam a sociobiologia: eles a criticam por sua superficialidade, não porque ela põe a teoria no lugar das decisões individuais. Mas até a teoria mais complexa só pode narrar o que um conjunto de valores específicos fez no passado, não pode predizer o que os valores irão fazer em circunstâncias novas e imprevistas. Para encontrar resultados futuros, temos que nos voltar para aqueles que usam os valores, ou seja, temos que pedir a eles que tomem suas próprias decisões.

consultá-la: elas podem aceitar e usar sugestões científicas – mas não sem ter considerado alternativas locais e certamente não por princípio.[11] As novas formas de conhecimento que surgiram a partir dessa abordagem são menos superficiais e mais bem adaptadas às necessidades do mundo moderno do que os procedimentos e resultados da ciência ortodoxa.[12]

---

[11] O procedimento, como qualquer um, tem exceções. A ocorrência de doenças generalizadas e que se disseminam muito rapidamente pode exigir ação rápida e tirânica por parte daqueles que têm o poder e acham que têm o conhecimento para lidar com aquela emergência. Meu ponto é que tais casos devem ser tratados como exceções. A consulta local deve ser levada a cabo sempre que possível e deve recomeçar no momento em que o perigo retroceder.

A supressão e os assassinatos em massa são outros exemplos em que a interferência pode ser necessária. Mas os supostos salvadores devem compreender que eles só podem depender de suas próprias convicções firmes e que nenhum valor "objetivo" virá em seu socorro quando seus esforços fracassarem ou piorarem as coisas, ou quando forem condenados pelo consenso moral de gerações futuras. Condenamos Auschwitz e alguns de nós condenam a decisão de Truman de lançar a bomba atômica em Hiroshima e Nagasaki porque esse é o tipo de pessoa que nós somos e não porque temos uma linha direta para o paraíso.

[12] Em *Science in a Free Society*, eu chamei um intercâmbio do tipo descrito no texto de "intercâmbio aberto". "Existem... pelo menos duas maneiras diferentes de decidir uma questão coletivamente", eu escrevi naquela ocasião, "que eu chamarei de intercâmbio guiado e intercâmbio aberto, respectivamente. No primeiro caso, alguns ou todos os participantes adotam uma tradição bem especificada e aceitam apenas aquelas respostas que correspondem a seus padrões... Um debate racional é um caso especial de um intercâmbio guiado... Um intercâmbio aberto, por outro lado, é guiado por uma filosofia pragmática. A tradição adotada pelas partes não é especificada no começo e se desenvolve à medida que o intercâmbio vai progredindo. Os participantes ficam imersos nos modos de pensar, de sentir e de perceber uns dos outros, de tal maneira que suas ideias, percepções e visões de mundo podem ser mudadas completamente – eles passam a ser pessoas diferentes participando de uma tradição nova e diferente. Um intercâmbio aberto respeita o parceiro, seja ele um indivíduo ou toda uma cultura, enquanto um intercâmbio racional promete respeito somente no arcabouço de um debate racional. Um intercâmbio aberto não tem qualquer *organon*, embora ele possa inventar um, não há qualquer lógica, embora novas formas de lógica possam começar a surgir em seu curso." (1978, p.29)

Alguns filósofos objetivistas chegaram muito próximos desse ponto de vista. Assim, Habermas (1986) admite que, quando estiver tentando criar "instituições justas para um certo tipo de sociedade sob circunstâncias históricas determinadas", um filósofo deve juntar-se aos cidadãos e "mover-se dentro do horizonte de uma tradição compartilhada desde o princípio" (p.205). Também "o filósofo moral deve deixar as questões

Os comentários que acabamos de fazer mostram que os valores afetam não só a *aplicação* do conhecimento, mas são ingredientes essenciais do *próprio conhecimento*. Muito daquilo que sabemos sobre as pessoas, seus hábitos, idiossincrasias e preconceitos surge das interações (entre pessoas) que são moldadas por costumes sociais e preferências individuais; esse conhecimento é "subjetivo" e "relativo". É preferível ao "conhecimento" que vem de uma interação entre pessoas e providências experimentais (testes psicológicos, estudos genéticos, teorias de cognição), pois ele suporta os contatos pessoais em vez de solapá-los. Existem, é claro, áreas (ciência de materiais, por exemplo) nas quais a informação experimental quantitativa parece vencer todos os concorrentes. Mas a vitória não é um "fato objetivo" (como uma vitória militar, ela depende dos objetivos daqueles envolvidos na batalha; no exemplo, o objetivo é a melhora tecnológica, segundo a definição em certa fase da civilização ocidental), ela não deve ser uma rotina (deve ser estabelecida – não presumida – e deve ser julgada por aqueles que supostamente irão se beneficiar dela),[13] o sucesso não pode ser extrapolado (o fato de experimentos terem se adiantado a algumas partes da física não diz nada sobre seu papel na psicologia ou em outras partes ou períodos da própria física), ele muda com o tempo (houve épocas em que a informação qualitativa sobre materiais excedia em muito o conhecimento quantitativo em termos de conteúdo e eficiência tecnológica – veja as notas de rodapé 35, 36 e o texto) e mesmo o conhecimento eficiente deve ser rejeitado em

---

substantivas [do discurso moral] para os participantes... ou adequar as reivindicações cognitivas da teoria normativa desde o começo ao papel do participante" (ibidem, p.160). No entanto, ele pensa ainda que existe um "núcleo universal do ponto de vista moral" (p.205), que pode ser revelado por uma "crítica do ceticismo do valor e do relativismo do valor" (p.161) e que é mais que uma imbricação temporária acidental de culturas. Não é nem preciso dizer, nenhum debate prático sobre colonialismo, desenvolvimento ou intervenção armada será influenciado por essa crença – e portanto podemos deixá-la incólume na esperança de que as brigas filosóficas internas criadas por ela serão grandes o suficiente para evitar que os filósofos interfiram em questões mais substanciais.

[13] Instrumentos ou salas musicais cientificamente satisfatórios muitas vezes pareciam horríveis aos ouvidos dos amantes da música e tiveram de ser aprimorados por artesãos. Hoje, é claro, o próprio som tecnológico passou a ser uma medida de excelência.

virtude da maneira pela qual sua aquisição afeta importantes valores sociais. "Não será possível", perguntou Kierkegaard (*Papirer*), "que minha atividade como observador objetivo da natureza enfraqueça minha força como ser humano?" Tudo isso significa que (os critérios de) sucesso e aceitação mudam de um caso para outro e de acordo com os valores daqueles interessados em uma área específica do conhecimento.

Resumindo: as decisões relacionadas com o valor e o uso da ciência não são decisões científicas; são aquilo que poderíamos chamar de decisões "existenciais"; são decisões de viver, pensar, sentir, comportar-se de certa maneira. Muitas pessoas nunca tomam decisões desse tipo; muitas hoje são forçadas a tomá-las: pessoas nos "países em desenvolvimento" ficam em dúvida sobre as bênçãos dos caminhos ocidentais, os cidadãos dos países ocidentais olham com suspeita para os produtos da tecnologia que surgiram em seu meio (isso foi escrito após o acidente de Chernobyl em abril de 1986). A natureza "existencial" das decisões a favor ou contra uma cultura científica é a razão principal pela qual os *produtos* da ciência (aparelhos de televisão, bombas atômicas, a penicilina) não são, em último caso, decisivos. Eles são bons ou maus, úteis ou destrutivos, *dependendo do tipo de vida que queremos viver*.

Meu segundo comentário está relacionado com *fatos*. Não há nenhuma garantia de que até mesmo uma comparação científica, baseada em valores científicos ou em culturas científicas e não científicas, irá sempre favorecer os fatos. Concordo que haverá vantagens nas grandes áreas de conhecimento abstrato e de técnicas práticas. Mas há outras áreas onde a superioridade de uma abordagem científico-tecnológica está longe de ser óbvia. Assim, estudiosos examinando a história das civilizações e comunidades não ocidentais descobriram que a fome, a violência, a escassez crescente de bens e serviços, que antes haviam estado disponíveis em abundância, a alienação e o "subdesenvolvimento" podem, muitas vezes, ter tido sua origem na interrupção, em virtude do avanço da ciência e da tecnologia ocidental, de sistemas socioecológicos complexos e frágeis, mas surpreendentemente bem-sucedidos.[14] Ou presumam que

---

[14] Além da literatura dada na nota de rodapé 8, consulte Watts, 1983.

um número suficiente de pessoas enfermas seja classificado de acordo com os métodos mais avançados da medicina ocidental e depois dividido em dois grupos: um grupo é tratado pela maneira ocidental aceita (presumindo que essa maneira exista), o outro por representantes de uma forma não científica de medicina, tal como a acupuntura. Os resultados também são examinados por médicos ocidentais (incluindo estudos de acompanhamento por anos onde for necessário). Qual será o resultado? Será que a medicina ocidental sempre vai ter os melhores resultados, segundo os padrões ocidentais? Ela terá melhores resultados na maioria dos casos? Haverá áreas em que ela fracassaria e onde outros métodos teriam sucesso? A resposta a todas essas perguntas é: não sabemos.

Ninguém irá negar que sucessos enormes e surpreendentes ocorreram e que eles foram obtidos com uma combinação de materialismo científico e de técnicas experimentais algumas vezes simples, outras bastante sofisticadas. Mas esses são eventos isolados que ainda não estabelecem a utilidade universal da combinação e o fracasso universal de todas as alternativas existentes. Simplesmente não temos um quadro geral baseado em evidências, e sim em generalizações não investigadas. Acrescente a isso que o cuidado dos idosos, o tratamento dos doentes mentais, a educação de crianças pequenas (inclusive sua educação emocional), tudo isso que pertence à área de bem-estar é deixado na mão de especialistas nas sociedades industriais, mas estas são questões para a iniciativa familiar ou comunitária em outros lugares; considere também que não há nenhum critério de saúde que não seja ambíguo – o bem-estar é avaliado de forma diferente em épocas diferentes e em culturas diferentes – e ficará claro que a questão da excelência comparativa de procedimentos científicos e não científicos nunca foi examinada de uma maneira verdadeiramente científica. Uma vez mais, descobrimos que aos apóstolos da ciência faltam as qualificações científicas para sua fé. Isso não é uma condenação da ciência; só mostra uma vez mais que a escolha da ciência e não de outras formas de vida não é uma escolha científica.

Formas não científicas de vida *foram* examinadas, diz um contra-argumento popular, porque os cientistas checaram e eliminaram as alternativas quando as encontraram pela primeira vez. Por exemplo, os remédios usados pelos índios americanos (que eram populares com os médicos no século XIX nos Estados Unidos) desapareceram quando a indústria farmacêutica forneceu substitutos superiores.

O contra-argumento é tanto incorreto quanto irrelevante. É incorreto porque muitas das chamadas vitórias das práticas baseadas na ciência não foram resultados de pesquisas comparativas sistemáticas, e sim de evidências anedóticas aumentadas por desenvolvimentos sociais independentes, pressões políticas (institucionais) e jogos de poder. Tomemos, uma vez mais, o exemplo da medicina. Segundo Starr (1982), mudanças importantes no papel dos médicos, inclusive a transição para uma abordagem mais impessoal (ou, em termos técnicos, mais "objetiva"), foram principalmente resultado de desenvolvimentos sociais e não de avanços no conhecimento médico. Os desenvolvimentos influenciaram aquilo que era considerado procedimento médico correto e criaram a aparência de progresso sem a pesquisa correspondente. Reiser (1978) discute o papel das novas tecnologias de uma maneira semelhante. A ideia de que instrumentos são melhores que observadores humanos enquadrava-se em uma tendência geral para a impessoalidade, e com isso os diagnósticos baseados em contatos pessoais começaram a ser considerados inapropriados. Melhorias na saúde foram muitas vezes resultado de comida melhor e em maior quantidade, de saneamento, de melhores condições de trabalho, de uma periodicidade das doenças principais não relacionadas com tratamentos, e não de uma prática médica melhor (detalhes em Shryock, 1979, p.319 ss.).

Considerando que autores como Thomas e Medawar (1983, p.3 ss.) localizam o começo da medicina científica na década de 1930, somos levados a inferir que, considerada de um ponto de vista rigidamente científico, a medicina antes do século XX tinha fama sem conteúdo e progresso sem substância, ou a admitir que a medicina pode ser bem-sucedida sem ser científica. "A medicina", escreve Thomas (1983, p.29), "apesar de toda sua fachada como profissão erudita, era na vida real uma ocupação profundamente ignorante." A rápida aceitação da lobotomia pré-frontal e transorbital por amplas seções da comunidade médica na ausência de qualquer evidência – mesmo que fosse apenas meia evidência – de bons resultados mostra que a aceitação profissional não significa excelência e que o argumento de consenso profissional deve ser usado com grande precaução (Valenstein, 1986). Inúmeros procedimentos que foram anunciados com muita retórica e impostos a um público incauto (uso de calomelano no século XIX; irradiação da glândula tiroide inchada em crianças apenas dez anos atrás; o método Halstead) eram modas sem uma comprovação empírica adequada. Ora, não nego que parte da reputação dos médicos depende de sucessos genuínos e muitas vezes surpreendentes da pesquisa médica (Thomas, 1983, p.35). O impacto da sulfanilamida, da penicilina e de novos métodos eficientes de diagnósticos pré-natais não pode ser suficientemente apreciado. Mas há outros fenômenos que proíbem uma inferência não qualificada de tais sucessos isolados para uma invalidade total e desesperançada das formas não ortodoxas da medicina. *Cada caso deve ser examinado separadamente e julgado a partir de seus próprios méritos*, independentemente da confiança prática e da teoria de moda à época.

O contra-argumento também é irrelevante: toda vitória científica genuína é obtida utilizando uma variedade de armas (instrumentos, conceitos, argumentos, premissas básicas). Mas as armas mudam com o avanço do conhecimento. Uma repetição do conteúdo, portanto, pode ter – e muitas vezes tem – um resultado diferente; a vitória vira derrota e vice-versa. Muitas ideias consideradas totalmente ridículas hoje são partes sólidas de nosso conhecimento. Assim, a ideia de que a Terra se movimenta foi rejeitada na Antiguidade porque ela colidia com os fatos e a melhor teoria de movimento então disponível; uma reinvestigação, baseada em uma dinâmica diferente, menos empírica e, para a época, altamente especulativa convenceu os cientistas de que afinal essa teoria tinha sido correta. E os convenceu porque eles não eram tão contrários à especulação quanto seus predecessores aristotélicos tinham sido. A teoria atômica foi atacada com frequência, tanto por razões teóricas quanto empíricas; durante o segundo terço do século XIX alguns cientistas achavam que essa teoria estava terrivelmente superada; entretanto, ela foi revivida por argumentos engenhosos e é hoje uma base da física, da química e da biologia. A história da ciência está cheia de teorias que foram declaradas mortas, ressuscitaram, foram declaradas mortas outra vez para logo comemorar outra volta triunfante. Faz sentido preservar pontos de vista imperfeitos para um possível uso futuro. A história das ideias, dos métodos e dos preconceitos é uma parte importante da prática contínua da ciência, e essa prática pode mudar de direção de forma surpreendente.

O que é verdade, no caso das teorias, cabe ainda com mais intensidade no caso das ciências aplicadas e das artes baseadas na ciência, tais como a medicina. Na medicina temos não só modas recorrentes (a moda de uma abordagem mais "pessoal"; a moda de niilismo terapêutico, que desempenhou um papel importante na Antiguidade e voltou na virada do século) e flutuações perenes entre alternativas (exemplo: "uma doença é um distúrbio local que deve ser removido" *versus* "uma doença é a forma de o corpo vencer distúrbios e deve ser apoiada"), temos também mudanças de reputação e de termos básicos, tais como "saúde" e "bem-estar", que são independentes da ciência. A medicina só pode se beneficiar se fizer da história parte de sua prática e de sua pesquisa.

John Stuart Mill, em seu ensaio imortal *On Liberty* [*Sobre liberdade*] (Cohen, 1961, p.258, 268 ss., 245 ss.), foi ainda mais longe. Ele aconselhou os pesquisadores não só a manterem ideias que tinham sido testadas e consideradas imperfeitas, mas também a considerarem concepções novas e ainda não testadas, por mais absurdas que pudessem parecer à primeira vista. Ele deu duas razões para sua sugestão: uma variedade de pensamentos, disse ele, é necessária para a produção de *"seres humanos* bem desenvolvidos"; e é necessária para o aprimoramento da *civilização*:

> O que fez da família europeia das nações uma parte da humanidade que progride e não é estacionária? Não qualquer excelência superior neles que, quando existe, existe como o efeito, não como causa, e sim a diversidade extraordinária de seu caráter e cultura. Indivíduos, classes, nações foram extremamente diferentes uns dos outros: eles se puseram a caminho em uma grande variedade de trilhas, cada uma levando a algo valioso; e, embora em todas as épocas aqueles que viajavam por caminhos diferentes tivessem sido mutuamente intolerantes e embora cada um deles tivesse achado excelente se todos os demais fossem obrigados a viajar por seu caminho, seus esforços para frustrar o desenvolvimento uns dos outros muito raramente tiveram sucesso permanente, e cada um deles a sua vez demorou a receber o bem que os outros ofereceram. A meu juízo, a Europa deve totalmente seu desenvolvimento progressivo e multifacetado a essa pluralidade de caminhos. (Cohen, 1961, p.258, 268 ss., 245 ss.)

Segundo Mill, uma pluralidade de ideias também é necessária *nas ciências* – "por quatro motivos diferentes". Primeiro, porque mesmo uma ideia cuja rejeição é totalmente justificada ainda para alguns pode ser verdadeira. "Negar isso é presumir nossa própria infalibilidade." Segundo, porque uma ideia problemática "pode conter uma porção de verdade e muito comumente o faz; e como a opinião geral e prevalecente sobre qualquer tópico é raramente ou nunca a verdade inteira, é apenas pela colisão de opiniões adversas que o resto da verdade tem qualquer chance de ser fornecido". Terceiro, um ponto de vista que é totalmente verdadeiro, mas não é contestado, "será... mantido na forma de preconceito, com pouca compreensão ou sentimento sobre suas justificativas racionais". Quarto, não iremos sequer entender seu significado, e sua aprovação passará a ser uma "mera confissão formal", a menos que um contraste com outras opiniões mostre de que consiste esse significado.

Uma quinta razão, mais técnica,[15] é que a evidência definitiva contra uma opinião pode muitas vezes ser articulada e encontrada apenas com a ajuda de uma alternativa. Proibir o uso de alternativas até que surjam evidências contrárias e continuar exigindo que as teorias sejam confrontadas com fatos, portanto, é botar o carro à frente dos bois. E usar a "ciência" para denegrir, e talvez até para eliminar, todas as alternativas significa usar uma reputação bem merecida para apoiar um dogmatismo contrário ao espírito daqueles que ganharam aquela boa reputação.

Alguns cientistas veem a ciência como um rolo compressor que achata tudo em seu caminho. Assim, Medawar (1967, p.114) escreve:

> À medida que a ciência avança, fatos específicos são abrangidos e, portanto, em um sentido, aniquilados por afirmações gerais de poder e al-

---

[15] Para detalhes, veja meu *Philosophical Papers*, v.I, p.144 ss. A situação metodológica que estou discutindo aqui solapa afirmações como "os genes refreiam a cultura" (Wilson, 1978, p.167), que parecem implicar limites "objetivos" para a engenhosidade humana. Se eles realmente o fazem, então isso só pode ser descoberto agindo como se os limites não existissem. E não há nenhum ponto de desligamento em que esse teste deixa de fazer sentido "objetivo". ("Subjetivamente", é claro, as pessoas podem logo se cansar de alternativas áridas.) Cf. meus comentários sobre Pavlov no v.I, cap.6, seção 9 de meu *Philosophical Papers* e também cap.5, seção 3.

cance explicativo cada vez maior e depois disso os fatos já não precisam ser conhecidos explicitamente. Em todas as ciências estamos sendo progressivamente aliviados do peso de instâncias singulares, da tirania do particular.

Mas é justamente essa "tirania" ou, como eu preferiria dizer, essa complexidade da vida real (que é uma vida entre particulares) que mantém nossas mentes flexíveis e impede que elas sejam abertamente influenciadas pelas semelhanças e aparências de legalidade. Além disso, nas ciências humanas não seria apenas insensato, mas também imoral e tirânico, "aniquilar" pontos de vista individuais porque eles não se enquadram em arcabouços gerais de "poder explicativo crescente".

Luria, em uma autobiografia fascinante, informativa e, com frequência, muito emocionante, escreve o seguinte:

> O que importa na ciência é o corpo de descobertas e generalizações disponíveis hoje: um apanhado do processo de descoberta científica com tempo definido. Vejo o progresso da ciência como autodestrutivo no sentido de que só os elementos que se tornaram parte do corpo ativo de conhecimento sobrevivem.[16] O modelo da molécula do DNA elaborado por Crick e Watson está de pé por seus próprios méritos. Modelos alternativos foram descartados e esquecidos, por mais vívidas que tivessem sido essas proposições. A... história de como foi realizado o modelo do DNA, por mais humanamente fascinante que seja, tem muito pouca relevância para o conteúdo operacional da ciência. (1985, p.123)

No entanto, não é esse "conteúdo operacional" que afeta os cientistas, e sim a maneira como ele se emaranha com seus interesses pessoais. Luria, por exemplo, prefere eventos que levem a "inferências fortes", "predições que serão fortemente sustentadas ou claramente rejeitadas por

---

[16] Piotr Kapitza, quando em Cambridge, tinha decorado a fachada de seu laboratório com um crocodilo. Quando lhe perguntaram o que isso significava, ele respondeu: "Bem, [esse] é o crocodilo da ciência. O crocodilo não pode virar a cabeça. Como a ciência, ele deve sempre seguir em frente com toda sua boca devoradora". Veja Rouzé, 1965, p.12.

um passo experimental bem delineado" (ibidem, p.115 ss.). Ele "confess[a] uma falta de entusiasmo... pelos 'grandes problemas' do Universo ou da Terra primitiva ou da concentração do dióxido de carbono na atmosfera superior" (p.119) e relata que Fermi, por motivos semelhantes, era um tanto indiferente à teoria geral da relatividade (p.120). Uma ciência cheia de pessoas com esse tipo de tendência irá diferir consideravelmente de uma ciência teórica "carregada de inferências frágeis" (p.119); ela irá também preservar erros: fatos baseados em fortes inferências foram muitas vezes solapados ou considerados errôneos (no sentido daqueles que mais tarde aceitaram cortes transversais temporais) em virtude de cadeias de inferências frágeis. (Exemplos incluem a maneira como Galileu demoliu os argumentos contra o movimento da Terra e Boltzmann os da termodinâmica fenomenológica.) O "conteúdo operacional" da ciência em um determinado momento é, portanto, o resultado de passos objetivos dados de acordo com interesses subjetivos e interpretados com base em premissas reunidas por esses interesses. Para poder atribuir ao conteúdo um peso adequado e, talvez, para corrigi-lo, devemos conhecer esses interesses. Mas com isso voltamos ao modelo de Mill.

Podemos concluir que não existe nenhum argumento científico contra a utilização ou uma nova apresentação de ideias não científicas ou científicas que, ao ser testado, deixe claro que lhe faltava alguma coisa; mas existem realmente argumentos (plausíveis, mas nunca conclusivos) a favor de uma pluralidade de ideias, inclusive absurdos não científicos e partes rejeitadas do conhecimento científico. Isso dá mais apoio à ideia do conhecimento local como foi explicado no texto relativo às notas de rodapé 11 e 12.

A terceira objeção à ideia de que a ciência invalida todas as outras formas de vida vem da área da *metodologia*: a unidade fictícia "ciência", que supostamente exclui tudo o mais, simplesmente não existe. Cientistas adotaram ideias de muitos campos diferentes, suas ideias muitas vezes colidiram com o senso comum e com doutrinas estabelecidas, e eles sempre adaptaram seus procedimentos à tarefa a ser realizada. Não há um único "método científico", mas sim uma grande quantidade de oportunismo; vale tudo – tudo, isto é, que seja propenso a aumentar o conhecimento de acordo com a compreensão de um pesquisador determinado ou uma tradição de pesquisa específica.[17] Na prática, a ciência muitas vezes ultrapassa os limites que alguns cientistas e filósofos tentam colocar em seu caminho e se transforma em uma investigação livre e irrestrita. No entanto, uma investigação assim não pode negar R1; pelo contrário, R1 é um de seus ingredientes mais importantes. O que é exclusivo não é a própria ciência e sim uma ideologia que isola algumas de suas partes e endurece-as por preconceito e ignorância.

A ciência moderna já fez muito para demolir essa ideologia. Ela substituiu as "eternas leis da natureza" por processos históricos. Criou uma visão de mundo que parece envolver a ideia – que, em determinado momento, foi "repugnante" – de um começo no tempo. Além disso, substituiu uma distinção sujeito-objeto antiga, rudimentar e não examinada por uma organização de fatos (complementaridade) mais sutil e não facilmente compreensível. Enfatizou a necessidade de fazer da subjetividade não apenas um objeto, mas também um agente da pesquisa científica. Seguindo algumas ideias de Poincaré, ela introduziu considerações qualitativas naquilo que parecia ser a mais quantitativa de todas as ciências – a mecânica celestial.[18] Além disso, descobriu e estudou as artes, as

---

[17] Cf. as referências e citações em meu trabalho "Was heisst das, wissenschaftlich sein?" (1985a, p.385 ss. e 187 ss.).

[18] A ideia de um começo no tempo era repugnante em virtude de sua proximidade com as histórias religiosas da criação. Foi chamada de "repugnante" pelo grande astrônomo e filósofo natural Arthur Stanley Eddington (1931, p.450). Hoyle (1982a, p.21) ainda é contra "a escola moderna de cosmólogos que, em conformidade com os teólogos judaico-cristãos, acreditam que o universo inteiro foi criado do nada". Até onde posso perceber, a proximidade da cosmologia moderna com a criação no sentido bíblico é mais imaginada do que real. Ainda assim, essa semelhança imaginada não foi um obstáculo para a pesquisa.

A ideia de complementaridade é explicada por Bohr, 1963. As palestras de Delbrück, 1985, cap.17 e 18 discutem suas consequências; Fischer, 1985, explica a busca (mal sucedida) de Delbrück por fenômenos complementares na biologia; Bohm, 1980, dá sua própria interpretação.

A necessidade de usar a subjetividade como um instrumento de pesquisa é enfatizada por Lorenz, 1983, especialmente o cap.4. Para informações históricas sobre tendências qualitativas na teoria de perturbação, ver: Moser, 1973. Considerações históricas podem ser encontradas em Weizsaecker, 1964; Prigogine, 1977; Haken, 1983 e em outros mais.

tecnologias e as ciências maravilhosas de culturas e civilizações diferentes da nossa.[19] Junto com os estudos mencionados na nota de rodapé 9 (e a vasta literatura sobre "desenvolvimento"), essas descobertas mostram que todas as nações, e não apenas os países industrializados, têm realizações das quais a humanidade como um todo pode se beneficiar; elas nos fazem perceber que até mesmo a menor das tribos pode ser capaz de oferecer novos *insights* ao pensamento ocidental; e elas convenceram alguns autores de que a ciência e o racionalismo científico, longe de serem uma forma de vida entre muitas, podem até nem ser uma forma de vida.[20]

---

[19] Um exemplo é o estudo em vários volumes de Needham (1978; 1981) sobre ciência e tecnologia chinesas, especialmente seu ensaio sobre medicina chinesa e um resumo com comentários sobre a autoridade comparativa da ciência ocidental. Para culturas "primitivas" cf. Lévi-Strauss, *The Savage Mind*, e a vasta literatura que hoje existe nessa área. Marshack, 1972, e Santillana e von Dechend, 1969, discutem abordagens mais recentes à arte, tecnologia e astronomia paleolíticas. Para uma visão geral e considerações sociológicas, cf. Renfrew, 1979.

[20] Assim Lorenz (1984, p.70) escreve em seu livro (publicado pela primeira vez em 1973) interessante e questionador, ainda que um pouco superficial: "A crença errônea de que só aquilo que pode ser captado racionalmente ou mesmo só aquilo que pode ser provado de uma maneira científica constitui o conhecimento sólido da humanidade tem consequências desastrosas. Ela induz a jovem geração de 'cientificamente iluminados' a descartar os imensos tesouros de conhecimento e de sabedoria que estão contidos nas tradições de todas as culturas antigas e nos ensinamentos das grandes religiões mundiais. Quem achar que tudo isso não tem significância naturalmente sucumbe a um erro igualmente pernicioso, viver na convicção de que a ciência é capaz, rotineiramente, de criar do nada, e de uma maneira racional, toda uma cultura com todos os seus ingredientes". De maneira semelhante, Needham, 1986, fala do "ópio científico", querendo com isso se referir a uma "cegueira para o sofrimento dos outros".

O "Racionalismo", escreve Medawar (1979, p.101), "não consegue responder totalmente às muitas perguntas simples e infantis que as pessoas gostam de fazer: perguntas sobre origens e propósitos que são muitas vezes ignoradas e desprezadas como sendo não perguntas ou pseudoperguntas, embora as pessoas as entendam com clareza suficiente e estejam ansiosas para ter uma resposta. Essas são dores intelectuais que os racionalistas – como médicos ruins defrontados por doenças que não podem diagnosticar ou curar – estão propensos a ignorar como sendo 'imaginação'". O que tento mostrar na presente seção é que perguntas relacionadas com o valor da ciência são exatamente desse tipo "imaginário". Compare tudo isso com a concessão de Wilson, citada na nota de rodapé 2, de que ao materialismo científico faltam dimensões importantes de uma visão do mundo abrangente e também moralmente atraente. Observe também

E ainda mais importante para meu objetivo atual, no entanto, elas estabelecem que R1 *não só é razoável* (cf. o esboço anterior dos argumentos de Mill) *e uma parte significativa das ciências não inibida pela ideologia*, mas que ela é também *bem confirmada*. Ou, para expressar a mesma coisa de outra forma: grandes partes da ciência transgrediram os limites estabelecidos por um racionalismo estreito ou "humanismo científico" e se transformaram em investigações que já não excluem as ideias e métodos das culturas "não civilizadas" e "não científicas": *não há qualquer conflito entre a prática científica e o pluralismo cultural*. O conflito só surge quando os resultados que podem ser considerados locais e preliminares e os métodos que podem ser interpretados como maneiras práticas de proceder sem deixar de ser científicos são congelados e transformados em medidas de tudo o mais – isto é, quando a boa ciência é transformada em má ciência porque é estéril, é ideologia. (Infelizmente muitas empresas de grande porte usam essa ideologia como uma de suas armas intelectuais mais importantes contra seus oponentes.) Isso conclui minha discussão e defesa do R1.

2 Consequências políticas

Algumas sociedades industriais são democráticas – elas submetem questões importantes a debate público – e pluralistas – elas estimulam o desenvolvimento de uma variedade de tradições. Segundo a tese R1, cada tradição pode contribuir para o bem-estar de indivíduos e da sociedade como um todo. Isso sugere que

> R2: sociedades dedicadas à liberdade e à democracia devem ser estruturadas de uma forma que dê a todas as tradições *oportunidades iguais*, ou seja, o mesmo acesso aos recursos federais, às instituições educacionais,

---

que filósofos como Kant tentaram resgatar o caráter de visão do mundo da ciência ao mostrar como princípios científicos básicos estão entrincheirados na natureza humana e, portanto, na vida. (Popper, nosso próprio mini-Kant, e os proponentes de uma "epistemologia evolucionária" repetem o procedimento em um nível mais modesto.)

às decisões básicas. A ciência deve ser tratada como uma tradição entre muitas, não como um padrão para avaliar aquilo que é aceito, aquilo que não é, aquilo que pode e aquilo que não pode ser aceito.

Observe que R2 restringe-se às sociedades baseadas na "liberdade e na democracia". Isso reflete minha antipatia por generalizações fáceis e minha aversão a ações políticas baseadas nelas. Não sou a favor da exportação de "liberdade" para regiões que estão vivendo muito bem sem ela e cujos habitantes não demonstram qualquer vontade de mudar suas formas de vida. Para mim, uma declaração tal como "a humanidade é uma e aquele que se preocupa com a liberdade e com os direitos humanos preocupa-se com a liberdade e com os direitos humanos em todos os lugares", quando "preocupar-se" pode implicar intervenção ativa (Bay, 1968, p.376), é apenas outro exemplo da presunção intelectual (liberal). Ideias gerais tais como a de "humanidade", ou a de "liberdade", ou a ideia ocidental de "direitos" surgiram em circunstâncias históricas específicas; sua relevância para pessoas com um passado diferente deve ser verificada pela vida, por contatos prolongados com sua cultura; não pode ser resolvida à distância. Contudo, acho que os defensores da pluralidade, da liberdade e da democracia negligenciaram algumas implicações importantes de seu credo. R2 descreve a área de negligência e indica como e com base em quais argumentos ela pode ser diminuída.

Observe também que a R2 recomenda uma igualdade de tradições e não apenas igualdade de acesso a uma tradição específica ("oportunidades iguais" nas democracias ocidentais normalmente significam esse último tipo de igualdade e a tradição privilegiada seria uma mistura de ciência, liberalismo e capitalismo). As tradições, e não os indivíduos, são as unidades do discurso. Para funcionar, a R2 deve, é claro, ser mais específica. É preciso que existam critérios para identificar as tradições (nem todas as associações serão consideradas uma tradição e uma entidade que começou como uma tradição pode deteriorar e se transformar em um clube) e regulamentar as oportunidades. Mas tais critérios serão mais bem elaborados pelos grupos que afirmam ser tradicionais e desejam ter oportunidades iguais, em vez de serem declarados *a priori* e independentemente das partes envolvidas. A razão é que debates políticos concretos muitas vezes levam a mudanças imprevistas em: (a) pensamentos, costumes e sentimentos que definem a autoimagem de uma tradição específica, (b) ideias legais (direito comum tanto quanto direito estatutário) governando o tratamento das tradições e (c) ideias (antropológicas, históricas, do sentido comum) gerais sobre a natureza das tradições e das culturas. O processo precisa de muita margem de segurança para ser aceitável a todos os participantes. Programas políticos e teorias sociais que sejam concebidos independentemente do processo são rígidos demais para fornecer aquela margem de segurança.

R2 exige oportunidades iguais e apoia a exigência ao considerar benefícios possíveis: até mesmo os modos de vida mais estranhos *podem ter algo a oferecer*. No caso dos indivíduos, alguns autores foram ainda mais longe ao declarar que os indivíduos *têm direitos* que não dependem de sua utilidade. Parece natural estender esses direitos às tradições, afirmando, por exemplo, que embora possamos aprender muito com os menonites, ou com os shawnee, devemos respeitar seus modos de vida, mesmo que eles acabassem sendo absolutamente inúteis para o resto da sociedade.[21] Portanto, sugiro que, além de R1 e R2, nós também postulemos o seguinte:

R3: As sociedades democráticas devem dar *direitos iguais* a todas as tradições e não apenas oportunidades iguais.

Uma vez mais, a noção de direitos e de uma igualdade de direitos deve ser especificada mais claramente e, uma vez mais também, a especifica-

---

[21] Cf. o pedido de Kant para que cada parte da humanidade seja tratada como um fim, nunca como um mero meio: "Aja de tal maneira que você considere a humanidade tanto em sua própria pessoa e na pessoa de outros sempre também como um fim e nunca meramente como um meio" (1786, p.66 ss.). O pedido tem antecessores famosos. No dia 20 de junho de 1500, a Coroa Católica na Espanha formalmente aprovou a liberdade, e a não escravidão, para os índios. Rafael Altamira comentou como se segue: "Que dia memorável para o mundo todo, porque sinaliza o primeiro reconhecimento do respeito devido à dignidade e à liberdade de todos os homens, *não importa quão primitivos e não civilizados eles possam ser* – um princípio que nunca tinha sido proclamado antes em qualquer legislação e muito menos praticado em qualquer país" (citado de Hanke, 1974, p.7).

ção terá de vir dos debates políticos entre as partes envolvidas, da proposta, discussão, crítica das leis e precedentes e não de especulações teóricas. No entanto, algumas consequências gerais podem ser declaradas desde já e independentemente de desenvolvimentos mais concretos.

Por exemplo, R3 implica que especialistas e instituições governamentais nas sociedades democráticas devem adaptar seu trabalho às tradições a que eles servem, em vez de usar pressões institucionais para adaptar as tradições a seu trabalho; instituições médicas devem levar em consideração os tabus religiosos de grupos especiais em vez de tentar fazer com que eles se adaptem às modas mais recentes da medicina. A sugestão não é de forma alguma incomum. Os cientistas do governo redefinem seus problemas quando uma nova administração toma posse (ou quando são substituídos por pessoas com convicções diferentes); os cientistas que trabalham em contratos de segurança adaptam sua abordagem de acordo com as mudanças no clima político e na segurança; ecologistas seguem as necessidades públicas; tecnólogos da informática mudam suas prioridades com cada oscilação do mercado; a pesquisa fisiológica é proibida por lei de usar seres humanos vivos ou cadáveres não liberados por seus familiares; e seja quem for que tenha poder impõe suas idiossincrasias como se fossem direitos. R3 traz ordem para essa prática e dá a ela aquilo que poderíamos chamar de "base moral". Ela também se adapta às tendências descentralizadoras inerentes a todas as sociedades genuinamente democráticas.

R2 e R3 não são exigências absolutas. São propostas cuja realização depende das circunstâncias em que elas são feitas e dos meios (táticas, inteligência, poder) disponíveis àqueles que as fazem; estão abertas a modificações e exceções. Um defensor da R3 difere de um oponente não por recusar-se a admitir tais exceções, e sim pelo fato de tratá-las como exceções, de tentar dispensá-las sempre que possível e manter-se próximo a seu ideal de oportunidades iguais e direitos iguais.[22]

---

[22] Esses comentários solucionam um problema criado pelas tendências generalizantes de alguns críticos. "Se todas as tradições têm direitos iguais", dizem esses críticos, "então a tradição que apenas uma tradição deve ter direitos terá o mesmo direito que todas as outras – o que faz com que R3 seja absurdo!" Mas R3 não é um princípio

R2 e R3 apoiam tanto *a liberdade para* quanto *a liberdade das ciências*: a ciência, em nossas democracias, precisa de proteção por parte das tradições não científicas (racionalismo, marxismo, escolas teológicas etc.) e tradições não científicas precisam de proteção por parte da ciência. Os cientistas podem se beneficiar de um estudo de lógica ou do taoísmo – mas o estudo deve surgir da própria prática científica e não deve ser imposto. Os praticantes da medicina tradicional chinesa podem aprender muito com as abordagens científicas das doenças humanas – mas, uma vez mais, deve-se permitir que esse processo de aprendizado prossiga sozinho, ele não deve ser imposto por instituições estatais. As decisões democráticas podem, é claro, impor limites (temporários) a qualquer sujeito e a qualquer tradição; uma sociedade livre, afinal, não deve ser deixada à mercê das instituições que ela contém – ela deve supervisioná-las e controlá-las. No entanto, essas decisões vêm de debates nos quais nenhuma das tradições desempenha um papel principal (exceto acidental e temporariamente) e elas podem ser revertidas no momento em que ficar claro que são impraticáveis ou perigosas. Discuti esse problema e outros a ele relacionados em dois livros: *Against Method*, que trata da liberdade da ciência (da interferência filosófica) e *Science in a Free Society*, que trata da liberdade das tradições não científicas (da interferência científica).

3 Heródoto e Protágoras

Em vez de discutir o intercâmbio de costumes, crenças e ideias, podemos perguntar como eles influenciam as pessoas no momento em que estejam *estabelecidos* ou, para usar um termo ligeiramente mais abstrato, no momento em que se acredita que são *válidos*. Pelo que sei, o primeiro autor a considerar isso foi Heródoto. No livro 3,38 de suas *Histórias*, ele conta a seguinte história (citada de uma tradução de Aubrey de Selincourt, Penguin Books, 1954):

---

que "acarreta" consequências; é uma regra prática que se torna definitiva por suas aplicações e que, separada dessas aplicações, não acarreta coisa alguma.

Quando Dario era rei da Pérsia, convocou os gregos que por acaso estavam presentes em sua corte e lhes perguntou o que queriam em troca para comer os cadáveres de seus pais. Eles responderam que não o fariam por nenhum dinheiro no mundo. Mais tarde, na presença dos gregos, e por meio de um intérprete, para que eles pudessem entender o que estava sendo dito, perguntou a alguns índios, da tribo chamada *Callatiae*, que realmente comem os cadáveres de seus pais, o que queriam em troca para queimar esses cadáveres. Eles soltaram um grito de horror e proibiram-no de mencionar uma coisa assim tão terrível. Podemos ver com isso o que o costume pode fazer, e Pindar, em minha opinião, estava certo quando chamou o costume de "rei de tudo".

O costume é "rei de tudo" – mas pessoas diferentes obedecem a reis diferentes:

> Se a alguém, não importa quem, fosse dada a oportunidade de escolher entre todas as nações do mundo o conjunto de crenças que ele considerava o melhor de todos, ele iria inevitavelmente, depois de considerações cuidadosas de seus méritos relativos, escolher o de seu próprio país. Todos, sem exceção, acreditam que seus próprios costumes nativos e a religião em que foram criados são os melhores.

Ora, o domínio de um rei geralmente não depende só de poder, mas também de direitos. Heródoto sugere que o mesmo é verdade com relação aos costumes. Ao invadir o Egito, Cambises demoliu templos, ridicularizou as leis antigas, violou túmulos, examinou os corpos e entrou no templo de Hefesto para zombar da estátua do deus. Cambises tinha poder para fazer todas essas coisas. No entanto, segundo Heródoto, ele não estava iluminado e estava "completamente louco; essa é a única explicação possível para seu ataque e zombaria a tudo que a lei e o costume antigos tinham tornado sagrado". (Observe que, seguindo essa linha de raciocínio, a zombaria que Xenófanes fez de "tudo que a lei e os costumes antigos tornaram sagrado" também indica uma mente perturbada e doente; não é um sinal de iluminação. Cf. o próximo capítulo.)

Resumindo:

R4: Leis, crenças religiosas e costumes governam, como reis, em territórios restritos. Seu governo depende de uma autoridade dupla: de seu *poder* e de esse poder ser *legítimo*; as regras são *válidas* em seus domínios.

R4 está de acordo com as ideias de Protágoras, o grande contemporâneo de Heródoto. No diálogo de Platão *Protagoras*, o personagem "Protágoras" explica sua posição duas vezes; primeiro contando uma história e depois "dando razões" (324d7). Segundo a história, os deuses e Prometeu ordenaram a Epimeteu que equipasse todas as criaturas com poderes adequados; não sendo uma pessoa inteligente, ele esgotou seus poderes antes de chegar à raça humana, que ficou, então, sem proteção e habilidades. Para corrigir o erro, Prometeu roubou o fogo e as artes de Hefesto e de Atenas. Os humanos agora poderiam sobreviver, mas ainda não seriam capazes de viver juntos em paz.

> Zeus, portanto, temendo a destruição total de nossa raça, enviou Hermes para ensinar aos homens a qualidade de respeito pelos outros e um sentido de justiça e, com isso, trazer ordem para nossas cidades e criar um laço de amizade e união.
> Hermes perguntou a Zeus de que maneira ele deveria conceder esses dons aos humanos. "Devo distribuí-los como as artes foram distribuídas – isto é, sob o princípio de que um médico qualificado é suficiente para muitos leigos e o mesmo com relação aos outros especialistas? Devo distribuir a justiça e o respeito por seus semelhantes dessa maneira ou igual para todos?"
> "Para todos", disse Zeus. "Deixe que todos eles tenham sua parte. Nunca poderia haver cidades se apenas uns poucos compartilhassem dessas virtudes, como nas artes. Além disso, você deve dispor, como sendo minha lei, que, se qualquer pessoa for incapaz de adquirir sua parte dessas duas virtudes, ela será condenada à morte como uma praga para a cidade." (*Protagoras* 320d ss. Esp. 322c ss., segundo Guthrie.)

A justiça, segundo essa história, é parte da lei de Zeus. Assim, as leis e costumes que são articulações especiais da justiça, uma vez mais dependem de uma autoridade dupla: o poder das instituições humanas e o poder de Zeus. "Protágoras" explica como elas são impostas:

Assim que uma criança pode entender o que lhe é dito, a babá, a mãe, o tutor e o próprio pai competem entre si para fazer com que ela seja tão boa quanto possível, ensinando-lhe por meio de tudo que ela faz ou diz, indicando "isso está certo, aquilo está errado, isso é honroso e aquilo vergonhoso, isso é sagrado, aquilo é ímpio: faça isso, não faça aquilo". Se a criança é obediente, muito bem. Se não é, eles a endireitam com ameaças e pancadas como se ela fosse um pedaço de madeira empenada e retorcida. (Idem, 325c3 ss.)

Como podemos ver por essas citações, Protágoras acreditava que tinha de haver leis e que elas tinham de ser cumpridas. Acreditava também que as leis e instituições tinham de ser adaptadas às sociedades que elas supostamente iriam comandar, que a justiça tinha de ser definida "relativamente às" necessidades e circunstâncias daquelas sociedades. Nem ele nem Heródoto afirmaram, como fizeram outros sofistas e, mais tarde, os "relativistas", que as instituições e as leis que são válidas em algumas sociedades e inválidas em outras são, portanto, arbitrárias e podem ser mudadas à vontade. É importante enfatizar esse ponto, pois muitos críticos do relativismo parecem presumir a inferência *a priori*: podemos ser relativistas e ainda assim defender e fazer com que se cumpram as leis e as instituições.

Os ingredientes "relativistas" da filosofia de Protágoras originam-se de duas fontes. Uma é um relatório segundo o qual Protágoras elaborou leis especiais para Túrio, uma colônia pan-helênica no sul da Itália. A segunda fonte é o diálogo de Platão *Teeteto*, que contém uma longa discussão sobre as ideias atribuídas a Protágoras. A discussão começa com uma afirmação que, sendo uma das poucas citações diretas que temos de Protágoras, passou a ser sua marca registrada:

R5: "O homem é a medida de todas as coisas, daquelas que são por aquilo que são e daquelas que não são por aquilo que não são." (*Protagoras*, 152a1 ss.)

Como indiquei na última seção e especialmente na nota de rodapé 22 (e no texto), uma afirmação tal como R5 pode ser interpretada de (pelo menos) duas maneiras: como uma premissa, "acarretando" consequências bem definidas e sem ambiguidade, ou como uma regra prática esboçando um panorama geral sem dar uma descrição precisa. No primeiro caso (que é o favorito dos lógicos), o significado da afirmação deve ser estabelecido *antes* de ela ser aplicada ou arguida; no segundo caso (que caracteriza a maioria das discussões frutíferas, nas ciências e em outras áreas), interpretar a afirmação *é parte de* sua aplicação, ou da argumentação sobre ela.[23] Platão se inclina na direção da primeira interpretação, embora a maneira pela qual R5 está sendo esclarecida (idem, 152al-170a3) e os muitos apartes que animam o debate dão a impressão de que adota a segunda. No entanto, a situação é suficientemente clara: ele quer uma versão de R5 que possa ser definida com precisão e refutada. A versão que ele traz é a seguinte:

R5a: seja o que for que pareça a uma pessoa, é para aquela pessoa a quem parece (idem, 170a3 ss.).

onde "seja o que for que pareça" significa qualquer opinião (examinada ou não) que por acaso é atraente para a pessoa em questão.

Usando essa interpretação, Platão produz três críticas principais de R5.

A primeira começa com a observação (170a6 ss.) de que poucas pessoas confiam em suas próprias opiniões, que a grande maioria segue o conselho de especialistas, que, portanto, R5a é falsa para quase todas as pessoas e, como Protágoras mede a verdade pelas opiniões humanas, também para ele (171c5 ss.; cf. 179b6 ss.): "ele é apanhado quando atribui verdade às opiniões de outros que desmentem sua própria opinião".

A segunda crítica é que os especialistas produzem predições confiáveis, enquanto pessoas leigas não o fazem (178a5 ss.). Assim, no caso da

---

[23] A diferença influencia as traduções. No primeiro caso, a tradução deve usar termos precisos: por exemplo, deve deixar claro se *anthropos* significa um ser humano específico ou a humanidade em geral, ou um ser idealizado que pensa e avalia. No segundo caso, uma tradução não muito rigorosa e em aberto resolveria o problema. Os problemas foram descritos por Von Fritz, 1978, p.111 ss., bem como nos comentários filológicos de Guthrie, 1969, p.188 ss. Kahn (1966, p.251f; 1973, p.376) sugeriu, com argumentos plausíveis, a tradução: "O homem mede aquilo que é de modo que seja assim etc.".

medicina, "um ignorante pode crer que em breve estará sofrendo de uma febre, enquanto um médico afirma o contrário; diremos que o futuro irá se comportar de acordo com ambas as opiniões, ou apenas de acordo com uma delas?" (178c2 ss.). Obviamente o último caso, diz Platão – o que elimina R5a.

Uma terceira crítica trata da estrutura da sociedade. "Em questões sociais", diz Sócrates (1721 ss.), "a teoria [isto é, R5 lido como R5a] dirá que, com relação ao Bom e ao Mau ou ao Justo e ao Injusto ou ao Piedoso e ao Ímpio, seja qual for a opinião que um Estado tem sobre essas questões e que depois é estabelecida como lei, essa também será sua Verdade e nessas questões nenhum indivíduo ou Estado é mais sábio que outro." Mas desenvolvimentos futuros podem demonstrar que essa crença está errada: algumas leis preservam o Estado, enquanto outras o explodem em pedaços; algumas leis trazem felicidade para os cidadãos, enquanto outras criam escassez, rivalidade, desastre. A verdade, portanto, não é uma questão de opinião (individual ou coletiva, democrática ou aristocrática) e R5a é falsa.

Os argumentos afastam aquilo que R5a diz sobre opiniões (as opiniões são verdadeiras para aqueles que as têm) ao usar opiniões: que os especialistas são melhores que pessoas leigas; que, quando pedimos a eles que solucionem um problema, todos darão a mesma resposta; que a resposta no final será correta no futuro; que a maioria das pessoas concorda com essa avaliação dos especialistas – e assim por diante.

Mas, quando Platão escreveu seu diálogo, essas opiniões especiais tinham deixado de ser populares e eram atacadas por especialistas e também pelos leigos. Por exemplo, o autor do ensaio *Ancient Medicine* [*Medicina antiga*] tinha ridicularizado a tendência de teóricos médicos de substituir o senso comum por teorias incompreensíveis e de definir doença e saúde em seus termos. Um médico, diz esse autor, deve supostamente devolver o bem-estar das pessoas; portanto, ele deve ser capaz de declarar seu objetivo nas mesmas palavras familiares que são usadas por seus pacientes (*Ancient Medicine*, cap.15 e 20, citado na seção 6 que se segue). Alguns médicos tinham argumentado e grande parte do público tinha chegado a crer que a saúde volta para um organismo doente por sua própria conta e que especialistas provavelmente irão retardar esse processo

(*On the Art* [*Sobre a arte*], capítulo 5). A medicina, diz o pequeno tratado *Nomos* (capítulo I), que parece pertencer ao século IV:

> ... é a mais eminente de todas as artes, mas, em virtude da ignorância daqueles que a praticam e daqueles que casualmente avaliam esses clínicos, hoje é, entre todas as artes, de longe a menos querida. A razão principal para esse erro me parece ser a seguinte: a medicina é a única arte que nossos Estados não sujeitam a nenhuma penalidade, a não ser a da desonra e a desonra não fere aqueles que estão cheios dela. Esses homens, com efeito, são muito parecidos com os extras nas tragédias. Esses têm a aparência, a vestimenta e a máscara de um ator sem serem atores, assim como ocorre com os médicos; muitos são médicos por reputação, poucos o são na realidade. (Jones, 1967, p.263)

Aristófanes (*Nub.*, 332f; cf. Ehrenberg, 1962) classificou "curandeiros" ao lado de profetas, *playboys*, "produtores de ditirâmbicos pseudor-rítmico-ornamento" e "trapaceiros que-atiram-nas-estrelas". Sabemos por ele que os leigos muitas vezes preparavam seu próprio remédio (Thesmophorizusae, 483) e ele escreveu em seu *Plutos* (407 ss.): "Onde posso encontrar um médico nesta cidade? O salário deles é baixo e também baixo é o resultado de sua arte".

Essa foi também a época em que as antigas instituições estavam sendo transformadas gradativamente e um número crescente de pessoas participava das decisões políticas fundamentais, inclusive daquelas referentes ao uso de especialistas. "Nossos homens públicos", disse Péricles em sua oração funérea (Tucídides, *Pelopponesian War*, 40 Modern Library College Edition),

> têm, além da política, seus negócios particulares para resolver e nossos cidadãos comuns, embora ocupados com os objetivos da indústria, ainda são juízes justos das questões públicas; pois ao contrário de qualquer outra nação, considerando aquele que não participa dessas obrigações não como pouco ambicioso e sim como inútil, nós atenienses somos capazes de julgar todos os eventos que não podemos originar e, em vez de olhar para as discussões como um obstáculo no caminho da ação, pensamos que elas são preliminares indispensáveis para qualquer ação sábia. Uma vez mais, em nossos empreendimentos, nós apresentamos o espetáculo singular de ousadia e deliberação, cada uma delas levada a seu extremo e ambas unidas nas

mesmas pessoas ... Em suma, digo que, como cidade, nós somos a escola de Hellas...

Treinados nessa escola, os cidadãos atenienses mantinham opiniões que haviam passado por um longo processo de adaptação, eram muito bem embasados e muito diferentes dos ataques isolados de "aparente", que Platão usa para interpretar R5. Devemos esperar que Protágoras, que participou ativamente do desenvolvimento, referiu-se a esse último quando formulou seu princípio? Ao contrário, será que as opiniões especiais que Platão expressa em oposição a R5a não são precisamente esse tipo de ataque e, portanto, alvos adequados para sua própria crítica? Considerações como essas sugerem que devemos ler R5 de uma maneira menos técnica e precisa e mais de acordo com aquilo que chamei acima de segunda maneira de interpretar princípios, por exemplo, declarando

R5b: que as leis, costumes e fatos que estão sendo colocados diante dos cidadãos em última instância dependem de pronunciamentos, crenças e percepções de seres humanos e que questões importantes deveriam, portanto, ser dirigidas às (percepções e pensamentos das) pessoas envolvidas e não a agências abstratas e especialistas distantes.

A tese R5b é prática e realista. Ela não introduz eventos artificiais e as situações nela mencionadas dependem dos problemas que estão sendo considerados. Por exemplo, se estamos falando sobre as leis da cidade, então o conselho na segunda parte sugere que elas deveriam ser "medidas" pelos *cidadãos* e não por deuses ou antigos legisladores (que eram tradicionalmente considerados seus inventores e a única fonte de sua autoridade). Se as "questões importantes" são saúde e doença, então é o *paciente individual* e não um médico mergulhado em teorias abstratas que "mede" o bem-estar. A própria "medição" já não é um processo que compara uma situação complexa aos pensamentos fugidios que por acaso estão nas mentes daqueles envolvidos nela; ela inclui aprendizado (167bl ss.). Alguns pacientes podem, é claro, agarrar-se a sua sensação inarticulada de bem-estar, outros podem seguir estritamente as prescrições de seus médicos favoritos, mas haverá também pacientes que leem livros, consultam uma variedade de curandeiros e chegam a uma conclusão própria. Na política, alguns cidadãos podem fechar seus ouvidos para argumentos e confiar em sua "intuição básica", outros podem ouvir o que os políticos mais importantes têm a dizer e depois tomar suas decisões. Segundo R5b, todos esses indivíduos "medem" aquilo que está sendo colocado diante deles.

As três críticas de Platão já não se aplicam à R5b.

A primeira crítica falha porque "opinião" agora inclui confiança nas opiniões de especialistas. A segunda funciona em uma comunidade impressionada por especialistas – que concorda com R5b. A terceira crítica se desmorona porque os eventos futuros, da maneira como interpretados por gerações futuras, são "medidos" assim como os eventos presentes, interpretados por observadores presentes: não existe qualquer conhecimento completo e estável das questões sociais e políticas. Resumindo, podemos dizer que a crítica principal de Platão parte de uma interpretação indevidamente restrita do *dictum* de Protágoras combinada com uma crença dogmática na excelência do conhecimento especializado.

Minha discussão das objeções de Platão ainda não está completa. Platão não introduz especialistas em virtude das coisas maravilhosas que eles poderiam fazer, e sim porque ele tinha uma explicação para seu sucesso: especialistas sabem a verdade e estão em contato com a realidade. A verdade e a realidade, e não os especialistas, são as medidas últimas de sucesso e fracasso. Boas ideias, procedimentos e leis, segundo Platão, não são nem ideias, procedimentos e leis populares nem coisas que são sustentadas por autoridades tais como os reis, poetas itinerantes ou especialistas; boas ideias, procedimentos e leis são coisas que "se enquadram com a realidade" e são verdadeiras nesse sentido. Vamos agora ver o que R5 tem a dizer sobre *esse* ponto.

4 Verdade e realidade em Protágoras

A distinção entre ser e parecer, verdade e falsidade, os fatos como eles são e os fatos como as pessoas dizem ou pensam que são era uma parte familiar (embora muitas vezes apenas subentendidas) do discurso comum muito tempo antes de Protágoras formular R5. "Como na fala mais contemporânea, em Homero e Sófocles o homem que fala a verdade 'conta-a como ela é' e o mentiroso conta-a de outra maneira."[24]

Os filósofos pré-socráticos, especialmente Parmênides, aguçaram a distinção e tornaram a dualidade (verdadeiro-falso) explícita. Além disso, eles deram explicações unificadas de tudo que se poderia dizer existir. Essas explicações estavam em conflito com as maneiras não filosóficas de "contar isso como ele é". Para os filósofos, o conflito mostrava que o senso comum era incapaz de alcançar a verdade. Demócrito, por exemplo, afirmou que "o amargo e o doce são opiniões, cor é uma opinião – na verdade existem átomos e o vazio",[25] enquanto que Parmênides rejeitou "as maneiras dos humanos" (B1, 27) dos "muitos" (B6,7) que, sendo guiados pelos "hábitos baseados em muita experiência" (B7,3), "vagam por aí, surdos e cegos, perturbados e indecisos" (B6, 6 ss.). Assim, afirmações tais como "isso é vermelho" ou "aquilo se mexe", que descrevem eventos importantes na vida de artistas, médicos, generais, navegantes e também na vida de seres humanos comuns, foram sumariamente excluídos do domínio da verdade.

Um dos objetivos de Protágoras parece ter sido restaurar essas afirmações a sua antiga proeminência. "Você e eu", Protágoras parece dizer,

> nossos médicos, artistas e artesãos sabem muitas coisas e nós vivemos como vivemos em virtude desse conhecimento. Agora esses filósofos chamam nosso conhecimento de opiniões baseadas em experiência ineficiente e contrastam "os muitos", isto é, pessoas como nós, com os poucos iluminados, isto é, eles próprios e suas estranhas teorias. Bem, pelo que eu entendo, a verdade está conosco, com nossas "opiniões" e "experiências" e nós, "os muitos" – e não as teorias abstratas –, somos a medida das coisas.[26]

---

[24] Kahn, 1973, p.363, 365 e 369. Para o que se segue, veja também capítulo 2 de Heinimann, 1945, e Von Fritz, 1945, p.223 ss.; 1946, p.12 ss.
[25] Diels-Kranz, Fragment B9. Segundo Reinhardt (Alfieri, 1953, p.127), a palavra *nomo* no fragmento é usada paralelamente à palavra *nenomistai* de Parmênides (B6,8) que, por sua vez (Heinmann, 1945, 74 ss.) pode ser expressa como "sendo costumeiramente acreditado pelos muitos" (sem ser verdade).
[26] Sobre a expressão "os muitos" no discurso filosófico grego de Homero a Aristóteles, cf. Voigtländer, 1980, p.81 ss. "Ninguém pode fingir", escreve Ehrenberg, 1973, p.340,

A referência que Protágoras faz às sensações (*Theaetetus*, 152b1 ss.) pode ser vista nessa luz: "sensações", para Protágoras, não são nem as entidades técnicas que Platão constrói para complicar as coisas para a R5 (156a2 ss.) nem dados sensoriais arianos; elas são aquilo de que as pessoas comuns se valem quando avaliam o ambiente a seu redor. As coisas estão quentes ou frias para uma pessoa quando ela sente que estão quentes ou frias e não quando um filósofo, usando a teoria, declara a presença do Calor ou do Frio (dois dos "elementos" abstratos de Empédocles). Os comentários de Protágoras sobre a matemática (um círculo não pode tocar uma régua em um único ponto – Aristóteles, *Met.*, 998ª) refletem a mesma atitude: os conceitos práticos dominam os conceitos que foram separados da ação humana (os construtivistas modernos procedem de uma maneira análoga).[27] Ambos os argumentos da seção anterior ("medir"

"que a frase [R5] ou suas traduções é clara e significativa. Ela precisa de mais explicações e isso não é de forma alguma óbvio... É provável que Protágoras tenha ido além do significado da mera percepção sensorial... O ponto principal, o único claramente positivo e aquele que impressionou as pessoas de uma vez por todas é o *metron anthropos*, a posição central dada ao homem." Eu acrescentaria: ao homem na medida em que ele esteja ocupado com suas atividades cotidianas comuns e não ao homem que inventa teorias abstratas.

[27] Essa interpretação foi sugerida por Kapp, 1936, p.70 ss. Von Fritz adota as ideias de Kapp; em seu artigo "Protágoras" (cf. nota de rodapé 23), ele compara a declaração de Protágoras com as reclamações do autor de *Ancient Medicine* de que os teóricos da medicina descrevem as doenças e as curas em termos de entidades abstratas tais como o Calor, o Frio, o Molhado, o Seco, sem dizer uma palavra sobre o alimento específico (leite quente? água morna?) que deve ser tomado ou da doença específica (diarreia) que afeta o paciente. Considerando esses paralelos, Von Fritz infere que a afirmação de Protágoras "não foi destinada originalmente a formular um sensualismo, relativismo ou subjetivismo consistentes, e sim queria confrontar a filosofia estranha dos eleáticos (segundo os quais o Ser não tinha partes e não mudava) ou Heráclito (segundo o qual havia apenas mudança) e de outros que tinham deixado a *opinio communis* muito para trás com uma filosofia do senso comum, assim como o autor de *Ancient Medicine* confrontou uma escola de medicina que tinha tirado sua ciência dos princípios gerais filosóficos e científicos com uma medicina puramente empírica e acrescentou explicitamente que uma teoria médica só poderia valer alguma coisa se fosse compreensível para os leigos" (1978, p.114). Cf. também Cornford, 1957, p.69: "Tudo que as objeções (levantadas em *Theaetetus* 164c-165c) na verdade estabeleceram foi que 'percepção' deve ser ampliada para incluir consciência de imagens da memória".

depende das circunstâncias; "opiniões" podem ser obtidas de maneiras extremamente sofisticadas) e as presentes considerações mostram que Protágoras reintroduziu meios do senso comum para estabelecer a verdade e os defendeu contra as reivindicações abstratas de alguns de seus predecessores. Isso, no entanto, ainda não é toda a história.

A razão é que Protágoras combinou sua volta ao senso comum em questões de verdade com ideias um tanto contrárias ao senso comum sobre falsidade. Segundo *Euthydemus* 286c e *Theaetetus* 167a7 ss., ele achava impossível (tentar falar sinceramente e apesar disso) fazer uma afirmação falsa. Parece que essa doutrina estava conectada com a ideia, encontrada em Parmênides (B 2,8; B 8,7) e explorada por Górgias (*On the Non Existent or on Nature* [Sobre o não existente ou sobre Natureza]), de que afirmações falsas, sendo sobre nada, também dizem nada; a percepção e a opinião, medidas costumeiras da verdade, são medidas infalíveis e os mundos projetados por indivíduos, grupos ou nações diferentes são como eles os percebem e os descrevem – eles são todos igualmente reais. No entanto, *eles não são igualmente bons ou benéficos* (para aqueles que vivem neles). Uma pessoa doente vive em um mundo onde tudo tem um gosto amargo e, portanto, é amargo (166e2 ss.) – mas ela não está feliz nesse mundo. Os membros de uma sociedade racista vivem em um mundo onde as pessoas se classificam em grupos claramente definidos, alguns criativos e benevolentes, outros parasíticos e maus – mas suas vidas não são muito confortáveis. Um desejo de mudança pode surgir em qualquer um desses dois casos. Como é que a mudança pode ser levada a cabo?

Segundo Protágoras, as mudanças são causadas por homens sábios (166d1 ss.). Homens sábios não podem transformar a falsidade em verdade ou a aparência em realidade – mas podem mudar uma realidade desconfortável, dolorosa e ameaçadora em um mundo melhor. Assim como um médico, usando os remédios, transforma um estado real, mas desafortunado, de um indivíduo em outro igualmente real, mas agradável (do mesmo indivíduo ou de um indivíduo mudado), da mesma maneira um homem sábio, usando palavras, transforma uma situação cruel e infeliz (de um indivíduo ou de uma cidade inteira) em um estado benéfico. Observe que, segundo essa explicação, é o indivíduo ou o Estado, não o homem sábio, que avaliam o sucesso do procedimento. Observe também que essa avaliação, retornando para o homem sábio, pode melhorar a própria situação de sua especialidade e assim torná-lo um melhor conselheiro. Observe, finalmente, que em uma democracia o "homem sábio" é a comunidade dos cidadãos representada pela assembleia-geral: o que a assembleia diz é tanto uma verdade sobre a sociedade quanto um instrumento para mudá-la e a realidade criada por suas afirmações é, por sua vez, um instrumento para mudar os procedimentos e as opiniões da própria assembleia. É assim que a teoria da verdade e da realidade de Protágoras pode ser usada para explicar o funcionamento da democracia direta.

É interessante comparar as ideias de Protágoras com as formas mais familiares do objetivismo filosófico e científico. O objetivismo afirma que todos, não importa quais sejam suas percepções e opiniões, vivem no mesmo mundo. Grupos especiais (astrônomos, físicos, químicos, biólogos) exploram esse mundo; outros grupos especiais (políticos, industrialistas, líderes religiosos) garantem que as pessoas possam sobreviver nele. Primeiro, os fabricantes de uma realidade objetiva fantasiam a realidade, depois engenheiros materiais e sociais conectam os resultados com as necessidades e desejos do povo, isso é, com a realidade como definida por Protágoras, que junta os dois procedimentos em um só: a "realidade" (para falar a linguagem dos objetivistas) é explorada pela tentativa de satisfazer os desejos humanos de uma maneira mais direta; o pensamento e as emoções trabalham juntos (e talvez não estejam sequer separados). Podemos dizer que a abordagem de Protágoras é uma abordagem de engenharia, enquanto os objetivistas que separam a teoria e a prática, o pensamento e a emoção, a natureza e a sociedade e que distinguem, cuidadosamente, realidade objetiva de um lado e experiência e vida cotidianas do outro introduzem grandes componentes metafísicos. Com a tentativa de mudar seu ambiente para que ele se pareça cada vez mais com essa realidade (e assim fazer com que fique mais confortável), os objetivistas agem como protagorianos puros, mas não como os homens sábios de Protágoras. Para se tornar sábio, eles precisam "relativizar" sua abordagem. Há muitas indicações de que isso já é parte de sua prática.

Para começar, os objetivistas não construíram um mundo e sim vários. É claro, alguns desses mundos são mais populares do que outros, mas isso se dá em virtude de uma preferência por certos valores (além do valor da objetividade – veja seção 2) e não por vantagens intrínsecas; resultados de medições são preferíveis a qualidades porque as mudanças tecnológicas são preferíveis a adaptações harmoniosas; as leis da natureza dominam os princípios divinos porque elas agem de uma maneira mais monótona – e assim por diante. A pluralidade afeta as ciências que contêm empreendimentos experimentais sumamente valorizados, tais como a biologia molecular, lado a lado com disciplinas qualitativas desprezadas, tais como a botânica ou a reologia. A ciência mais fundamental, a física, até hoje não foi capaz de nos dar uma explicação unificada do espaço, do tempo e da matéria. O que temos, portanto (além de promessas grandiloquentes e popularizações superficiais), é uma variedade de abordagens baseadas em uma variedade de modelos que têm sucesso em áreas restritas, ou seja, o que temos é a prática de Protágoras.

Segundo, a transição de um modelo específico para questões práticas envolve modificações tão enormes que estaríamos falando de um mundo inteiramente novo. A indústria, em vários países, confirma essa conjectura ao separar sua pesquisa das universidades e das escolas de engenharia e desenvolver procedimentos mais adequados às suas necessidades específicas. Programas sociais, estudos ecológicos e relatórios de impacto para projetos tecnológicos muitas vezes fazem com que surjam problemas ainda não respondidos por qualquer ciência existente; aqueles envolvidos nos estudos são forçados a extrapolar, redesenhar fronteiras ou desenvolver ideias totalmente novas para vencer os limites do conhecimento especializado. Terceiro, as abordagens objetivistas, especialmente na saúde, na agricultura e na engenharia social, podem ter sucesso forçando a realidade para que essa siga seus modelos; as sociedades distorcidas começam, então, a mostrar vestígios dos padrões que lhes foram impostos. Isso, uma vez mais, é um procedimento verdadeiramente protagoriano, a não ser pelo fato de inverter a cadeia de comando: o que conta é a avaliação dos cientistas que interferem e não a avaliação das pessoas com quem se interferiu. Quarto, a interferência muitas vezes perturba um equilíbrio delicado de metas e meios e assim causa mais dano do que bem – e isso agora é reconhecido pelos próprios "desenvolvimentistas". Von Hayek (1960, p.54) distingue entre o que ele chama de duas tradições diferentes na teoria da liberdade, uma empírica e assistemática, a outra especulativa e racionalista – a primeira baseada em uma interpretação das tradições e instituições que tinham crescido espontaneamente e eram apenas compreendidas imperfeitamente, a segunda com o objetivo de construir uma utopia, o que foi muitas vezes tentado, mas nunca com sucesso,

e explica por que a primeira deve ser preferível à segunda. Mas a primeira tradição está intimamente relacionada com o ponto de vista protagoriano cujo "parecer" reflete adaptações parcialmente compreendidas, parcialmente não observadas àquilo que a natureza do momento por acaso é. Se os debates desempenham um papel importante nas adaptações e se os debates são levados a cabo por uma assembleia de cidadãos livres, de maneira que todos têm o direito de atuar como um "homem sábio", então teremos aquilo que chamarei de um *relativismo democrático*. Na próxima seção, vou descrever essa forma de sociedade minuciosamente. Antes disso, no entanto, quero fazer alguns comentários sobre a noção de debate.

Uma das principais objeções contra Protágoras é que mundos protagorianos diferentes não podem colidir e que os debates entre seus habitantes são, portanto, impossíveis. Isso pode ser verdade para um observador externo, mas não é verdade para os participantes que, ao perceber um conflito, podem começar uma briga sem pedir sua permissão. As partes do debate (eu as chamarei de A e B) não precisam compartilhar nenhum elemento (significado, intenções, proposições) que possa ser separado de sua interação e examinado independentemente do papel que desempenha nessa interação. Mesmo que esses elementos existissem, a questão ainda surgiria de como, estando fora das vidas humanas, eles poderiam entrar nessas vidas e afetá-las da maneira específica em que uma afirmação, ou uma tese, ou uma crença afeta a consciência e as ações dos participantes. O que é necessário é que A tenha a impressão de que B compartilha algo com ele, parece estar ciente disso e age de acordo com isso; que um semanticista C, ao examinar A e B, possa desenvolver uma teoria daquilo que é compartilhado e como o que é compartilhado influencia a conversa; e que A e B, ao ler C, tenham a impressão de que ele acertou em cheio. Na verdade, muito menos é necessário: A e B não precisam aceitar o que encontram quando leem C – C pode, ainda assim, sobreviver e ser respeitado se existe uma profissão que valorize suas ideias. Reputações, afinal, são feitas e desfeitas pela impressão que as ações de algumas pessoas causam em outras. Apelos a uma autoridade superior são palavras vazias, a não ser que a autoridade seja notada, ou seja, apareça na consciência de um indivíduo ou do outro.

5 Relativismo democrático

R5, interpretada como R5b, tem uma importância muito maior do que as análises e "esclarecimentos" filosóficos nos fazem crer. Ela pode orientar as pessoas em suas relações com a natureza, com as instituições sociais e umas com as outras. Para explicar isso, primeiro lhes darei algum contexto histórico.

A maioria das sociedades que depende de uma íntima colaboração entre vários grupos tem especialistas, pessoas com conhecimento e habilidades especiais. Os caçadores e agricultores – pelo que parece – possuíam todo o conhecimento e todas as técnicas necessárias para a sobrevivência. A caça e a agricultura em grande escala levaram a uma divisão de trabalho e a controles sociais mais rígidos. Especialistas surgiram com esse desenvolvimento; os guerreiros homéricos eram especialistas na conduta da guerra; governantes como Agamenon, além disso, sabiam como unir as tribos diferentes sob um único objetivo; médicos curavam os corpos, adivinhos interpretavam os augúrios e prediziam o futuro. A posição social dos especialistas nem sempre correspondia à importância de seus serviços. Guerreiros podiam ser criados da sociedade, convocados em épocas de perigo, mas sem poderes especiais em épocas de paz; no entanto, eles podiam ser seus mestres, moldando-a de acordo com sua ideologia bélica. Em um determinado momento, os cientistas não tinham mais influência que bombeiros; hoje, grandes seções da sociedade refletem sua visão das coisas. Especialistas eram corriqueiros no Egito, na Suméria, na Babilônia e na Assíria, entre os hititas, os hurritas, os fenícios e os muitos outros povos que habitavam o antigo Oriente Próximo. Eles desempenharam um papel importante na Idade da Pedra, como fica claro pelos restos surpreendentes da astronomia e da matemática dessa Idade, descobertos com o passar dos anos. A primeira discussão registrada dos problemas do conhecimento especializado ocorreu na Grécia nos séculos V e IV a.C., entre os sofistas e depois em Platão e em Aristóteles.

A discussão previa a maioria dos problemas e posições modernas. As ideias que ela produziu foram simples e diretas e sem ser estorvadas pelas tecnicalidades inúteis dos debates intelectuais modernos. Podemos todos aprender com esses antigos pensadores, seus argumentos e suas ideias.

A discussão também foi além da autoridade de campos especiais, tais como a medicina e a navegação; ela incluía investigações relacionadas com a boa vida e a forma de governo correta: uma cidade deveria ser governada por uma autoridade tradicional, tal como um rei, ou por um grupo de especialistas em política, ou o governo deveria ser uma questão para todos?

Duas perspectivas surgem dessa discussão. De acordo com a *primeira* delas, especialista é aquele que produz um conhecimento importante e tem habilidades importantes. Seu conhecimento e suas habilidades não devem ser questionados ou modificados por não especialistas. Eles devem ser adotados pela sociedade exatamente na forma sugerida por seus autores. Sumos sacerdotes, reis, arquitetos, médicos ocasionalmente viam sua função dessa maneira – e o mesmo ocorria com as sociedades em que eles trabalhavam. Na Grécia (Atenas, século V a.C.), essa ideia era considerada ridícula (Burkhardt, 1977, p.118 ss.).

Representantes da *segunda perspectiva* indicavam que os especialistas, ao chegarem a seus resultados, muitas vezes restringiam sua visão. Eles não estudavam todos os fenômenos, apenas aqueles de uma área especial; eles não examinavam todos os aspectos daqueles fenômenos especiais, apenas os relacionados com seus interesses, que ocasionalmente eram bastante restritos. Portanto, pareceria tolice considerar as ideias especializadas "verdadeiras" ou como "reais" – ponto final – sem mais estudos que fossem além dos limites dos especialistas. E também seria tolice introduzi-los em uma sociedade sem ter antes se assegurado de que os objetivos profissionais dos especialistas estavam de acordo com os objetivos da sociedade. Até mesmo dos políticos não devemos descuidar, pois, embora eles lidem com a sociedade como um todo, fazem-no de uma maneira restrita, sendo guiados por interesses partidários e por superstições e só raramente por aquilo que outros podem considerar "conhecimento verdadeiro".

Segundo Platão, que tinha o ponto de vista que acabamos de descrever, os estudos mais detalhados eram a tarefa de superespecialistas, ou seja, dos filósofos. Os filósofos definem aquilo que é necessário saber e aquilo que é bom para a sociedade. Muitos intelectuais são a favor dessa *abordagem autoritária*. Eles podem transbordar de preocupação por seus pares, os outros seres humanos, podem falar de "verdade", "razão", "objetividade" e até de "liberdade", mas o que realmente querem é o poder para reformar o mundo em sua própria imagem. Não há qualquer motivo para presumir que essa imagem será menos parcial que as ideias que ela quer controlar e, portanto, ela também deve ser examinada. Mas quem vai levar a cabo *esse* exame? E como podemos ter certeza de que a autoridade a quem confiamos o assunto não introduz, uma vez mais, suas próprias concepções estreitas?

A resposta dada pela *abordagem democrática* (em um sentido a ser esclarecida à medida que o argumento for se desenvolvendo) surgiu em circunstâncias históricas particulares. Sociedades "naturais" "cresceram" sem muito planejamento consciente por parte daqueles que nelas viviam. Na Grécia, mudanças importantes, em áreas especiais e também na sociedade como um todo, gradativamente passaram a ser uma questão de debate e de reconstrução explícita. A democracia ateniense na época de Péricles tinha o cuidado de garantir que todos os homens livres pudessem dar sua opinião no debate e pudessem temporariamente assumir qualquer posição, por mais poderosa que fosse. Não sabemos os passos que levaram a esse tipo muito específico de adaptação e não é de forma alguma certo que o desenvolvimento tenha sido benéfico em todos os seus aspectos. Algumas das dificuldades que nos incomodam hoje sugerem que o debate e o "discurso racional" em particular não são uma panaceia universal, que eles podem ser por demais grosseiros para capturar as ameaças mais sutis a nosso bem-estar e que podem existir maneiras melhores de conduzir os negócios da vida.[28] Mas sociedades que estão com-

---

[28] O problema aludiu para formar um tema vasto que estamos apenas começando lentamente a compreender. Por exemplo, está ficando claro que as dificuldades de alguns

prometidas com isso e definem a liberdade e, com ela, uma vida que valha a pena, não podem excluir uma única opinião, por mais exótica que ela seja. Pois, sobre o que são os debates políticos? São sobre as necessidades e os desejos dos cidadãos. E quem são os melhores juízes dessas necessidades e desejos senão os próprios cidadãos? É absurdo primeiro declarar que uma sociedade serve às necessidades do "povo" e depois deixar que especialistas autistas (liberais, marxistas, freudianos, sociólogos de todas as seitas) decidam o que o "povo" "realmente" necessita e deseja. É claro, os desejos populares têm de levar o mundo em consideração e isso significa: recursos disponíveis, as intenções dos vizinhos, suas armas, suas políticas – até mesmo a possibilidade de que fortes desejos e aversões populares sejam inconscientes e acessíveis apenas a métodos especiais. Segundo Platão e seus sucessores modernos (cientistas, políticos, líderes empresariais), é aqui que surge a necessidade de conselhos especializados. Mas os especialistas estão tão confusos sobre questões fundamentais quanto aqueles que eles supostamente devem aconselhar e a variedade de suas sugestões é pelo menos tão grande quanto a variedade implícita na opinião pública.[29] Eles muitas vezes cometem erros deploráveis. Além disso, nunca consideram todos os aspectos que afetam o resto da população e sim apenas aqueles que correspondem à situação atual de sua especialidade. E diversas vezes essa situação está muito distante dos problemas enfrentados pelos cidadãos. Estes, orientados mas não substituídos pelos especialistas, podem identificar tais deficiências

---

daqueles países chamados de "Terceiro Mundo" podem ser resultado da racionalidade manipulativa do Ocidente e não de uma aridez original da terra, ou da incompetência daqueles que cuidam dela. A expansão da civilização ocidental roubou a dignidade e os meios de sobrevivência de muitos povos nativos. Guerras, escravidão, simples assassinatos foram, durante muito tempo, as maneiras corretas de lidar com os "primitivos". Mas os humanitários nem sempre tinham resultados melhores que os bandidos. Impondo suas próprias ideias sobre aquilo que significava ser humano e o que devia ser uma boa vida, eles muitas vezes contribuíram para a destruição causada por seus predecessores coloniais. Para detalhes, veja a literatura na nota de rodapé 9.

[29] Como exemplo, considere as muitas maneiras pelas quais os freudianos, existencialistas, geneticistas, behavioristas, neurofisiologistas, marxistas, teólogos (católicos irredutíveis, teólogos da libertação) definem a natureza humana e a grande variedade de sugestões que eles fazem sobre tópicos tais como educação, guerra, crime etc.

e trabalhar para que elas sejam removidas.[30] Todos os julgamentos com um júri nos dão exemplos dos limites e contradições inerentes ao depoimento especializado e estimulam os membros do júri a fazerem suposições sensatas em áreas ignoradas. Os cidadãos de uma democracia, diria Protágoras, ao expressar as ideias políticas da Atenas de Péricles (que era diferente das democracias guiadas pela ciência de hoje em dia e era menos inibida por restrições), recebem esse tipo de educação não apenas uma ou duas vezes em sua vida, mas todos os dias. Eles vivem em um Estado – a pequena e administrável Atenas – onde a informação flui livremente de um cidadão para o outro. Eles não só *vivem* nesse estado, mas também nele *conduzem seus negócios*; discutem problemas importantes na assembleia-geral e ocasionalmente ficam à frente das discussões, participam dos tribunais de justiça e de competições artísticas, avaliam o trabalho de autores que hoje são considerados alguns dos maiores dramaturgos da "humanidade civilizada" (Ésquilo, Sófocles, Eurípedes, Aristófanes, todos eles competiam pelos prêmios públicos); iniciam e terminam guerras e expedições auxiliares, recebem e examinam os relatórios de generais, navegadores, arquitetos, comerciantes de produtos alimentícios; organizam a ajuda externa, recebem dignitários estrangeiros, ouvem os sofistas e com eles debatem, inclusive com o loquaz Sócrates – e assim por diante. Usavam sempre os especialistas – mas em uma capacidade consultiva, e eles próprios tomavam as decisões finais. Segundo Protágoras, o conhecimento que os cidadãos adquiriam durante esse processo de aprendizado desestruturado, mas ativo, rico e complexo (aprender não é separado do viver, é parte dele – os cidadãos aprendem enquanto estão cumprindo suas obrigações que precisam daquele conhecimento adquirido), era suficiente para avaliar todos os eventos na cidade, inclusive os problemas técnicos mais complexos. Ao examinar

---

[30] Jungk, em um livro interessante e provocativo sobre energia nuclear (1979), relata que os cidadãos muitas vezes estão mais bem informados sobre a literatura científica relevante que os próprios cientistas e que, tendo interesses diferentes e mais amplos (por exemplo, estão interessados no bem-estar futuro de seus filhos), podem considerar efeitos ainda não examinados pelos cientistas. Um exemplo concreto do impacto das iniciativas dos cidadãos foi examinado em Meeham, 1984.

uma situação específica (tal como o perigo de um incidente em um reator nuclear próximo – para usar um exemplo moderno), os cidadãos irão, é claro, ter de estudar coisas novas – mas eles adquiriram uma facilidade de captar itens pouco comuns e, mais importante, eles têm um sentido de perspectiva que lhes permite ver os pontos fortes e as limitações das propostas sendo examinadas. Não há dúvida de que os cidadãos irão cometer erros – todos nós cometemos erros – e irão sofrer por isso. Mas, ao sofrer com seus erros, também irão ficar mais sábios, enquanto os erros dos especialistas, sendo escondidos, criam problemas para todos, mas ensinam apenas a uns poucos privilegiados. Podemos resumir esse ponto de vista declarando que

R6: os cidadãos, e não os grupos especiais, têm a última palavra na decisão daquilo que é verdadeiro ou falso, útil ou inútil para sua sociedade.

Até aqui, apresentei um relato breve e apenas esboçado das ideias que são encontradas, em traços gerais, em Protágoras e na Atenas de Péricles. Chamarei o ponto de vista que eles prenunciam de *relativismo democrático*.

O relativismo democrático é uma forma de *relativismo*; ele diz que cidades diferentes (sociedades diferentes) podem olhar o mundo de maneiras diferentes e considerar coisas diferentes aceitáveis. É *democrático* porque suas premissas básicas são (em princípio) debatidas e decididas por todos os cidadãos. O relativismo democrático é recomendável por muitas razões, principalmente para nós no Ocidente, mas não é a única maneira possível de viver. Muitas sociedades são construídas de uma maneira diferente e ainda assim proveem um lar e meios de sobrevivência para seus habitantes (veja os comentários sobre R2, assim como a nota de rodapé 29 e o texto).

O relativismo democrático tem antepassados interessantes, a *Oresteia* de Ésquilo entre eles. Orestes vingou seu pai; isso satisfaz a lei de Zeus, representado por Apolo. Para vingar seu pai, Orestes tem de matar sua mãe; isso mobiliza as Eumênides, que se opõem ao assassinato de parentes sanguíneos. Orestes foge e busca proteção no altar de Atenas. Para solucionar o problema criado pelas moralidades conflitantes, Atenas inicia um "debate racional" entre Apolo e as Eumênides, com a participação de Orestes. Parte do debate é sobre a questão de se uma mãe é um parente sanguíneo. As Eumênides dizem que é: Orestes derramou o sangue de um parente sanguíneo e deve ser punido. Apolo diz que não é: a mãe dá calor, proteção e alimento para a semente, ela é um forno reprodutor, mas não contribui com seu sangue para o filho (essa ideia foi mantida durante muito tempo depois disso). Hoje, o debate seria resolvido por experimentos e a avaliação de especialistas: os especialistas iriam se retirar para seus laboratórios e Apolo, Orestes e Atenas teriam de esperar pelas suas conclusões. Em Ésquilo, a questão é decidida por um voto: um tribunal de cidadãos atenienses é informado sobre o caso e dá sua opinião. Os votos estão equilibrados depois de Atenas acrescentar o seu próprio voto a favor de Orestes (ela nasceu sem mãe) e assim Orestes é salvo da vingança das Eumênides. Mas Atenas também declara que sua visão de mundo não irá ser descartada: a cidade precisa de *todas* as agências que a fazem crescer e não pode perder nenhuma delas. É bem verdade que agora existem leis novas e uma nova moralidade – as leis de Zeus como representadas por Apolo. Mas não é permitido que essas leis varram para longe aquilo que existia antes. Elas têm permissão para entrar na cidade *contanto* que compartilhem o poder com suas predecessoras. Assim, uma geração antes de Heródoto, as leis e costumes populares foram declarados *válidos*, embora sua validade tivesse sido *restringida* para dar lugar a outras leis e costumes igualmente importantes. (Observe também a semelhança com a filosofia de Mill como foi descrita no texto.)

O relativismo democrático não exclui a busca por um objetivo, isto é, um pensamento – percepção – e uma realidade independente da sociedade. Ele é favorável à pesquisa dedicada à descoberta de fatos objetivos, mas a controla por meio da opinião pública (subjetiva). Assim, ele nega que mostrar a objetividade de um resultado signifique mostrar que aquele resultado é compulsório para todos. O objetivismo é tratado como uma tradição entre muitas, e não como uma estrutura básica da sociedade. Não há nenhuma razão para que esse procedimento seja considerado incômodo nem para temer que ele vá destruir conquistas importantes. Pois, embora os objetivistas tenham descoberto, delineado e apresentado situações e fatos que existem e se desenvolvem independentemente do ato da descoberta, eles não podem garantir que as situações e os fatos também sejam independentes de toda a tradição que levou à sua descoberta (cf. seção 9). Além disso, até mesmo a mais determinada (e mais bem paga) aplicação daquilo que muitos intelectuais ocidentais consideram as versões mais avançadas da pesquisa objetiva até o momento não conseguiu nos dar a unidade que a ideia de uma verdade universal e objetiva sugere. Há promessas grandiloquentes, há afirmações grosseiras de unificações já obtidas, mas o que *de fato* temos são regiões de conhecimento semelhantes em estrutura ao regionalismo que Heródoto descreveu tão vividamente em sua história. A física, o suposto coração da química e, por proximidade com a última, da biologia, tem pelo menos três subdivisões principais: o domínio dos muito grandes, governados pela gravitação e domesticados pela teoria geral da relatividade de Einstein (e suas várias modificações); o domínio dos muito pequenos, governados por fortes forças nucleares, mas ainda não domesticadas por qualquer teoria abrangente (as "Grandes Teorias Unificadas" ou GTUs são, segundo Gell-Mann, "nem grandiosas, nem unificadas; pode-se até mesmo dizer que não são nem teorias, mas apenas modelos glorificados"); e, finalmente, um domínio intermediário no qual a teoria quântica reina suprema. Fora da física temos o conhecimento qualitativo que contém senso comum e partes da biologia, química e geologia e ainda não foi reduzido à "ciência básica" do momento. As teorias ou pontos de vista que definem os processos em todos esses domínios colidem ou deixam de fazer sentido quando universalizados, ou seja, quando se presume que sejam válidos em todas as circunstâncias. Portanto, podemos ou interpretá-las como instrumentos de predição com nenhuma relevância para aquilo que é verdadeiro ou real, ou podemos dizer que elas são "verdadeiras para" áreas especiais que são definidas por questões, procedimentos e princípios especiais. Alternativamente, podemos afirmar que uma teoria reflete a estrutura básica do mundo, enquanto as outras lidam apenas com fenômenos secundários. Nesse caso, a especulação, e não a pesquisa empírica, passa a ser a medida da verdade. O pluralismo sobrevive, mas é elevado para o plano metafísico. Falando como Heródoto, podemos resumir a situação da seguinte maneira:

R7: o mundo, como é descrito por nossos cientistas e antropólogos, consiste de regiões (sociais e físicas) com leis e concepções específicas da realidade. No domínio social temos sociedades relativamente estáveis que demonstraram uma capacidade de sobreviver em seus próprios ambientes particulares e possuem grandes poderes adaptativos. No domínio físico temos pontos de vista diferentes, válidos em áreas diferentes, mas inaplicáveis fora delas. Alguns desses pontos de vista são mais detalhados – essas são nossas teorias científicas –; outros são mais simples, mas mais gerais – essas são as várias visões filosóficas ou do senso comum que influenciam a construção da "realidade". A tentativa de impor uma verdade universal (uma maneira universal de descobrir a verdade) provocou desastres no domínio social e levou a formalismos vazios combinados com promessas que nunca serão cumpridas nas ciências naturais.

Observe que R7 *não foi feito para ser lido como uma verdade universal*. É uma afirmação feita em uma tradição específica (o debate intelectual ocidental começando com resultados científicos e levando até eles), explicada e defendida (com maior ou menor competência) de acordo com as regras dessa tradição e indicando que a tradição é incoerente. A afirmação não tem o menor interesse para um pigmeu, ou para um seguidor de Lao-Tsé (embora este último possa estudá-la por razões históricas). Observe também que partes de R7 dependem de uma avaliação especial de reivindicações do conhecimento: presume-se que a mecânica quântica e a relatividade ofereçam relatos igualmente importantes, igualmente bem-sucedidos e igualmente aceitáveis do universo material. Alguns críticos (Einstein entre eles) avaliam a situação de outra forma. Para eles a física da relatividade vai ao fundo das coisas, enquanto a teoria quântica é um prelúdio importante, mas sumamente insatisfatório, para ideias mais substanciais. Esses físicos rejeitam R7 e afirmam que as teorias válidas universalmente já existem. Como eu disse acima, isso introduz conjecturas metafísicas em que as afirmações relacionadas com a objetividade dependem de uma ponderação subjetiva das reivindicações de conhecimento. Há, uma vez mais, muitas abordagens como essa (a ortodoxa entre elas), o que significa que a pluralidade é transformada (ela se torna metafísica) e não removida. Na próxima seção comentarei sobre essa característica do debate.

O relativismo democrático não é a filosofia que orienta as "democracias" modernas: o poder, aqui, é delegado a centros de poder distantes e decisões importantes são tomadas por especialistas, ou os "representantes do povo", e quase nunca pelo próprio "povo". Ainda assim, ele parece ser um bom ponto de partida para os intelectuais ocidentais que tentam melhorar sua própria vida e a vida de seus semelhantes (parece um bom ponto de partida para as iniciativas dos cidadãos). Ele estimula o debate, o argumento e uma reconstrução social baseada em ambos. É uma visão política específica, restrita em termos de atratividade e não necessariamente melhor que os procedimentos mais intuitivos das sociedades "primitivas". No entanto, como ele convida à participação de todos, pode levar à descoberta de que existem muitas maneiras de ser no mundo, de que as pessoas têm o direito de usar os caminhos que as atraem e que, usando-os, podem levar uma vida feliz e satisfatória.[31]

6 Verdade e realidade: tratamento histórico

Nas seções anteriores, a natureza da interação entre culturas não foi especificada. Por exemplo, nenhuma condição foi imposta aos estudos e aos possíveis ganhos mencionados em R1. Na seção 5 foi demonstrado que isso é uma parte essencial da abordagem democrática: se os membros de uma tribo, cultura ou civilização têm a impressão de que eles lucraram com um intercâmbio e de que suas vidas melhoraram, então isso

---

[31] Alguns liberais modernos concedem às culturas estrangeiras o direito de existir, contanto que elas participem do comércio internacional, permitam que médicos ocidentais as tratem e missionários ocidentais (da ciência e de outras religiões) expliquem as maravilhas da ciência e do cristianismo a seus filhos. Mas a ideia de uma Comunidade das Nações pacífica, cujos membros aprendem uns com os outros e assim estão sempre atingindo novos estágios de conhecimento e de consciência, não é compartilhada pelos pigmeus, por exemplo, que preferem ficar sozinhos (Turnbull, 1963). Racionalistas tais como Popper (1963, p.118) não têm nenhuma objeção a aplicar pressão nesse ponto: a entrada na humanidade madura pode ter de ser imposta "por algum tipo de imperialismo". Eu não acho que as conquistas da ciência e do racionalismo sejam deslumbrantes o suficiente para justificar um procedimento assim.

já resolve a questão; o intercâmbio cultural é responsabilidade dos participantes, não de pessoas de fora (exceto quando o intercâmbio prepara uma guerra contra eles).

Muitos intelectuais discordam. Eles nos avisam que aquilo que pode parecer vantagens tremendas para os envolvidos no intercâmbio e que o conduzem de acordo com suas luzes pode, na verdade, ser um erro grave.

Da maneira como ele é feito, o aviso quase não é necessário. Não existe nenhuma sociedade que não tenha uma noção de erro e de procedimentos para descobrir e retificar erros. Mas os intelectuais que dão o aviso definem erro de uma maneira especial; eles o definem não por referência aos padrões e procedimentos da forma de vida em que ocorre e sim por comparação com uma "realidade", "racionalidade" ou "verdade" que seja independente da sociedade. Usando essas medidas, eles já condenaram culturas inteiras, acusando-as de serem baseadas em ilusão ou preconceito. As versões filosóficas (em oposição às versões práticas) do relativismo tentam bloquear esses movimentos oferecendo análises relativistas da verdade, da realidade e da racionalidade ou criando noções alternativas. Nem é preciso dizer que essas noções são um tanto complicadas. Na seção 4 discuti algumas das abordagens antigas ao problema. Agora, acrescento alguns comentários históricos.

Como muitas outras noções que foram apropriadas e transformadas por líderes espirituais (profetas, cientistas, filósofos, intelectuais do tipo mais comum), as ideias de verdade, realidade e racionalidade fazem um sentido prático excelente.

Por exemplo, dizer a verdade normalmente significa dizer o que ocorreu em uma situação específica; significa "contar como ela é" (cf. seção 4). A pessoa a quem perguntaram pode não ter a informação necessária – a resposta então será "Não sei" ou "Não posso dizer realmente". Mas há casos em que a testemunha pode dar uma resposta e seria corretamente chamada de mentirosa se dissesse que não sabia. Esses casos, por sua vez, podem levantar dúvidas: o indivíduo identificado pode ser um gêmeo idêntico, a testemunha pode ter estado olhando em um espelho e não para uma pessoa real e assim por diante. No entanto, o pedido para "dizer a verdade" faz sentido, assim como faz sentido falar de coisas reais apesar de todas as ilusões que um mágico inventivo pode evocar.

Por exemplo, faz sentido dizer que a sala em que estou sentado agora é real, mas que a sala em que ontem, em um sonho, eu vi um elefante montado em uma andorinha não era. É claro, um sonho não é um nada: ele pode ter consequências importantes para quem sonha e para outras pessoas (os sonhos de reis decidiram sobre a guerra e a paz, a vida e a morte). Mas os efeitos de um evento sonhado no mundo diferem dos efeitos de um evento percebido; algumas culturas expressam essa diferença dizendo que o evento sonhado não é "real".

A noção de realidade que subjaz essa maneira de traçar linhas não pode ser explicada em uma simples definição. Um arco-íris parece ser um fenômeno perfeitamente real. Ele pode ser visto, pode ser pintado, pode ser fotografado. No entanto, não podemos encontrá-lo. Isso sugere que ele não é como uma mesa. Tampouco é como uma nuvem, pois uma nuvem não muda sua posição com o movimento do observador como o arco-íris faz. Essa descoberta de que um arco-íris é causado pela luz refratada que se refletiu dentro de gotinhas d'água reintroduz as nuvens à explicação das peculiaridades dos arco-íris, assim devolvendo a eles pelo menos parte da realidade das nuvens: subdivisões grandiosas, tais como a subdivisão real/irreal, são simplistas demais para capturar as complexidades de nosso mundo. Há muitos tipos diferentes de eventos e a "realidade" é mais bem atribuída a um evento de um determinado tipo e não de forma absoluta. Mas isso significa que precisamos apenas de tipos e suas relações e podemos dispensar a "realidade" completamente.

As ideias do senso comum (senso comum tribal; o uso das noções comuns nas linguagens modernas) são construídas precisamente dessa maneira. Elas contêm ontologias sutilmente articuladas, incluindo espíritos, sonhos, batalhas, ideias, deuses, arco-íris, dores, minerais, planetas, animais, festividades, justiça, destino, doença, divórcios, o céu, morte, medo – e assim por diante. Cada entidade se comporta de uma maneira complexa e característica, que, embora em consonância com um modelo, constantemente revela características novas e surpreendentes e assim não pode ser captada em uma fórmula: ela influencia e é influenciada por outras entidades e processos que constituem um universo rico e variado. Em um universo assim, o problema não é o que é ou não "real"; investigações como essas nem sequer contam como perguntas genuínas. O problema é o que ocorre, em conexão com quem foi ou poderia ter sido induzido em erro por esse evento e como.

Os "problemas da realidade" surgem quando os ingredientes de mundos complexos desse tipo são agrupados sob conceitos abstratos e são então avaliados, isto é, declara-se que são ou "reais" ou "irreais" com base nisso. Eles não são frutos de modos de pensar mais elaborados, eles surgem porque questões delicadas são comparadas a ideias grosseiras e descobre-se que elas não são grosseiras o bastante.

Podemos ocasionalmente explicar por que ideias grosseiras recebem o lugar de honra: grupos especiais querem criar uma nova identidade tribal ou preservar uma identidade existente em meio a uma paisagem cultural rica e variada; para fazer isso removem grandes partes da paisagem e ou desconsideram sua existência, ou as consideram totalmente más. O primeiro procedimento foi escolhido pelos israelitas à época de Moisés (monoteísmo), o segundo pelos primeiros cristãos. Para alguns gnósticos, todo o "mundo material" (por si só uma gritante simplificação) era um engano cruel. Ideias grosseiras podem levar a sucessos limitados; isso encoraja seus proponentes e reforça suas maneiras de pensar (considere, por exemplo, o entusiasmo por quantificação e o desprezo por considerações qualitativas entre muitos cientistas): sofisticação ontológica é um luxo quando a sobrevivência de uma tribo ou de um grupo religioso, ou a reputação de uma profissão bem remunerada está em jogo.[32]

---

[32] Kaufmann (1972, cap.6) descreve o ambiente cultural de Israel e comenta o fato de que, "embora toda a literatura bíblica seja um produto da profunda transformação [que a mensagem de Moisés] realizou, a Bíblia não nos diz nada sobre o curso daquela transformação" (p.230). "A ignorância da Bíblia sobre o significado de paganismo", escreve Kaufmann (p.20), "é... o problema básico... para a compreensão da religião bíblica". No entanto, é também "sua sugestão mais importante", indicando que a mudança não tinha levado só a uma perda de poder dos deuses pagãos, mas também a seu completo desaparecimento. "Em lugar algum a Bíblia nega a existência dos deuses; ela os ignora. Em contraste com o ataque filosófico à religião popular grega e em contraste com as polêmicas judaicas e cristãs posteriores, a religião bíblica não mostra qualquer vestígio de ter se esforçado deliberadamente para suprimir e repudiar a mitologia." (p.20)

São Paulo, contudo, declarou que os deuses pagãos eram demônios: 1Cor 10:20.

O "surgimento do racionalismo" na Grécia antiga é um exemplo fascinante dessa tentativa de transcender, desvalorizar e empurrar para o lado formas complexas de pensamento e de experiência. Tendo alguns detalhes a nossa disposição, observamos que não era um processo simples, mas que envolvia vários elementos que, amplificados por uma espécie de ressonância, levaram a mudanças histórias significativas. As manifestações intelectuais mais óbvias da mudança foram as opiniões de autores, tais como Anaximandro, Heráclito, Xenófanes e Parmênides. Esses autores influenciaram a história não pelo poder de suas ideias, mas em virtude das tendências concomitantes para generalização e abstração. Sem qualquer ajuda dos filósofos, "as palavras... [tinham-se] empobrecido em conteúdo, tinham-se tornado parciais e vazias" (Von Fritz, 1966, p.11).[33] A deterioração era perceptível em Homero; ela se tornou proeminente em Hesíodo e era óbvia nos filósofos iônicos da natureza, em historiadores tais como Hecateus e em certas passagens dos poetas (épicos, trágicos, líricos e cômicos). Na política, grupos abstratos substituíram as comunidades como unidades da ação política (Clístenes); na economia o dinheiro sucedeu à troca, as relações entre líderes militares e soldados tornaram-se cada vez mais impessoais e uniformes; e a vida como

---

O gnosticismo é uma questão complexa e as teorias e mitos gnósticos estão entre as produções mais pitorescas da mente humana. No entanto, rompimentos grandiosos subdividem o mundo em todas as suas versões: cf. Grant, 1966.

A redução de fenômenos a uns poucos princípios teve sucesso em partes da física e na astronomia do sistema planetário. Sua ampliação para a medicina foi um desastre. "Além de sua lógica frágil", escreve Shryock (1936, p.31) ao comentar sobre os médicos que tentaram reformar a medicina em analogia com a unificação feita por Newton da astronomia planetária, "sistematistas exibiram fracassos pessoais característicos. Esses eram o egotismo, orgulho em um sistema como uma espécie de criação artística, cuidados para estabelecê-lo da mesma maneira como alguém propaga um novo evangelho, e um desejo extraordinário de defendê-lo contra todos os visitantes. Essas dificuldades explicam as amargas controvérsias profissionais nas quais alguns médicos se envolveram. Obviamente, se um filósofo estava certo, os outros estavam todos errados, e em casos assim era difícil conter nossos sentimentos. O dogmatismo na medicina não teve mais tendência à tolerância do que o dogmatismo na teologia..."

[33] Para o que se segue, cf. Snell, 1960, *passim*, junto com a quarta edição ampliada (1975). Para explicações e tendências paralelas, veja Forrest, 1966.

um todo se afastou das relações pessoais e os termos que envolviam essas relações ou perderam seu conteúdo ou desapareceram. Não é de admirar que as ideias extremas dos primeiros filósofos tenham encontrado seguidores e começado uma tendência.

Mais ajuda veio da descoberta (que parece ter ocorrido em alguma época entre Xenófanes e Parmênides) de que as afirmações compostas de conceitos a que faltavam detalhes podiam ser usadas para construir novos tipos de histórias, que logo foram chamadas de provas, cuja verdade "era uma consequência de" sua estrutura interna e não precisava de nenhum apoio das autoridades tradicionais. A descoberta foi interpretada como uma demonstração de que o conhecimento podia ser separado das tradições e tornado "objetivo". A variedade cultural, como eu disse na introdução, gera uma variedade de reações, desde o medo e a aversão até a curiosidade e o desejo de aprender, e uma variedade correspondente de doutrinas que vão desde formas extremamente xenofóbicas de dogmatismo até formas igualmente extremas de relativismo e oportunismo. A existência de provas (ou de formas mais frágeis, mas igualmente "racionais", de argumentação) aparentemente deu um fim a essa confusão; pareceria que tudo o que uma pessoa tinha a fazer era aceitar o que tinha sido provado e rejeitar o resto – e a verdade iria surgir de uma maneira independente da cultura.

O representante principal dessa ideia era Parmênides. No poema em que explica suas ideias, ele distingue entre dois procedimentos ou "caminhos", como ele os chama. Um deles, baseado no "hábito, nascido de muita experiência" (*ethos polypeiron*; B 7,3), ou seja, em formas tradicionais de conhecimento e de aquisição de conhecimento, contém as "opiniões dos mortais"; o outro, "longe dos passos dos humanos" (independente das tradições), leva ao que é "apropriado e necessário". De acordo com Parmênides, o segundo caminho não é uma tradição, mas suplanta todas as tradições.[34] Muitos cientistas parecem ver sua atividade de forma semelhante.

---

[34] Isso fica claro por sua identificação do Pensamento e do Ser (Diels-Kranz, fragmento B3). A identificação era comum na Grécia arcaica, mas Parmênides foi o primeiro a usá-la como um argumento contra o oportunismo cultural.

Essa visão está claramente errada.

Podemos concordar que noções e princípios abstratos podem ser conectados mais facilmente do que conceitos práticos (empíricos). Os argumentos de Parmênides, os paradoxos de Zeno sobre pontos e linhas, subdivisão, partes e inteiros, e os argumentos que Platão desenvolve em seu diálogo *Parmenides* mostram que castelos de areia maravilhosos podiam ser construídos a partir de ideias já não contaminados pelas idiossincrasias do particular. Mas o fato de ideias simples poderem estar conectadas de maneiras simples dá às proposições resultantes autoridade especial só se puder ser demonstrado que tudo consiste de coisas simples – que era precisamente o ponto sobre o qual surgiram os desacordos! "Nós não lidamos com o Ser, nós lidamos com leite, pus e urina!", disseram alguns médicos antigos em uma crítica que irei citar dentro em breve. A autoridade do novo empreendimento, portanto, não dependia das ideias e de suas conexões por si mesmas, mas das decisões daqueles que prefeririam construções elegantes a analogias, e que, como Parmênides, não estavam abertamente interessados nas questões empíricas grosseiras e que objetivavam sua falta de interesse dizendo que tais coisas não eram reais (*Parmenides* B2,6): *a descoberta de procedimentos de prova aumentaram a variedade cultural, não a substituíram por uma única história verdadeira.* Isso é confirmado por toda a história do pensamento ocidental.

Aqueles que seguiram Parmênides foram os primeiros a reincidir. Eles readmitiram o senso comum, embora com certa hesitação e em pequenas doses. Os atomistas, Empédocles e Anaxágoras, todos aceitaram a ideia de Parmênides sobre o Ser, mas também tentaram reter a mudança. Para alcançar seu objetivo, introduziram um número (finito ou infinito) de coisas, cada uma possuindo algumas das propriedades parmeni-

---

Uma versão moderna da crença de que algumas tradições são não apenas melhores que as demais, mas são de um tipo inteiramente diferente e que elas por si só podem nos dar conhecimento, pode ser encontrada em Van der Waerden, 1963, p.89. Ele descreve as várias maneiras pelas quais os matemáticos babilônicos e egípcios computavam a área de um círculo e pergunta: "Como é que Thales podia discriminar entre as receitas exatas e corretas para a computação e as aproximadas e incorretas? Obviamente provando-as, enquadrando-as em um sistema logicamente conectado!".

dianas; os átomos de Leucipo e Demócrito eram indivisíveis e permanentes, mas infinitos em número; os elementos de Empédocles eram finitos em número, permanentes, divisíveis em regiões, mas não divisíveis em outras substâncias (os quatro elementos de Empédocles, o Quente, o Frio, o Seco e o Úmido eram, portanto, diferentes de qualquer substância conhecida); enquanto Anaxágoras presumia a permanência de todas as substâncias. A teoria (filosófica) estava agora um pouco mais próxima da experiência – mas a distância que ainda permanecia entre ela e o senso comum e as ciências da época era enorme.

Outros não tinham nenhum remorso de rejeitar toda essa abordagem. Assim, o autor do tratado *Ancient Medicine* não só usava a experiência normalmente, mas também ridicularizava aqueles que, como Empédocles, tinham tentado substituí-la por considerações mais abstratas. "Estou confuso para entender", escreveu ele no capítulo 15,

> como aqueles que afirmam a outra visão e abandonam o antigo método, a fim de descansar o *techne* em um postulado [isto é, que introduzem princípios teóricos], tratam seus pacientes seguindo esse postulado. Pois eles não descobriram, penso eu, um frio e quente, seco e úmido absolutos [os elementos de Empédocles] que não participam de qualquer outra forma. Mas acho que eles têm à sua disposição os mesmos alimentos e as mesmas bebidas que nós usamos e a um deles eles acrescentam o atributo de estar quente, a outro, o de estar frio, a outro, seco, a outro, úmido, já que seria tolice ordenar a um paciente que tomasse algo quente, pois ele imediatamente perguntaria "que coisa quente?". Portanto, eles devem ou falar tolices ou recorrer a uma das substâncias conhecidas.

A diferença entre especulação teórica e conhecimento empírico reunido pelos que praticam a medicina não pode ser descrita mais claramente. Na citação, o filósofo é Empédocles, com suas quatro substâncias abstratas. Para explicar a questão mais diretamente, tomemos Thales. Thales, segundo a tradição, tinha apenas um elemento, a água. Portanto, o único conselho que um médico thalesiano poderia dar a um paciente seria ou "tome água" ou "não tome água". Isso é obviamente "tolice" – veja a citação acima. Um médico precisa especificar, ele deve dizer ao paciente "qual coisa úmida" ele deve consumir ou evitar. Por exemplo, ele deve dizer: "coma um pouco de pão molhado no leite" ou "evite vinho sempre que puder, beba cidra morna em grande quantidade" e assim por diante. Ele deve se referir "ao mesmo alimento e à mesma bebida que todos nós usamos" e dar suas receitas segundo ensinaram-lhe a experiência e a tradição de sua profissão. Sendo um thalesiano, ele poderia expandir todas as receitas acrescentando "e isso é água, segundo os avanços mais recentes da filosofia natural" – palavras vazias, o mínimo que se pode dizer.

O conceito de saúde é empírico, ou "histórico" em um grau ainda maior. Ele contém o que ocorreu com gerações de pacientes e médicos lado a lado com suas ideias sobre o que supostamente é uma vida boa. Isso depende dos costumes daqueles que desejam saúde, muda com o tempo e não pode ser resumido em uma definição. Na verdade, Empédocles deu-nos uma definição. A saúde, disse ele, é o equilíbrio dos elementos (de suas substâncias abstratas) no corpo humano, e a doença, seu desequilíbrio. Isso aumentou o número de ideias sobre saúde e não as reduziu a uma só. Além disso, médicos clínicos rejeitaram a definição imediatamente. "Ela pertence mais à pintura do que à medicina", escreveu o autor de *Ancient Medicine* (capítulo 20).

O autor de *Ancient Medicine* e outros antigos opositores dos excessos dos teóricos (Heródoto é um exemplo) expressaram suas objeções por escrito – eram membros de uma tradição de intercâmbio de textos escritos que logo veio a dominar a civilização ocidental. Nem todas as profissões participavam dessa tradição; não temos nenhum relato escrito de oleiros, metalúrgicos, arquitetos, mineiros ou pintores. Devemos reconstruir seu conhecimento por meio de seu trabalho e de referências indiretas a ele. Cyril Stanley Smith, um metalúrgico do MIT, fez isso em um livro e também em uma exposição (1981).[35] Como Heródoto (cf. sua crítica das descrições geográficas antigas) e o autor de *Ancient Medicine*, ele distingue entre teorias filosóficas (da matéria) e um conhecimento prático (de materiais). Ele descreve como esse último surgiu milênios antes das primeiras e muitas vezes era prejudicado por elas (por exemplo, na

---

[35] Fotografias exibidas nessa exposição com as respectivas análises estão publicadas em *From Art to Science*, 1980. Obras mais antigas são: Childe, 1958, e Singer, Holmyard e Hall, 1954; 1956.

negligência das ligas de metais por aqueles que acreditavam na teoria de Dalton durante o século XIX) e como se fundiu com elas no século XX, depois de a física ter modificado suas visões da realidade. Emerton (1984) descreve a batalha entre teorias da forma (que estavam bastante próximas da prática das profissões) e o atomismo (que não estava) e comenta sobre os métodos que os atomistas usavam para permanecer no comando.[36] Em conjunto, ocorre que a tecnologia, grandes partes da medicina, a agricultura e um conhecimento prático das plantas, dos animais, dos seres humanos, das sociedades e até mesmo dos riscos sociais do conhecimento (cf. os comentários na nota de rodapé 9) devem muito menos à especulação teórica do que afirmam os modernos defensores da ciência básica e muitas vezes foram prejudicados por ela.[37]

O atomismo de Demócrito não contribuiu para aumentar o conhecimento; foi apenas um anexo àquilo que outros tinham descoberto de uma maneira não teórica, como o próprio Demócrito admite (Diels-Kranz, fragmento B125).

As objeções mais claras à abordagem de Parmênides vieram dos sofistas e de Aristóteles. Parmênides tinha pensado que o argumento era um meio transtradicional de descobrir a verdade. Os sofistas se opunham, dizendo que uma verdade que não é parte de uma tradição é uma impossibilidade; ela não pode ser encontrada e, se for encontrada, não pode ser compreendida e, se for compreendida, não pode ser comunicada. "O ser é desconhecido", disse Górgias (Diels-Kranz, Fragmento B26), "a menos que ele *apareça* na opinião." (grifo meu)[38] Ao comentar sobre os pla-

---

[36] Cf. também a crítica de Smith,1985, p.584 ss., especialmente p.584: "Podemos ver que as teorias atuais quânticas e do estado sólido são partes de uma cadeia magnífica de argumentos sobre a primazia da forma ou da matéria que começou com Platão e Aristóteles e passou de noções práticas (empíricas) para as extremamente teóricas e voltou para a prática".

[37] Elas eram parte das mesmas tradições "empíricas e não sistemáticas" que Von Hayek (1960, p.54), em sua discussão sobre a liberdade, contrasta com as especulações dos construtores de sistemas (filosóficos ou científicos).

[38] Aqui a palavra "aparecer" não deve ser interpretada de uma maneira muito restrita. Por exemplo, não deve ser interpretada como se estivesse implicando um ingênuo datismo de sentido. "Aparecer na opinião" significa simplesmente ser parte de algu-

tônicos que justificavam as virtudes por referência a um Bem supremo, Aristóteles escreveu (*EN* 1096b33 ss., grifo meu):

> Mesmo que existisse um Bem que seja uno e possa ser predicado geralmente ou que exista separadamente e em si e para si, seria claro que um Bem assim não pode nem ser produzido nem adquirido por seres humanos. *No entanto, é exatamente um Bem assim que estamos procurando...* não podemos ver que utilidade um tecelão ou um carpinteiro terá para sua própria profissão se conhecer o Bem em si mesmo ou como alguém irá se tornar um médico melhor ou um melhor general quando "tiver examinado a ideia do Bem" [aparentemente uma citação irônica de uma fórmula muito usada na escola platônica]. Parece que o médico não tenta encontrar a saúde em si mesma, e sim a saúde dos seres humanos ou talvez até a saúde de um indivíduo. Pois ele cura o indivíduo.

Aristóteles também indicou que as "coisas naturais", ou seja, as coisas que ocorrem em nossas vidas, "estão algumas ou todas elas sujeitas a mudanças" (*Physics* [*Física*], 185a12 ss.): um modo particular de existência, o estado de um ser humano saudável ao despertar é considerado a medida da verdade e da realidade.

Esse é um procedimento dos mais interessantes. Aristóteles não produz uma crítica interna do raciocínio de Parmênides (ele tem argumentos semelhantes, mas esses não nos interessam aqui); tampouco o compara com seus próprios princípios abstratos. *Ele rejeita toda a abordagem.* A tarefa do pensamento, ele parece dizer, é compreender e talvez aprimorar aquilo que fazemos quando envolvidos em nossos negócios comuns cotidianos; não é divagar em uma terra de ninguém de conceitos abstratos e empiricamente inacessíveis. Vimos que os praticantes dos ofícios que deixaram registros tinham opiniões semelhantes. Agora darei dois

---

ma tradição. Argumentos defendendo que nada existe, que se algo existisse não poderia ser encontrado e, se fosse encontrado, não poderia ser compreendido e, se fosse compreendido, não poderia ser comunicado foram dados por Górgias em seu tratado *On the Non Existent or on Nature*. Os argumentos estabelecem que um Ser que existe independentemente de uma tradição é uma não entidade. Cf. também a seção 5. Os sofistas foram os primeiros (no Ocidente) a estarem conscientes da forte conexão entre Ser e Opinião.

exemplos para mostrar que o senso comum grego concordava com isso, não em argumento, mas simplesmente por desconsiderar as tentativas de uma reforma teórica.

Meu primeiro exemplo vem da *teologia*. Os deuses homéricos eram um grupo variado, mas todos eles tinham características humanas. Eles entravam nas vidas humanas, não eram meramente postulados, eram vistos, ouvidos, sentidos e estavam presentes em todas as partes. As atividades diárias das tribos gregas e até de uma cultura "esclarecida" de uma cidade tal como a Atenas do século V eram organizadas ao redor deles.[39] Importava muito pouco para os membros desse modo de vida rico e complexo que Xenófanes, usando uma noção de divindade drasticamente reduzida, tivesse provado que havia apenas um deus, que ele (?) era desprovido de fragilidade humana, mas cheio de inteligência e de poder e que os deuses convencionais eram acessíveis demais para serem divinos. A zombaria dos deuses homéricos feita por Xenófanes não influenciou nem a devoção popular nem pensadores esclarecidos como Heródoto e Sófocles; até Ésquilo, que adotou algumas das fórmulas de Xenófanes, ainda mantinha os deuses tradicionais e a maior parte de suas funções. A batalha entre teólogos que concebiam Deus(es) em termos teóricos e se dedicavam a buscar provas e os proponentes de uma religião pessoal ou "empírica" continua até nossos dias.

O segundo exemplo é o fracasso dos filósofos em fazerem com que o uso de *conceitos gerais* passasse a ser um hábito popular. O conhecimento, na tradição e no senso comum grego, era uma coleção de opiniões, cada uma delas obtida por procedimentos apropriados à área da qual se originavam. A melhor maneira de apresentar esse conhecimento é a lista – e as obras científicas mais antigas realmente eram listas de fatos, de partes, de coincidências e de problemas em áreas variadas e ocasionalmente já especializadas. As respostas que o platônico Sócrates obtém para suas perguntas mostram que as listas também eram parte do senso comum. Sua objeção "eu pedi uma e recebo muitas" presume que uma palavra significa uma coisa – o ponto em questão. Seus interlocutores concedem unidade aos

---

[39] Para detalhes e literatura, cf. capítulo 17 de meu livro *Against Method*, 1975. O papel da religião na Atenas do século V é descrito em Webster, cap.3, 1973.

números (*Teeteto*) ou abelhas (*Meno*), mas recusam-se a estender a uniformidade teórica para as coisas sociais, tais como o conhecimento e as virtudes: Platão estava bem ciente da dificuldade de estender conceitos simples a questões complexas. Também essa questão continua viva até os dias de hoje – como a desavença entre as ciências e as humanidades.

O caso da *matemática* é particularmente interessante. Foi aqui que o pensamento abstrato produziu resultados pela primeira vez e foi a partir daqui que o paradigma do conhecimento verdadeiro, puro e objetivo se espalhou para outras áreas. Mas as muitas abordagens que a matemática hoje contém não mostram qualquer tendência de se fundirem em uma única teoria. Temos geometrias não euclidianas e várias versões de aritmética; finitistas consideram a matemática uma prática humana que, dependendo do seu objetivo, pode ser construída de várias maneiras; os "cantorianos" a interpretam como uma ciência descritiva de entidades abstratas e, portanto, que precisa de unidade; a aplicação de um sistema matemático específico à "natureza" recria a pluralidade (das aproximações) que Thales supostamente eliminou (cf. nota de rodapé 34); novas disciplinas matemáticas surgem em todo o mundo. Hoje, a matemática é menos reprimida e mais pluralista que qualquer outra disciplina intelectual.

Esses resultados históricos podem ser resumidos na seguinte afirmação:

R8: a ideia de uma verdade objetiva ou de uma realidade objetiva que seja independente dos desejos humanos, mas que possa ser descoberta pelo esforço humano, é parte de uma tradição especial que, na avaliação de seus próprios membros, contém sucessos e também fracassos, sempre foi acompanhada por e misturou-se a tradições (empíricas, subjetivas) mais práticas e deve ser combinada com essas tradições para produzir resultados práticos.

R8 é uma tese empírica (histórica). Um empirista infere que

R9: a ideia de uma verdade objetiva independente da situação tem validade limitada. Como as leis, as crenças e os costumes de R4, ela governa em alguns domínios (tradições), mas não em outros.

Isso fortalece R7 e as considerações da seção anterior. Observe que R8 e R9 não são "verdades universais"; elas são afirmações que eu, como um membro da tribo de intelectuais ocidentais, apresento ao resto da tribo (junto com os argumentos apropriados) para fazê-los duvidar da objetividade e, em algumas formas, também da viabilidade da ideia da verdade objetiva.

7 Relativismo epistêmico

R8 e R9 negam que as novas formas de conhecimento que surgiram na Grécia, e mais tarde levaram às ciências, podem invalidar (e não apenas dominar) as tradições e estabelecer um ponto de vista independente da tradição. As razões que dei para essa negação foram parcialmente históricas e parcialmente antropológicas: opiniões que não estejam relacionadas com tradições estão fora da existência humana e nem sequer são opiniões, embora seu conteúdo dependa dos princípios constitutivos das tradições a que elas pertencem ou, então, seja "relativo" a eles. Opiniões podem ser "objetivas" no sentido de não conterem nenhuma referência a esses princípios. Elas então *soam* como se tivessem surgido da própria essência do mundo, embora apenas reflitam as peculiaridades de uma abordagem específica: os valores de uma tradição que recomenda valores absolutos podem ser absolutos, mas a própria tradição não o é; a física pode ser "objetiva", mas a objetividade da física não o é. Mais recentemente, tradições objetivistas produziram pontos de vista que nem sequer soam objetivos. A teoria da relatividade afirma o caráter relacional de situações e eventos que há um século eram consideradas como se existissem independentemente da mensuração, enquanto à teoria quântica faltam, além disso, os invariantes que ainda nos permitem objetivar a relatividade. A tradição objetivista há muito se dividiu em escolas rivais ou, no caso das ciências, em abordagens baseadas em premissas diferentes e utilizando métodos também diferentes. Ideias impopulares e até "insustentáveis" penetraram-na e passaram a ser a lei da terra, princípios bem-sucedidos foram superados e relegados à pilha de lixo da história. Desenvolvimentos como esses (e os comentários adicionais nas notas de rodapé de 15 a 17 anteriormente) sugerem a seguinte hipótese:

> R10: para cada afirmação (teoria, ponto de vista) que acreditamos ser verdadeira por bons motivos, *é possível que existam* argumentos mostrando que ou a afirmação oposta ou uma alternativa mais fraca é verdadeira.

Podemos ir além. Mencionei na seção anterior que argumentos antigos contra o monismo de Parmênides continham dois passos: a decisão de se manter próximo à experiência e considerações teóricas que se apoiavam nessa decisão. Heródoto já sabia que existem maneiras diferentes de organizar a experiência, cada uma delas oferecendo sua própria descrição do mundo e seus próprios meios de lidar com ele. Ele sabia também que as pessoas não só vivem nesses mundos diferentes, mas que vivem com sucesso, tanto no sentido material quanto no espiritual. Os antropólogos modernos concordam com isso. "Deixe que o leitor considere qualquer argumento que demoliria totalmente todas as afirmações dos Azande com relação ao poder de [seus] oráculo[s]", escreve Evans Pritchard (1973, p.319 ss.), relatando um caso que mencionei na introdução.[40]

> Se fosse traduzido nos modos de pensamento Azande, ele serviria para dar apoio a toda sua estrutura de crenças. Pois suas noções místicas são eminentemente coerentes, estando inter-relacionadas por uma rede de elos lógicos, ordenadas de maneira tal que nunca contradizem a experiência sensorial muito grosseiramente; ao contrário, a experiência parece justificá-las. (op. cit.)

Resultado: as práticas dos Azande são "racionais" porque sustentáveis por argumento. Elas também funcionam. "Posso comentar", escre-

---

[40] O segundo comentário é da p.270. Os oráculos têm muitas vantagens sobre "discussões racionais". Eles não esgotam aqueles que os usam e deixam bem claro que aqueles que os consultam não podem emitir qualquer opinião sobre questões importantes. Uma discussão racional extensa, todavia, pode ser tão caótica e exaustiva que no final ela transforma os participantes em meros artifícios para produzir resultados aleatórios. Eles atuam então como oráculos, mas sem força e com a convicção de que ainda são donos de seu destino.

ve Evans-Pritchard sobre essa questão, "que, a meu ver, isso [consultar oráculos para as decisões cotidianas] era uma maneira tão satisfatória de administrar minha casa e meus negócios quanto qualquer outra que conheço."

Acrescentando os argumentos expostos na literatura citada na nota de rodapé 8, chegamos à hipótese de que existem muitas maneiras diferentes de viver e de acumular conhecimento. Cada uma dessas maneiras pode originar um pensamento abstrato que, por sua vez, pode se dividir em teorias abstratas rivais. As teorias científicas, para dar um exemplo de nossa própria civilização, se ramificam em várias direções, usam conceitos diferentes (e ocasionalmente incomensuráveis) e avaliam eventos de maneiras diferentes. O que conta como evidência, ou como resultado importante, ou como "um procedimento científico sólido" depende das atitudes e julgamentos que mudam com o tempo, profissão e ocasionalmente até de um grupo de pesquisa para outro. Assim, Ehrenhaft e Millikan, trabalhando com o mesmo problema (a carga do elétron), usaram seus dados de maneiras diferentes e consideraram coisas diferentes como fatos. A diferença foi eventualmente eliminada, mas isso foi o núcleo de um episódio importante e excitante na história da ciência. Einstein e os defensores das variáveis ocultas na teoria quântica usam critérios diferentes para a avaliação da teoria. São critérios metafísicos no sentido de que eles apoiam ou criticam uma teoria, embora ela seja empiricamente satisfatória e esteja matematicamente bem formulada.[41] O mesmo se aplica a critérios que estendem um tópico empírico para além do alcance de sua evidência, afirmando, por exemplo, que toda biologia é biologia molecular e que a botânica já não tem qualquer reivindicação à verdade que seja independente. T.H. Morgan, preferindo um apoio experimental direto a dados que envolvam inferências, rejeitou o estudo de cromossomos em favor de manifestações mais claras de herança. Em 1946, Barbara McClintock já tinha observado o processo que hoje é chamado de transposição. "Embo-

---

[41] Da mesma maneira Copérnico criticou as teorias planetárias existentes, embora admitisse que todas elas eram "coerentes com os dados". *Commentariolus*, citado de Rosen, 1959, p.57.

ra trabalhasse sozinha, ela não trabalhava com microrganismos; trabalhava da maneira clássica e ficava longe das moléculas." Nem um único membro do grupo de biólogos moleculares, que rapidamente se expandia, "ouviu o que ela dizia". As divergências proliferam na psicologia: behavioristas e neurofisiologistas desprezam a introspecção, que é uma fonte importante de conhecimento para a psicologia *gestalt*; psicólogos clínicos se valem de sua experiência, às vezes chamada de "intuição", ou seja, da reação de seu próprio organismo bem preparado, enquanto escolas mais "objetivas" usam, em vez disso, textos rigorosamente formulados. Na medicina, um antagonismo semelhante entre clínicos e teóricos do corpo remonta à antiguidade, como já vimos. As diferenças aumentam quando passamos para a história e a sociologia: uma história social da Revolução Francesa compartilha apenas nomes com uma descrição das pessoas e eventos individuais concretos.[42] A própria natureza pode ser abordada de muitas ma-

---

[42] O caso de Ehrenhaft e Millikan é discutido em Holton, 1978, p.161-214. Para as objeções de Morgan à teoria cromossômica da herança de Sutton-Boveri, cf. Mayr, 1982, 748 ss. O livro de Mayr contém muitos exemplos da maneira pela qual as várias tradições de pesquisa usando evidências diferentes podem chegar a conclusões diferentes sobre o que elas consideram, vagamente, "a mesma coisa". Mayr, portanto, é contra uma interpretação da história da ciência como uma sequência de paradigmas uniformes (op.cit., p.113). A citação sobre McClintock vem de Fischer, 1985, p.141. Cf. também Fox-Keller, 1983. A polêmica clínico-estatística é examinada em Meehl, 1954. Para uma discussão mais ampla das medidas "objetivas" do valor humano, cf. Lewontin, Rose e Kamin, 1984, bem como Gould, 1981. Reiser, 1978, contém uma discussão do antagonismo mutante entre curadores, que inspecionam o corpo humano diretamente, e teóricos do corpo, que são a favor de testes "objetivos" como descritos em Emerton, 1984. Cf. também o capítulo 5 de Smith, 1981.

Ehrenburg (1961, p.8) escreve o seguinte sobre a "Revolução Francesa" (retraduzido do alemão): "As imagens que autores passam para gerações posteriores são formalizadas e ocasionalmente totalmente contrárias à verdade... Algumas vezes fala-se sobre a 'Tomada da Bastilha', embora na verdade a Bastilha não tenha sido tomada por ninguém – o 11 de julho de 1789 foi meramente um episódio na Revolução Francesa; o povo de Paris entrou na prisão sem dificuldade e lá encontrou apenas alguns poucos prisioneiros. Mas apenas essa captura da Bastilha passou a ser o feriado nacional da revolução". (Compare com isso a ênfase em datas, eventos, "descobertas" especiais na história da ciência e na preparação dos Prêmios Nobel.) Para a diferença surpreendente entre versões padronizadas (ou simplificadas) e os "eventos reais", cf. Pernoud e Fleissier, 1960. Eisenstein, quando estava preparando seu *Potemkin*, sa-

neiras (a ideia de que não existe separação entre ela e as vidas dos seres humanos é uma delas; a ideia de seu caráter não material, outra) e reage de acordo com a abordagem. Levando tudo isso em consideração, sugiro que fortaleçamos R10 e afirmemos:

> R11: Para cada afirmação, teoria, ponto de vista que, por bons motivos, acreditamos serem verdadeiros, *existem* argumentos mostrando uma alternativa conflitante que é pelo menos igualmente boa, ou até melhor.

R11 foi usada pelos antigos céticos para alcançar paz mental e social: se for possível demonstrar que visões opostas são igualmente sólidas, dizem eles, então não há necessidade de se preocupar ou de começar uma guerra sobre elas (Sexto Empírico, *Hypot.*, 1, 25 ss.). Afirmações, teorias, argumentos, boas razões entram em cena em virtude da situação histórica na qual os céticos expressaram seu argumento: eles se opunham a filósofos que tinham tentado mostrar que o argumento levaria a conclusões únicas; mas o argumento, afirmavam os céticos, não tem esse poder. Incluir maneiras não argumentativas de estabelecer contato humano e possivelmente um objetivo comum fortalece mais sua posição. Pois agora estamos lidando não apenas com questões intelectuais, mas também com sentimentos, fé, empatia e muitas outras agências ainda não catalogadas e batizadas pelos racionalistas. Uma retirada de R11 iria exigir análises empíricas, conceituais e históricas detalhadas e nenhuma delas é encontrada nas objeções costumeiras ao ceticismo e ao relativismo.

8 Alguns comentários críticos examinados

O relativismo é uma doutrina popular. Repelidas pela presunção daqueles que acham que sabem a verdade e tendo testemunhado os desastres criados pelas tentativas de impor um modo de vida uniforme, muitas pessoas agora

---

bia muito bem que a história tinha de ser aprimorada para que se tornasse emocionante e significativa. Lakatos compreendeu que o mesmo ocorria com as ciências.

creem que o que é verdade para uma pessoa, um grupo, ou uma cultura não precisa ser necessariamente verdade para outra pessoa, grupo ou cultura. Esse relativismo prático é apoiado pelo pluralismo inerente nas sociedades modernas e especialmente pelas descobertas de historiadores e antropólogos: ideias antigas e cosmologias "primitivas" de nosso tempo podem diferir daquelas a que estamos acostumados, mas elas têm a capacidade de criar bem-estar material e espiritual. Não são perfeitas – nenhuma visão do mundo o é –, mas suas desvantagens, julgadas segundo nossos próprios modos de vida, são muitas vezes equilibradas por vantagens que nos faltam. A evolução nos dá ainda outro argumento: cada seção, divisão, filo, espécie desenvolveu seu próprio modo de ser em um mundo que se fez principalmente por si só, com órgãos sensoriais apropriados, mecanismos interpretativos, nichos ecológicos.[43] O mundo de uma aranha tem muito pouco em comum com o de um cão e poderia ser tolice se um filósofo canino insistisse na validade objetiva de suas ideias. Os antigos céticos e seus seguidores modernos (Montaigne, por exemplo) fizeram um uso excelente dessa variedade.

No entanto, há muitas pessoas que consideram essa situação insatisfatória e tentam encontrar a verdade única, que, em sua opinião, deve estar escondida sob aquilo que seria uma massa caótica de informação. Por mais estranho que pareça, existem relativistas que compartilham dessas aspirações. Eles não só querem ventilar suas próprias opiniões sobre os esforços e produtos das tradições intocadas pelo racionalismo ocidental, mas também querem fazer afirmações gerais e – Deus nos ajude! – "objetivas" sobre a natureza do conhecimento e da verdade.

Mas se o objetivismo, embora talvez aceitável como ponto de vista particular, não pode afirmar uma superioridade objetiva sobre outras

---

[43] No darwinismo clássico os organismos se adaptam a um mundo que é dado independentemente de suas ações. Essa "simples visão de que o ambiente externo muda por alguma dinâmica própria e é seguido pelo organismo não leva em consideração o efeito que os organismos têm sobre o ambiente... o organismo e o ambiente não são realmente determinados separadamente. O ambiente não é uma estrutura imposta aos seres vivos de fora, mas é, na verdade, uma criação daqueles seres" (Levins e Lewontin, 1985, p.69, 99). Para detalhes consulte os capítulos 2 e 3 do livro.

ideias, então a maneira objetiva de levantar problemas e apresentar resultados não é a maneira correta a ser adotada pelo relativista. Um relativista que merece esse nome terá, então, de evitar fazer afirmações sobre a natureza da realidade, da verdade e do conhecimento e, em vez disso, terá de se limitar a coisas específicas. Ele pode – e muitas vezes irá fazê-lo – generalizar suas descobertas, mas sem presumir que agora tem princípios que por sua própria natureza são úteis, aceitáveis e, ainda mais importante, compulsórios para todos. Ao debater com os objetivistas, ele pode, é claro, usar métodos e premissas objetivistas; no entanto, seu objetivo não será estabelecer verdades universalmente aceitáveis (sobre particularidades ou generalidades) e sim constranger seu adversário – ele está simplesmente tentando vencer o objetivista com suas próprias armas. Os argumentos relativistas são sempre *ad hominem*; sua beleza reside no fato de os *homines* a quem nos dirigimos, restritos por seu código de honestidade intelectual, precisem considerá-los e, se eles forem bons (no sentido deles), aceitá-los como "objetivamente válidos". Todos os meus argumentos nas seções anteriores devem ser lidos dessa forma.[44]

Por exemplo, as hipóteses de R7 a R11 não têm a intenção de revelar "características objetivas" do mundo; elas foram introduzidas para solapar a confiança do objetivista ou para capturar pessoas de fora por meio de uma vívida imagem histórica.[45] Se o objetivista concorda com meus

---

[44] Hume (1962, p.236 ss.) descreve a situação como se segue: "A razão aparece primeiramente na posse do trono, prescrevendo leis e impondo máximas, com um controle e autoridade absolutos. Seu inimigo, portanto, é obrigado a se abrigar sob sua proteção e, ao fazer uso de argumentos racionais para provar a falsidade e a imbecilidade da razão, produz, de certo modo, uma patente sob sua mão e seu selo. Essa patente tem primeiramente uma autoridade, proporcional à presente e imediata autoridade da razão da qual é originada. Mas como supostamente ela é contraditória à razão, gradativamente ela diminui a força do poder governante e, ao mesmo tempo, a sua própria, até que finalmente os dois desaparecem por meio de uma diminuição regular e justa".

[45] Essa é minha intenção. É claro, muitos leitores irão encontrar falhas em meus argumentos. Mas eles não podem me criticar por presumir princípios objetivos como eles fazem. Posso usar os princípios de maneira errônea; posso usar os princípios errôneos. Posso tirar a conclusão errada deles, mas tenho a intenção de usá-los como artifícios retóricos, não como bases objetivas do conhecimento e do argumento. O ra-

argumentos, então R1 e R7 passam a ser problemáticas para seu ponto de vista e isso independentemente se eu próprio creio ou não nelas. Agora usarei esse procedimento para lidar com algumas objeções populares contra o relativismo.

A primeira objeção, ouvida com bastante frequência, não é tanto uma objeção, é mais uma maldição. "O relativismo", diz Popper (1984, p.217), "é a posição que diz que qualquer coisa pode ser afirmada, ou quase qualquer coisa e, portanto, nada... A verdade, portanto, não tem sentido." O relativismo "vem de uma tolerância indulgente e leva ao governo de poder".

As citações na seção 3 (Heródoto e Protágoras) mostram que a primeira parte da maldição e seu final ("tolerância indulgente") estão ambos incorretos. Heródoto (a quem Popper cita na página 134 de seu livro, cuidadosamente omitindo as linhas que solapam sua paródia do relativismo) era um relativista; e Protágoras também. Mas o primeiro enfatizava e defendia o poder dos costumes, enquanto o último recomendava a morte para os violadores reincidentes da lei. "Como podemos ver", escrevi naquela seção,

> Protágoras acreditava que tinha de haver leis e que elas tinham de ser cumpridas. Ele acreditava também que as leis e as instituições tinham de ser definidas "relativamente às" necessidades e circunstâncias dessas sociedades. Nem ele nem Heródoto inferiram... que as instituições e leis que eram válidas em algumas sociedades e não em outras eram, portanto, arbitrárias e poderiam ser mudadas à vontade.

Para os relativistas, a outra acusação de Popper, que "a verdade... não tem sentido", entra em conflito com a maneira cuidadosa que Protágoras emprega para discutir o uso desse termo.

Em um anexo ao volume 2, Popper (1966, p.369 ss.) explica sua atitude com maiores detalhes. Ele começa com uma definição: "Por rela-

---

cionalista, contudo, sendo abordado na maneira apropriada (para ele), terá de ler minhas razões "objetivamente" e assim ficará confuso.

tivismo – ou, se quiserem, ceticismo – eu quero dizer...". Observe o casual "se quiserem": não há diferença entre ceticismo e relativismo na mente de Popper. Mas há uma grande diferença na história. Os céticos ofereceram um diagnóstico de seus tempos, um objetivo a ser perseguido pelos filósofos e um argumento. Seu objetivo era a paz, seu diagnóstico era que as lutas sobre dogmas abstratos podem levar à dissensão e à guerra, e seu argumento era que qualquer afirmação bem sustentada poderia sempre ser equilibrada por uma afirmação oposta igualmente bem sustentada. O objetivo é admirável, o diagnóstico ainda correto, o argumento detalhado e, como tentei mostrar na seção anterior, bastante forte. Nenhuma dessas características vem à tona na definição de Popper.

Segundo ele, o relativismo ("ou, se quiserem, o ceticismo") é

> a teoria de que a escolha entre teorias rivais é arbitrária; como ou não há nada que se possa chamar de verdade objetiva; ou, se ela existe, não há nada como uma teoria que seja verdadeira, ou de alguma forma (embora talvez não verdadeira) mais próxima da verdade do que outra teoria; ou, se há duas ou mais teorias, não existem maneiras ou meios de decidir se uma delas é melhor do que outra.

Observe que a primeira afirmação (arbitrariedade de escolha) e a última (nenhum meio de decidir entre visões alternativas) estão em conflito com aquilo que Platão nos diz sobre Protágoras; e também que os antigos céticos ofereceram argumentos em prol da primeira afirmação. Críticos da ideia de que debates científicos são resolvidos de uma maneira objetiva não negam que existam "meios de decidir" entre teorias diferentes. Pelo contrário, eles indicam que há muitos desses meios; que eles sugerem escolhas diferentes; que o conflito resultante é muitas vezes resolvido por jogos de poder apoiados pelas preferências populares, não pelo argumento; e que o argumento, de qualquer forma, só é aceito se ele for não só válido, mas também plausível, ou seja, se estiver de acordo com premissas e preferências indiscutíveis.

Popper chama o relativismo de "teoria". Isso cobre algumas versões, mas omite outras (inclusive a minha), como vimos. Ele identifica o problema (da objetividade) do *conhecimento* com o problema da verdade e/

ou da objetividade das *teorias*. Isso pode funcionar para partes da física (embora exista um "conhecimento tácito" mesmo aqui), mas é uma abordagem por demais restrita no caso da história, da psicologia e do enorme campo do senso comum.

"Se duas partes discordam", diz Popper (1966, p.387), "isso pode significar que uma delas está errada, ou a outra, ou ambas. Isso não significa, como acredita o relativista, que ambas podem estar igualmente certas."

Esse comentário revela resumidamente a fragilidade de todos os ataques intelectuais ao relativismo. "Se duas partes discordam" – isso significa que os oponentes estabeleceram contato e compreendem um ao outro. Presuma, porém, que os oponentes vêm de culturas diferentes. De quem serão os meios de comunicação utilizados e como poderão chegar a um entendimento? Os administradores coloniais consideraram óbvio que os nativos ou iriam aprender o idioma dos senhores, ou poderiam ser informados por intérpretes, uma vez mais usando o idioma dos senhores como base. Esse idioma, aplicado em situações definidas pelos senhores, era o meio oficial de formular, apresentar e solucionar problemas. Poderemos partir do princípio de que o uso dos meios nativos para estabelecer contato, do idioma e dos meios nativos de solucionar problemas teria levado às mesmas soluções? Aos mesmos problemas? Estudos mais antigos e experiências recentes de "desenvolvimentistas" profissionais nos recomendam cautela com essa suposição. Mas então as divergências encontradas e as divisões entre certo e errado que elas geram dependem da forma da interação e, portanto, da cultura; elas são "relativas" à cultura em que o intercâmbio ocorre. Popper, como algumas luzes menores do Iluminismo antes dele, parece presumir que exista basicamente um único meio de discurso, que o meio é "racional" nesse sentido (por exemplo, ele sempre obedece a leis lógicas simples), que ele consiste principalmente de conversas (gestos, expressões faciais não desempenham nenhum papel) e que todos têm acesso a ele.

> Und unterm braunen Sud fühlt auch der Hottentot
> Die allgemeine Pflicht und der Natur Gebot

escreveu Albrecht von Haller,[46] transformando todos em um kantiano em potencial. Da mesma maneira, Popper percebe um popperiano pequeno e um tanto confuso por trás de cada rosto humano e severamente critica as pessoas por se darem por vencidas diante da sua confusão. Além disso, ele omite o argumento principal do relativismo mesmo nessa área já bastante restrita: Protágoras não teria chamado posições conflitantes de "igualmente corretas".[47]

Finalmente, por que não seria possível dizer coisas conflitantes sobre "a mesma situação" e ainda assim estar correto? Um quadro que pode ser visto de duas maneiras diferentes (o pato-coelho de Wittgenstein é um exemplo) pode ser descrito de duas maneiras diferentes – e ambas as partes estarão corretas. É uma questão de pesquisa e não de uma declaração filosófica decidir se o mundo que nós habitamos parece com um quadro de pato-coelho.

Outro crítico do relativismo é Hilary Putnam. Em seu livro *Reason, Truth and History*, ele escreve: "Quero afirmar que *ambos* os filósofos mais influentes da ciência do século XX, certamente os dois que inte-

---

[46] "E sob sua pele morena até o hotentote tem um sentimento pelo dever universal e pelos mandamentos da natureza" (Ed. 1750, p.184). Cf. Lovejoy, 1948, p.78 ss., especialmente, p.86 ss.

[47] Como suas outras conquistas, o erro de Popper não é novo. Foi encontrado em Platão e Aristóteles. Platão começa um de seus argumentos contra Protágoras com a seguinte versão da doutrina de Protágoras (*Theaetetus*, 170 a 3 ss.): "O que todos pensam é *para aquele* que o pensa". Ele indica que poucas pessoas estão dispostas a aceitar essa doutrina. A maioria das pessoas depende dos especialistas. A verdade, *para eles*, é aquilo que é dado pelos especialistas. Assim, Protágoras, tendo feito da opinião a medida da verdade e da existência, deve admitir que sua doutrina é *falsa*. Fim do argumento. O argumento envolve uma transição de "ser para" ou "verdadeiro para" para "ser" e "verdadeiro" e, portanto, é um *non sequitur*.

Aristóteles, discutindo o princípio da não contradição, enumera filósofos que o violaram. "O dito de Protágoras", escreve ele (*Met.*,1062b15 ss.), "é como a ideia que nós mencionamos; ele diz que o homem é a medida de todas as coisas, querendo simplesmente dizer que aquilo que parece a cada homem certamente é. Se isso é assim, segue-se que a mesma coisa tanto é quanto não é, e é má e boa, e que os conteúdos de todas as outras declarações contrárias são verdadeiros." Mas, como Platão claramente diz, Protágoras identifica aquilo que é pensado por uma pessoa com aquilo que é *para aquela pessoa*, e não absolutamente.

ressaram cientistas e não filósofos de um modo geral, os únicos dois de quem o leitor culto provavelmente já ouviu falar, refutam a si próprios" (1981, p.114). As filosofias a que ele se refere são o positivismo representado por Karl Popper e a abordagem histórica representada, entre outros, por Kuhn, Foucault e eu. Para justificar sua afirmação, ele discute a incomensurabilidade e o relativismo. Tratarei da incomensurabilidade no capítulo 10. Aqui, quero examinar como Putnam trata o relativismo.

Putnam começa com uma versão do relativismo segundo a qual "nenhum ponto de vista é mais justificado ou mais correto do que qualquer outro" (1981, p.119); ele critica o relativismo perguntando como é possível que uma pessoa *mantenha* que não há nenhuma razão para manter um ponto de vista e não outro. A resposta é simples: posso manter opiniões sem ter ou dar uma razão. Além disso, a versão não é minha versão.[48]

A seguir, Putnam discute aquilo que poderíamos chamar de relativismo "relacional": "verdadeiro", "sensato" ou "aceitável" deverão ser substituídos por "verdadeiro para", "sensato de acordo com tais e tais critérios" e "aceitável para um membro da cultura A" – e assim por diante. "Um relativista total" (nesse sentido), diz Putnam (p.121), "teria de dizer que o próprio fato de X ser ou não verdadeiro *relativo a* P, é *ele próprio* relativo. Nesse momento nossa compreensão do próprio significado dessa posição começa a oscilar..." Isso certamente ocorre – mas apenas se a "posição" for interpretada como uma descrição objetiva do conhecimento. Uma descrição retórica que se dirige aos objetivistas com a intenção de confundi-los já estaria falando com a parte certa e pode, portanto, omitir o "para".

Putnam (1981, p.122) também afirma que uma cultura que não distingue o ser do parecer não pode separar o afirmar (o pensar) do fazer barulho e, portanto, já não é uma cultura. Isso é um bom exemplo da maneira abstrata que os filósofos usam para tratar dos problemas da vida. Como indiquei no começo da seção 6, existem muitas formas de vida, o senso comum homérico entre elas, às quais faltam dicotomias gritantes,

---

[48] Eu explicitamente rejeito isso em *Science in a Free Society* (1978, p.83).

tais como a dicotomia ser-parecer. Estando ciente da complexidade do mundo e da ação humana, elas usam, em vez disso, uma variedade de distinções sutis. Ao aplicar sua rude grade conceitual, Putnam é obrigado a rejeitar grande parte do que elas dizem como sendo mero barulho. Isso é uma crítica da grade, não da conversa rejeitada. Além disso, os relativistas não seriam vencidos pela distinção, pois eles podem indicar (cf. uma vez mais a seção 6) que culturas diferentes e até mesmo escolas diferentes em uma única cultura estabelecem seu limite em lugares diferentes.

O retorno à vida

Concluindo, deixem-me repetir que o relativismo, como foi apresentado aqui, não é sobre conceitos (embora a maioria de suas versões modernas sejam versões conceituais) e sim sobre relações humanas. Ele trata dos problemas que surgem quando culturas diferentes, ou indivíduos com hábitos e gostos diferentes, colidem. Os intelectuais estão acostumados a lidar com colisões culturais em termos de debates e tendem a aprimorar esses debates imaginários até eles se tornarem tão abstratos e inacessíveis quanto seu próprio discurso. Procedendo dessa maneira, muitos deles afastaram-se da vida e se instalaram em uma área de conhecimento técnico. Já não estão mais interessados nessa ou naquela cultura ou nessa ou naquela pessoa; estão interessados em ideias, tais como a ideia da realidade, ou a ideia da verdade, ou a ideia da objetividade. E não se perguntam como as ideias estão relacionadas com a existência humana, e sim como elas se relacionam entre si. Perguntam, por exemplo, se a verdade é uma noção objetiva, se a prática científica é racional, ou como a realidade depende da percepção – em que "verdade", "prática científica" e "percepção" são definidas de tal forma que essa definição impede sua pronta identificação com aquilo que ocorre na vida dos cientistas e de outros seres humanos comuns (cf. seção 4 para detalhes).

Profissões inteiras dedicam-se a esclarecer questões desse tipo. Hoje os jogos de palavras que resultam disso já se tornaram um mal-estar mundial. Normalmente são jogados pelos intelectuais ocidentais, mas chamaram também a atenção de observadores não ocidentais fascinados pelo esplendor brônzeo dos produtos da Civilização Ocidental. Confundindo o poder intelectual das ideias com o poder político e militar das sociedades que as contêm, homens e mulheres do chamado "Terceiro Mundo" começaram a submergir no banho de lama da filosofia ocidental. Mas todo esse desenvolvimento, longe de começar um Renascimento do pensamento, só conseguiu desacreditá-lo; levou àquilo que alguns filósofos, incapazes de olhar além de seus próprios cercadinhos, chamaram de "Crise da Cultura Mundial". Eu, todavia, creio que a crise não reside na vida intelectual e acadêmica, e sim nos fenômenos em grande escala, apoiados intencional ou inadvertidamente pelos produtos dessa vida. Para revelar esse apoio, devemos identificar as premissas ocultas e os graves erros por trás da suposta objetividade dos produtos intelectuais ocidentais. Mas os tendo revelado, é igualmente importante voltar para a vida e lidar com seus problemas de uma maneira mais direta, por exemplo, estudando as reações dos indivíduos e das sociedades quando eles se deparam com situações incomuns.

Como indiquei na Introdução, choques entre culturas levam a uma variedade de reações. Uma delas é o *dogmatismo*: nossa maneira é a maneira correta, outras maneiras são falsas, cruéis, ímpias. Alguns dogmatistas são tolerantes – têm pena dos ímpios, tentam informá-los, mas, a não ser por isso, os deixam em paz. A tolerância de alguns dos cristãos dos séculos XVI e XVII era desse tipo. Outros temem que os proponentes da falsidade possam corromper a Verdade e sugerem matá-los. Esse era o ponto de vista do Deuteronômio. Os dogmatistas modernos, que vivem em democracias nas quais prevalece a retórica pluralista e libertária, buscam o poder mais discretamente. Distinguindo entre "meras crenças" e "informação objetiva", os defensores do racionalismo científico toleram aqueles primeiros, mas usam leis, dinheiro, educação e relações públicas para colocar os últimos em uma posição privilegiada. Tiveram um grau bastante surpreendente de sucesso. A separação da Igreja e do Estado, leis que proíbem tudo, a não ser procedimentos médicos oficialmente reconhecidos, políticas educacionais estritas, a combinação de ciência com projetos nacionalmente importantes, tais como a defesa nacional – tudo isso tende a fortalecer aquilo que os grupos poderosos consideram verdade objetiva e que enfraquecem a opinião pública.

Nas seções anteriores tentei mostrar que o dogmatismo levou a consequências desastrosas quando foi usado como um princípio de intercâmbio cultural e/ou de desenvolvimento cultural. Até mesmo os observadores ocidentais já admitem que algo deu errado quando as tecnologias e os modos de vida ocidentais foram transferidos para regiões que até então não tinham tido contato com a história ocidental. A vida nessas regiões não era perfeita; tinha grandes lacunas (por exemplo, nenhum tratamento eficaz para muitas doenças) e continha ingredientes hostis ao bem-estar. A esse respeito, era bastante semelhante àquilo que temos hoje no Ocidente. Mas a eliminação em grande escala dos costumes tradicionais e sua substituição também em grande escala por procedimentos "racionais" não era a solução correta. A solução "correta", muitas pessoas hoje sugerem, é levar em consideração tanto o conhecimento local quanto o conhecimento ocidental e utilizá-los de acordo com os costumes das comunidades afetadas. É verdade que estes nem sempre são benéficos, mesmo na avaliação daqueles que os praticam; mas eles são parte da vida das pessoas e, portanto, pontos de referência naturais. Desconsiderá-los significa tratar as pessoas como escravos que precisam da instrução dada por senhores superiores.

Os comentários que acabo de fazer se aplicam às formas de vida que são explicitamente dogmáticas; no entanto, aplicam-se também às filosofias que se orgulham de sua modéstia, de sua tolerância e de sua postura crítica. À primeira vista, essas filosofias parecem instrumentos ideais para o intercâmbio cultural. Elas admitem que os professores, os representantes da ciência e do racionalismo podem estar errados e que os alunos, os representantes da cultura nativa prestes a serem introduzidos aos modos de vida ocidentais, podem ter coisas melhores a oferecer. Isso parece ser uma atitude muito tolerante e realmente humana. É tolerante – para padrões "críticos" –, pois ela assume que o intercâmbio irá tomar a forma de um debate, que o debate será conduzido de acordo com certas regras e que seu resultado irá decidir a questão. Ela reduz o contato humano a um intercâmbio verbal e o intercâmbio verbal a um debate, e ainda reduz o debate a uma busca pelas falhas lógicas de questões claramente formuladas. Desde o começo, os filósofos "críticos" definem as relações humanas de sua própria maneira intelectualizada. Parabenizando a si próprios por sua tolerância, eles são ou ignorantes ou desonestos, ou (minha suposição) as duas coisas.

O *relativismo* se afasta dessa ignorância e desonestidade. Ele diz que o que é correto para uma cultura não o é necessariamente para outra (o que é correto para mim não precisa ser correto para você). Formulações mais abstratas que surgiram junto com o racionalismo ocidental afirmam que costumes, ideias e leis são "relativos à" cultura que os tem. Nesse sentido, o relativismo não significa arbitrariedade (essa questão foi discutida na seção 3 e outra vez na seção 8) e não é "válido" apenas para relativistas. Ao revelar lacunas importantes no arcabouço objetivista, ele dissolve o objetivismo de dentro para fora, segundo os próprios critérios dos objetivistas.

O *oportunismo* está intimamente relacionado com o relativismo; ele admite que uma cultura estrangeira possa ter coisas que mereçam ser assimiladas, toma o que pode usar e deixa o resto intocado. O oportunismo desempenhou um papel importante na divulgação da ciência ocidental.

Um episódio na história do Japão irá ilustrar o processo. Em 1854, o Comandante Perry, usando a força, abriu os portos de Hakodate e Shimoda aos navios americanos para abastecimento e comércio. Esse evento demonstrou a inferioridade militar do Japão. Os membros do Iluminismo japonês do começo da década de 1870, Fukuzawa entre eles, raciocinaram como se segue: o Japão só pode manter sua independência se ficar mais forte. E só pode ficar mais forte com a ajuda da ciência. Usará a ciência de maneira eficaz se não apenas praticá-la, mas também acreditar na ideologia que lhe serve de base. Para muitos japoneses tradicionais, essa ideologia era bárbara (eu concordaria). Mas, assim argumentavam os seguidores de Fukuzawa, era necessário adotar meios bárbaros, considerando-os avançados para introduzir toda a civilização ocidental a fim de sobreviver. Observe o raciocínio estranho, mas coerente: a ciência é aceita como uma descrição verdadeira do mundo não porque *seja* uma descrição verdadeira, mas porque ensiná-la como se o fosse irá produzir armas melhores. O "progresso da ciência" teria desmoronado sem eventos desse tipo.[49]

---

[49] Detalhes em Blacker, 1969. Para o contexto político, cf. capítulos 3 e 4 de Storry, 1982.

O *argumento* desempenha um papel importante em todas as formas de intercâmbio cultural. Ele não foi inventado por racionalistas ocidentais. Ocorre em todos os períodos da história e em todas as sociedades. É uma parte essencial da abordagem oportunista: um oportunista deve se perguntar como as coisas estrangeiras irão melhorar sua vida e que outras mudanças elas irão causar. Ocasionalmente, os "primitivos" usavam argumentos para inverter as posições e ganhar dos antropólogos que tentavam convertê-los ao racionalismo (veja o exemplo no texto para a nota 40). O argumento, como o ritual, a arte ou a linguagem, é universal; mas também como o ritual, a linguagem ou a arte, ele tem muitas formas. Um gesto ou um grunhido pode convencer alguns participantes, enquanto outros precisarão de árias longas e vívidas. Lutero queria milagres daqueles que propunham novas interpretações dos textos sagrados; as instituições governamentais e o público em geral ainda querem milagres de seus próprios líderes religiosos, os cientistas. A maior parte dos argumentos leva em consideração as crenças ou a atitude dos participantes. Os que os usam querem persuadir pessoas específicas e mudam sua abordagem de um caso para outro. O que os primeiros racionalistas ocidentais realmente inventaram não foi o argumento, e sim uma forma de argumentação especial e padronizada que não só desconsiderava, mas explicitamente rejeitava os elementos pessoais. Em troca disso, afirmavam os inventores, eles poderiam oferecer procedimentos e resultados que eram válidos independentemente dos desejos e preocupações humanos.

Na seção 6, expliquei por que essa afirmação estava errada. O elemento humano não foi eliminado, foi apenas escondido. Um membro da administração colonial falava em nome de seu rei, um missionário, em nome de Deus ou do Papa. Ambos podiam e realmente identificavam a autoridade que dava força a suas exigências. Os racionalistas, também, têm suas autoridades; mas, ao falarem de uma maneira objetiva, cuidadosamente omitindo qualquer referência às pessoas que eles estão tentando copiar e às decisões que os fizeram adotar seus procedimentos, eles dão a impressão de que a própria Natureza ou a própria Razão apoiam suas ideias. Um exame mais minucioso de seu procedimento mostra que esse não é o caso. Tomemos, por exemplo, o sucesso. Hoje o sucesso de um procedimento muitas vezes é considerado um sinal de sua validade objetiva. Mas a avaliação de sucessos e fracassos depende da cultura em que esses eventos estejam ocorrendo. Assim, a chamada "revolução verde" foi um sucesso do ponto de vista das práticas de mercado ocidentais, mas um terrível fracasso para culturas interessadas na autossuficiência. Além disso, não existe nenhum estudo científico "objetivo" da eficiência comparativa de procedimentos ocidentais e nativos em muitas áreas. Mesmo a medicina pode apenas oferecer relatos isolados de sucessos e relatos igualmente isolados dos fracassos de práticas médicas não ocidentais; mas o quadro geral está longe de ser claro.

Um argumento mais sofisticado afirma que, embora o sucesso possa depender da cultura, a validade das leis que são usadas para obtê-lo não dependem. As pessoas podem diferir em suas atitudes para com a eletrificação, mas as equações de Maxwell e suas consequências são válidas apesar dessas diferenças. Esse argumento presume que teorias não são modificadas em sua aplicação. Mas muitos dos chamados "procedimentos de aproximação" retiram aquilo que é afirmado pela teoria usada e o substituem por afirmações diferentes, assim admitindo que domínios diferentes exijam procedimentos diferentes e que a unidade sugerida por uma teoria abrangente possa ser puramente formal.

Uma resposta ainda mais importante é que as leis da natureza certamente não são *encontradas* independentemente de uma cultura específica. É preciso uma atitude mental muito especial inserida em uma estrutura social particular combinada às vezes com sequências históricas bastante idiossincráticas para inventar, formular, checar e estabelecer leis, tais como a segunda lei da termodinâmica. Isso é hoje admitido por sociólogos, historiadores da ciência e até por alguns filósofos. Os gregos tinham a matemática e a inteligência necessária para começar o tipo de ciência que se desenvolveu nos séculos XVI e XVII – no entanto, não o fizeram. "A civilização chinesa tinha sido muito mais eficiente que a europeia na descoberta de coisas sobre a Natureza e no uso do conhecimento natural para o benefício da humanidade durante mais ou menos uns quatorze séculos antes da revolução científica" e, no entanto, essa revolução ocorreu na Europa "com atraso" (Needham, 1981, p.3, 22 ss.). A descoberta e o desenvolvimento de uma forma particular de conhecimento é um processo sumamente específico e que não pode ser replicado. Ora, onde está o argumento para nos convencer de que aquilo que foi encontrado dessa maneira idiossincrática e dependente da cultura (e é, portanto, formulado em termos dependentes da cultura) exista independentemente da maneira pela qual foi obtido? O que nos garante que podemos separar a maneira do resultado sem perdê-lo? Se substituirmos uns conceitos por outros, ainda que eles sejam apenas ligeiramente diferentes, já não podemos afirmar esses resultados, ou até mesmo compreendê-los; obtemos resultados diferentes e evidência que os confirme, como se vê nos primeiros estágios da história da ciência. No entanto, supostamente os resultados devem permanecer "no mundo" muito tempo depois de termos esquecido como os conseguimos.

Além disso, os objetivistas modernos não são as únicas pessoas a projetar suas preferências no mundo. Para os antigos gregos, os deuses gregos existiam e atuavam independentemente dos desejos dos seres humanos. Eles simplesmente "estavam lá".[50] Isso, hoje em dia, é considerado um erro. Na visão dos racionalistas modernos, os deuses gregos são partes inseparáveis da cultura grega, eles eram imaginados, não existiam realmente. Por que a rejeição? Porque os deuses homéricos não podem existir em um mundo científico. Por que esse conflito é usado para eliminar os deuses e não o mundo científico? Ambos são objetivos em intenção e ambos surgiram de uma maneira dependente da cultura. A única resposta que ouvi para essa pergunta é que os objetos científicos se comportam de uma maneira mais lícita que os deuses e podem ser examinados e investigados em maior detalhe. A resposta presume aquilo que deve ser demonstrado, ou seja, que as leis científicas são reais, enquanto os deuses não o são. Isso também faz da acessibilidade e da licitude um critério da realidade. Isso faria com que pássaros ariscos e anarquistas fossem bastante irreais. Não há outra saída: ou nós chamamos os deuses e os *quarks* igualmente de reais, mas dependendo de circunstâncias diferentes, ou paramos totalmente de falar sobre a "realidade" das coisas e, em vez disso, passamos a usar esquemas de ordenação mais complexos (cf. o começo da seção 6).

---

[50] Para detalhes e outros livros, cf. capítulo 17 de meu livro *Against Method*. Cf. também os capítulos 4 e 5 de meu *Stereotypes of Reality* [Estereótipos da realidade] (no prelo).

Nenhuma das duas opções precisa influenciar o papel da ciência em nossa cultura. Tampouco estou afirmando que podemos dispensar as ciências. Não podemos. Tendo participado da construção de um ambiente em que as leis científicas ficam em primeiro plano, tanto materialmente, nos produtos tecnológicos, quanto espiritualmente, nas ideias a que permitimos orientar nossas decisões mais importantes – ou permitido que essa construção ocorresse –, nós, os cientistas, assim como os cidadãos comuns da civilização ocidental, estamos sujeitos a seu comando. Mas as condições sociais mudam e a ciência muda com eles. A ciência do século XIX negava as vantagens da pluralidade cultural; a ciência do século XX, castigada por uma série de revoluções um tanto desconcertantes e estimulada por sociólogos e antropólogos, as reconhece. Os próprios cientistas, filósofos e políticos que apoiam a ciência transformam-na por esse mesmo apoio e mudam o mundo com isso. Este mundo não é uma entidade estática habitada por formigas pensantes que, arrastando-se por todas as suas fendas, gradativamente descobrem suas características sem influenciá-las de forma alguma. Ele é uma entidade dinâmica e multifária que influencia e reflete a atividade de seus exploradores. Em um determinado momento, era um mundo cheio de deuses; mais tarde, tornou-se um mundo material monótono e esperamos que se transforme em um mundo mais pacífico, onde a matéria e a vida, o pensamento e os sentimentos, a inovação e a tradição colaborem para o benefício de todos.

2
A razão, Xenófanes e os deuses homéricos

O racionalismo e a ciência estão conquistando seções cada vez maiores do globo. A educação os insere nos cérebros das crianças das nações "civilizadas"; o desenvolvimento assegura que as sociedades "primitivas" e "subdesenvolvidas" lucrem com ele; a pesquisa de armamentos, que é um empreendimento internacional e independente de filiações políticas, encarrega-se de introduzi-los nos próprios centros de poder e até o menor projeto tem de ser adaptado aos padrões científicos para ser aceitável. Essa tendência tem algumas vantagens – mas também tem sérias desvantagens. O "desenvolvimento", por exemplo, com frequência gerou escassez e agora está tentando eliminar e destruir instituições e culturas que mantinham a vida de muitas pessoas. Alguns críticos pensam nessas desvantagens quando argumentam contra uma nova extensão dos poderes da ciência. Eles consideram os problemas da *vida*. Querem eliminar a fome, a doença e o medo, mas estão cientes dos perigos das tecnologias baseadas na ciência; trabalham pela paz e pela independência das culturas diferentes da sua própria; e negam que um racionalismo científico possa alcançar esses objetivos.

Existem também outros críticos mais esotéricos da tendência atual que raramente discutem temas tão proletários quanto saneamento ou a possibilidade de uma guerra nuclear. Não estão interessados na existência cotidiana dos seres vivos, de mulheres, homens, crianças, cães, árvores e pássaros. O que lhes preocupa é o poder de grupos especiais. Esse poder, dizem eles, sofreu como resultado da expansão das ciências. As humanidades, por exemplo, hoje valem muito menos que as ciências e uma coisa chamada "mito" perdeu muito de sua influência. A crítica é acompanhada de sugestões positivas: dê mais dinheiro às artes e às humanidades e faça renascer as qualidades míticas da vida humana.

As sugestões presumem uma distinção clara entre o pensamento puro com suas categorias artificiais e o mito, ou a imaginação poética, que capta a vida humana como um todo e lhe dá sentido. Nessa premissa, os críticos deixam de ver que a própria distinção é racional e criticam a racionalidade com base nas categorias que foram, elas próprias, introduzidas pela razão. Homero não separa a razão e o mito, a teoria (abstrata) e o senso comum (empírico), a filosofia e a poesia. Será que os "mitos", a "imaginação poética" que os pensadores esotéricos modernos têm em mente são talvez mistificações, distantes anos-luz do passado que eles querem recuperar e das vidas que querem enriquecer? E como reagir aos fenômenos deste mundo e às opiniões e instituições que ele contém sem fazer uso das distinções de uma abordagem racional? Essas são algumas das perguntas que faço a mim mesmo quando me defronto com o amor que alguns intelectuais demonstram por aquilo que eles acham que são as coisas antigas. Para encontrar uma resposta, dei uma olhada na história e examinei quanto tempo faz que os críticos "racionais" da tradição vêm atuando e como as observações deles foram recebidas. Mais especialmente, analisei o que Xenófanes tinha a dizer sobre as tradições de sua época.

Xenófanes foi um dos primeiros intelectuais ocidentais. Como muitos de seus sucessores, ele era falante e convencido. Mas, ao contrário deles, tinha um carisma considerável. Não apresentava argumentos bem construídos – e é por isso que Aristóteles o chamava de "um tanto desajeitado" (*agroikoteros*: Met. 986b27) e aconselhava seus leitores a se esquecerem dele – mas era autor de linhas únicas de grande efeito. Atravessava a Grécia e a Jônia cantando as histórias antigas, mas também as criticava e zombava delas. "Ele, um grego do século VI, ousava rejeitar os contos tradicionais, chamando-os de invenções antigas!", escreve

Fränkel (1968, p.341). Ainda usava as formas antigas, tais como a forma épica e as elegias. O fragmento a que Fränkel se refere (fragmento B1 na numeração de Diels-Kranz) é mais ou menos como se segue:

> Limpo está o chão, limpas as mãos e as xícaras; e as guirlandas que
> acabaram de ser trançadas são colocadas nas cabeças pelo menino.
> O bálsamo perfumado preservado no pequeno frasco é trazido por outro,
> um prazer requintado nos espera na tigela;
> e um vinho diferente, com a promessa de nunca trazer desprazer,
> com um gosto macio e doce em seu perfume, está aqui na jarra.
> E no centro o incenso dispensa o perfume sagrado;
> a água fresca está lá, cheia de doçura e transparente ao olhar.
> Olhe os pães amarelos como ouro nas mesas magníficas,
> repletas com a abundância de queijo e do rico mel.
> E no centro um altar totalmente coberto com flores
> e canções festivas ecoando por toda a casa.
> Mas primeiro é apropriado para os homens de boa vontade prestarem
> tributos ao deus
> com palavras que sejam puras e histórias apropriadas para a ocasião;
> então, depois das libações comuns e da oração para termos força para
> agir sabiamente
> (a preocupação mais importante, que precede todas as outras)
> não é insolente encher o corpo com bebida – contanto
> que, mais tarde, só os mais velhos precisem de um escravo para chegar
> em casa.
> E elogio o homem que, tendo bebido, ainda pode lembrar
> quanto ele conquistou e como seguiu as virtudes.
> Que ele não nos conte sobre as batalhas conduzidas por Titãs e Gigantes
> ou até Centauros – as fantasias de nossos antepassados;
> ou da dissensão cívica – não são úteis esses eventos.
> Mas sempre devemos prestar respeito aos deuses.

Esse poema tem várias características interessantes. Primeiro, o ambiente: é uma festa um tanto contida em que se pensa nos deuses e não se bebe em excesso. Enquanto alguns poetas, como Alcaeus, elogiavam a bebida por si mesma, e enquanto aqueles que imitavam os lídios "eram tão corruptos que alguns deles, estando bêbados, não viram nem o nascer nem o pôr do sol" (a paráfrase de Ateneu do fim do fragmento 3), Xenófanes aconselha seus companheiros de taberna a beber com moderação para que apenas os mais velhos precisem de um escravo para chegar em casa. Devemos o fragmento precisamente a essas observações: o médico Ateneu de Ataleia, que viveu no primeiro século a.C., percebeu sua relevância para a medicina e citou-o em seu livro sobre dietéticos.

Uma segunda característica interessante é o conteúdo das conversas. Elas não são sobre guerras ou tópicos épicos; são a respeito das experiências pessoais dos participantes, "quanto eles conquistaram e como seguiram as virtudes". Segundo Xenófanes, essas questões não foram propagadas nem por Homero (que mesmo na Atenas democrática era a base da educação formal: veja Webster, 1973, cap.3) nem pela mania de atletismo moderna:

Deixem que ele seja rápido com seus pés e dessa maneira vença todos
os outros;
deixem que ele supere de cinco maneiras no bosque do deus
aqui em Olímpia, próximo às águas do Pisano; deixem que ele
lute, ou domine a profissão penosa do boxe
ou da terrível competição, conhecida por todos como Pankration –
seria maior sua honra aos olhos de seus vizinhos.
Lugares excelentes lhe seriam dados nas lutas e nos jogos
poderia comer o que quisesse e comê-lo à custa do público;
em presentes eles o afogariam e uma propriedade permanente lhe seria
devida
e isso também se ele tivesse comprovado suas habilidades com um
cavalo,
ele, que é mais baixo do que eu. Pois minha sabedoria é de longe melhor
que o poder bruto dos homens e dos cavalos velozes.
Não, o costume que coloca a força rude acima das conquistas úteis
não tem sentido e não devia ser mais encorajado.
Pequeno é o ganho para a cidade que abriga um boxeador excelente
ou um que concorreu ou venceu cinco vezes na luta livre
ou um corredor excelente que, entre todas as profissões
envolvidas em competições, é de longe o mais elogiado.
Curto é o prazer que a cidade obtém com uma competição em Pisa
pois ela não enche as lojas da cidade.

"A maneira voraz com que esses homens (os atletas) comem não nos surpreende", escreveu Ateneu, que também preservou esse fragmento.

"Todos os participantes dos jogos eram convidados a comer muito e também a se exercitar muito." Colocá-los como exemplos e adorá-los não tem nenhuma utilidade para a cidade, diz Xenófanes.

No entanto, Xenófanes não se opôs apenas às tendências culturais de sua época. Segundo a opinião da maioria dos pensadores modernos, ele também revelou suas bases e as *criticou*. Mais que tudo, ele criticou a ideia de que existem deuses que se parecem com os humanos, que são cruéis, zangados e traiçoeiros como os heróis da épica e que influenciam a história. A crítica, dizem seus admiradores mais tardios, levou à ascensão do racionalismo. Será verdade? As objeções de Xenófanes são formas tradicionais de pensamento realmente tão penetrantes e tão férteis quanto creem muitos filósofos? Será que elas realmente nos obrigam a abandonar a antiga ideia de deuses que têm características humanas e agem neste mundo?

O "argumento" de Xenófanes, como o conhecemos, é muito breve. Consiste nos seguintes comentários:

Tudo que os humanos desprezam, condenam e tentam evitar,
o roubo e o adultério e o engano mentiroso dos outros
Homero e Hesíodo respeitosamente levaram até os deuses...
[fragmentos 11, 12]

Mas os mortais pensam que os deuses foram criados pelo nascimento
que usavam roupas, tinham vozes e também uma forma.
Mas se o gado, ou os leões, ou os cavalos tivessem mãos, assim como os humanos;
se pudessem pintar com suas mãos e desenhar e assim criar quadros –
então os cavalos ao desenharem seus deuses desenhariam cavalos; e o gado
nos daria quadros e estátuas de gado; e portanto
cada um deles representaria os deuses à semelhança de sua própria constituição.

Deuses etíopes – com narizes arrogantes e negros
trácios – de olhos azuis e louros (incompleto)
[fragmentos 14, 15, 16]

Aqui está o que alguns autores modernos disseram sobre essas linhas. Guthrie (1962, p.370) fala de "crítica destrutiva". Mircea Eliade, que a não ser por isso é um senhor muito inteligente, elogia "a crítica perspicaz de Xenófanes" (1979, p.407). E Karl Popper, que arrastou Xenófanes para cima e para baixo pelo campo como um de seus predecessores mais importantes, lê os fragmentos como "a descoberta de que as histórias gregas sobre os deuses não podem ser levadas a sério porque elas representam os deuses como seres humanos" (1984, p.218); também ele fala de uma "crítica".

A visão positiva de Xenófanes sobre deus, ou sua "teologia", estão contidas nas seguintes linhas:

> Um único deus é o maior, o maior dos deuses e dos homens,
> que não se assemelha aos mortais nem em forma nem em pensamento.
>
> Sempre sem qualquer movimento ele permanece em um único lugar
> já que seria impróprio que ele caminhasse ora para esse lugar ora para
> aquele outro.
>
> Totalmente visão, totalmente conhecimento, totalmente audição.
>
> Mas sem esforço, apenas com o pensamento, ele movimenta tudo que existe.
> [fragmentos 23, 26, 24, 25]

É interessante pesquisar o efeito que essa doutrina teve na Antiguidade. Existem citações de frases importantes em Ésquilo (cf. o primeiro apêndice a Calogero, 1970) e há um comentário por Timon de Fleios, um aluno de Pirro, o cético (citado em Diógenes Laércio e com uma ligeira diferença em Sexto Empírico, *Hypot.*, 224–A35 em Diels/Kranz). Timon escreve:

> Xenófanes, semipretensioso, fez picadinho dos enganos de Homero,
> modelou um deus, longe de ser humano, igual em todas as suas relações,
> a quem faltava dor e movimento e era melhor no pensar do que se
> imaginava.

"Longe de ser humano", é assim que Timon chama os deuses de Xenófanes – e ele (?) é realmente desumano, não no sentido que o antropomorfismo deixou para trás, mas em um sentido totalmente diferente, em que certas propriedades *humanas*, tais como Pensamento, Visão, Audição ou Planejamento, são aumentadas monstruosamente, enquanto outras características que manteriam o equilíbrio, tais como a tolerância, a empatia ou a dor, foram eliminadas. "Sempre sem nenhum movimento, ele permanece em um único lugar" – como um rei ou um dignitário para quem "seria inadequado andar ora para este ora para aquele espaço". O que temos não é um ser que transcende a humanidade (e deveria, portanto, ser admirado?), e sim um *monstro* consideravelmente mais terrível que os deuses homéricos, ligeiramente imorais, jamais poderiam aspirar ser. Esses nós ainda podíamos entender: podíamos falar com eles, tentar influenciá-los, podíamos até trapaceá-los de vez em quando, podíamos impedir ações indesejáveis por parte deles com a ajuda de orações, oferendas, argumentos. Havia relações pessoais entre os deuses homéricos e o mundo que eles comandavam (e muitas vezes perturbavam). O Deus de Xenófanes, que *ainda tem características humanas*, mas aumentadas de uma forma grotesca, não permite tais relações. É estranho e, pelo menos para mim, um tanto assustador ver com que entusiasmo muitos intelectuais abraçam esse monstro, considerando-o o primeiro passo na direção de uma interpretação "mais sublime" da divindade. Contudo, a atitude também é compreensível, pois as características humanas que permanecem são as que muitos intelectuais adorariam possuir; o pensamento puro que se torna eficiente pelo poder de movimentar tudo à distância, uma visão superior, uma audição superior (para captar mexericos intelectuais?) e nenhum sentimento.

Resumindo: Xenófanes zomba dos deuses tradicionais em virtude de suas características antropomórficas. O que ele oferece em vez disso é uma criatura que ainda é antropomórfica, mas desumana, acrescentando incidentalmente (fragmento 34) que ele não tem ideia do que está falando ("o que eu disse sobre os deuses nenhum humano jamais viu nem nunca saberá"). E a *isso* Popper chama de "a *descoberta* de que as histórias gregas sobre os deuses não podem ser levadas a sério porque representam os deuses como seres humanos".

Volto-me agora para os fragmentos críticos e minha pergunta é: estamos lidando aqui com uma *crítica* ou simplesmente com uma *rejeição* da ideia de deuses regionais que compartilham as propriedades da região que dominam? A resposta é a segunda opção. A rejeição passa a ser uma crítica se pudermos presumir:

> (A) que o conceito de um deus (ou, em termos mais gerais, o conceito de uma Verdade ou de um Ser) que muda de uma cultura para a outra não é válido em parte alguma ou, inversamente, que um conceito de uma divindade para ser adequado (ou um conceito adequado da verdade ou do ser) deve ser válido em todas as partes.
> (B) que o receptor da crítica aceite (A) pelo menos implicitamente. Só então a zombaria alcançará seu objetivo. Do contrário, o oponente pode sempre dizer "você não está falando de nossos deuses, que são deuses tribais, cuidam de nós, assemelham-se a nós, vivem de acordo com nossos costumes, mas têm poderes sobre-humanos. Você está falando de um monstro intelectual que você mesmo inventou e que usa como medida para todos os outros deuses. Mas isso não tem nada a ver conosco". A zombaria pode até ser invertida, como mostra a caracterização de Timon: "Você, Xenófanes", essa zombaria invertida poderia indicar, "está com inveja da fama de Homero e, portanto, quer fazer melhor que ele e inventar um deus seu, maior do que todos os outros deuses, mais rígido em seu comportamento e mais inteligente até do que você".

Muitos autores modernos elogiam Xenófanes por presumir (A). Nem todos eles são sinceros em seu elogio, pois nem todos acreditam que o mundo é comandado por poderes divinos. O que esses autores têm em mente não é um ser superpotente, e sim algo mais abstrato, tal como uma lei da natureza, uma verdade universal ou um material uniforme. Desconsiderando essa característica da popularidade de Xenófanes, devemos ainda indicar que nem todas as pessoas aceitaram a proposição (A) e que existiram autores e culturas inteiras, *tanto antes quanto depois de Xenófanes*, que explicitamente a refutavam. Assim, Poseidon diz em *Ilias* 15, 187 ss. [tradução Lattimore]:

> ... Como somos três irmãos nascidos de Reia para Cronos,
> Zeus e eu, e o terceiro é Hades, senhor dos homens mortos.

Tudo foi dividido entre nós em três partes, a cada um foi dado seu reino.
Eu, quando a sorte foi lançada, tirei o mar cinza para nele viver
para sempre; Hades tirou o reino dos nevoeiros e da escuridão,
e a Zeus coube o amplo céu, na nuvem e o ar brilhante.
Mas a terra e o alto Olimpo são comuns a todos os três. Portanto
não participo da mente de Zeus. Deixem-no que tranquilamente
e poderoso como é fique satisfeito com sua terça parte.

Segundo essa passagem, o mundo natural, exatamente como o mundo político, é subdividido em regiões que são sujeitas a leis (naturais) diferentes. Cornford (1965, p.16) comentou essa passagem e explicou seus termos. *Moira*, traduzido como *"share"* em inglês, significa "parte", "parte atribuída" – esse também é o sentido original de "sorte" ou "destino". As objeções de Poseidon mostram que os deuses, como os humanos, têm suas *moriai*: a cada deus é dada uma parte bem definida do mundo como seu campo de ação. As partes não são apenas separadas umas das outras, elas são também qualitativamente diferentes (céu, água, escuridão) e representam os elementos, que começaram como regiões com certas qualidades conectadas a elas e só mais tarde se transformaram em substâncias que poderiam vagar pelo cosmos. A região atribuída a um deus também determina seu *status* (*tempo*) – ela determina sua posição em um sistema semissocial. O *status* é chamado ocasionalmente de seu privilégio (*geras*). Na região, o comando do deus não é questionado, mas ele não deve ultrapassar seus limites ou encontrará resistência ofendida (*nemesis*). Assim, o mundo é em grande parte considerado um conjunto com várias divindades comandando partes diferentes dele: (B) não é correta.

Esse caráter agregado do mundo homérico não se limita a suas partes maiores – ele pode ser encontrado também nas partes menores. Não há nenhum *conceito* que forje o corpo humano e a alma humana em uma unidade, e não há quaisquer *meios de representação* que permitiriam aos artistas dar uma expressão ótica a essa unidade. Tanto conceitualmente quanto oticamente os seres humanos são como bonecos de trapo, em que elementos relativamente isolados foram costurados (o braço, o antebraço, o tronco, o pescoço, a cabeça com um olho que é simplesmente colocado em seu lugar, sem "olhar" para nada) e funcionam como estações de passagem para eventos (ideias, sonhos, sentimentos) que podem surgir em outras partes e só brevemente se fundem com um ser humano específico. A ação, em nosso sentido, não existe nesse mundo; um herói não decide fazer com que certo evento ocorra e o causa; *ele apenas se vê envolvido* em uma série de ações e não em outra, e sua vida *se desenvolve* de acordo com isso. Todas as coisas – animais, carruagens, cidades, regiões geográficas, sequências históricas e tribos inteiras – são apresentadas dessa maneira "aditiva": são agregados sem "essência" ou "substância".

O mesmo é válido para as visões do mundo. Na religião temos um ecletismo oportunista que não hesita em acrescentar deuses estrangeiros àqueles já aceitos, contanto que sua presença prometa alguma vantagem; versões diferentes da mesma história sobrevivem lado a lado (isso foi elevado a um princípio por Heródoto – VII, 152,3: *legein ta legomena*) e até as ideias "modernas" e já dessecadas dos filósofos jônicos (Thales, Anaximandro, Anaxímenes) não são contra a tradição. Não há nenhum *conhecimento* coerente, isto é, nenhuma descrição uniforme do mundo e dos eventos que nele ocorrem. Não há nenhuma *verdade* abrangente que vá além de uma enumeração de detalhes, mas há *muitas informações*, obtidas de várias maneiras, de fontes diferentes e reunidas para benefício dos curiosos. A melhor maneira de apresentar esse conhecimento é a *lista* – e realmente as antigas obras científicas eram listas de fatos, partes, coincidências e problemas em vários domínios especializados. Os deuses têm conhecimento total. Isso não significa que seu olhar penetra a superfície e percebe uma unidade oculta sob os eventos – eles não são físicos ou biólogos teóricos – mas sim que eles têm as listas mais completas à sua disposição. Até as primeiras noções de validade estão de acordo com essa situação: *nomos* vem de *nemein*; na Ilíada, essa palavra tem o sentido de distribuir, ou atribuir a uma certa região.[1]

Resumindo: (A) e (B) não são aplicáveis ao mundo homérico; Xenófanes *rejeita* essa visão do mundo, mas não nos deu quaisquer *argumentos* contra ela.

Voltando-nos agora para autores que escreveram depois de Xenófanes, observamos que alguns dos escritores mais inteligentes o desconsideram

---

[1] Detalhes e outras citações são dados no capítulo 17 de meu livro *Against Method*, e em meu livro, a ser brevemente publicado, *Stereotypes of Reality*.

ou seguiram um caminho diferente. Ésquilo, que foi "fortemente influenciado" por Xenófanes (Calogero, 1970, p.293, nota de rodapé 16), por um lado, deu aos deuses um poder espiritual maior e, portanto, os tornou menos humanos; por outro, deixou que eles participassem das atividades da cidade (Atenas, na última parte da *Oresteia*, preside um conselho que contém cidadãos atenienses e vota ao lado deles) e, assim, os trouxe para mais perto das preocupações humanas. Os deuses de Ésquilo também agiam menos arbitrariamente e com mais responsabilidade do que os deuses homéricos, arbitrariedade e responsabilidade sendo, uma vez mais, medidas pelos padrões da cidade; isso os deixou ainda mais perto dos *modos de ação* humanos do que os deuses de Homero e Hesíodo. E, é claro, os deuses de Ésquilo ainda eram os deuses antigos, havia muitos deles, não só aquele único monstro do poder de Xenófanes.

Sófocles então ressuscitou a arbitrariedade dos deuses homéricos. Tentando explicar a maneira aparentemente irracional pela qual a sorte e o azar são distribuídos entre os humanos, ele os atribuiu às ações de deuses igualmente obstinados e irracionais (veja, por exemplo, *Electra*, 558 ss.). Heródoto, cuja construção de frases (*lexis eiromene*) e cuja tolerância para com versões conflitantes da mesma história já reflete formalmente a visão agregada, sustentou a existência de influências divinas com argumentos empíricos. Sua análise das leis e costumes sociais utilizou uma noção regional de validade. Ela pode ser resumida na seguinte afirmação:

> Os costumes, as leis e as crenças religiosas governam, como reis, em domínios restritos. Seu governo baseia-se em uma autoridade dupla – em seu *poder* (que é o poder daqueles que creem neles) e no fato de ser um *poder lícito*.

Protágoras estende essa ideia para abranger não só leis e costumes, mas todas as questões que interessam aos humanos, inclusive "questões ontológicas". Esse era o *relativismo de Protágoras*.

O relativismo de Protágoras refuta as duas premissas que transformam a zombaria de Xenófanes em um argumento, e assim concorda com os princípios básicos da visão de mundo homérica. Isso mostra que os seguidores de Protágoras e de Heródoto não eram sujeitos preguiçosos que, tendo chegado às fronteiras de sua cidade, nação ou região cósmica, pararam de buscar uma Verdade universal ou Cânones de Validade universais e ficaram contentes com uma coleção de opiniões locais. Sua filosofia era uma imagem espelhada perfeita do mundo que tinha sido habitado por seus antepassados e isso ainda orientava os pensamentos e as percepções de seus contemporâneos. Por que então iria o Sócrates platônico estar sempre encontrando pessoas que respondiam a perguntas como "O que é conhecimento?", ou "O que é virtude?", ou "O que é coragem?" apresentando *listas*? (cf. Dover, 1978) Mas se o mundo é um agregado de regiões relativamente independentes, então qualquer premissa de leis universais é *falsa* e uma demanda por normas universais é *tirânica*: somente a força bruta (ou o engano sedutor) pode então vergar as várias moralidades para que elas se enquadrem nas prescrições de um único sistema ético. E, realmente, a *ideia* de leis universais da natureza e da sociedade surgiu em conexão com uma batalha de vida e morte: a batalha que deu a Zeus o poder sobre os Titãs e todos os outros deuses e assim transformou *suas* leis *nas* leis do universo (Hesíodo, *Theog.*, 644 ss.).

A ideia de uma verdade e uma moralidade universais desempenhou papel importante na história do pensamento ocidental (e na ação política ocidental). Ela é muitas vezes considerada uma medida pela qual as sugestões teóricas e realizações práticas devem ser avaliadas e deu respeitabilidade à expansão incansável da civilização em todos os cantos do mundo. Essa expansão, de uma maneira muito irônica, revelou a origem violenta das culturas em expansão: as realizações ocidentais muito raramente eram requisitadas e os colonizadores ocidentais quase nunca eram convidados a abençoar os Primitivos (ou os chineses, japoneses ou indianos) com suas ideias avançadas e seus hábitos sublimes. O comentário de que as filosofias relativistas não têm nenhuma importância quando comparadas com esse desenvolvimento quase inevitável é, claro, verdadeiro, mas só confirma a ideia (relativista) de que a popularidade das posições filosóficas é resultado do poder (ou do engano) e não do argumento: *o regionalismo dos fenômenos naturais nunca foi vencido, nem pelos filósofos nem pelos cientistas, enquanto o regionalismo dos fenômenos sociais foi reprimido ou destruído pela violência, sem que se demonstrasse que ele era inadequado segundo o raciocínio ético.*

Com relação à primeira parte dessa afirmação, temos que perceber que uma visão unificada do mundo físico simplesmente não existe. Temos teorias que funcionam em regiões restritas, tentativas puramente formais de condensá-las em uma única fórmula e uma grande quantidade de afirmações injustificadas (tais como a afirmação de que toda a química pode ser reduzida à física), fenômenos que não se encaixam no arcabouço aceito são suprimidos; na física, que muitos cientistas consideram a única ciência realmente básica, existem hoje pelo menos três pontos de vista diferentes (a relatividade, lidando com as coisas muito grandes; a teoria quântica, para um domínio intermediário; e vários modelos de partículas, para as coisas muito pequenas) sem uma promessa de unificação conceitual (e não apenas formal); as percepções estão fora do universo material (o problema mente-corpo ainda não foi solucionado) – desde o começo o vendedor de uma verdade universal enganou as pessoas, fazendo-as aceitar sua filosofia em vez de argumentar pela sua própria. E não esqueçamos que foram eles, e não os representantes das tradições, que atacavam quem introduzia o argumento como o único árbitro universal. *Eles* elogiavam o argumento – mas constantemente violavam seus princípios. A zombaria de Xenófanes é o primeiro exemplo, e também o mais curto e mais claro, desse tipo de linguagem ambígua.

No domínio social a situação é ainda pior. Aqui temos uma ausência não só de teorias, mas também de decência humana. Apenas uns poucos proponentes do progresso intelectual e industrial consideravam um problema a grande variedade de visões e culturas que povoavam a Terra, e quase nenhum político, colonizador ou desenvolvimentista estava preparado para arguir em defesa das coisas que ele podia obter pela força (há exceções, mas são raras). Assim, a uniformidade crescente das sociedades "civilizadas" não demonstra que o relativismo fracassou; ela apenas mostra que o poder pode eliminar todas as diferenças.

Concluo com um exemplo que mostra a falta de crítica com que as premissas básicas de Xenófanes (premissas A e B) são aceitas por alguns de nossos contemporâneos. O exemplo não é uma teoria, nem um ponto de vista filosófico, e sim um poema de Czeslaw Milosz. O poema é um tanto ingênuo e seus defeitos podem ser demonstrados em poucas linhas. Será que isso significa que as pessoas deixaram de pensar sobre questões que afetam suas vidas e que frases vazias, ardilosamente agregadas, são mais poderosas até que o senso comum? Xenófanes tinha ideias estranhas – mas mostrou sinais de inteligência (e de humor). Não consigo detectar nenhum sinal semelhante no que se segue:

MAGIA

1. A razão humana é linda e invencível;
   Nenhuma grade, nenhum arame farpado, nenhuma redução a polpa
   de livros,
   nenhuma sentença de banimento pode predominar contra ela.
   Ela estabelece ideias universais na linguagem
5. e guia nossa mão para escrevermos Verdade e Justiça
   com letras maiúsculas, e mentira e opressão com minúsculas.
   Ela coloca o que deveria estar acima das coisas como elas são
   ela é o inimigo do desespero e um amigo da esperança.
   Não distingue o judeu do grego ou o escravo do senhor
10. dando-nos as propriedades do mundo para administrar.
    Ela salva frases austeras e transparentes
    da discórdia imunda de palavras torturadas.
    Ela diz que tudo é novo sob o sol,
    abre o punho congelado do passado.
15. Lindos e muito jovens são Filo-Sofia
    e a poesia, sua aliada no serviço do Bem.
    Só ontem a Natureza comemorou seu nascimento.
    A notícia foi levada para as montanhas por um unicórnio e um eco.
    Sua amizade será gloriosa, seu tempo não tem limites
20. Seus inimigos se entregaram à destruição.

A "destruição" (20) ameaça os oponentes de uma Razão não regional com a intenção de "administrar as propriedades do mundo" (10) sem qualquer "discórdia imunda de palavras torturadas" (12), isto é, sem discussão democrática. O que é verdadeiro, mas não no sentido que Milosz intencionava: a "destruição" realmente eliminou todas aquelas sociedades pequenas e bem adaptadas que estavam no caminho da expansão da civilização ocidental, embora elas tivessem tentado defender seus direitos com "palavras torturadas". A nobre Razão, no entanto, dificilmente é "invencível" (1); profetas, vendedores e políticos esmagam-na com os pés, os supostos amigos da razão a deturpam para fazer com que se ajuste a suas intenções. As ciências do passado nos cumularam de presentes úteis e terríveis – mas sem empregar uma única agência imutável e "invencível". As ciências de hoje são empresas comerciais dirigidas segundo os princípios comerciais. A pesquisa em grandes institutos já não é guiada pela Verdade e pela Razão, e sim pelo modelo em voga mais recompensador; e as grandes mentes de hoje cada vez mais se voltam para onde o dinheiro está – o que significa questões militares. Não é a "Verdade" que é ensinada em nossas universidades, e sim a opinião de escolas influentes. Não foi a Razão, ou o Iluminismo, mas uma fé rígida (na Bíblia ou no marxismo) que foi a força preservadora mais poderosa nas prisões de Hitler, como Jean Améry descobriu. A "Verdade", escrita com "letras maiúsculas" (6), é uma órfã neste mundo, sem poder nem influência, e *felizmente*, pois a criatura que Milosz elogia sob esse nome só poderia levar à escravidão mais abjeta. Ela não aguenta opiniões divergentes – e as chama de "mentiras" (6); ela se coloca "acima" (7) das vidas reais dos seres humanos, exigindo, de uma maneira característica a todas as ideologias totalitárias, o direito de reconstruir o mundo da altura "daquilo que deveria ser" (7), isto é, de acordo com seus próprios preceitos "invencíveis" (1). Ela se recusa a reconhecer as muitas ideias, ações, sentimentos, leis, instituições e características raciais que separam uma nação (cultura, civilização) da outra e que são as únicas que nos dão *pessoas*, isto é, criaturas com *rostos* (9).

Essa é a atitude que destruiu as realizações culturais dos índios nos Estados Unidos sem nem sequer uma olhada em sua direção; essa é a atitude que agora está destruindo culturas não ocidentais sob o pretexto do "desenvolvimento". Convencida e autossuficiente é essa fé na Verdade e na Razão, para a qual uma discussão democrática nada mais é que uma "discórdia imunda de palavras torturadas" (12) – e também muito desinformada: a filosofia nunca foi o "aliado" (15) da poesia, nem na antiguidade, quando Platão falava da "antiga batalha entre filosofia e poesia" (*Rep.* 607b6 ss.), nem hoje, quando a Verdade é procurada nas ciências e a poesia está reduzida à expressão de sentimentos. A razão pela qual as pessoas comuns tentam criar um mundo melhor e mais seguro para si e para seus filhos (que é razão com um "r" minúsculo e não Razão escrita "com letras maiúsculas") (6) tem muito pouco em comum com esses sonhos ignorantes e irracionais de dominação. Infelizmente, o senso comum é um instrumento por demais comum para impressionar os intelectuais, e por isso eles o abandonaram há muito tempo e o substituíram por suas próprias concepções, tentando redirecionar o poder político de acordo com elas. Devemos limitar sua influência, retirá-los das posições de poder e transformá-los de *senhores* dos cidadãos livres em seus *criados* mais obedientes.

3
O conhecimento e o papel das teorias

1 Existência

O mundo em que vivemos contém uma abundância de coisas, eventos, processos. Existem árvores, cães, nasceres do sol; existem nuvens, tempestades, divórcios; existe justiça, beleza, amor; existe a vida de pessoas, de deuses, de cidades, de todo o universo. É impossível enumerar e descrever em detalhe todos os incidentes que ocorrem com um indivíduo no decorrer de um único dia monótono.

Nem todos vivem no mesmo mundo. Os eventos que rodeiam um guarda florestal diferem dos eventos que rodeiam um morador da cidade perdido em um bosque. São eventos diferentes, não só aparências diferentes dos mesmos eventos. As diferenças tornam-se evidentes quando passamos para uma cultura estrangeira ou para um período histórico distante. Os deuses gregos eram uma presença viva; "eles estavam lá" (Wilamowitz-Möllendorf, 1955, p.17; Otto, 1970). Hoje não podem ser encontrados em parte alguma. "Essas pessoas eram agricultores", escreve E. Smith-Bowen sobre uma tribo africana que ela visitou:

> para eles as plantas são tão importantes e familiares como as pessoas. Eu nunca tinha estado em uma fazenda e não tenho nem certeza de quais flo-

res são begônias, dálias ou petúnias. As plantas, como a álgebra, costumam ser parecidas, embora sejam diferentes, ou parecem diferentes e são iguais; consequentemente, a matemática e a botânica me confundem. Pela primeira vez na vida, encontrei-me em uma comunidade em que crianças de dez anos não eram melhores que eu em matemática. Também me encontrei em um lugar onde todas as plantas, selvagens ou cultivadas, tinham um nome e um uso, e todos os homens, mulheres e crianças conheciam literalmente centenas de plantas... [meu instrutor] simplesmente não podia entender que não eram as palavras e sim as plantas que me desconcertavam. (1954, p.19)

A confusão aumenta quando os objetos encontrados pelo explorador não só são desconhecidos, como inacessíveis à sua maneira de pensar. Linguagens com inflexões postulam que as coisas que têm propriedades e estão em certas relações umas com as outras: a neve gira com o vento, pousa no chão, eleva-se como uma cortina em uma tempestade. Ou seja, a mesma coisa, a neve, se envolve em uma variedade de episódios. Os índios Delaware, todavia, abordam o mundo como pintores que usam um pincel diferente, cores diversas e um tipo diferente de pincelada para cada episódio da neve.[1] Eles não só não conseguem perceber "a neve", mas não podem sequer imaginar que "ela" existe.

> Nos casos em que provavelmente nós usaríamos palavras completas, plenamente desenvolvidas ou partes da fala, o esquimó cria novas combinações, inventadas especialmente com o objetivo de enfrentar o desafio de cada situação. Com relação à formação de palavras, o esquimó está constantemente *in statu nascendi*... as palavras nascem em sua língua sob o impacto do momento.

Conversas simples empregam de 10 mil a 15 mil partículas. A fala é poesia e a poesia é algo comum – não é a possessão exclusiva de indivíduos especialmente talentosos e treinados separadamente. O espaço, o

---

[1] Para outros exemplos da maneira pela qual linguagens "aglutinadoras" (Humbold) ou "polissindéticas" (Duponceau) representam a realidade, cf. Werner Müller, 1976, com a literatura. A citação é da p.21. Comentários úteis sobre as classificações linguísticas podem ser encontrados no capítulo 7 de Yuen Ren Chao, 1968.

tempo e a realidade mudam quando mudamos de um idioma para outro. Segundo os Nuer, o tempo não limita a ação humana, mas é parte dela e segue o seu ritmo.

> ... os Nuer... não podem falar do tempo como se fosse algo presente, que passa, que pode ser esperado, que pode ser economizado e assim por diante. Não acho que eles nem sequer vivenciam o mesmo sentimento de lutar contra o tempo, ou de ter de coordenar as atividades segundo uma passagem abstrata de tempo, porque seus pontos de referência são, sobretudo, as próprias atividades, que são geralmente atividades associadas ao lazer... (Evans-Pritchard, 1940, p.103)

Para os Hopi (Whorf, 1956, p.63), um evento distante só é real quando já ficou no passado; para um empresário ocidental, esse evento ocorre na presença de eventos dos quais se está participando. Os mundos em que as culturas se desenrolam não só contêm eventos diferentes como também os contêm de maneiras diferentes.

2 Conhecimento

Vivendo em um mundo particular, o indivíduo precisa do conhecimento. Uma enorme quantidade de conhecimento encontra-se na habilidade de perceber e interpretar fenômenos, tais como as nuvens, o surgimento do horizonte em uma viagem oceânica,[2] os tipos de som em um bosque, o comportamento de uma pessoa que acreditamos estar doente e assim por diante. A sobrevivência de indivíduos, tribos e civilizações inteiras depende desse tipo de conhecimento. Nossas vidas entrariam em colapso se não pudéssemos ler o rosto das pessoas, entender seus gestos, reagir corretamente às oscilações de seu temperamento.

---

[2] Herder (1878, esp. p.356f) fez comentários sobre a maneira pela qual as observações individuais eram sistematizadas por marinheiros, fazendo surgir combinações interessantes de empirismo e superstição. Para a "preocupação com uma observação exaustiva e a catalogação sistemática de relações e conexões" demonstrada por povos nativos, cf. Lévi-Strauss, 1966. A citação vem da p.10.

Só uma fração desse conhecimento "tácito"[3] pode ser articulada na fala e, se o for, um conhecimento do mesmo tipo é necessário para conectar as palavras com as ações correspondentes. O conhecimento está contido na habilidade de desempenhar tarefas especiais. Um dançarino tem o conhecimento em seus membros; um experimentalista, nas mãos e nos olhos; um cantor, na língua, na garganta, no diafragma. O conhecimento reside na maneira como falamos, inclusive na flexibilidade inerente ao comportamento linguístico:[4] o conhecimento linguístico não é estável, ele contém elementos (ambiguidades, analogias, padrões de raciocínio analógico) que podem solapar qualquer um de seus estágios específicos.

A linguagem e a percepção interagem. Todas as descrições de eventos observáveis têm aquilo que poderíamos chamar de lado "objetivo" – reconhecemos que se "ajusta" a uma situação específica – e ingredientes "subjetivos" – o processo de encaixar a descrição na situação modifica a própria situação. Características que faltam na descrição tendem a retroceder e ficar como pano de fundo, os esboços enfatizados pela descrição tornam-se mais claros. As mudanças são observadas no primeiro momento em que a descrição é introduzida e desaparecem quando usá-la já passou a ser uma rotina. A objetividade aparente de "fatos" familiares é resultado de treinamento combinado com esquecimento e apoiado por disposições genéticas; não é resultado de um *insight* mais aprofundado.[5]

---

[3] Cf. Polanyi, 1966. Para o contexto, do mesmo autor, 1958. Oliver Sacks, 1987 (publicado pela primeira vez em 1970) contém estudos de caso mostrando o que acontece quando o conhecimento tácito de um certo tipo já não está disponível.

[4] Sobre esse ponto, cf. capítulo 10.

[5] Casos instrutivos são encontrados nos estudos de psicólogos com uma orientação fenomenológica, por exemplo, no ensaio pioneiro de Katz, 1911. O ensaio explora as qualidades das cores como percebidas por um observador médio e introduz a distinção entre cores espectrais (tal como a cor do céu), que parecem ter profundidade, e cores de superfície (a cor de uma maçã), que estão limitadas a uma superfície claramente definida. O estudo não deixa de ter suas dificuldades. Muitos observadores produziram relatos vagos e praticamente inúteis. "Os observadores devem estar preparados", diz Katz, p.41. Os observadores foram preparados recebendo a descrição "correta" (ou uma aproximação dela), mas camuflada como uma pergunta. A pergunta evocava o fenômeno, que então permanecia ligado à descrição: a "objetivida-

O que é verdadeiro sobre as linguagens também é verdadeiro sobre todos os meios de representação. Uma caricatura tem um núcleo "objetivo" – é graças a ele que reconhecemos seu alvo –, mas também nos convida a examinar o alvo "subjetivamente", pelos olhos de um grupo especial ou de um indivíduo com uma visão especial (por exemplo, os retratos de Kokoschka). A nova maneira de olhar pode interferir de tal forma que o reconhecimento passa a ser impossível sem ela – ela agora é "parte da realidade" ou, para virar o argumento ao contrário, a "realidade" original era uma visão "subjetiva", mas popular. Os romances, as fábulas (com ou sem uma moral explícita), as tragédias, os poemas, os eventos litúrgicos, tais como a Santa Missa, as considerações conceituais, os argumentos científicos, as histórias eruditas, os noticiários e os documentários iniciam, reforçam ou dão conteúdo a desenvolvimentos semelhantes: os eventos são estruturados e organizados de formas especiais; as estruturas e as organizações ganham popularidade e passam a ser rotina; os intelectuais interessados em perpetuar a rotina lhe dão uma "base" ao demonstrarem que ela leva a resultados importantes e a maneira como o faz (a maioria das teorias do conhecimento corresponde a uma defesa prolixa de rotinas existentes ou incipientes). Práticas e ideias de longo alcance foram sustentadas por uma "realidade" que foi, inicialmente, moldada por elas mesmas.

As transformações são mais perceptíveis na história, na política e nas ciências sociais. Uma história social da Revolução Francesa compartilha apenas nomes com narrativas que se concentram em reis, generais ou guerras. Como escreve Ehrenburg:

> As imagens que os autores passam para gerações futuras são formalizadas e, ocasionalmente, totalmente o oposto da verdade... Algumas vezes fala-se sobre a "Tomada da Bastilha", embora na verdade a Bastilha não tenha sido tomada por ninguém – o 11 de julho de 1789 foi meramente um episó-

---

de" resultante tinha causas "subjetivas". Transições como essas ocorrem em todos os sujeitos que estão presos à observação e define a realidade para eles. Para as artes, cf. Ehrenzweig, 1967; são discutidos episódios relevantes na história das ciências em Lepenies, 1976.

dio na Revolução Francesa; o povo de Paris entrou na prisão sem dificuldade e lá encontrou apenas alguns poucos prisioneiros. Mas apenas a captura da Bastilha passou a ser o feriado nacional da revolução. (1961, p.8)

Luria (1985) observa que

> estar presente em um deslocamento social importante é uma experiência peculiar. Para um historiador, um evento assim representa uma ocorrência nodal de causas e efeitos; para um jornalista, um mosaico de vinhetas com interesse humano. Nas mãos de uma grande novelista – a peste em Milão para Manzoni ou a retirada de Moscou para Tolstoi – os grandes deslocamentos da vida humana se transformam em inspiração para revelar a condição humana em seus piores e melhores momentos. Mas para o participante individual, que não está em nenhuma dessas classes literárias, o grande evento se traduz em um conjunto de ocorrências menores e cada uma delas não siginfica nada além de uma resolução de problemas.[6]

Não há melhor maneira de descrever como as "classes literárias" criam "desenvolvimentos históricos significativos" a partir de eventos caóticos (e para eles desinteressantes) na vida de (para eles) pessoas pouco importantes e como não entidades passam a ser "figuras históricas importantes" durante esse processo.

O conflito entre as "realidades" que emergem das diferentes abordagens se acentua quando uma dessas abordagens é parte de um movimento político, científico ou religioso popular. Um exemplo é o debate sobre as revoltas nos guetos de Varsóvia. Participantes e comentaristas com uma visão esquerdista ou nacionalista as consideraram explosões de proporções heroicas. Para o dr. Marek Edelman, que também participou delas, mas que não compartilhava dessas ideologias, as revoltas foram flutuações insignificantes em uma sequência absurda de eventos. Outro exemplo é o julgamento de Galileu. Foi um evento insignificante no contexto histórico da época. Galileu tinha feito uma promessa, não a tinha

---

[6] Ehrenburg, 1961, p.8. Cf. também a descrição de Ehrenburg da situação em Leningrado durante a "revolução" russa de outubro. Para relatos semelhantes de eventos que constituíram a "Revolução Francesa", cf. Pernoud e Plaissier, 1960.

cumprido e tentou se esconder atrás de mentiras. Uma solução conciliatória foi buscada e encontrada. Galileu continuou escrevendo e contrabandeando material para fora da Itália. Ele teve mais sorte e foi menos determinado, e certamente menos corajoso, do que Bruno. Os cientistas modernos, no entanto, precisando de um herói e, considerando o conhecimento científico tão inviolável quanto a hóstia na visão antiga da Igreja, fizeram das tribulações de um trapaceiro ansioso um confronto de gigantes.

O conhecimento pode ser estável e também pode estar em um estado de fluxo. Pode estar disponível na forma de crenças públicas compartilhadas por todos. Pode também residir em indivíduos especiais, sob a forma de regras gerais que são aprendidas por repetição, ou como uma habilidade de lidar com situações novas de uma maneira criativa. As leis de Hamurabi e o código draconiano foram escritos; a lei mosaica durante muito tempo fez parte de uma tradição oral comum que podia ser citada sempre que houvesse necessidade; as "leis" gramaticais das linguagens ameríndias; os julgamentos dos "mais velhos na sessão sobre bancos de pedra" (*Ilíada* 18, 503 ss.), todos são reações inventivas a problemas específicos. Até um juiz moderno, que necessita de diretrizes por escrito e volumes de decisões passadas dos tribunais, precisa de conhecimento intuitivo para dar seu veredito.

A invenção da escrita criou novos tipos de conhecimento e deu início a debates interessantes. Formas antigas de escrita não tinham nenhuma relação com a fala. Eram formas de ajudar a fazer cálculos e meios de registrar transações comerciais.[7] O uso da escrita para preservar informações mais substanciais foi criticado por Platão. "Sabe, Fedro", diz Sócrates (*Phaedrus*, 275d2 ss.),

> isso que é estranho sobre a escrita, o que a faz verdadeiramente análoga à pintura. Os produtos do pintor estão diante de nós como se estivessem vivos, mas se você os questionar, eles mantêm o silêncio mais majestoso. É a mesma coisa com as palavras escritas; elas parecem falar com você como

---

[7] Informação no capítulo 5 de Page, 1966, e no capítulo 7 de Chadwick, 1958. Uma visão geral está em Gelb, 1963.

se fossem inteligentes, mas, se você lhes perguntar qualquer coisa sobre o que dizem, por um desejo de aprender, elas continuam lhe dizendo a mesma coisa para sempre. E, no momento em que uma coisa é escrita, a composição, seja ela qual for, vaga por todos os lugares, indo parar nas mãos não apenas daqueles que a compreendem, mas igualmente nas mãos daqueles que não têm nada a ver com ela; ela não sabe como se dirigir às pessoas certas e não se dirigir às erradas. E, quando ela é maltratada e insultada injustamente, sempre necessita que seu pai venha em sua ajuda, sendo incapaz de se defender ou de ajudar a si própria.

A aquisição do conhecimento, segundo esse relato, é um processo que envolve um professor, um aluno e uma situação (social) compartilhada por ambos; o resultado, o conhecimento, só pode ser entendido por aqueles que participaram dela. Notas escritas os ajudam a lembrar os estágios de sua participação. Sendo incapazes de substituir o processo, elas são inúteis para os de fora. Mais tarde, quando a filosofia passou a ser uma disciplina acadêmica e quando tratados e pesquisas ficaram mais importantes, os componentes históricos do conhecimento retrocederam para o pano de fundo. O conhecimento foi definido como aquilo que pode ser extraído de uma página escrita.[8] Hoje em dia presume-se imediatamente que a história de uma informação específica não tem nenhuma relevância para

---

[8] Platão conscientemente escolheu o diálogo e não o drama, a epopeia, o tratado científico, a poesia lírica e o discurso instrutivo como uma maneira de apresentar suas ideias. A educação e a pesquisa tradicionais gregas tinham utilizado todas essas formas (ainda não existia nenhuma diferença entre conhecimento e emoção, as artes e as ciências, a verdade e a beleza). As cartas desempenharam um papel relevante nos séculos XVII e XVIII. Galileu descreveu algumas de suas ideias mais importantes em cartas cuidadosamente formuladas para indivíduos especiais. As cartas foram copiadas e distribuídas. O padre Mersenne era uma estação central de intercâmbio para cartas relacionadas com a filosofia de Descartes. Os primeiros trabalhos de Newton sobre a teoria das cores eram cartas para Henry Oldenburg, o secretário da Sociedade Real; o debate que elas causaram foi levado adiante por cartas para Newton, ou de Newton via Oldenburg. Tratados populares (o *Dialogo* de Galileu, escrito como um intercâmbio entre três personagens, e o *Opticks* de Newton) introduziram novas descobertas para um público mais amplo. O elemento pessoal estava presente nesses dois casos. Só alguns cientistas e filósofos modernos tomam decisões conscientes sobre questões de estilo – e eles não precisam tomar essas decisões porque a maioria dos periódicos científicos tem políticas editoriais bem definidas.

a compreensão de seu conteúdo. "O que importa na ciência", escreve Luria (1985, p.123) em uma passagem já citada e criticada,

> é o corpo de descobertas e generalizações disponíveis hoje: um corte transversal com tempo determinado do processo da descoberta científica. Vejo o progresso da ciência como autodestrutivo no sentido de que só sobrevivem aqueles elementos que se tornaram parte do corpo ativo do conhecimento. O modelo da molécula do DNA elaborado por Crick e Watson tem seus próprios méritos... A história de como o modelo do DNA foi obtido, por mais fascinante que possa ser em termos humanos, tem muito pouca relevância para o conteúdo operacional da ciência.

A maioria dos filósofos da ciência concorda e dá suas bênçãos ao distinguir entre um contexto de descoberta e um contexto de justificação: o contexto de descoberta conta a história de um conhecimento específico, enquanto o contexto de justificação explica seu conteúdo e as razões para aceitá-lo. Apenas o último contexto interessa ao cientista (e ao filósofo que vem limpando tudo depois dele). No entanto, a concepção platônica do conhecimento (explicada acima na citação de *Phaedrus*) está em ascensão novamente. Grande parte da matemática, da física, da biologia molecular e da geologia modernas dependem de uma cultura oral com resultados, métodos e conjecturas que ainda não foram publicados e dá sentido àquilo que já está disponível em livros. Oficinas, conferências e seminários em importantes centros de pesquisa não apenas acrescentam informação ao conteúdo de manuais e de pesquisas; eles explicam esse conteúdo e deixam claro que não podem se sustentar. A matemática pura, mais do que qualquer outra disciplina, transformou-se naquele "discurso vivo" que Platão considerava a única forma verdadeira de conhecimento. A escola "hermenêutica" na filosofia, embora muito menos clara e muito mais prolixa que Platão, tenta mostrar que até a apresentação escrita mais "objetiva" é compreendida apenas em virtude de um processo de instrução que condiciona o leitor a interpretar frases padrão, e que desmoronaria sem uma comunidade de pensadores argumentando dessa forma: não há meio de escapar da história e do contato pessoal, embora existam mecanismos poderosos que criam a ilusão desse escape.

3 Formas de conhecimento

O conhecimento ordena os eventos. Formas diferentes de conhecimento geram esquemas diferentes de ordenação. As *listas* desempenharam um papel importante no desenvolvimento do conhecimento (sumeriano, babilônico, assírio, grego antigo) do Oriente Próximo (Soden, 1965). Listas de palavras eram reunidas por intérpretes que relacionavam linguagens do Oriente Próximo ao acadiano, a linguagem (diplomática) comum da região. Reunindo as palavras sob seu determinativo apropriado (um sinal classificatório da escrita cuneiforme), eles conseguiam classificações simples das coisas correspondentes: uma forma antiga da ciência foi criada totalmente para a conveniência dos tradutores. As listas de costumes, regras, descrições, indivíduos e problemas serviam aos legisladores, aos navegadores (listas de portos em uma rota combinadas com descrições da costa), aos viajantes (itinerários), aos genealogistas (cujas listas de heróis e de reis precederam formas mais sofisticadas de narrativa histórica), aos instrutores de matemática (as listas babilônicas de problemas matemáticos com soluções e sugestões úteis). As objeções frequentes dos primeiros filósofos à polimatia e as primeiras respostas que Sócrates recebeu às suas perguntas sobre a natureza da coragem, da sabedoria, do conhecimento e da virtude mostram que as listas não eram compartimentos transitórios, e sim ingredientes básicos do senso comum grego.[9]

As listas classificam em uma dimensão. Os esquemas classificatórios dos botânicos, zoólogos, químicos (sistema periódico dos elementos), astrônomos (o diagrama Hertzsprung-Russell), fisionomistas, físicos das partículas elementares e, assim parece, dos muitos povos nativos[10] são

---

[9] Para o papel das listas de questões morais, cf. Dover, 1974. Para detalhes e literatura adicional, veja o capítulo 17 de meu *Against Method*, 1975.

[10] Cf. a obra de Lévi-Strauss, começando com *The Savage Mind*, e as inúmeras análises de relações de parentesco. Lévi-Strauss enfatiza a eficiência dos esquemas classificatórios primitivos e o fato de eles irem muito além das necessidades práticas: "Os nativos também estão interessados em plantas que não são diretamente úteis a eles, em virtude de suas conexões significativas com o mundo animal e dos insetos", isto é, porque elas se enquadram em esquemas teóricos abrangentes. "Até uma criança [do arquipélago Tyukyu] pode muitas vezes identificar o tipo de árvore de onde vem

multidimensionais, mas estáticos. Sequências temporais são descritas em *histórias*. As histórias simples tratam de processos simples na vida das plantas, dos animais ou dos seres humanos (histórias médicas começando com o *Prognósticos* do Corpus Hipocrático). As histórias complexas levaram à evocação de padrões cósmicos abrangentes e eram usadas por povos arcaicos para relacionar mudanças celestiais (inclusive a precessão) a períodos de gestação, o movimento dos rebanhos, as migrações de pássaros e peixes, o crescimento da vegetação, as fases da lua e as mudanças sociais em grande escala.[11] Elas preservavam o conhecimento e iniciavam eventos sociais: elas eram ao mesmo tempo astro-sociobiologia teórica e cola social.[12]

As histórias eram usadas para explicar características que gerações futuras transformaram em propriedades abstratas. O épico homérico "definiu" relações sociais básicas (tais como as quatro virtudes cardinais da Grécia arcaica e clássica: coragem, devoção, justiça e sabedoria) mos-

---

um fragmento mínimo de madeira e, além disso, o sexo daquela árvore, segundo a definição das noções do sexo das plantas dos kabirianos, pela observação da aparência da madeira e do tronco, seu perfume, sua dureza e características semelhantes."
"Alguns milhares de índios coahuila nunca esgotaram os recursos naturais de uma região deserta no sul da Califórnia, onde hoje umas poucas famílias brancas conseguem subsistir. Eles viviam em uma terra de abundância, pois, nesse território que parecia ser totalmente inóspito, conheciam bem ao menos sessenta tipos de plantas comestíveis e 28 outras com propriedades narcóticas, estimulantes ou médicas." (Op.cit., p.4 ss.).

[11] Detalhes em De Santillana e Von Dechend, 1965, e Marshack, 1972. A precessão é discutida em De Santillana e Von Dechend, p.56 ss. As opiniões sobre o contexto astronômico do conhecimento arcaico (com a literatura) são examinadas em Heggie, 1981. Van der Waerden (1983, p.xi) conseguiu reconstruir uma "ciência matemática que deve ter existido na Idade Neolítica, entre 3000 e 2500 a.C., e se espalhou da Europa Central para a Grã-Bretanha, o Oriente Próximo, a Índia e a China". Duerr, 1984, discute a maneira pela qual o conhecimento (artificialmente separado pelos observadores ocidentais) está entrelaçado com o resto da vida social.

[12] A combinação sobreviveu até hoje. Disciplinas científicas e escolas especiais são mantidas juntas pelas crenças e práticas comuns. Um exemplo recente é a história do chamado grupo fagos e sua influência na biologia (molecular). Cf. Carirns, Stent e Watson (orgs.), 1966, e Fischer, 1985, esp. p.141, que comentam sobre a má vontade (ou incapacidade) do grupo de considerar resultados formulados em termos diferentes e obtidos por métodos diferentes.

trando como elas funcionavam em casos concretos. Diomedes é corajoso (*Ilíada* 5, 114 ss.); sua coragem ocasionalmente fica fora de controle e ele então se comporta como um louco (330 ss.; 434 ss.). Não o autor, mas o ouvinte (ou, em nossos dias, o leitor) faz esse juízo e deduz os limites da coragem nesse caso. A sabedoria recebe um tratamento semelhante. Odisseu muitas vezes age de uma maneira sábia e equilibrada. Ele é escolhido para falar com as estrelas temperamentais como Aquiles; ele é enviado em missões difíceis. Mas sua sabedoria também pode mudar e se transformar em hipocrisia e engano (*Il*. 23, 726 ss.). Os exemplos mostram o que a coragem e a sabedoria são, mas não as explica claramente, como o faz uma definição lógica.

Os conceitos introduzidos assim não são entidades abstratas e nem são separados das coisas. São aspectos delas, do mesmo modo que a cor, a velocidade, a beleza do movimento, a habilidade especializada e o manejo de armas ou das palavras. Eles são adaptados às circunstâncias em que vêm à tona e se modificam de acordo com elas.[13] As doenças encontradas nos tratados empíricos do Corpus Hipocrático estão definidas da mesma maneira. Elas não são "entidades da doença", isto é, coisas e processos abstratos que podem ser separados do corpo em sofrimento; elas são características desse corpo. São descobertas por inspeção, apresentadas em histórias e se modificam à medida que o corpo e o médico que o inspeciona mudam.[14] As histórias eram usadas na Idade Média e depois, uma vez mais, no Iluminismo para instruir os fiéis e ensinar-lhes as maneiras sutis e aparentemente inocentes que o Diabo (ou o Irracional) pode

---

[13] As primeiras explicações práticas das virtudes, sua substituição gradativa pela teoria, a ênfase renovada na viabilidade no pensamento sofista e a volta da teoria em Platão são discutidos no pequeno e excelente livro de Wehrli, 1964. Cf. também Snell, 1962, e meu *Stereotypes of Realities* [Estereótipos da realidade], a ser publicado.

[14] Para a diferença entre "entidades da doença" e doenças como aspectos observáveis de uma pessoa, cf. Temkin, 1977, capítulos 8 e 30. Thomas Sydenham, que "assentou as bases da medicina clínica" (Dewhurst, 1966, p.59), considerava dever do médico cuidar "da casca exterior das coisas" (Latham), enquanto John Locke, que "mais do que qualquer outro inglês ajudou a levar aos médicos estrangeiros as ideias de Sydenham" (Dewhurst, op.cit., p.56), explicou como a percepção muda no decorrer do desenvolvimento do conhecimento.

usar para se insinuar em suas vidas. Algumas vezes essas histórias eram escritas e ilustradas, outras vezes eram inventadas no momento, dramatizadas e transmitidas pela tradição oral, mas podiam também ser cuidadosamente preparadas e produzidas com precisão (como os dramas moralizantes de Lessing e Schiller) ou até recitadas, como ocorria com o drama litúrgico, um predecessor antigo da ópera.

Os *relatos dramáticos* são ainda mais complexos. Eles revelam e enfatizam características de nossa vida social que parecem não ser problemáticas quando contadas na fala comum. Assim, alguns antigos autores de tragédia mostravam que os valores básicos eram incoerentes e que o conflito moral era inevitável. A demonstração era concreta, o espectador era dirigido para dentro do conflito e forçado a sentir seu poder. Outros tentavam solucionar conflitos de uma maneira compatível com as instituições políticas da época. Segundo Aristóteles, as tragédias, quando construídas da maneira adequada, revelam leis universais da existência humana e, nesse sentido, são "mais filosóficas que a história" (*Poética* 145la38b6 ss.): as leis sociais estão enterradas sob os detalhes; os historiadores organizam os detalhes de acordo com seus interesses ou simplesmente de acordo com o que é conveniente, enquanto o autor de tragédias atravessa a camada de fatos específicos, encontra o que é universal e o impõe nas mentes do público. Ele é pesquisador, historiador social e relações públicas, todos contidos em uma só pessoa. Brecht exigia que aquilo que é universal "fosse caracterizado em [sua] relatividade histórica": a ação no palco devia apresentar um processo real, mas mutante, e devia fazê-lo de uma maneira que mostrasse ao público como se poderia obter, ou ter obtido a mudança.[15]

Histórias dos tipos mais diversos – esquetes, noveletas, fábulas, relatos de viagens, descrições de objetos maravilhosos – enriqueciam a antiga literatura grega. Heródoto usou todos eles para adaptar a narração

---

[15] O conflito permeia a *Antígone*, de Sófocles; cf. a análise no capítulo 3 de Nussbaum, 1986. A ênfase no conflito era uma das razões pela qual Platão tinha objeções à tragédia e à religião tradicional: cf. seu *Eutyphron*. Para uma tentativa de solução "política", veja o fim de *Eumenides*, de Ésquilo. Brecht explicou suas ideias em muitos lugares. A citação é de seu "Kleines Organon für das Theater", 1967.

de suas *Histories* aos incidentes e padrões que tinha encontrado e queria descrever. Alguns de seus sucessores evitavam as histórias com um desdenhoso dar de ombros; obviamente a história era uma disciplina sublime demais para ser apresentada da mesma maneira que mitos e contos de fadas. Mas as histórias estão ficando populares outra vez. Para alguns escritores modernos, elas são a única forma que se adapta às complexidades do pensamento e da ação humana.[16] Se acrescentarmos esculturas, pinturas, desenhos, caricaturas, ilustrações científicas ou, em nossa própria época, fitas, gráficos computadorizados, fórmulas matemáticas, gravações, filmes e dramas holográficos, encontramos uma abundância de eventos, tipos de informação e princípios de ordenação, apresentando conhecimentos dos tipos mais variados.

4 A filosofia e a "ascensão do racionalismo"

Os grupos sociais que prepararam aquilo que hoje é conhecido como racionalismo ocidental e que assentaram as bases intelectuais para a ciência ocidental recusaram-se a acreditar piamente nessa abundância. Negaram que o mundo era tão rico e o conhecimento tão complexo quanto os ofícios e o senso comum de sua época pareciam sugerir. Distinguiam entre um "mundo real" e um "mundo de aparências". Como apresentavam a questão, o mundo real era simples, uniforme, sujeito a leis universais estáveis e o mesmo para todos. Conceitos novos (mais tarde chamados de "conceitos teóricos") eram necessários para descrever esse mundo e novas disciplinas (a epistemologia e, mais tarde, a filosofia da ciência) surgiram na tentativa de explicar como ele se relacionava com o resto.

---

[16] Rudwick, 1985, argumenta que mesmo o desenvolvimento de ideias (científicas) funciona melhor com a narrativa do que com um "relato conceitual". Usando um episódio muito bem documentado na história da geologia do século XIX, ele mostra que um debate científico é complexo demais para ser captado por lógicos. Sacks, 1987, p.5, relata que segundo R.A. Luria os efeitos da disfunção neural "seriam mais bem introduzidos por uma história – uma história detalhada do caso de um homem com um profundo distúrbio do hemisfério direito do cérebro". Isso, é claro, não é novidade para nenhum clínico, desde Hipócrates.

Ao contrário do que era de se esperar, esse resto "irreal" era atribuído aos "muitos", isto é, ao povo comum e aos artesãos (não filosóficos).[17] Desde o começo os intelectuais afirmaram possuir *insights* que os mortais comuns não poderiam ter.

Ao desenvolver suas ideias, os "filósofos" (um nome que foi logo aplicado a esses grupos) construíram, mas também destruíram. Como os invasores e conquistadores antes deles, queriam transformar o território onde entravam. Mas, ao contrário deles, não tinham o poder físico e, portanto, usavam palavras e não armas para alcançar seu objetivo. Uma grande quantidade de sua obra (e da obra de cientistas desde Descartes e Galileu até nossos ganhadores do prêmio Nobel e inclusive eles) consistia em combater, ridicularizar e, se possível, eliminar as ideias e práticas que, embora bem estabelecidas, bem-sucedidas e vantajosas para muitas pessoas, não estavam de acordo com seus padrões idiossincráticos.

Quase todos eles elogiavam a unidade (ou, usando uma palavra melhor, a monotonia) e denunciavam a abundância. Xenófanes rejeitou os deuses da tradição e introduziu um único deus-monstro sem rosto. Heráclito cobriu de escárnio a polimatia – a informação rica e complexa que tinha sido reunida pelo senso comum, pelos artesãos e por seus próprios predecessores filosóficos – e insistiu que "o que é Sábio é Uno" (Diels-Kranz, B 40/41). Parmênides argumentou contra a mudança e a diferença qualitativa e postulou um bloco estável e indivisível do Ser como a base de toda a existência. Empédocles substituiu a informação tradicional sobre a natureza das doenças por uma definição curta, inútil, mas universal. Tucídides criticou o pluralismo estilístico de Heródoto e insistiu em um relato causal uniforme. Platão se opôs ao pluralismo político da democracia, rejeitou a visão de autores de tragédia, tais como Sófocles,

---

[17] Por exemplo, Parmênides rejeitava as "maneiras dos humanos" (Diels-Kranz, fragmento B1, 27), "dos muitos" (B6, 7) que, guiados pelos "hábitos baseados em muita experiência" (B7, 3), "vagam por aí, surdos e cegos, perturbados e indecisos" (B6, 6 ss.). Assim, afirmações tais como "isso é vermelho" ou "aquilo se movimenta", que desempenham um papel importante na vida de seres humanos comuns, mas também na de artistas, médicos, generais, navegadores, eram sumariamente excluídas do domínio da verdade. As atitudes filosóficas com relação aos "muitos" são discutidas em Voigtländer, 1980.

de que os conflitos (éticos) poderiam não ser solucionáveis por meios "racionais", criticou os astrônomos que tentavam explorar empiricamente os céus e sugeriu unir todas as disciplinas a uma única base teórica. Exércitos inteiros de escritores, professores e diretores de escolas conduziram uma "batalha de longa duração" (Platão, *República* 607b 6 ss.) contra modos de pensar, falar, agir e organizar a vida pública e privada que fossem tradicionais, indefinidos e bastante desregrados.

Ao tentar avaliar o curso dessa batalha, não devemos confundir os interesses de grupos especiais com o destino do mundo como um todo. A filosofia europeia pode ter sido "uma série de notas de rodapé sobre Platão", como comentou Whitehead, mas a história e a cultura europeias (que inclui o *castrato* Farinelli, o escritor da comédia vienense Nestroy, Hitler e minha tia Emma) certamente não o eram. Da mesma forma, a "batalha", embora talvez ocupando as mentes (e os rolos de papiro) de uns poucos especialistas, deixou a maioria do povo impassível. Em algumas áreas não havia sequer uma "batalha". O deus-monstro de Xenófanes deixou vestígios em Ésquilo, mas não em Sófocles, cujos deuses podem uma vez mais agir por puro despeito: a história, para Sófocles, era irracional demais para ter sido criada por deuses racionais. (Heródoto parece ter compartilhado essa visão.) A religião popular continuou inalterada.

Os filósofos também não conseguiram fazer com que o uso de conceitos teóricos passasse a ser um hábito popular. As respostas que o Sócrates platônico recebia para suas perguntas mostram que, embora as pessoas estivessem preparadas para conceder uniformidade aos números (*Theaetetus*, 148b6 ss.) e às abelhas (*Meno*, 72b6 ss.), elas se recusavam a estendê-la às relações sociais complexas, tais como o conhecimento ou a virtude.[18] Parmênides iniciou alguns debates técnicos (Zeno; *Parmenides*

---

[18] Como Platão apresenta a questão, Teeteto e Meno parecem ter cometido um simples erro: Sócrates pedia uma coisa, conhecimento aqui, virtude lá, e obteve muitas. Mas essa crítica conta como objeção apenas se uma *palavra* sempre significa exatamente uma *coisa* – o ponto em questão. Ela também presume que existia apenas uma palavra para "conhecimento", mas a curta passagem (*Theaet.* 145d4-e6) já contém quatro termos epistêmicos diferentes. Finalmente, a resistência fundamentada de Meno [de Teeteto] ("Não acho que posso fazer com a virtude [conhecimento] o que parece óbvio para as abelhas [números]") indica que estamos lidando com mais de um erro

e *Sophist*, de Platão), mas o resultado público de suas ideias estava mais no campo da comédia do que naquele do conhecimento (cf. *Euthydemus* de Platão, cujos sofismas vêm da identificação de pensamento e ser de Parmênides em B2, 5 ss.). Até mesmo os seguidores de Parmênides achavam que seus princípios eram extremos demais para serem aceitáveis.[19] Seus oponentes rejeitavam toda essa abordagem. "Embora essas opiniões pareçam ter coerência se examinarmos os argumentos", escreveu Aristóteles,[20] "ainda assim, quando consideramos a prática, acreditar nelas *parece ser algo muito próximo da loucura*. Pois, com efeito, nenhum lunático parece estar tão fora [das coisas] a ponto de supor que o fogo e o gelo são uma coisa só" (uma suposição implícita na filosofia jônica da natureza e explicitada por Parmênides). Artesãos que expressaram suas opiniões por escrito tinham levantado objeções semelhantes havia muito tempo (veja *Ancient Medicine*, capítulos 15 e 20). Pedreiros, metalúrgicos, pintores, arquitetos e engenheiros aparentemente continuaram calados, mas deixaram prédios, túneis e obras de arte de todos os tipos, o que mostra que o conhecimento que eles tinham do espaço, do tempo e dos materiais era mais progressista, mais frutífero e extremamente mais detalhado do que qualquer coisa que tivesse emergido das especulações dos filósofos. As especulações também foram afetadas pelas dificuldades internas. Assim, a abordagem teórica não só era inútil, mas também incompatível com seu próprio padrão de rigor.

A partir daqui chamarei o conhecimento desejado pelos primeiros filósofos de conhecimento teórico e as tradições que incorporam conheci-

---

imaturo. E realmente estamos: o que está em jogo é toda uma tradição de formação e explicação de conceitos.

[19] Os atomistas, Empédocles e Anaxágoras aceitavam a noção do Ser de Parmênides, mas tentaram conter a mudança. Para isso, introduziram um número (finito ou infinito) de coisas, cada uma possuindo algumas ou todas as propriedades parmenidianas: os átomos de Leucipo e Demócrito eram indivisíveis e permanentes, mas infinitos em número; os elementos de Empédocles, finitos em número, permanentes e divisíveis em regiões, mas não divisíveis em outras substâncias (os quatro elementos de Empédocles, o Quente, o Frio, o Seco e o Úmido eram, portanto, diferentes de qualquer substância conhecida), enquanto Anaxágoras presumia a permanência de todas as substâncias.

[20] *De generatione et corruptione* 325a18 ss., grifo meu.

mentos teóricos de tradições teóricas. Chamarei de tradições empíricas ou históricas as tradições a serem suplantadas. Os membros das tradições teóricas identificam conhecimento com universalidade, consideram as teorias verdadeiros portadores de informação e tentam raciocinar de uma maneira padronizada ou "lógica". Querem colocar o conhecimento sob o comando de leis universais. As teorias, segundo eles, identificam o que é permanente no fluxo da história e, com isso, fazem com que ele passe a ser anistórico. Eles introduzem um conhecimento genuíno, isto é, não histórico. Os membros das tradições históricas dão ênfase àquilo que é particular (isso inclui regularidades particulares, tais como as leis de Kepler). Eles utilizam listas, histórias, apartes, a razão pelos exemplos, a analogia e a associação livre e usam regras "lógicas" quando isso é conveniente para seu objetivo. Também dão ênfase à pluralidade e, por meio dessa pluralidade, à dependência que os padrões lógicos têm da história.

A relação entre as duas tradições pode ser resumida da seguinte maneira:

(A) Tradições históricas e tradições teóricas são ambas tradições, com suas próprias leis, objetos, procedimentos de pesquisa e crenças associadas. O racionalismo não introduziu ordem e sabedoria onde antes havia caos e ignorância; ele introduziu um tipo especial de ordem, estabelecido por procedimentos especiais e diferentes da ordem e dos procedimentos das tradições históricas.

(B) A abordagem teórica encontrou dificuldades tanto internamente quanto na tentativa de transformar as tradições históricas implícitas nos ofícios.[21] A maior parte dessas dificuldades sobrevive até os dias de hoje sem ter sido solucionada. Na religião, ainda há o conflito entre teólogos que lançam mão de uma noção abstrata de divindade e pessoas que desejam uma relação mais pessoal com Deus. Na medicina, ainda existe o

---

[21] A ideia de que a matemática e a astronomia devem sua substância aos filósofos – por exemplo, à proposta de Platão de desenvolver a astronomia a partir de modelos e não de observações empíricas – foi criticada por Neugebauer, 1962, p.152. Cf. também sua descrição da astronomia grega antiga na segunda parte de *A History of Ancient Mathematical Astronomy*, 1975.

conflito entre teóricos do corpo, que julgam a doença a partir de um único ponto de vista "objetivo", e clínicos que afirmam que o conhecimento da doença pressupõe interações pessoais com o paciente e com sua cultura.[22] Os problemas aumentam quando vamos da medicina, passando pela psicologia, para a sociologia, a antropologia, a história e a filosofia.[23] A matemática, que para Platão era *o* paradigma do conhecimento teórico, parece voltar à filosofia prática e "subjetiva" dos matemáticos pré-teóricos: um número crescente de matemáticos e muitos cientistas da informática consideram a matemática uma atividade humana, isto é, como uma tradição histórica. A teoria é utilizada, mas de maneira livre e experimental. E o conflito entre as ciências e as humanidades nada mais é do que uma versão moderna da "antiga batalha" de Platão. Todos esses antagonismos confirmam a tese (A). Eles mostram que havia conhecimento antes de haver teorias, que esse conhecimento se desenvolveu e aprimorou e que ele tem grande poder de permanência. Mostram também que o "racionalismo", a filosofia inerente à abordagem teórica, não conseguiu plenamente reduzir a abundância de formas de conhecimento que existiam quando ele entrou em cena e que uma redução total pode causar mais danos do que benefícios. Os debates modernos sobre o relativismo e ceticismo que definem escolas inteiras mostram, além disso, que as tradições teóricas também não conseguiram encontrar uma formulação adequada de suas próprias reivindicações básicas. O grito de batalha "precisamos de uma nova teoria!", que é ouvido sempre que um pesquisador ou toda uma disciplina não sabe o que fazer é, portanto, quando muito, uma linha partidária sustentada por argumentos questionáveis, e não uma condição necessária do conhecimento.

---

[22] Segundo Galen, *De sanitate tuenda*, I, 5, a saúde é uma condição "na qual nós nem sentimos dor nem somos prejudicados nas atividades da vida cotidiana". Mas as atividades da vida cotidiana são vivenciadas de forma diferente por pessoas diferentes e mudam de uma cultura para outra. Cf. Temkin, 1977, p.441 ss.

[23] A antropologia voltou para a abundância que os filósofos e primeiros cientistas tentaram superar. Cf. o levantamento em Marcus e Fischer, 1986. Os ensaios em Baynes, Bohman e McCarthy, 1987, parecem mostrar que a filosofia, como uma disciplina especial com métodos e temas próprios, está a ponto de desaparecer, mas ainda luta pela sobrevivência.

(C) Isso, no entanto, ainda não é o fim da questão. Pois as dificuldades e debates que acabei de mencionar tornam-se insignificantes quando comparados com a constante expansão da civilização ocidental em todas as áreas do mundo. Descrevi rapidamente esse fenômeno na introdução. Mencionei também o enorme papel desempenhado pelas tecnologias baseadas na ciência. Assim, as tradições teóricas, embora aparentemente derrotadas nas palavras e nos domínios periféricos de pequeno poder (filosofia, sociologia, antropologia), parecem ter vencido a batalha de fato e no lugar que realmente conta. Vamos ver de que consiste essa vitória!

5 Sobre a interpretação de teorias

Parmênides descreve dois procedimentos ou "formas de investigação", como ele as chama. O primeiro procedimento, "longe dos passos de humanos", leva àquilo que é "apropriado e necessário". O segundo, baseado no "hábito e resultante de muita experiência" (*ethos polypeiron*: B7, 3), isto é, nas tentativas tradicionais de obter conhecimento, contém as "opiniões dos mortais". Segundo Parmênides, o primeiro procedimento – e só ele – estabelece uma verdade capaz de superar todas as tradições.[24] Muitos cientistas ainda creem que a ciência pode fazer o mesmo.

Essa crença confunde as propriedades das ideias com seu tema. Segundo Parmênides, afirmações tais como "[O Ser] é" (que pode ser considerada a primeira e mais radical afirmação de um princípio de conservação) ou "isso é homogêneo" (B8, 22) descrevem a estrutura inerente de uma entidade que continua a não ser afetada pelas opiniões humanas. Isso é seu tema. Da mesma forma, afirmações científicas supostamente descrevem fatos e leis que existem e governam os eventos, não importa o que qualquer um possa pensar delas. No entanto, as próprias afirmações

---

[24] Isso fica claro com sua identificação entre Pensamento e Ser (Diels-Kranz, fragmento B3). A identificação estava implícita na Grécia arcaica: Parmênides a usou explicitamente para combater o senso comum de sua época. Os cientistas que enfatizam os fatos e se opõem à especulação também acreditam que podem estabelecer uma verdade independente da tradição.

certamente não são independentes do pensamento e da ação humanos. São produtos humanos. São formuladas com grande cuidado para selecionar apenas os ingredientes "objetivos" de nosso ambiente, mas ainda refletem as peculiaridades dos indivíduos, grupos e sociedades de onde surgiram. Mesmo as teorias mais abstratas, embora anistóricas em *intenção* e *formulação,* são históricas no *uso*: a ciência e seus predecessores filosóficos são partes de tradições históricas especiais, e não entidades que transcendem toda a história.

Assim, a tendência antiga à uniformidade que descrevi na seção anterior, embora apoiada pelos filósofos, não foi iniciada por eles e não se afastou da história. Como expliquei na seção 6 do capítulo 1, foi parte de um desenvolvimento histórico que abarcou tudo. Os filósofos interpretaram o desenvolvimento como a emergência gradual de uma realidade que tinha até então ficado escondida em virtude da ignorância e da superficialidade. A realidade tinha sempre estado lá, disseram eles, mas não tinha sido reconhecida pelo que é. Eles até acreditavam que eles próprios tinham descoberto tudo, simplesmente usando os poderes de suas mentes extraordinárias. Para eles, a abundância de senso comum e das primeiras tradições não era prova de uma realidade igualmente abundante, e sim da natureza multifacetada do erro. Parmênides representa um caso extremo – a realidade tem apenas uma propriedade: a propriedade de existir, *estin* (B8, 2).

Ao desenvolver essa teoria, Parmênides não só seguiu a tendência, mas foi ajudado pela descoberta (que pode ter sido dele mesmo) de que as afirmações compostas de conceitos simples podem ser usadas para construir novos tipos de histórias que logo são chamadas de provas, cujo fim "é oriundo de" sua estrutura interna e não precisam de apoio externo.[25] A descoberta pareceu mostrar que o verdadeiro conhecimento po-

---

[25] O poema de Parmênides contém uma cadeia de argumentos que resultam na negação do crescimento e destroem (B8, 6-21) partes e subdivisões (22-25) e o movimento (26-33). Cada argumento começa com a afirmação que vai ser negada, origina um "não é" a partir dessa afirmação e rejeita-a com base nessa consequência. (Esse parece ser o primeiro uso explícito de *reductio ad absurdum*. Segundo Szabo, 1969, os matemáticos aprenderam o *reductio* com Parmênides e seus seguidores e aceleraram

deria realmente ser usado para julgar as tradições de uma maneira independente da tradição. Esse é o erro que mencionei anteriormente: o fato de ideias simples poderem ser conectadas de maneiras simples não modifica sua natureza – por exemplo, isso não as retira do domínio da atividade humana. O poder das novas ideias, portanto, não residia nelas próprias, em suas conexões e nas verdades que emergiam delas, mas estava no hábito daqueles que, impressionados pela uniformidade social e conceitual crescente, preferiam conclusões elegantes a analogias; que, como Parmênides, não estavam abertamente interessados em questões empíricas grosseiras; e que, inconscientes das raízes sociais de seu desinteresse, chamavam essas coisas de irreais (Parmênides B2, 6).

Ao contrário de Parmênides, de seus seguidores e de alguns ingênuos realistas na ciência, os admiradores mais sofisticados da ciência admitem e até enfatizam que as teorias científicas são criações humanas e que a ciência é uma tradição entre muitas. Mas eles acrescentam que é a única tradição que conseguiu entender e mudar o mundo. As teorias, dizem eles, desempenharam um papel importante nessa dupla conquista. Elas revelaram uma ordem objetiva por trás da confusa abundância de impressões e ideias, forneceram pontos de ataque para modificações desejadas e reduziram consideravelmente a quantidade de fatos a serem lembrados. "À medida que a ciência avança", escreve Medawar (1967, p.114),

> ... fatos específicos são abrangidos por e, portanto, em um sentido, eliminados por afirmações gerais de poder explicativo e extensão que crescem constantemente – e, com isso, os fatos já não precisam ser conhecidos explicitamente, isto é, explicados detalhadamente e lembrados. Em todas as ciências estamos sendo progressivamente liberados do peso das instâncias singulares, da tirania do particular.

---

o desenvolvimento da matemática em virtude de seu uso. Vestígios do *reductio* podem ser encontrados muito antes: veja Lloyd, 1979, p.59 ss., especialmente a nota de rodapé 40.) Os argumentos de Parmênides presumem que "é diferente" é a mesma coisa que "não é" e, portanto, a única diferença "real" é entre Ser e Não Ser (B8, 16). Isso foi parcialmente sugerido pela incapacidade dos jônicos de identificar uma substância básica, parcialmente por um forte componente "existencial" do *einai*.

Assim, se prestarmos atenção em alguns fatos – as características gerais selecionadas pela ciência – podemos desconsiderar outros.

Esse relato simples e um tanto popular colide tanto com a prática científica quanto com princípios humanitários. As leis sociais não o fazem nem devem "eliminar" as idiossincrasias "do particular", isto é, dos seres humanos individuais. Elas não as eliminam porque cada indivíduo tem características inacessíveis até mesmo à coleção mais abrangente de leis – se não fosse isso, como as pessoas poderiam reconhecer que são diferentes entre si?[26] E elas não devem "eliminá-las", pois isso violaria o ideal da liberdade individual tão querido em muitos países ocidentais. O ideal não é universal e em algumas sociedades as pessoas tentam "estilizar todos os aspectos da expressão pessoal a tal ponto que qualquer coisa idiossincrática, qualquer coisa característica do indivíduo meramente porque ele é quem é física, psicológica ou biograficamente, é calada em benefício do lugar que lhe foi atribuído naquele quadro vivo, que – segundo o que pensam – continua permanentemente e nunca muda".[27] Mas isso só significa que qualquer "eliminação" que ocorra é resultado dos costumes locais e não das leis universais. Ou, em outras palavras: a teoria social, embora lutando para suplantar a história, só conseguiu tornar-se uma parte incompreendida dela.

Considerações semelhantes se aplicam às ciências naturais. Podemos concordar que uma previsão do caminho de Júpiter só precisa de sua massa, velocidade, localização e das massas, velocidades e localizações de outros corpos relevantes. Mas isso não significa que o planeta Júpiter foi absorvido ou "eliminado" pela mecânica celestial e deixou de existir como uma entidade separada ou já não contém outras informações que vão além das afirmações daquela teoria. Júpiter também tem propriedades não mecâ-

---

[26] Um dos pacientes de Sack (ele o chama de dr. P.) tinha muita habilidade para identificar e examinar em sua imaginação modelos abstratos e características esquemáticas, mas não podia identificar rostos humanos individuais. "Por um tipo de analogia cômica e terrível," escreve Sacks (1987, p.20), "nossa neurologia cognitiva e psicologia [e, acrescentaria eu, nossa sociologia e nossa política] parecem mais com o dr. P. do que com qualquer outra coisa!"

[27] Geertz, 1983, p.62, descrevendo as restrições em funcionamento na sociedade de Bali.

nicas, algumas das quais conectadas por leis não mecânicas: "leis da Natureza" podem, quando muito, ser consideradas abstrações (no sentido em que Aristóteles considerava a matemática como uma abstração, capítulo 8); mas abstrações são incapazes de "eliminar" qualquer coisa.

As leis da natureza são mais que abstrações, dizem os defensores da natureza não histórica da teoria: características como massa, distância, velocidade (no caso da mecânica celestial clássica) são conectadas de tal forma que são independentes dos interesses daqueles que as selecionaram. Isso as separa de outras características (tais como cores ou cheiros) que não levam a qualquer conexão ou levam a conexões do tipo frágil e casual. Isso mostra que estamos lidando com propriedades reais, e não meramente com objetos acidentais de nossa curiosidade. Um pesquisador interessado na realidade aceita essas propriedades, desconsidera (ou "elimina") as características restantes de uma situação e usa as teorias para guiá-lo no processo de eliminação.

O argumento presume *a priori* que o que é legal ou conectado por leis pertence a um estágio da existência diferente do particular e do idiossincrático; é parte de um mundo que existe e se desenvolve independentemente dos pensamentos, desejos e impressões do pesquisador e, portanto, é "real". Ora, essa suposição não é resultado de pesquisas, e sim de uma metafísica que separa a Natureza e a Humanidade, fazendo com que a primeira seja implacável, legal e inacessível e a segunda, obstinada, volúvel e afetada pela perturbação mais insignificante. A metafísica deixou de ser popular há muito tempo – mas sua sombra epistemológica ainda está conosco sob a forma das várias versões do realismo (científico). Essa sombra pode ser criticada quando se indica que conectar a realidade com a legalidade significa defini-la de uma forma um tanto arbitrária. Deuses temperamentais, pássaros tímidos, pessoas que se entendiam com facilidade seriam irreais, enquanto alucinações em massa e erros sistemáticos seriam reais.

Devemos também considerar que os vários pontos de vista usados para conferir realidade a algumas características e negá-la a outras não formam um todo coerente, mas estão em conflito uns com os outros e com a evidência que supostamente os apoia (os fatos cuja realidade eles deveriam estabelecer). A resposta habitual a esse problema é que a coerência pode ser obtida "por aproximação". A resposta está correta em alguns casos (a relação entre mecânica clássica e relatividade geral, por exemplo), incompleta em outros (a relação entre a teoria quântica e a química – aqui a teoria quântica não só é truncada, como nos procedimentos de aproximação padronizados, mas complementada com princípios novos de uma natureza caracteristicamente química) e sem nenhum sentido em outros casos (a botânica ou a morfologia podem ser relacionadas com a biologia molecular apenas se rejeitarmos algumas de suas características básicas, declarando-as "irreais" ou "não científicas"): a "realidade" que a ciência supostamente define e usa para "eliminar" os ingredientes mais desordenados de nosso mundo está constantemente sendo redefinida para enquadrar-se à tendência em voga no momento.[28] Considerando que hoje normalmente acreditamos que o universo tem uma história, e dizemos que as leis surgem como parte dessa história e só podemos encontrar evidências para aquelas leis que, segundo a crença corrente, são necessárias para a vida e para a consciência,[29] devemos suspeitar que até mesmo as leis fundamentais caracterizem estágios particulares do mundo com certo grau de precisão, mas não são estritamente verdadeiras. "O mundo só nos é dado uma vez", escreveu Ernst Mach (1933, p.222), o que significa que afirmações que implicam regularidades anistóricas são idealizações ou "instrumentos", e não descrições da realidade.

A tentativa de fazer do sucesso da ciência uma medida da realidade de seus ingredientes fracassa também por outras razões. Como indiquei no capítulo 1, seção 9, o sucesso e o fracasso são noções dependentes da cultura: a "revolução verde" foi um sucesso do ponto de vista das práticas de *marketing* ocidentais, mas um terrível fracasso para as culturas interessadas em autossuficiência.

O argumento continua válido quando desconsideramos as aplicações e, em vez disso, lidamos com a validade teórica das ideias. É verdade que a validade das equações de Maxwell é independente daquilo que as pes-

---

[28] Para detalhes, veja: Primas, 1982 e Cartwright, 1983.
[29] Essa é uma versão do chamado "princípio antrópico". Para uma discussão detalhada com literatura, cf. Barrow e Frank Tipler, 1986.

soas pensam sobre eletrificação. Mas não é independente da cultura que as contém. Foi preciso uma atitude mental muito especial inserida em uma estrutura social também muito especial combinada com algumas sequências históricas bastante idiossincráticas para revelar, formular, checar e estabelecer as leis que os cientistas estão usando hoje. Isso agora é aceito pela maioria dos sociólogos, historiadores e filósofos da ciência. Ora, onde está o argumento para nos convencer de que aquilo que surgiu dessa maneira sumamente idiossincrática e culturalmente dependente *existe e é válido* independentemente dessa mesma cultura? O que garante que podemos separar o resultado da maneira como foi obtido sem perdê-lo? Só precisamos de uma modificação mínima de nossas tecnologias, de nosso modo de pensar e de nossa matemática, e já não poderemos raciocinar como fazemos no atual *status quo*. E, no entanto, os objetos desse *status quo*, os fatos e leis que agora consideramos válidos, supostamente estão "no mundo", independentemente de nossos pensamentos e ações.

Para apoiar sua afirmação, os "realistas" usam a distinção feita um pouco antes entre o conteúdo temático de uma afirmação, teoria ou abordagem e a própria afirmação, teoria ou abordagem. As afirmações científicas, dizem eles, são resultados de um processo histórico. Mas esse processo ocorreu para identificar características do mundo que são independentes dele. Como argumentei no capítulo 1, seção 9, essa linha de raciocínio pode ser aplicada também aos deuses gregos. Não há saída: ou dizemos que os *quarks* e os deuses são igualmente reais, mas ligados a circunstâncias diferentes, ou simplesmente deixamos de falar de coisas reais.

Observe que essa interpretação não nega a eficiência da ciência como provedora de tecnologias e mitos básicos; ela só nega que objetos científicos – *e só eles* – são "reais". Tampouco é afirmado que podemos ficar sem as ciências. A interpretação indica que não podemos. Tendo entrado em um ambiente – e elaborado esse mesmo ambiente – no qual as leis científicas vêm para o primeiro plano, nós, isto é, cientistas e cidadãos comuns da Civilização Ocidental, estamos agora sujeitos a seu comando. Mas as condições sociais mudam e as ciências mudam com elas. A ciência do século XIX negava a pluralidade cultural, a ciência do século XX, castigada pelos fracassos filosóficos e práticos (inclusive os fracassos do "desenvolvimento") e pela invenção das teorias com ingredientes decididamente "subjetivos", já não se opõe a ela. Os mesmos cientistas, filósofos e políticos que querem aumentar o poder da ciência por seus próprios esforços transformam a ciência e o mundo "real" com ela. "Este mundo", como foi dito no capítulo 1,

> não é uma entidade estática habitada por formigas pensantes que, arrastando-se por todo ele, gradativamente descobrem suas características sem influenciá-las de forma alguma. Ele é uma entidade dinâmica e multifacetada que afeta e reflete a atividade de seus exploradores. Em um determinado momento, era um mundo cheio de deuses; mais tarde tornou-se um mundo material monótono e esperamos que se transforme em um mundo mais pacífico, onde a matéria e a vida, o pensamento e os sentimentos, a inovação e a tradição colaborem para o benefício de todos.

Essas observações podem ser resumidas no quarto ponto seguinte, que deve ser acrescentado aos três pontos defendidos no final da última seção:

(D) As tradições teóricas são opostas às tradições históricas em intenção, mas não de fato. Ao tentar criar um conhecimento que difere do "mero" conhecimento histórico ou empírico, elas conseguiram encontrar *formulações* (teorias, fórmulas) que *parecem* objetivas, universais e logicamente rigorosas, mas que são *usadas* e, no uso, são *interpretadas* de uma maneira que entra em conflito com todas essas propriedades. O que temos é uma nova tradição histórica, que, levada adiante por uma falsa consciência de bom tamanho, parece transcender a percepção, a opinião e a própria vida humana. Nisso ela mostra grande semelhança com os sistemas religiosos que também transformaram os mundos do senso comum e os puseram mais próximos de uma realidade não mundana. Apoiada por fortes forças históricas, a "mecanização do quadro de nosso mundo" (*Dijksterhuis*) não pode simplesmente ser eliminada por meio de argumentos. Ela precisa de contraforças poderosas para efetuar uma mudança. Essas contraforças existem e estão sendo parcialmente mobilizadas pela agressividade da civilização ocidental e parcialmente criadas nessa própria civilização. Esperemos que elas possam vencer os perigos e as desvantagens que acompanham suas enormes conquistas.

4
A criatividade

1 Arte e ciência como imitação

No *Timaeu* de Platão, um ser chamado Deus, ou demiurgo, ou pai constrói o mundo ao tentar fazer com que um material irregular e amorfo se molde a um plano preciso e detalhado. Como um engenheiro, esse Deus "convence" o material a produzir "a cópia mais excelente e perfeita" do plano. Quanto maior for a semelhança entre o plano e a cópia, maior será sua conquista.

Os poemas homéricos contêm discursos convencionais (tais como aquele feito por um general para suas tropas antes da batalha) e descrições de situações típicas. Os discursos e as descrições são repetidos palavra por palavra quando surgem circunstâncias semelhantes. Os poetas homéricos não estavam interessados em produzir expressões novas e "originais" para as mesmas velhas coisas. Eles queriam o melhor estereótipo para uma situação determinada e, quando o encontravam, repetiam-no sempre que aquela situação ocorria.

A ideia de que as artes repetem, copiam ou imitam a realidade em um meio diferente, usando estereótipos daquele meio como os cubos de um jogo infantil, era o núcleo da antiga teoria de *mimese*. A diatribe de Platão contra as artes no livro X de sua *República* aceitava a teoria, mas criticava os artistas por imitarem as entidades erradas (objetos físicos ou eventos e não os princípios a que esses se conformam), por fazerem da ilusão (tal como a perspectiva) parte de suas técnicas imitativas e por provocarem emoções. Ele desafiava os "amantes da poesia a defenderem sua causa e a mostrarem que ela é não só encantadora, mas também benéfica para um governo organizado e para a vida humana". Aristóteles aceitou o desafio: sua resposta, incluída em seu magnífico *Poética*, permaneceu no arcabouço da *mimese*. A tragédia, disse ele, realmente imita: no entanto, ela não imita eventos históricos concretos, como faz a história, e sim estruturas subjacentes e, portanto, é "mais filosófica que a história" (*Poética*, capítulo IX). A tragédia é teoria; a história, mera narrativa. Inúmeros casos sobre uvas pintadas que atraem andorinhas, cavalos pintados para os quais relincham cavalos verdadeiros, uma cortina pintada que engana até o olhar do artista e os incontáveis epigramas sobre a enganadora naturalidade da vaca esculpida por Myron mostram que na antiguidade a visão imitativa não era apenas uma especialidade da filosofia, mas parte do senso comum.[1]

A ideia surgiu novamente no Renascimento. Segundo Leonardo, "a pintura que tiver mais semelhança com a coisa reproduzida é a mais louvável, e digo isso para refutar os pintores que querem melhorar as coisas da natureza".[2] Leon Battista Alberti, referindo-se às regras recentemente descobertas da perspectiva, definiu um quadro como um "corte transversal da pirâmide" formada pelos raios que se propagam dos olhos até o objeto apresentado.[3] A definição de Alberti transforma a pintura na produção de cópias exatas de cortes transversais de pirâmides óticas:

> Digo que a função do pintor é a seguinte: descrever com linhas e tingir com cores sobre qualquer painel ou parede que lhe for dado planos observados semelhantes de qualquer corpo para que a certa distância e em certa posição a partir do centro eles pareçam estar em relevo, pareçam ter massa e ser naturais. (Spencer, 1966, p.89)

---

[1] Veja o ensaio de Panofsky, 1986.
[2] *Trattato della pittura*, 1881, Nr.411.
[3] *Della Pittura*, citado de Spencer, 1966, p.52, 49.

Muito mais tarde, no século XIX, alguns artistas tentaram fazer com que a própria natureza produzisse as cópias, "substitui[ndo] seu próprio lápis inimitável [a luz] pela tentativa imperfeita, monótona e quase irrealizável de copiar um tema tão complicado". Isso levou à invenção da fotografia.[4]

Esse breve levantamento já mostra que a imitação tem suas ambiguidades e envolve uma série de escolhas. Uma delas é a escolha do material no qual as cópias serão produzidas. O imitador deve levar em consideração as propriedades do material. Essas propriedades podem ser resultado das leis da natureza, dos costumes (frases padrão, a gramática, as palavras da linguagem utilizada em relatórios escritos; a métrica, os modos musicais, os gestos padrão na tragédia), podem ser invenções e tradições baseadas naqueles costumes (o segundo ator acrescentado ao drama por Sófocles e o terceiro ator acrescentado por Eurípedes). Tendo escolhido o material, o imitador deve escolher os aspectos que quer imitar. Segundo Aristóteles, tanto o historiador quanto o autor de tragédias imitam – mas imitam coisas diferentes. Autores de tragédias podem escolher ainda entre as ações naturais sem personagens ou as ações igualmente naturais, mas dominadas pelos personagens.[5] Na própria pintura, Aristóteles distinguia entre imitadores, como Zêuxis, cuja obra era extremamente enganadora, mas "sem personagens" (1450a28), e outros, como Polignoto, que imitavam, mas não negligenciavam os pesonagens. A imitação é um processo complexo que envolve conhecimento teórico e prático (de materiais e tradições), pode ser modificado por invenções e sempre envolve uma série de escolhas por parte do imitador.

Existem visões filosóficas que fazem da ciência um caso paradigmático de imitação. A imitação era parte da teoria da percepção de Aristóteles, que, se não for perturbada, imprime formas naturais aos órgãos sensoriais. Ela é base para a ideia, muito propagada na antiguidade e ainda popular hoje em dia, de que a tarefa da ciência é "salvar os fenômenos",

---

[4] Talbot, 1893, citado de Newhall, 1980, p.27.
[5] Segundo Aristóteles "os modernos" (e isso incluía Eurípedes) procederam da primeira forma – 1450a25 –, enquanto "quase todos os homens de antes" (inclusive Ésquilo e Sófocles) tinham mais sucesso com personagens do que com ação – 1450a37.

isto é, apresentá-los da maneira mais correta possível usando os estereótipos disponíveis (deferentes, epiciclos, equantes e excentres, no caso da astronomia ptolomaica; equações diferenciais no caso da física clássica). A imitação desempenhou um papel em Bacon, que comparava a mente a um espelho torto e sujo,[6] cuja superfície tinha de ser limpa e aplanada para que o espelho pudesse, então, produzir imagens verdadeiras da natureza; e ela sobrevive na imagem popular do cientista imparcial que despreza a especulação e se concentra em dizer as coisas como elas são. No entanto, existem outras visões para as quais a tarefa das ciências e das artes é muito diferente.

Segundo uma dessas visões, que foi introduzida por Parmênides, a tarefa do conhecimento (científico) é descrever a realidade. Isso parece com a imitação. No entanto, Parmênides acrescenta que a realidade está escondida em fenômenos ilusórios e que é necessário o apoio divino para trazê-la para o primeiro plano. Temos aqui um segundo relato de como as artes e as ciências devem funcionar.

2 Arte e ciência como empreendimentos criativos

Na antiguidade, a ideia de que as artes e as ciências imitam, que elas são domínios do julgamento racional e que podem ser ensinadas era confrontada pela visão de que "poetas não criam a partir do conhecimento, e sim com base em certo talento natural e guiados pela inspiração divina, exatamente como os videntes e os cantores dos oráculos" (Platão, *Apology of Socrates* [*Apologia de Sócrates*], 21d). Falando de poesia, Platão menciona

> estar possuído pelas musas, uma loucura que desperta uma alma terna e intocada se consegue agarrá-la, fá-la feliz e educa-a, elogiando velhas histórias em canções e em todas as outras formas de poesia que virão depois de nós. Seja quem for que bata à porta da poesia sem a loucura das musas,

---

[6] *Novum Organum* Aforismo 47; cf. também aforismos 115 e 69.

confiando que apenas a técnica irá fazer dele um poeta inteiro, não alcança seu objetivo; ele e sua poesia da razão desaparecem diante da poesia do louco" (*Phaedrus* 245a).

Em sua Sétima Carta (341c ss.), Platão explica como, "após uma longa e contínua relação entre o professor e o aluno, em uma busca conjunta do tema, subitamente, como a luz que lampeja quando o fogo é aceso [o conhecimento das ideias], nasce na alma e imediatamente se alimenta".

Nessas passagens, diz-se que o processo de compreender ou de construir uma obra de arte contém um elemento que vai além da habilidade, do conhecimento técnico e do talento. Uma nova força agarra a alma e a dirige, na direção do conhecimento em um caso, na direção da obra de arte no outro. Se presumirmos que a força não alcança o indivíduo vindo de fora, como a inspiração divina ou a loucura criativa, mas origina-se no próprio indivíduo e dali transforma o mundo (da arte, do conhecimento, da tecnologia), então temos a ideia de criatividade que quero criticar no presente ensaio.

Para que minha crítica seja a mais concreta possível, vou me concentrar em um argumento específico a seu favor. E para torná-la o mais clara possível usarei um argumento que tenta mostrar o papel da criatividade individual nas ciências. Se esse argumento claro e detalhado fracassar, a retórica que emerge de áreas mais nebulosas perderá sua força completamente.

3 O argumento de Einstein em defesa de um exame da criatividade

Em seus ensaios "On the Method of Theoretical Physics" [Sobre o método da física teórica], "Physics and Reality" [Física e realidade] e "The Fundaments of Theoretical Physics" [Fundamentos da física teórica] (republicado em *Ideas and Opinions*, 1954 – as páginas a que me refiro são desse livro), Einstein explica por que teorias e conceitos científicos são "ficções" ou "criações livres da mente humana" e por que "só a intuição, baseando-se na compreensão solidária da experiência, pode alcançá-los".

Segundo Einstein,

> ... o primeiro passo no estabelecimento de um "mundo externo real" é a formação do conceito de objetos corpóreos e de objetos corpóreos de vários tipos. Da multitude de nossas experiências sensoriais, nós tomamos, mental e arbitrariamente, certos complexos das impressões sensoriais que ocorrem repetidamente (parcialmente em conjunção com impressões sensoriais que são interpretadas como sinais para a experiência sensorial de outros) e os correlacionamos a um conceito – o conceito do objeto corpóreo. Considerado logicamente, esse conceito não é idêntico à totalidade das impressões sensoriais a que me referimo, mas é uma criação livre da mente humana (ou animal). Por outro lado, esse conceito deve seu significado e sua justificação exclusivamente à totalidade das impressões sensoriais que associamos a ele.
>
> O segundo passo será encontrado no fato de, em nosso pensamento (que determina nossas expectativas), atribuirmos a esse conceito de objeto corpóreo um significado que é, em um grau muito elevado, independente das impressões sensoriais que originalmente o fizeram surgir. Isso é o que queremos dizer quando atribuímos ao objeto corpóreo "uma existência real". A justificação de um cenário assim reside exclusivamente no fato de – por meio de tais conceitos e das relações mentais entre eles – sermos capazes de nos orientar no labirinto das impressões sensoriais. Essas noções e relações, embora sejam criações mentais livres, nos parecem mais fortes e mais inalteráveis que a própria experiência sensorial individual, cujo caráter – sendo nada mais que o resultado de uma ilusão ou alucinação – nunca é completamente garantido. Por outro lado, esses conceitos e relações e, de fato, a postulação de objetos reais e, de um modo geral, da existência do "mundo real" têm justificação só à medida que estão conectados com as impressões sensoriais entre as quais eles formam uma conexão mental. (1954, p.291)

A seguir, diz Einstein, introduzimos as teorias, que são especulativas em um nível muito mais alto. Elas não só não estão "diretamente conectadas com complexos de experiências sensoriais" (p.294), mas também não são unicamente determinadas pelas observações – duas teorias diferentes com conceitos básicos diferentes (tais como a mecânica clássica e a teoria geral da relatividade) podem se enquadrar nas mesmas leis empíricas e nas mesmas observações (p.273) – e podem estar em conflito com fatos conhecidos no momento de sua invenção. Os princípios e conceitos das teorias são, portanto, inteiramente "fictícios". No entanto, elas supostamente estariam descrevendo um mundo real oculto, mas objetivo. É preciso uma forte fé e uma atitude profundamente religiosa para acreditar em uma conexão desse tipo e tremendos esforços criativos são necessários para estabelecê-la.

Essa descrição do crescimento do conhecimento físico padece de dificuldades importantes. O ponto de partida do processo que, segundo Einstein, leva à realidade é totalmente irreal. Não existe nenhum estágio na história ou no crescimento de um indivíduo que corresponda ao "primeiro passo"; não existe nenhum estágio em que, rodeados por um "labirinto de impressões sensoriais", nós selecionamos "mental e arbitrariamente" pacotes especiais de experiência, "criamos conceitos livremente" e os correlacionamos com aqueles pacotes. Até crianças pequenas não percebem cores e sons simples; elas percebem estruturas significativas, tais como sorrisos ou vozes amigáveis. O mundo perceptual do adulto contém coisas e processos, desde mesas e cadeiras até produções de ópera, arco-íris e estrelas. A maioria dessas entidades se apresenta como sendo objetivas e independentes de nossos desejos – temos de empurrá-las, espremê-las, cortá-las para efetuar uma mudança física; uma mera mudança de atitude ou até de posição física não é suficiente. As impressões sensoriais tais como cores puras e sons puros (em oposição a coisas coloridas e, digamos, vozes humanas) desempenham um papel insignificante em nosso mundo perceptual; elas aparecem sob condições especiais que têm de ser monitoradas cuidadosamente (uso de tela de redução, por exemplo); elas são construtos teóricos posteriores e não os começos do conhecimento. E também de nada nos ajudariam se o fossem: uma pessoa colocada em um "labirinto de impressões sensoriais" não poderia de forma alguma começar a construir objetos físicos; ela estaria completamente desorientada e incapaz de pensar o mais simples pensamento. E não estaria "criativa", e sim simplesmente paralisada.

Presumamos agora que o impossível aconteceu e que, tendo recebido dados sensoriais que nos foram dados, conseguimos construir "mental e arbitrariamente" um mundo de objetos reais. Será que os outros estágios da história de Einstein estão corretos? Não, não estão!

É bem verdade que um mundo de objetos reais não é *logicamente* equivalente a uma seleção de dados sensoriais, por mais cuidadosamente organizada que esteja; no entanto, não se deduz daí que esse mundo foi constituído por um ato pessoal de criação: quando caminho, o passo que dou agora não é logicamente dedutível do passo que acabo de dar – mas seria tolice dizer que caminhar é resultado de atos criativos por parte da pessoa que caminha. Ou para tomar um exemplo da natureza inanimada: uma posição posterior de uma pedra que cai não é dedutível logicamente de uma posição anterior; no entanto, nenhum defensor da criatividade individual estaria inclinado a dizer que a pedra está caindo criativamente. Piaget (1954, p.352) descreveu em grandes e fascinantes detalhes como as percepções das crianças se desenvolvem por estágios sem qualquer esforço criativo consciente por parte delas, simplesmente obedecendo a uma "lei da evolução". Algumas características de nosso comportamento podem até ser determinadas geneticamente (por exemplo, o reconhecimento de padrões e a ligação subsequente a eles, descritos tão maravilhosamente por Konrad Lorenz em seu estudo sobre filhotes de gansos). Resultado: a existência de uma lacuna lógica por si só não mostra ainda que seja preciso um ato criativo individual para preenchê-la.

Indo do senso comum para a ciência, encontramos conceitos totalmente novos: as teorias científicas quase nunca são expressas em termos cotidianos. Elas são formuladas matematicamente, e teorias diferentes muitas vezes usam termos de disciplinas matemáticas diferentes; os formalismos estão conectados com conceitos e intuições pouco familiares ao senso comum; e as predições, termos básicos e teorias não são unicamente determinados pelos fatos conhecidos (esse ponto foi argumentado alguns parágrafos acima). O argumento que estou examinando agora conclui que a invenção das novas linguagens e das teorias associadas a elas não poderia ter ocorrido sem um considerável esforço criativo. *Essa* conclusão é aceitável? Acho que não; deixem-me explicar novamente minhas razões.

Minha primeira razão é que o desenvolvimento de conceitos não precisa ser resultado das ações conscientes daqueles que os usam. Por exemplo, as noções abstratas de Ser, Divindade, parte e todo, introduzidas por Xenófanes e Parmênides e elaboradas por Zeno, tinham sido preparadas por uma erosão gradativa e não planejada de ideias mais concretas. A erosão começou na *Ilíada* e tornou-se perceptível lá pelos séculos VI e V a.C. Os filósofos partiram dessa erosão, não deram início a ela. A erosão afetou conceitos comportamentais, tais como o conceito de olhar, conceitos sociais, tais como o conceito de honra, e conceitos "epistemológicos", tais como o conceito de conhecimento. Originalmente, todos esses conceitos incluíam detalhes de atitude, expressão facial, humor, situação e outras circunstâncias concretas. Existia, por exemplo, um conceito de olhar que continha, como ingrediente inseparável, o medo sentido pela pessoa que olhava e um conceito de conhecimento que incorporava o comportamento que acompanhava e estimulava a aquisição do conhecimento.[7]

A variedade das ideias então em existência, sua complexidade e seu realismo sugerem até mesmo hoje em dia que pode bem ser impossível reduzir nossas maneiras de ser no mundo a umas poucas noções simples, independentes do contexto (do observador) e, portanto, "objetivas". No entanto, o número e a complexidade de conceitos-chave diminuíram, os detalhes desapareceram, "as palavras se empobreceram em conteúdo, transformaram-se em fórmulas vazias e parciais" (Von Fritz, 1966, p.11). Os filósofos que preferem noções simples, claras e facilmente definíveis em vez das complexas, pouco claras e indefiníveis deram-se bem com a deterioração e a usavam para afirmar – *a posteriori* – que havia essencialmente um único conceito de conhecimento, um conceito de divindade, um conceito de ser. Assim, uma visão do mundo complexa e detalhada – a que estava implícita nas epopeias de Homero – foi substituída por uma visão do mundo diferente, mais simples e mais abstrata – aquela dos pré-socráticos (inclusive os atomistas) e depois, a de Platão, *sem muita participação consciente da parte daqueles que lucraram com o desenvolvimento*. (Mais tarde, Aristóteles restaurou características importantes do pensamento anterior e, assim, conseguiu uma síntese admirável do senso comum com a filosofia abstrata.) É claro, houve algumas "descobertas" insignificantes, engastadas aqui e ali no processo como um todo – mas elas não tiveram muita importância e teriam sido inúteis sem

---

[7] Detalhes são encontrados em Snell, 1924; 1975.

o apoio das mudanças não criativas principais. Ernst Mach, um dos filósofos mais imaginativos da ciência, descreve uma situação semelhante na história dos números da seguinte maneira:

> Nós muitas vezes chamamos os números de "criações livres da mente humana". A admiração pelo espírito humano que é expressa nessas palavras é bastante natural quando vemos o edifício terminado e imponente da aritmética. No entanto, nosso entendimento dessas criações seria maior se pesquisássemos seus *começos instintivos* e considerássemos as circunstâncias que levaram à necessidade dessas criações. Talvez então perceberíamos que as primeiras estruturas [Bildungen] que surgiram aqui foram inconsciente e biologicamente *forçadas* aos seres humanos pelas circunstâncias materiais e que seu valor só pôde ser reconhecido após terem demonstrado sua utilidade. (1917, p.327)

Minha segunda razão para duvidar que os conceitos abstratos e pouco comuns sejam exclusivamente resultado de atos criativos individuais é que mesmo a formulação consciente e intencional de princípios gerais novos pode ser explicada sem recorrer à criatividade. Um exemplo irá demonstrar o que quero dizer. Mach (1933, capítulo 1, seção 2) apresenta e analisa o argumento de Stevin para as condições de equilíbrio estático sobre um plano inclinado (pesos iguais sobre planos inclinados de igual altura atuam em proporção inversa aos comprimentos dos planos – isso chamarei de proposição E). Para deduzir E, Stevin imagina uma corrente suspensa em uma cunha contendo os dois planos. A corrente, argumenta ele, ou se movimentará ou ficará imóvel. Se ela se mover, então deverá estar em movimento perpétuo (todas as posições da corrente são equivalentes a todas as outras posições). Mas um movimento perpétuo da corrente ao redor da cunha, diz Stevin, é absurdo (proposição P). A corrente, portanto, está imóvel e em equilíbrio. E, na medida em que as partes inferiores da corrente, sendo simétricas, podem ser cortadas sem prejudicar o equilíbrio, obtemos E. Até aqui Stevin.

Segundo Mach, uma proposição tal como E pode ser encontrada ou por experimentos e suas derivações ou com a ajuda de "princípios", tais como P. Experimentos, diz ele, são "distorcidos por circunstâncias alheias (fricção)", eles "sempre diferem" das "proporções estáticas precisas", "parecem duvidosos" e o caminho entre eles e as leis gerais é "incerto", "pouco claro" e "improvisado" (1933, p.72). A indução leva a tristes resultados. Argumentos a partir de princípios, todavia, "têm *maior* valor" e os "aceitamos sem contradição". A autoridade que eles possuem origina-se de um "instinto", por exemplo, da convicção que Stevin tinha de que a corrente não poderia de forma alguma estar em movimento perpétuo. Essa é a força propulsora da ciência, pois "apenas o instinto mais forte, combinado com o poder conceitual também mais forte, pode fazer de uma pessoa um grande cientista".

É interessante comparar a análise que Mach faz do uso dos princípios nas ciências com a de Einstein. Einstein leu Mach com interesse e foi influenciado por ele de várias maneiras. Seguindo Mach, ele não começou seu trabalho sobre a teoria especial da relatividade da maneira que era então comum, ou seja, descrevendo resultados experimentais; ao contrário, começou com princípios como o da relatividade e o da constância da velocidade da luz. Durante toda a vida, zombou dos cientistas que se concentravam em "medir exatidões" e eram "surdos para os argumentos mais fortes" (Einstein, 1971, p.192). Como Mach, Einstein também achava que certos fatos eram óbvios demais para precisarem de apoio experimental. Parece que o experimento de Michelson-Morley, por exemplo, não desempenhou qualquer papel direto na construção de sua teoria especial da relatividade. "Imagino que presumi que ele era verdadeiro", respondeu ele a Shankland (1963, p.55), que lhe tinha feito exatamente essa pergunta. "Pois realmente não importa", escreveu Ernst Mach no caso de Stevin, "se realmente realizamos o experimento, contanto que o sucesso não seja questionável." Stevin só realiza um experimento mental. "E isso", diz Mach "não é um erro – se fosse um erro, então todos nós estaríamos compartilhando dele."

O uso que Mach faz do "instinto" nos aproxima das "criações livres da mente humana" de Einstein – mas a diferença é enorme. Pois, enquanto Einstein não oferece qualquer análise do processo de criação, preferindo conectá-lo com sua atitude religiosa, Mach imediatamente acrescenta a qualificação: "Isso, no entanto, não nos força de modo algum a transformar os elementos instintivos da ciência em um misticismo novo. Em vez de praticar o misticismo, vamos nos fazer a seguinte pergunta: como é que o conhecimento instintivo se origina e o que está contido nele?". Ele mesmo responde que o instinto que faz um pesquisador formular princípios gerais sem um exame detalhado das evidências empíricas relevantes é resultado de um longo processo de adaptação ao qual estamos todos – cientistas e não cientistas – sujeitos. Durante esse processo, muitas expectativas foram desapontadas, o comportamento mudou e, hoje, a mente humana contém os resultados dessas mudanças. E como o número de expectativas desapontadas que vivenciamos em nossas vidas cotidianas, e com ele o número de confirmações para certas impossibilidades (tais como a impossibilidade de uma corrente se mover perpetuamente), é incomensuravelmente maior que o número dos experimentos conscientemente planejados que nossos cientistas podem realizar, é totalmente sensato corrigir, e talvez até suspender, os resultados de tais experimentos com a ajuda dos princípios descobertos instintivamente. É claro, o argumento de Stevin pode começar apenas depois de os dois elementos – o problema do plano inclinado e o conhecimento instintivo relacionado com o movimento perpétuo – serem combinados: Stevin deve "ver" que um pode ser solucionado pelo outro. Mas as descrições de descoberta científica[8] nos dizem que essa "aproximação" ocorre quase por si mesma e a intervenção consciente a prejudica em vez de ajudá-la. Assim, Mach forneceu os elementos de um esboço explicativo em que Einstein (e Planck, entre outros) simplesmente fala de "criações livres da mente humana". Os fenômenos em que Einstein baseia sua ideia, por si só, não são, portanto, provas de atos individuais de criatividade. Devemos levar essa análise um pouco mais adiante.

4 A visão dos seres humanos subjacente ao conceito da criatividade individual

Chego agora ao meu terceiro e último comentário sobre a criatividade. Falar de criatividade só faz sentido se considerarmos os seres humanos

---

[8] Veja exemplos em Hadamard, 1949.

de certa maneira: eles *começam* cadeias causais, não são apenas levados por elas. Isso, é claro, é o que a maioria "culta" dos ocidentais presume hoje em dia. E não só partem dessa premissa, mas também a consideram óbvia. O que mais um ser humano deveria ser? Um ser humano tem responsabilidades, toma decisões, considera problemas, tenta resolvê-los e age no mundo de acordo com as soluções obtidas. Desde a infância somos treinados a conectar eventos com nossas ações, a assumir responsabilidade por eles e a culpar os demais por coisas de que não gostamos. Essa premissa é a base da política, educação, ciência e das relações pessoais. No entanto, ela não é a única premissa possível e uma vida que depende dela não é a única forma de vida que já existiu. Os seres humanos tinham (e nas culturas diferentes da nossa ainda têm) ideias muito diferentes sobre si, suas vidas, seu papel no universo; eles atuavam de acordo essa ideias e obtinham resultados que ainda admiramos e tentamos imitar.

Como exemplo, tomemos uma vez mais as epopeias de Homero. Um herói homérico pode se ver diante de várias alternativas. Assim, Aquiles diz, no livro IX da *Ilíada*, linhas 410 ss. (tradução de Lattimore):

> Pois minha mãe Thetis, a deusa dos pés prateados, me diz que levo dois tipos de destino rumo ao dia de minha morte. Se eu ficar aqui e lutar ao lado da cidade dos troianos não voltarei para casa, mas minha glória será infinita; se eu voltar para a terra adorada de meus pais, não terei a excelência de minha glória, mas haverá uma longa vida.

Bruno Snell (1966, p.18) indicou que não podemos interpretar passagens iguais a essa como se elas quisessem dizer que Aquiles irá *escolher* um dos dois caminhos; ao contrário, devemos dizer que *ele eventualmente se encontrará em um dos dois caminhos* e, como já lhe foi dada sua descrição *a priori*, ele agora sabe o que esperar: "... em Homero nunca encontramos uma decisão pessoal, uma escolha consciente feita por um ser humano atuante – um ser humano diante de várias possibilidades nunca pensa: agora depende de mim, depende do que eu decidir fazer". E não poderia ser de outra forma. Os seres humanos, em Homero, simplesmente não têm a unidade necessária para escolhas conscientes e atos criativos. Os humanos, como aparecem na arte geométrica tardia, em Homero e no pensamento popular arcaico, são sistemas de partes frouxamente conectadas; funcionam como estações de trânsito para eventos que também são frouxamente conectados, tais como sonhos, pensamentos, emoções, intervenções divinas. Não há qualquer centro espiritual, nenhuma "alma" que possa iniciar ou "criar" cadeias causais especiais e nem mesmo o corpo possui a coerência e a articulação maravilhosa que lhe foram dadas na escultura grega posterior. Mas essa falta de integração *do indivíduo* é mais do que compensada pela forma como ele está engastado *em seu ambiente*. Enquanto a concepção moderna separa o ser humano do mundo de uma maneira que faz com que a interação seja um problema insolúvel (tal como o problema mente-corpo), um guerreiro ou poeta homérico não é nenhum estranho no mundo e compartilha muitos elementos com ele. Ele pode não "agir" ou "criar" no sentido dos defensores da responsabilidade individual, do livre-arbítrio, e da criatividade – mas ele não precisa desses milagres para participar das mudanças que o rodeiam.[9]

Com isso, chego ao ponto principal de meu argumento. Hoje, a criatividade pessoal é considerada um dom especial cujo desenvolvimento deve ser encorajado e cuja ausência mostra deficiências sérias. Uma atitude assim só faz sentido se os seres humanos forem entidades autossuficientes, separados do resto da natureza, com ideias e vontades próprias. Mas essa visão causou problemas terríveis. Há problemas teóricos (o problema mente-corpo e, em um nível mais técnico, o problema da indução; o problema da realidade do mundo externo; o problema da medida na mecânica quântica e assim por diante), problemas práticos (como podem as ações de humanos que se consideravam senhores da Natureza e da Sociedade e cujas conquistas agora ameaçam destruir ambas serem reintegradas com o resto do mundo?) e problemas éticos (será que os seres humanos têm o direito de moldar a Natureza e culturas diferentes da sua segundo as modas intelectuais mais recentes?).

Esses problemas estão intimamente conectados com a transição, já descrita, de conceitos complexos e concretos para conceitos simples e abstratos. Pois, enquanto os primeiros presumiam a dependência e a ex-

---

[9] Para detalhes, cf. capítulo 17 do meu livro *Against Method*, 1975.

pressavam de várias maneiras, os conceitos dos "filósofos" – como se autodenominaram os primeiros cientistas teóricos – e seus refinamentos do século XVII eram "objetivos", isto é, separados daqueles que os produziam e das situações em que eram produzidos e, portanto, incapazes a princípio de fazer justiça ao rico padrão de interações que é o mundo. É preciso um milagre para preencher o abismo entre sujeito e objeto, Homem e Natureza, experiência e realidade que é o resultado dessas "revoluções" conceituais – e a criatividade que leva a castelos maravilhosos de pensamentos (filosóficos e/ou científicos) supostamente é esse milagre. Assim, a visão de mundo supostamente mais racional que já existiu só pode funcionar se for combinada aos eventos mais irracionais existentes, isto é, os milagres.

5 Retorno à totalidade

Mas não há necessidade de milagres. Como tentei mostrar em minha análise do argumento de Einstein, ele usa a criatividade para produzir resultados (objetos externos ao observador, conceitos mais abstratos que os do senso comum de certo período) que são ou fases transitórias de um desenvolvimento natural (no indivíduo ou em grupos) ou pequenas adaptações que ocorrem nessas fases. Negligenciando o desenvolvimento e aquelas características de um ser humano (ou de um grupo) que fazem com que isso seja possível, Einstein começa a partir de uma entidade abstrata, o sujeito pensante, em um ambiente fictício, o "labirinto de [suas] sensações". Naturalmente ele precisa de um processo igualmente abstrato e fictício, a criatividade, para restabelecer contato com seres humanos reais e os resultados de seu trabalho. A lacuna que precisa do milagre ocorre em seu modelo, e não no mundo real, como é descrito por pesquisadores de uma tendência menos abstrata (biólogos antiquados, psicólogos não comportamentalistas) e pelo senso comum. Substitua o modelo por este mundo e o espectro da criatividade individual irá desaparecer como um pesadelo. Infelizmente, isso ainda não é o fim da questão.

A razão é que as teorias fictícias, mesmo não estando em contato com a natureza, não precisam estar em contato com nossas crenças e com nossa cultura. Ao contrário, elas muitas vezes são motivos para ações estranhas e destrutivas. Políticas pouco realistas não só desmoronam, elas também influenciam o mundo, levam à guerra e a outros desastres sociais e naturais. Uma vez no trono, elas não podem ser facilmente deslocadas por argumentos. Colocado em um ambiente hostil, o argumento mais maravilhoso parece sofista – isso é verdade no caso da ciência e é ainda mais verdade no caso da política e do senso comum que a sustenta em países democráticos. Realmente precisamos de argumentos – mas também precisamos de uma atitude, de uma religião, de uma filosofia, ou seja lá como você quiser chamar uma agência desse tipo –, com ciências e instituições políticas correspondentes que considere os humanos partes inseparáveis da natureza e da sociedade, e não seus arquitetos independentes. Não precisamos de novos atos criativos para descobrir uma filosofia assim e as estruturas sociais que ela exige. A filosofia (religião) e as estruturas sociais já existem, pelo menos nos nossos livros de história, porque elas surgiram, há muito tempo, quando as ideias e as ações ainda eram resultado de um crescimento natural e não de esforços construtivos direcionados contra as tendências desse crescimento. Há as epopeias homéricas, o taoismo, as muitas culturas "primitivas" que fazem com que nos sintamos envergonhados diante do respeito alegre que elas têm pelas maravilhas da criação.

Não podemos rejeitar essas visões afirmando que elas colidem com a "ciência" ou com "a situação moderna". Não há nenhuma entidade monolítica, a "ciência" a qual possamos dizer que colide com as coisas e "a situação moderna" é uma catástrofe que ofende nossos desejos mais fundamentais por paz e felicidade. Os próprios cientistas começaram a criticar a visão separatista dos seres humanos, isto é, a ideia de que existe um mundo "objetivo" e um "reino subjetivo" e que é neccessário mantê-los separados. Assim, Ernst Mach indicou, há mais de um século, que a separação não pode ser justificada pela pesquisa, que a sensação mais simples é uma abstração de longo alcance e que qualquer ato de percepção está inextricavelmente ligado aos processos fisiológicos. Konrad Lorenz defendeu uma ciência que torna os fatores "subjetivos" partes da pesquisa, enquanto uma das disciplinas científicas mais avançadas, a física das partículas elementares, nos forçou a admitir que é impossível estabelecer um limite preciso entre a Natureza e as agências (inclusive a mente) usadas para examiná-la. Considerando os aspectos sociais, precisamos apenas lembrar a atitude dos artistas renascentistas do século XV: eles trabalhavam em equipes, eram artesãos pagos, aceitavam a orientação de seus empregadores leigos. O trabalho em equipe já desempenha um papel importante nas ciências; era e ainda é exemplar em instituições tais como os laboratórios da Bell Telephone, que levam a invenções (como o transistor) que bem podem nos ajudar em nossa busca por um mundo melhor. Tudo que é necessário para restaurar a eficiência, a modéstia e, sobretudo, a humanidade dos praticantes de um ofício é admitir que os cientistas são cidadãos *mesmo quando no domínio de sua especialidade* e, portanto, devem estar preparados para aceitar a orientação e a supervisão de seus concidadãos. A ideia arrogante de que alguns seres humanos, tendo o dom divino da criatividade, podem reconstruir a Criação para que ela se enquadre com suas fantasias não só levou a problemas sociais, ecológicos e pessoais terríveis, mas também tem credenciais muito duvidosas, cientificamente falando. Devemos reexaminá-la, fazendo uso pleno das formas de vida menos beligerantes que ela afastou.

5
O progresso na filosofia, na ciência e nas artes

I Dois tipos de progresso

Santo Agostinho, em uma famosa passagem do livro XXII de seu *City of God* (1950), nos dá descrições vívidas do sofrimento humano:

> Quem pode descrever, quem pode conceber, o número e a severidade das punições que afligem a raça humana? ... sofremos com roubos, cativeiros, correntes, prisão, exílio, tortura, mutilação, perda da visão, a violação da castidade para satisfazer a luxúria do opressor e muitos outros males terríveis. Quantos inúmeros acidentes vindos de fora ameaçam nossos corpos – extremos de calor e de frio, tempestades, enchentes, inundações, raios, trovões, granizo, terremotos, casas que tombam; ou causados pelos tropeções e sobressaltos ou vícios dos cavalos; pelos incontáveis venenos em frutas, na água, no ar, nos animais; pela dolorosa ou até letal mordida de animais selvagens; pela loucura que um cão raivoso transmite, de modo que mesmo o animal que entre todos os outros é o mais doce e amigo de seu próprio dono se transforma no objeto de um medo mais intenso que o que temos de um leão ou dragão, e o homem que por azar for infectado por esse contágio pestilento torna-se tão raivoso que seus pais, sua esposa e filhos o temem mais que a qualquer fera selvagem! Que desastres são sofridos por aqueles que viajam por terra e por mar! Que homem pode sair de sua própria casa sem ser exposto a todos os tipos de acidentes impre-

vistos? Voltando à casa sem nenhum dano, ele escorrega na entrada da casa, quebra a perna e nunca mais se recupera. O que pode ser mais seguro do que um homem sentado em sua cadeira? No entanto Eli, o padre, caiu da dele e quebrou o pescoço... Será que a inocência é proteção suficiente contra os vários ataques dos demônios? Mesmo que nenhum homem possa pensar isso, até as criancinhas batizadas, que certamente não são superadas em inocência, às vezes são tão atormentadas que Deus, que permite isso, nos ensina por essa razão a lamentar as calamidades desta vida e a desejar a felicidade da vida que virá... (1950, p.847 ss.)

E assim o texto continua por muitas linhas mais. Isso, diz Santo Agostinho, é o "castigo justo" pelo "primeiro pecado".

No entanto, Deus, sendo benevolente, também deu aos humanos dois dons preciosos – o dom da procriação e o da invenção. A invenção produziu avanços em todas as áreas:

> O gênio do homem não inventou e aplicou inúmeras artes surpreendentes, em parte como resultado da necessidade, em parte como resultado da invenção exuberante, de modo que o vigor da mente, que é tão ativa na descoberta não apenas do supérfluo, mas também das coisas perigosas e destrutivas, indicou uma riqueza inesgotável na natureza, que pode inventar, aprender ou empregar essas artes? Que maravilhosos – podemos dizer até surpreendentes – avanços a indústria humana fez na arte da tecelagem e da construção, da agricultura e da navegação! Com que infinita variedade são produzidos os desenhos na cerâmica, na pintura e na escultura e com que habilidade são executados! Que espetáculos maravilhosos são exibidos nos teatros, que aqueles que não os viram nem podem acreditar. Como são habilidosos os dispositivos para capturar, matar e domesticar feras selvagens! E para os ferimentos do homem também, quantos tipos de venenos, armas e máquinas de destruição foram inventados, enquanto que para a preservação e restauração da saúde os instrumentos e remédios são infinitos! Para despertar o apetite e satisfazer o paladar, que variedade de temperos foi inventada! Para expressar o pensamento e conseguir entrar nele, que abundância e variedade de sinais existe, dentre os quais a fala e a escrita ocupam o primeiro lugar! Que ornamentos têm a eloquência sob seu comando para encantar a mente! Que riqueza musical existe para cativar o ouvido! Quantos instrumentos musicais e tipos de harmonia foram arquitetados! Que habilidade foi alcançada em medidas e números! Com que sagacidade foram descobertos os movimentos e conexões das estrelas! Quem poderia apontar o pensamento que foi despendido na

natureza, embora, sem esperança de descrevê-lo em detalhe, tentou-se apenas dar uma visão geral dele? Em suma – mesmo a defesa de erros e mal-entendidos que ilustraram o gênio de hereges e filósofos não pode ser suficientemente declarada. (op.cit., p.852)

Em uma passagem igualmente famosa de seu *Vite degli artisti* [A vida dos artistas], Vasari observa que "é inerente à própria natureza das artes progredir passo a passo a partir de um início modesto e finalmente atingir o auge da perfeição" (p.85) e descreve as conquistas recentes desse progresso da seguinte maneira:

> O antigo estilo bizantino foi totalmente abandonado – o primeiro passo tendo sido dado por Cimabue e seguido por Giotto – e um novo estilo tomou seu lugar. Gosto de chamá-lo de estilo do próprio Giotto. Nesse estilo de pintura o contorno contínuo foi rejeitado, bem assim como olhos fixos, pés em ponta, mãos finas, ausência de sombras e outros absurdos bizantinos. Esses absurdos foram substituídos por cabeças graciosas e uma coloração delicada. Giotto colocava suas figuras em poses mais atraentes e começou a mostrar alguma animação nas cabeças e, ao pintar suas roupagens em pregas, fazia com que fossem mais realistas; suas inovações, até certo ponto, incluíram a arte de esboçar. Além disso, ele foi o primeiro a expressar as emoções, de modo que em seus quadros podemos discernir expressões de medo, ódio, raiva ou amor. A partir de um estilo que tinha sido rústico e berrante, ele desenvolveu um estilo delicado. (op. cit., p.83)

As duas passagens contêm duas ideias importantes, mas diferentes, de progresso.

Santo Agostinho descreve como os seres humanos enriqueceram as artes e as ciências ao desenvolverem novas técnicas, estilos, meios de estimular a mente e os sentidos e até erros e como a quantidade dessas técnicas, estilos e assim por diante está sendo constantemente aumentado. Essa *ideia quantitativa ou aditiva* de progresso é implícita sempre que uma arte ou ciência é elogiada por suas invenções, descobertas, avanços – pois se considera que as invenções, descobertas e avanços são eventos bem definidos e distintos cujo acúmulo faz avançar o conhecimento. A ideia quantitativa surgiu na antiguidade e é muito popular hoje em dia.

Vasari, contudo, nos dá uma *explicação qualitativa*. O progresso, como ele o entende, não só aumenta os números; ele também muda as propriedades das coisas (técnicas, ideias, obras de arte e assim por diante).

A ideia qualitativa também desempenhou um papel importante na história. Ela subjaz a história antiga de épocas diferentes com qualidades de vida diferentes (Hesíodo, *Works and Days* [Os trabalhos e os dias], 109 ss.), impulsionou as ciências, influenciou as artes e agora está sendo usada com sucesso pelas agências de publicidade ("Ração para cães Alpo – nova e melhorada!").

O papel das ideias qualitativas de progresso nas ciências é muitas vezes ocultado por uma preocupação com detalhes quantitativos. Mas os debates científicos sobre precisão e números (de fatos ou de previsões) sempre envolvem premissas qualitativas que podem ser mantidas apesar de dificuldades empíricas importantes. A disputa entre o atomismo e as teorias da forma, que continuou pelo século XX afora, é um exemplo importante. O atomismo com frequência entrava em conflito com os fatos e com teorias sensatas (com alto grau de confirmação). Ele sobreviveu porque a ideia de que processos físicos podem ser subdivididos em processos elementares que consistem no movimento das partículas da matéria era, nas mentes daqueles que afirmavam isso, mais forte que os fatos e medições que pareciam colocá-la em perigo. A visão copérnica, segundo o próprio Copérnico, não levou a um maior número de predições ou a predições melhores que as visões rivais,[1] e sim a uma explicação mais harmoniosa do sistema planetário. Newton, que se opunha às noções intelectualizadas de deus (como as de Descartes e Spinoza) e dava ênfase às relações pessoais entre Deus e Sua criação, postulou interações contínuas e ativas entre Deus e o universo material, enquanto Leibniz transformou Deus em um arquiteto mestre que, tendo desenhado e criado o mundo mais perfeito, tinha deixado que ele se desenvolvesse de acordo com leis imutáveis. A observação e o experimento desempenharam um papel pequeno nesse debate que atravessou as fronteiras entre a física, a

---

[1] Todas as visões sobre astronomia que estavam disponíveis quando Copérnico começou a escrever eram "consistentes com os dados", como ele próprio afirmou. *Commentariolus*, citado de Rosen, 1959, p.57.

teologia e a religião.[2] Einstein admitiu o sucesso empírico da teoria quântica, embora criticasse as concepções em que era baseada e a visão do mundo relacionada com elas. Ocasionalmente ele ia ainda mais longe, ridicularizando o interesse geral por uma "verificação de pequenos efeitos" e enfatizando a inerente sensatez de seu próprio ponto de vista.[3] Em todos esses casos (e, pelo que parece, em todos os principais intercâmbios científicos), as premissas qualitativas desempenham um papel decisivo, embora muitas vezes imperceptível.

2 Suas várias propriedades

À primeira vista, as duas ideias parecem ter propriedades diferentes e funcionar também de maneiras diferentes.

Em sua forma mais simples, a ideia quantitativa parece ser uma ideia *"absoluta" ou objetiva*: as diferenças de opinião referentes ao número de objetos de certo tipo não podem ser explicadas pelas diferenças de cultura ou de objetivo. Devemos admitir que algumas ou todas as partes estão erradas – existe apenas um número correto para cada conjunto de coisas. É essa crença que aparentemente levou Platão a preferir a quantificação às obras de arte: "E a medida, a numeração e o peso não provaram ser a ajuda mais excelente contra [erros e ilusões], de forma que aquilo que é aparentemente maior ou menor ou em maior quantidade ou mais pesado não prevalece, e sim o cálculo, a medida e o peso?" (*Rep.* 602d4 ss.).

---

[2] Para a natureza geral do debate, cf. Westfall, 1973. As ideias religiosas de Newton são descritas em Manuel, 1974. As objeções de Leibniz estão em Alexander, 1956.

[3] Cf. sua reação às medições de Freundlich em sua carta para Max Born: "Freundlich [cujas observações pareciam colidir com a teoria geral da relatividade] não me emociona minimamente. Mesmo se o reflexo da luz, o periélio e o desvio para o vermelho gravitacional ou *lineshift* (os três testes de relatividade geral conhecidos naquela época) fossem desconhecidos, as equações da gravitação ainda seriam convincentes, porque elas evitam o sistema inercial – o fantasma que afeta tudo, mas não é, ele próprio, afetado. É realmente estranho que os seres humanos sejam normalmente surdos aos argumentos mais fortes, embora estejam sempre inclinados a superestimar a precisão das medidas" (Einstein, 1971, p.192).

A mesma crença está por trás do interesse científico moderno pela quantificação. Mas os números são obtidos pela contagem. Esta presume que entidades complexas que contêm muitas partes (cães, produções de ópera, romances, observações) são consideradas unidades e pessoas diferentes (culturas diferentes) constroem unidades de maneiras diferentes. Quantas constelações existem no céu? Isso depende de que números são usados para unir uma coleção de estrelas em uma única forma e como os elementos daquela forma são conectados com o todo. Quantas estrelas (constelações globulares) existem em nossa galáxia? Isso depende do âmbito espectral no qual você examina a questão: o que parece ser duas estrelas diferentes em um âmbito pode se transformar em um único glóbulo em outro.

Não faz sentido dizer: "Mas deve haver um número definido e temos de encontrá-lo!", pois a questão é "Um número definido de quê?" – e esse "quê" muda com a definição, a maneira de examinar, as premissas teóricas e assim por diante. Ocasionalmente, até o número de unidades bem circunscritas depende de nossa abordagem. Quantas pessoas estavam em Cafernaum após a chegada de Cristo? Isso depende de sua visão de Cristo. Se você acha que ele era um ser humano, obterá um número. Mas obterá um número diferente se você presumir, como os docetistas faziam, que ele era uma mera aparência, um corpo fantasma; e talvez ainda outro número se você o considerar divino, sem nenhum ingrediente humano. O número de partículas elementares em uma região de um determinado tempo-espaço depende da natureza das interações utilizadas para encontrá-las. E assim por diante. Só uma confusão persistente de números abstratos (que parecem claramente separáveis uns dos outros) e números de objetos (que dependem das circunstâncias qualitativas do tipo que acabamos de descrever) poderia nos ter feito crer que avaliações numéricas são mais "objetivas" que avaliações de qualidade, estrutura e valor.

As noções qualitativas de progresso, no entanto, são *noções relativas*: as propriedades que são elogiadas por alguns juízes podem ser rejeitadas por outros. Se todas as tradições desaparecerem e apenas uma restar, então as avaliações dessa única tradição serão as únicas existentes – mas elas ainda serão relativas, exatamente como o termo "maior" permanece sendo uma relação em um mundo com um único corpo nele. A seguir, ilustrarei essa característica do progresso qualitativo com exemplos do mundo das artes.

3 O progresso nas artes

Vasari elogia uma postura natural, cores delicadas e a miscelânea de perspectivas que encontra em Giotto. Esses são sinais de progresso – mas somente para uma pessoa que, conscientemente ou por hábito, adotou a visão de que um quadro deve repetir as *características físicas visíveis* do objeto representado ou, usando uma linguagem mais técnica já existente no século XV, que ele deve reproduzir as impressões óticas de um observador bem colocado. Por exemplo, eles são sinais de progresso para Leon Battista Alberti, que escreve em seu ensaio sobre pintura:

> A função do pintor é a seguinte: descrever com linhas e tingir com cores sobre seja qual for o painel que lhe for dado planos semelhantes observados de qualquer corpo para que, a uma certa distância e em uma certa posição em relação ao centro, eles pareçam em relevo, pareçam ter massa e sejam naturais. (Spencer, 1956, p.89)

Em outra passagem, Alberti torna o aspecto geométrico ainda mais óbvio: "o quadro é um corte transversal da pirâmide", que vai dos olhos até os contornos do objeto pintado (op.cit., p.52).

No entanto, os elementos descritos por Alberti e elogiados por Vasari – a perspectiva, a postura natural, cores delicadas, caráter, emoções – são *obstáculos* e *não* vantagens para o artista que quer que um retrato ou uma estátua transmitam poder absoluto ou eminência espiritual: o que é permanente e independente das circunstâncias não pode ser captado por aquilo que é transitório e relativo a "uma certa distância e a uma certa posição do centro". "Posturas naturais", tais como estar deitado, de pé, caminhando e olhando à sua volta, são situações particulares e transitórias; "cores delicadas" surgem quando os pigmentos são imersos em uma luz especial e vistos em uma atmosfera especial; as emoções vêm e vão e a perspectiva, finalmente, não nos dá um objeto, e sim como esse objeto parece a um indivíduo talvez bastante insignificante: qualquer desocupado poder fazer um imperador ficar do tamanho de uma formiga olhando-o de longe. Os artistas interessados em poder, permanência e objetividade têm estado cientes dessas dificuldades e desenvolveram métodos especiais que já não obedecem aos princípios de um realismo ótico extremo.

A história da arte egípcia é um exemplo histórico excelente: aqui, um estilo naturalista inicial e bastante sofisticado foi substituído por um formalismo rígido que permaneceu imutável por séculos (Platão, *Laws* [Leis] 256d f, fez comentários favoráveis sobre a estabilidade obtida). Mas as técnicas naturalistas não foram esquecidas. Elas foram usadas para cenas da vida cotidiana e voltaram em todas as áreas durante o reinado de Amenófis IV (veja meu *Against Method*, capítulo 17). Isso significa que os desvios de uma "representação fiel da natureza" ocorreram na presença do conhecimento detalhado dos objetos representados e lado a lado com representações mais realistas. Podemos observar aqui, quase como em um laboratório, como os estilos e métodos de representação mudam de acordo com o objetivo para o qual as obras de arte são criadas.

Outro exemplo, que mostra que alguns procedimentos aparentemente "primitivos" podem ser propositais e não resultados da ignorância ou da falta de talento, é a história da arte cristã primitiva. As pinturas nas catacumbas parecem ter sido guiadas por dois objetivos: *decorar e contar uma história*. Os elementos constitutivos das histórias eram quadros – mas funcionavam mais como a pictografia da escrita antiga chinesa do que como fotos instantâneas de criminosos na delegacia de polícia. Expressões individuais, perspectiva e cores delicadas estão ausentes não porque estamos em um "estágio primitivo", mas sim porque seria absurdo exigir essas características de um *signo* que significasse "rosto", ou exigir que um signo significando "casa" fosse construído de acordo com as regras da perspectiva. (Da mesma forma, seria absurdo exigir expressões individuais dos desenhos de uma figura humana destinados a explicar as conexões neurais entre a retina e o cérebro.) Até retratos de indivíduos (santos, bispos, imperadores), tais como estátuas ou quadros (em painéis ou moedas) inscritos com nomes próprios, muitas vezes apresentavam expressões convencionais porque o objetivo era

> transmitir a ideia de que a pessoa representada é o verdadeiro *basileus*, cônsul, dignitário ou bispo, mostrando no retrato que ele possui todas as características essenciais: tem traços nobres e sérios e um semblante majestoso, faz o gesto correto, segura em sua mão a insígnia ou veste a roupa apropriada para sua posição social. Somos tentados a dizer, quando, por exemplo, vemos uma imagem de São Teodoro como soldado, que é uma imagem de

um soldado bizantino que parece outros retratos de soldados bizantinos. Mas o que deveríamos dizer é que é uma imagem de São Teodoro definida iconograficamente como um soldado bizantino. (Grabar, 1968, p.65 ss.)

Os problemas que um realismo ótico gera para uma atitude desse tipo são explicitados muito claramente em um texto grego conhecido como os Atos Apócrifos de João e atribuído pelos filólogos ao segundo século d.C. e à Ásia Menor. O texto nos conta como Licomedes, um discípulo de João, convidou secretamente um pintor para ir à casa de João e pediu-lhe que pintasse um retrato desse último. João descobriu o retrato, mas, nunca tendo visto seu próprio rosto, não se reconheceu e pensou que era um ídolo. Licomedes trouxe um espelho e João, comparando o espelho e a pintura, disse:

> Assim como vive o Senhor Jesus Cristo, esse retrato parece comigo, no entanto, meu filho, não parece comigo e sim apenas com minha imagem carnal. Pois se esse pintor que aqui imitou meu rosto quiser desenhá-lo em um retrato estará perdido [precisando de mais que] as cores que você agora vê e a tela... e a posição de minha forma e velhice e juventude e todas as coisas que são vistas com o olhar.
> Mas você, Licomedes, deve tornar-se um bom pintor para mim. Você tem as cores que ele lhe dá através de mim, ele que ele próprio nos pinta a todos, mesmo Jesus, que sabe as formas e as aparências e as posturas e tipos de nossas almas. Mas o que foi feito aqui é infantil e imperfeito: *você desenhou uma semelhança perfeita de um morto.* (Grabar, ibid., p.66 s.; grifo meu)

Em outras palavras: o realismo ótico deixa a vida e a alma de fora.

O diagnóstico de Pseudo João recebe apoio da psicologia da percepção, que mostra que a informação transmitida por uma representação naturalista de um objeto é prejudicada por redundâncias que interferem na tentativa de captar sua estrutura.

> Ryan e Schwarz (1956, p.60 ss.) compararam quatro formas de representação: (a) fotografias; (b) desenhos sombreados; (c) desenhos de linha; e (d) caricaturas dos mesmos objetos. Os quadros foram apresentados em exposições breves e o participante tinha de especificar a posição relativa de alguma parte do quadro, por exemplo, as posições dos dedos de uma mão.

As exposições foram aumentando, a partir de um ponto em que eram muito rápidas até o ponto em que eram suficientes para que fossem obtidas avaliações mais precisas. A conclusão foi que as caricaturas foram percebidas de maneira correta nas exposições mais curtas; os desenhos de linhas exigiam exposições mais longas; e os outros dois eram mais ou menos iguais, e ficaram entre os dois extremos. (citado de Hochberg, 1972, p.74 s.)

Podemos inferir que os detalhes de uma representação naturalista de um rosto atrasam da mesma forma o reconhecimento do "caráter", da "alma" ou da "essência" do indivíduo retratado, e aquele caráter ou essência podem se apresentar de uma maneira não apenas ocultada, mas talvez que nem chegue a ser tocada, pelo realismo ótico. A última parte da inferência é sustentada por outras descobertas sobre a natureza e o desenvolvimento da percepção. "A psicologia Gestalt", escreve Ehrenzweig (1967, p.13),

> predisse que ao abrir seus... olhos para o mundo [a] atenção [de pessoas que antes eram cegas] seria imediatamente atraída por formas exibindo... padrões básicos [tais como esferas e círculos, cubos e quadrados, pirâmides e triângulos]. Que oportunidade única de observar o princípio de *gestalt* funcionando automaticamente organizando o campo visual em uma figura precisa vista contra um pano de fundo indistinto! Nenhuma dessas predições ocorreu! As histórias de casos coletadas por Von Senden (1960) mostram as dificuldades incríveis encontradas pelos pacientes quando eles foram subitamente confrontados com as complexidades do mundo visual. Muitos deles... vacilaram em seu objetivo e não puderam reunir os esforços necessários para organizar o caos alvoroçado de manchas coloridas. Alguns deles sentiram um alívio profundo quando a cegueira os dominou uma vez mais e permitiu que eles mergulhassem outra vez em seu mundo familiar do tato.
> Não mostraram nem grande facilidade nem tendência para captar formas geométricas básicas. A fim de distinguir, digamos, um triângulo de um quadrado, tinham de "contar" os cantos um por um, como tinham feito através do tato quando ainda eram cegos. Com frequência fracassavam totalmente. Certamente não tinham qualquer consciência fácil e imediata de um *gestalt* simples e autoevidente como os teóricos do *gestalt* tinham predito. A simplicidade do padrão desempenhava apenas um papel muito pequeno em seu aprendizado. Os psicanalistas não se surpreenderão ao ouvir que um interesse libidinoso na realidade em vez de na forma abstrata era o

maior incentivo e o guia mais eficiente. Uma menina que gostava muito de animais identificou seu cachorro adorado antes de qualquer outra coisa. Um caso recente mostrou que o rosto do médico foi a primeira mancha sem forma captada daquele borrão geral do campo visual.

Assim, o realismo ótico está pelo menos duas vezes distante da realidade de uma pessoa: ele está sobrecarregado de detalhes e depende das formas projetadas de um objeto, e não do impacto emocional. Artistas primitivos, pintores modernos, tais como Picasso ou Kokoschka, o autor dos atos apócrifos de João e os muitos artistas desconhecidos do período cristão inicial pareciam entender essa situação muito melhor do que os críticos do realismo. (Esses últimos, todavia, podem ter sido influenciados pela alienação que cada vez mais permeia nossas vidas.)

O fato de que os elementos descritos por Alberti e elogiados por Vasari – perspectiva, posturas naturais, cores delicadas e assim por diante – possam ser obstáculos, e não realizações, fica muito claro quando consideramos a função das *cores*. As cores claras criticadas por Vasari – o ultramarinho dos céus, o esplendor dourado das auréolas, os vermelhos e verdes brilhantes das vestimentas – desempenharam um papel importante na arte medieval; sendo intencionalmente antinaturalistas, eles davam à luz do quadro uma essência extramundana, como um historiador moderno da coloração descreve a questão (Schöne, 1954, p.21). O abade Suger de São Denis descreveu essa função "anagógica" ou de "elevação" do luxo antinaturalista enquanto contemplava as pedras preciosas no altar principal de sua igreja (*Liber de Administratione*, XXXIII, citado de Panofsky, 1979, p.63 ss.):

> Quando – em virtude de meu deleite na beleza da casa de Deus – o encanto das muitas pedras coloridas atraiu e me afastou dos cuidados externos, e uma meditação valiosa me induziu a refletir, transferindo aquilo que é material para aquilo que é imaterial, sobre a diversidade das virtudes sagradas: então me pareceu que me vi habitando, por assim dizer, alguma estranha região do universo que nem existe inteiramente no lodo da terra nem inteiramente na pureza do céu; e que, pela graça de Deus, posso ser transportado deste mundo inferior para aquele mundo elevado de uma maneira anagógica.

Concluo que a história das artes nos presenteia com uma variedade de técnicas e meios de representação empregados por uma variedade de motivos e adaptado a uma variedade de propósitos. A tentativa de diagnosticar o progresso através de todas as razões e objetivos seria tão tola quanto uma tentativa de interpretar os diagramas da anatomia de Gray e um crucifixo em uma estrada rural como estágios de uma linha única e ascendente de desenvolvimento. Alguns pintores na época de Vasari, e o próprio Vasari em particular, realmente perceberam a diferença de abordagem. Sem ter uma perspectiva histórica, eles não perceberam a mudança de propósito relacionada com ela; presumiram que os novos objetivos que eles próprios perseguiam tinham sempre sido os objetivos da pintura: com isso, interpretaram cada passo na direção desses objetivos como progresso e cada passo que se afastava deles como decadência – um erro simples que está na base de muito do desconforto que se sente com relação às ideias relativistas. (Uma manifestação ótica interessante desse erro é o desenvolvimento da auréola: primeiro ela rodeia as cabeças santificadas em um esplendor dourado, depois lentamente vai se tornando elíptica, até que finalmente se transforma em um verdadeiro anel de Saturno; existe também uma representação "materialista", em que as costas circulares de uma cadeira simbolizam a santidade da pessoa que está sentada nela.)

4 A Filosofia

À primeira vista, a situação da Filosofia parece diferir consideravelmente da situação das artes. A Filosofia é o domínio do pensamento e este parece ser objetivo e independente de estilos, impressões e sentimentos. Ora, para começar, isso já é, por si só, uma teoria filosófica. Há outras visões, tais como a de Kierkegaard, que afirma que o pensamento recebe seu conteúdo por estar conectado com um pensador e, portanto, é essencialmente subjetivo e incapaz de produzir "resultados" – isto é, indicações claras, permanentes e imutáveis para uma avaliação das opiniões efêmeras da humanidade. "Embora o pensamento objetivo", escreve Kierkegaard, traduza tudo em resultados e ajude toda a humanidade a trapacear, copiando esses resultados e recitando-os maquinalmente, o pensamento subjetivo coloca tudo em processo e omite os resultados; parcialmente porque isso pertence àquele que tem o jeito e parcialmente porque, como um indivíduo existente, ele está constantemente em um processo de vir a ser, o que é verdadeiro para todo ser humano que não se permitiu ser enganado para se tornar objetivo, desumanamente se identificando com uma filosofia especulativa no abstrato. (Kierkegaard, Swenson e Lowrie, 1941, p.68 – a referência é a Hegel mas poderia bem ser às filosofias pautadas pela ciência de nossos dias)

Segundo Kierkegaard, temos uma escolha: podemos começar a pensar objetivamente, produzir resultados, mas deixar de existir como seres humanos responsáveis, ou podemos fugir dos resultados e continuar "constantemente no processo de vir a ser": formas diferentes de vida têm filosofias diferentes. Bohr (1972, p.500 ss.), que estudou as ideias de Kierkegaard detalhadamente, era contrário ao congelamento de fatos e pontos de vista, mesmo os precisos e bem confirmados:

> Ele nunca tentaria esboçar qualquer quadro terminado, mas repassaria pacientemente todas as fases do desenvolvimento de um problema, começando a partir de algum paradoxo aparente e levando gradativamente à sua elucidação. Com efeito, ele só considerava os resultados obtidos em qualquer outra luz como pontos de partida para uma nova exploração. Ao especular sobre as perspectivas de alguma linha de investigação, ele rejeitava as considerações normais de simplicidade, elegância e até coerência... (Rosenfeld, 1967, p.117)

Os escritos de Bohr, por esse motivo, estão fortemente temperados com material histórico e a melhor maneira de caracterizá-los é como resumos preliminares, inspecionando o passado, fazendo um relato do estado existente do conhecimento e dando sugestões para pesquisa futura.

Segundo, mudanças importantes no pensamento abstrato são mudanças qualitativas e essas, sejam do pensamento ou de obras de arte, são inerentemente relativas. De fato, podemos interpretar a filosofia como uma arte, como pintura, música ou escultura – a diferença sendo que, enquanto a escultura trabalha com pedra ou metal, a pintura atua com cores e luz e a música lida com sons, a filosofia trabalha com pensamentos, verga-

-os, conecta-os, corta-os em pedaços e constrói castelos de areia fantásticos com esse material etéreo. Meus primeiros esboços (no capítulo 1, seção 6 e capítulo 3, seção 4) sobre o desenvolvimento (no Ocidente) do pensamento pré-filosófico até a filosofia mostram que essa interpretação é realmente muito plausível: a transição da visão do mundo homérica para os pré-socráticos e especialmente para a filosofia do Uno de Parmênides, embora ajudada por desenvolvimentos sociais em grande escala, leva a uma situação em que nós, uma vez mais, temos uma escolha: podemos aceitar a nova monotonia e adaptar nossas vidas a ela, ou podemos considerá-la "vizinha da loucura" (Aristóteles, *De Gen. et Corr.*, 325a18 s.) e continuar confiando no senso comum. As ciências retóricas seguiram o primeiro caminho. A história, inclusive a história natural, as artes e as humanidades, esforçaram-se muito para escolher o segundo. Uma vez mais, não faz sentido colocar todas as filosofias em uma única linha progressiva.

5 A situação nas ciências

As artes e a filosofia tentaram, e alguns artistas e filósofos ainda estão tentando, superar o relativismo. Não tiveram sucesso e nem poderiam em virtude da natureza do caso: as preferências qualitativas não têm qualquer ordem inerente. As ciências teóricas tentam estabelecer esse tipo de ordem submetendo avaliações qualitativas às leis do progresso quantitativo; ideias que levam a um maior número de predições bem-sucedidas são "objetivamente" ideias melhores.[4] Suponha que a tentativa tenha sucesso. Então as ciências seriam caracterizadas como aquelas artes que, não usando cores nem metais, sons ou pedras, mas sim ideias, não só estão *falando* sobre o progresso, mas o estão *gerando*, e de uma maneira que deve ser reconhecida por todos. Concluo meus comentários sobre o progresso com uma crítica desta ideia em quatro pontos.

---

[4] Essa é uma caracterização, em linhas gerais, de uma ideia que levou a amplos debates técnicos. As objeções a seguir não dependem dos detalhes desses debates.

Para começar, a combinação de quantidade e qualidade que supostamente caracteriza as ciências é em si mesma uma ideia qualitativa e, portanto, não absoluta. Se tenho um amigo, então vou querer saber muitas coisas sobre ele, mas minha curiosidade será limitada pelo meu respeito por sua privacidade. Algumas culturas tratam a Natureza dessa mesma maneira respeitosa e amigável. Toda sua existência é organizada de acordo e isso não é uma vida ruim, em termos materiais e espirituais. Realmente, nos perguntamos se as mudanças resultantes de procedimentos mais intrusivos não são, pelo menos em parte, responsáveis pelos problemas ecológicos e pelo sentimento geral de alienação que estamos enfrentando atualmente. Mas isso significa que a transição da não ciência para a ciência (para expressar um desenvolvimento sumamente complexo em termos de uma alternativa simples) é progressivo apenas quando julgado a partir de uma forma de vida específica. (Devemos notar também que as ciências verdadeiras, como praticadas pelos cientistas, têm pouco a ver com o monstro monolítico "ciência" que serve de base à afirmação de progressividade.)

Segundo, as condições que garantem um aumento das predições muitas vezes levam a problemas qualitativos que provocam questões sérias sobre a realidade do aumento. A ciência moderna rejeita qualidades, mas depende delas em suas afirmações observacionais: toda afirmação desse tipo sofre com o problema mente-corpo. Isso não afeta os cientistas que consideram as teorias meros dispositivos de cálculo; mas é uma dificuldade para os realistas científicos. Alguns pensadores, Berkeley, Hume e Mach entre eles, levaram o problema a sério. A maioria dos cientistas ou não está ciente dele ou o joga de lado como um quebra-cabeças filosófico insignificante. Isso mostra que eles limitam o campo do conhecimento natural e só definem importância e desimportância com respeito àquilo que acontece dentro desses limites ou relativo a ele. Aristóteles não estava satisfeito com essas manobras simplistas.

Terceiro, a transição de uma teoria para outra ocasionalmente (mas nem sempre) envolve uma mudança de todos os fatos, de forma que já não é possível comparar os fatos de uma teoria com os da outra. A transição da mecânica clássica para a teoria especial da relatividade é um exemplo disso. A última não acrescenta novos fatos não clássicos aos fatos da física clássica e assim aumenta seu poder preditivo; ela é incapaz de expressar fatos clássicos (embora possa fornecer modelos relativistas aproximados para alguns deles). Devemos começar do princípio outra vez, por assim dizer. Disciplinas inteiras (tais como a teoria clássica da cinemática e a dinâmica de objetos sólidos) desaparecem como resultado da transição (continuam como dispositivos de cálculo). O Professor Kuhn e eu usamos o termo "incomensurabilidade" para caracterizar essa situação. Indo da mecânica clássica para a relatividade, não contamos fatos antigos e acrescentamos fatos novos a eles: começamos a contar desde o princípio e, portanto, não podemos falar de *progresso* quantitativo.

Quarto e último, os elementos qualitativos das ciências, ou, o que dá no mesmo, as ideias fundamentais de certo ramo do conhecimento, nunca são determinados somente pelos fatos daquele mesmo ramo. E com isso não quero apenas dizer que, dado qualquer conjunto de fatos, sempre existe uma variedade de teorias que concordam com aquele conjunto: ao contrário, o que quero dizer é que mesmo a rival rejeitada de uma teoria que é extremamente confirmada e "cientificamente sólida" (seja lá o que isso signifique no momento do julgamento) pode sobrevir à teoria bem-sucedida: a pesquisa pode retirar evidência dela e transferi-la para a rival desacreditada, e ao mesmo tempo usar a evidência que faz com que a rival desacreditada deprecie o ponto de vista bem-sucedido. Assim, a queda livre de corpos pesados por muito tempo deu suporte à ideia de que a Terra era imóvel. A experiência ensina que o movimento precisa de uma força que o desencadeie e pare completamente quando a força deixar de atuar. Ora, se eu soltar uma pedra do alto de uma torre, e se a Terra se movimenta, então ela já não segue a Terra que se movimenta, ela fica para trás e deveria descrever uma trajetória inclinada. A pedra, no entanto, cai reta até o chão – e, portanto, a Terra está imóvel. Galileu substituiu a lei aristotélica de movimento – todos os movimentos precisam de uma força que os desencadeie, ou não haverá movimento – pela sua própria lei altamente especulativa e foi obrigado a transferir a evidência a favor de Aristóteles para sua própria visão. Mas isso ele não conseguiu fazer – a teoria da fricção e da resistência do ar e toda a disciplina de aerodinâmica não existiam à época. Mas ele começou um processo durante o qual os argumentos a favor de uma Terra que não se movia foram gradativamente perdendo força e transferidos para o ponto de vista de Copérnico. Desenvolvimentos semelhantes acompanharam a reemergência da teoria ondulatória da luz durante o século XIX e a sobrevivência da teoria atômica durante todo o período antiatomista do século XIX. Com efeito, podemos dizer que a batalha entre pontos de vista qualitativos alternativos, sendo redefinida sempre que novas ideias e instrumentos de combate (procedimentos experimentais, técnicas matemáticas) entram em cena, nunca chega realmente a um fim e nunca é possível demonstrar que o apoio a um dos lados da batalha está "objetivamente mal-orientado".

No entanto, ele pode ser retirado por outras razões, tais como falta de paciência, falta de recursos, uma firme convicção de que o caminho escolhido é o correto ou uma preferência pela linha de menor resistência.[5] Essa escolha, embora não arbitrária, não tem nenhum apoio "objetivo", isto é, independe de opiniões. Ainda assim, ela pode afetar muitas pessoas. Muitos aspectos das sociedades ocidentais são resultado de escolhas "subjetivas" desse tipo. Em uma democracia, as escolhas subjetivas com implicações importantes estão nas mãos dos cidadãos. É claro, os cidadãos nem sempre estão mais bem informados que os cientistas (embora muitos cidadãos, tendo uma visão mais ampla que a dos especialistas, sejam capazes de perceber as áreas que não são cobertas por nenhuma especialidade) – mas nos casos que estamos discutindo agora eles tampouco estão menos bem informados. Eles podem não conhecer toda a evidência detalhada que dá sustentação a uma doutrina científica geralmente aceita e podem estar completamente inconscientes dos argu-

---

[5] "O grande sucesso do método cartesiano e da visão cartesiana da natureza é em parte resultado de um caminho histórico de menor resistência. Aqueles problemas que cedem ao ataque são perseguidos mais com mais vigor precisamente porque o método funciona nesse caso. Outros problemas e outros fenômenos são deixados para trás, isolados do entendimento em virtude de um envolvimento com o cartesianismo. Os problemas mais difíceis não são abordados, simplesmente porque carreiras científicas brilhantes não são construídas com base em fracassos contínuos"; veja Levings e Lewontin, *The Dialectical Biologist*, p.2 ss. ("Cartesianismo" aqui é a mesma coisa que reducionismo.) Essa observação se aplica a muitos campos, entre eles o da teoria quântica.

mentos sofisticados baseados naquela evidência, mas o que se pede a eles não é que decidam sobre o caráter e a força dessa sustentação, e sim sobre as chances de um retorno de alternativas pouco populares – e sobre esse ponto os cientistas estão igualmente no escuro. Eles estão certos em supor que se continuarem a batalha da maneira de sempre, é provável que não percam, mas não podem dizer o que irá ocorrer quando as várias armas obtiverem o mesmo apoio financeiro de que eles próprios desfrutaram no passado. A chamada autoridade das ciências, no entanto, isto é, o uso de resultados de pesquisa como obstáculos para pesquisas futuras, depende de decisões cuja correção só pode ser averiguada por aquilo que as decisões eliminam – uma característica típica do pensamento totalitário. Outros materiais sobre esse ponto podem ser encontrados no capítulo 1, seção 2, texto para as notas de rodapé 16 e 17.

Comentários sobre uma discussão deste trabalho

Uma versão anterior deste trabalho foi lida (pelo Professor Günther Stent – eu não estava presente) no Simpósio do Nobel 58, realizado em Lidingoe, Suécia, de 15 a 19 de agosto de 1983. O título do Simpósio era "Progress in Science and Its Social Conditions" [Progresso na ciência e suas condições sociais]; *as atas contendo aquela versão foram publicadas pela Pergamon Press, em 1986. Uma breve discussão e um resumo final produziram uma variedade de pontos críticos. No trecho a seguir comento alguns deles.*

Sobre incomensurabilidade foi sugerido que "conceitos, tais como 'movimento', 'velocidade' e 'aceleração' [foram] aprimorados de tal forma que os problemas levantados em estágios anteriores de desenvolvimento encontram uma resposta em estágios posteriores". Isso é verdade em alguns casos, mas falso em outros. Como mostro no capítulo 8, a noção "clássica" da continuidade propagada por Galileu e ainda aceita por Hermann Weyl não era um aprimoramento da noção aristotélica, e sim uma considerável simplificação dela. Também os aprimoramentos que realmente ocorreram estavam relacionados apenas com certos (não todos! – cf. meus comentários acima sobre continuidade) aspectos da locomoção. Outros tipos de movimento simplesmente desapareceram de vista.

Foi também indicado que existem muitas relações entre, digamos, as noções clássicas e as relativistas. Isso é verdade, mas as relações são de um tipo puramente formal. O que é importante para mim é que, ao aceitar os postulados básicos da relatividade, devemos admitir que as noções clássicas deixam de ser aplicáveis (deuses e moléculas têm certas características formais em comum – ambos podem ser contados – mas isso não significa que deuses podem ser reduzidos aos princípios de um materialismo mecânico ou subordinados a eles). "Há certa continuidade" – sim, se não examinamos de muito perto e especialmente se ficamos satisfeitos com relações formais. Os cientistas, que são pessoas práticas, não examinam de muito perto. Mas o mito do progresso foi introduzido por filósofos; *eles* insistem na precisão, *eles* devem admitir que o desenvolvimento das ciências contém muitas descontinuidades.

Indicou-se que noções qualitativas não são, *elas mesmas*, relativas e deu-se o exemplo de um cubo de gelo que derrete (processo qualitativo) quando colocado em uma sauna. Correto – mas eu falei das noções qualitativas de *progresso*, e essas, contendo avaliações, são sempre relativas.

Houve alguns comentários críticos sobre a sugestão, que fiz em umas poucas linhas quase no final do trabalho, de que a ciência deve ser submetida ao controle democrático. "Feyerabend nada disse sobre como esses conselhos devem ser compostos e escolhidos" foi uma das objeções. É verdade. Esse foi um aparte em um trabalho dedicado a outros assuntos. Se eu entrasse em detalhes, diria que não cabe a *mim* descrever a estrutura e a função dos conselhos, e sim àqueles que os introduzirem o os utilizarem: as medidas democráticas são *ad hoc*, são introduzidas para um objetivo específico e servem pessoas específicas; portanto, sua estrutura não pode nem deve ser determinada por teóricos distantes (veja seções 5 e 6 do capítulo 12). O cansado fantasma de Lysenko também foi invocado para proteger a ciência do controle público. Mas o caso Lysenko não ocorreu em uma democracia, e sim em um estado totalitário no qual grupos especiais (cientistas e políticos conservadores), e não o povo como um todo, decidiram sobre questões científicas. Giordano Bruno também não foi queimado por conselhos democráticos, e sim por especialistas. Além disso, Lysenko levantou alguns pontos úteis em oposição às parciais previsões genéticas de sua época.

É verdade, houve uma resistência violenta contra o impressionismo, o expressionismo, o cubismo e assim por diante. E o que há de errado nisso? A resistência não faz mal, contanto que não seja institucionalizada, e aqui, uma vez mais, a resistência institucionalizada não era a de conselhos democráticos, e sim de antigas escolas acadêmicas. É claro, uma supervisão democrática da ciência pode eliminar coisas que são amadas por alguns cientistas, mas observe que, na atual situação, os cientistas podem eliminar coisas que são amadas pelos não cientistas. Simplesmente não é possível ter todos os desejos satisfeitos. Nessas circunstâncias, parece sensato considerar as opiniões de todas as pessoas afetadas por um programa, uma ideia ou um ponto de vista específicos, e não apenas aquelas pertencentes a uma pequena elite. E, é claro, especialistas não serão excluídos. Eles terão ampla oportunidade de apresentar suas sugestões e de explicar por que tanto dinheiro é necessário para que elas sejam realizadas. Quanto à questão de se eu próprio iria sobreviver nessas circunstâncias – bem, isso teremos de esperar para ver!

Um comentário final sobre "progresso". "Parece-me bastante óbvio", diz um crítico, "que sabemos mais sobre o mundo do que as pessoas sabiam nos dias de Parmênides e Aristóteles." Ora, isso parece bastante simpático e plausível – mas quem é esse "nós" a que o crítico se refere? Ele está falando de si próprio? Então a afirmação é, obviamente, bastante falsa – não há nenhuma dúvida de que Aristóteles, em muitos tópicos, sabia mais do que ele. Em certos tópicos, ele sabia até mais que os estudiosos mais avançados de nossos dias (por exemplo, ele sabia mais sobre Ésquilo do que qualquer acadêmico clássico moderno). Esse "nós" são os "leigos cultos"? Uma vez mais a afirmação é falsa. São todos os cientistas modernos? Há muitas coisas que Aristóteles sabia e que cientistas modernos não sabem e, pela natureza de seus negócios, não poderiam saber de jeito algum. O mesmo seria verdadeiro se substituirmos Aristóteles por indígenas, pigmeus ou qualquer tribo "primitiva" que tenha conseguido sobreviver às pestes, à colonização e ao desenvolvimento. Há muitas coisas desconhecidas por "nós", intelectuais ocidentais, que são conhecidas por outras pessoas. (O contrário, é claro, também é verdade – há muitas coisas desconhecidas por outras pessoas, mas conhecidas por nós. A pergunta é: onde está o equilíbrio?)

Pode ser verdade que a soma total dos fatos que hoje estão enterrados em publicações científicas, manuais, cartas e discos rígidos em muito excede a soma total do conhecimento que vem de outras tradições. Mas o que conta não é o número, mas a utilidade e a acessibilidade. Quanto desse conhecimento é útil e para quem? Em uma carta publicada no número de janeiro de 1987 do *Notices of the American Mathematical Society*, James York escreve que um estudo feito por Eugene Garfield sobre os mil cientistas mais citados "mostrou um número *zero* de matemáticos" (reportagem de Kolata, 1987, p.159). Matemáticos não citam uns aos outros com muita frequência e não cientistas quase nunca dão atenção a eles. A quantidade de material é uma razão disso e outra é o jargão especializado. As pesquisas não são lidas por todos os autores que as assinam e são lidas com pouca atenção por outros, como é demonstrado pelo fato de erros triviais sobreviverem por anos e muitas vezes só serem descobertos por acidente. A maior parte do "conhecimento" que anda por aí é tão desconhecido quanto os *quarks* o eram na virada do século. Ele está lá, mas não está e não pode ser consultado e "nós" certamente não o conhecemos. Portanto, examinando o assunto um tanto mais detalhadamente e com maior especificidade do que é sugerido pela vaga expressão "nós" usada pelo crítico, encontramos muitos problemas, mas nenhuma resposta óbvia. Assim, é necessário ir além de *slogans* vazios e começar a *pensar*.

6

Banalizando o conhecimento: comentários sobre as excursões de Karl Popper pela filosofia

Os três livros que irei comentar – *Realism and the Aim of Science* [Realismo e o objetivo da ciência], que será abreviado para R; *Quantum Theory and the Schism in Physics* [Teoria quântica e o cisma na Física], que será abreviado para Q – esses dois livros são parte (v.1 e 3) do *Postscript* de Popper (para o *The Logic of Scientific Discovery* [A lógica da descoberta científica]) – e *Auf der Suche nach einer besseren Welt* [Em busca de um mundo melhor], 1984, que será abreviado para S – são coleções de ensaios de tamanho variado, escritos entre o começo da década de 1950 e final da década de 1980. Alguns desses ensaios foram publicados anteriormente e republicados com ligeiras modificações; outros são novos. Novamente, Popper explica sua filosofia e tenta superar "a atmosfera antirracionalista geral que se tornou uma ameaça importante em nossa época" (Q, p.156). Irei me concentrar em três temas – o racionalismo crítico, a falsificação e o realismo e, por fim, a teoria quântica – e concluirei meus comentários com um breve relato da história recente (durante os últimos cem anos) da filosofia da ciência e do papel do racionalismo em geral.

1 O racionalismo crítico

O racionalismo crítico, o "verdadeiro contrapino do pensamento [de Popper]" (R, xxxv) é uma tradição cujas origens ele próprio situou nos pré-socráticos e especialmente em Xenófanes. É uma tradição racional que "quer entender o mundo e aprender argumentando com outros" (R, p.6). É pluralista, pois os argumentos colocam os pontos de vista uns contra os outros em vez de compará-los com uma fonte estabelecida de conhecimento. Ela prefere a democracia que, segundo Popper, é uma forma de sociedade "que pode ser modificada por palavras e, de vez em quando, embora raramente, até por um argumento racional" (S, p.130). E, finalmente, ela considera as conquistas científicas os eventos mais importantes da história da humanidade (S, p.208 sobre Newton; Q, p.158 sobre Einstein). "Opto pela Civilização Ocidental, pela ciência e pela democracia", escreveu Popper em um ensaio lido na ocasião do vigésimo quinto aniversário do tratado austríaco de independência (S, p.130).

Para ele, a transição de sociedades "fechadas", que se baseiam em instituições, costumes e crenças relativamente estáveis, para sociedades "abertas", que examinam cada aspecto do mundo, é um passo na direção correta. Enriquecendo a existência através da discussão de seus ingredientes, as sociedades que dão esse passo "podem ter sucesso, por [seus] próprios esforços críticos para tentar romper um ou outro dos muros de [suas] prisões" (R, p.16) – podem ter sucesso na remoção de fronteiras tradicionais do pensamento e da ação.

Mas as tradições que contêm essas fronteiras dão significado às vidas que elas restringem. O movimento na direção da sociedade aberta não é, portanto, sem dificuldades. Há ganhos e perdas. O próprio Popper pintou um quadro vívido das perdas que ocorreram na Grécia antiga. No capítulo final do volume 1 de seu *Open Society* [Sociedade aberta] (1963), ele fala do "ônus da civilização", da "sensação de estar à deriva" daqueles que entram nela e descreve a incerteza e a falta de sentido causada pelo movimento gradativo na direção de uma "sociedade abstrata", que reduz contatos pessoais e aumenta a distância entre o homem e a natureza. No entanto, mostra pouca simpatia por aqueles que, percebendo as dificuldades, tentaram mitigá-las – tais tentativas, afirma ele, são sintomas de imaturidade: o ônus é o preço que temos de pagar para nos tornarmos humanos. E acrescenta que as pessoas e as sociedades que não estão dispostas a pagar o preço podem ser obrigadas a abandonar hábitos tribais, assim como os gregos antigos foram forçados "por alguma forma de imperialismo".

Essas não são apenas disputas acadêmicas ou reflexões históricas. Mudanças semelhantes às descritas por Popper estão ocorrendo bem diante de nossos olhos. Estou, é claro, falando sobre a constante expansão da civilização ocidental em todas as áreas do mundo; e estou falando particularmente sobre a parte mais recente dessa expansão, que foi chamada, um tanto eufemisticamente, de "ajuda desenvolvimentista". A expansão foi, e ainda é, cruelmente imperialista – no entanto, muitos dos países por trás dela são governados atualmente de uma maneira mais ou menos democrática. Isso significa que, para esses países, pelo menos a extensão e a qualidade da "ajuda" estão em princípio sujeitas a um voto democrático: *nós mesmos* somos chamados para decidir se e como devemos interferir com a vida de estranhos. O que nossos governos estão oferecendo são os frutos da ciência e da civilização e os meios de aumentá-los. Segundo Popper, isso é "o melhor" (S, p.129) que a humanidade já produziu. Deveríamos deixar que os recipientes escolhessem, e talvez rejeitassem, os presentes em virtude das coisas das quais teriam de desistir se os aceitassem, ou, seguindo Popper, devemos considerar a rejeição um sinal de imaturidade e impor nossa própria vontade amadurecida da velha e familiar maneira, por "alguma forma de imperialismo"?

Em um ensaio publicado em 1981, Popper escreveu: "Com relação a qualquer valor a ser percebido por uma sociedade, existem outros valores que colidirão com ele" (S, p.129). Uma vez mais, diz-se que todas as mudanças, inclusive aquela na direção de um racionalismo crítico, são acompanhadas por ganhos e também por perdas; no entanto, ganhos e perdas são hoje descritos de uma maneira mais "objetiva". Diz-se que correspondem a "valores". Mas, se existem elementos positivos nos dois lados, então afirmações como "para mim nossa Civilização Ocidental é a melhor" (S, p.129) são opiniões subjetivas sobre seu peso relativo e visões contrárias não podem ser dispensadas como sinais de imaturidade.

Podemos ir ainda mais longe. "Em qualquer parte do mundo", escreve Popper,

> os humanos criaram mundos culturais novos e muitas vezes extremamente diferentes: os mundos do mito, da poesia, da arte, da música; os mundos dos meios de produção, das ferramentas, da tecnologia, da economia; os mundos da moral, do direito, da proteção e auxílio para as crianças, para enfermos, para as pessoas frágeis e outros que precisam de ajuda. (S, p.128 ss.)

Segundo o autor, esses mundos resultam de inúmeros experimentos e erros que se estendem, às vezes, por milhares de anos. São formas de conhecimento que passaram por muitos testes e são corroboradas em alto grau (S, p.17 ss.). O mesmo se aplica às "teorias [que] estão incorporadas a nossa linguagem; e não só em seu vocabulário, mas também na estrutura gramatical" (R, p.15) – a todas as cosmologias tribais, que Benjamin Lee Whorf explorou com grande habilidade (R, p.17). Popper também afirma que é "sensato" ou "racional" valer-se, "para todos os objetivos práticos", daquilo que foi rigidamente testado e que sobreviveu aos testes (R, p.62, ênfase no original, o exemplo sendo a ciência ocidental). Deduz-se então que é "sensato ou racional" não apenas *aceitar* as visões implícitas nas culturas diferentes da nossa – esse foi o argumento do último parágrafo – mas também *valer-se* delas "para todos os objetivos práticos" (ou seja, para o tratamento de problemas que surgem em seu meio), e não dos "sonhos... com que se comprazem" (Q, p.177) os filósofos (e "desenvolvimentistas" distantes) e das "ousadas hipóteses" ainda não testadas que eles estão produzindo com tanta despreocupação. Os antigos críticos gregos da especulação pré-socrática diziam a mesma coisa.

Assim, Heródoto e Sófocles escreveram sobre os deuses gregos antropomórficos como se Xenófanes (que os criticava de um ponto de vista anistórico) nunca tivesse existido, e Heródoto também argumentava pelo poder que tinham; os sofistas, que eram os mais avançados pensadores políticos de seu tempo, continuavam a lidar com a moral da maneira solta e semiempírica que conheciam através da poesia, especialmente de Homero, enquanto Platão, o teórico por excelência, nunca pôde viver completamente sem as ideias e costumes mais antigos e "primitivos" (cf.

suas mudanças frequentes do argumento para o mito e de novo para o argumento). A reação dos ofícios, ou *technai*, como eram então chamados, é especialmente interessante. Heródoto, "o pai da história" (Cícero) e um dos primeiros geógrafos, ridicularizou Hecateus, que tinha tentado incorporar informações geográficas ao esboço "ousado" que Anaximandro tinha feito do mundo. Ele escreveu (*Histories* iv, 36):

> Tenho de rir quando vejo como as pessoas hoje desenham mapas e dão explicações sem razão; elas desenham um oceano fluindo ao redor da Terra e a própria Terra a fazem redonda como um círculo formado em uma roda de oleiro, e a Ásia a fazem tão grande quanto a Europa.

A natureza, disse Heródoto, é um pouco mais complexa do que isso. Vimos (capítulo 1, seção 6) que o autor de *Ancient Medicine* faz uma comparação igualmente irônica entre as sugestões dos pré-socráticos e a prática médica de sua época. Uma quantidade enorme de conhecimento empírico útil estava contida em reduções teóricas e era defendida contra elas pelas artes e ofícios restantes (cf. outra vez o capítulo 1, seção 6). Assim, não era só o "positivismo" que "se opunha à especulação" (Q, p.172), mas uma tradição extremamente mais substancial que preparou o terreno do qual puderam crescer os sonhos dos filósofos e os sonhos posteriores de uma ciência teórica (agora estou falando apenas sobre os filósofos ocidentais e especialmente sobre os antigos gregos. A especulação chinesa, pelo que parece, sempre ficou próxima da prática dos ofícios). A tradição não evitou entidades não observáveis (seu mundo não é um "mundo sem enigmas" – R, p.103); no entanto, ela respeitou as distinções familiares e os fatos bem conhecidos, e seus "intelectuais" se opunham à presunção de que tais fatos não importavam muito, eram meras "aparências subjetivas" quando comparados à "realidade mais profunda" supostamente revelada pelos teóricos. A tradição era "empírica" e seus sucessores modernos ainda continuam sendo "empíricos" precisamente nesse sentido, e não no sentido de estarem atados a uma "fonte" especial. A tradição é conservadora, pois prefere instituições e informações que passaram no teste do tempo até os "sonhos com que se comprazem" os filósofos de poltrona (cf. Q, p.177 – sonhos não são rejeitados, mas também não são considerados o centro da civilização). Ela usa indução, isto é, deixa a prática guiar o pensamento, em vez de opor o pensamento à prática. E é racional: usa argumentos contra sua alternativa ligeira. Alguns dos argumentos antigos foram citados acima; o apelo do Professor Von Hayek por um livre mercado e contra as intervenções governamentais e o seu protesto relacionado contra a interrupção das instituições sociais estabelecidas continuam até o presente. Ainda mais interessante é a ideia de Mach (1933, p.25 ss.) de que especulações e "princípios" de alto alcance e de um alto grau de abstração introduzidos por cientistas com um forte "instinto" são bem-sucedidos porque estão firmemente engastados na realidade empírica que tentam explicar: o "instinto" é resultado de inúmeras (principalmente inconscientes) tentativas e erros; ele é corroborado em um alto grau ("ele nos diz o que não pode ocorrer", diz Mach). Resultados experimentais e regularidades empíricas têm um apoio muito menor; portanto, podem ser corrigidas "de cima", com a ajuda de princípios (podemos corrigi-las enquanto as explicamos, diz Popper, R, p.144).

A ideia (que desempenha um papel importante nos escritos de Popper) de que todas as formas de conhecimento são resultado de tentativa e erro pode, portanto, acomodar (pelo menos) duas tradições diferentes, que chamarei respectivamente de tradições teóricas e tradições históricas. No Ocidente, as tradições teóricas estiveram intimamente relacionadas com a ascensão da filosofia e das ciências teóricas, tais como a matemática, a astronomia e a física básica, enquanto as tradições históricas continham as artes (no sentido antigo de *technai*) e outras formas de conhecimento prático. Popper não critica as últimas; ele critica o "positivismo", uma filosofia escolar de nenhuma importância. Isso ocorre em virtude de sua tendência a reduzir antagonismos históricos a alternativas simplórias. Popper também aconselha os pesquisadores a usarem "hipóteses ousadas", isto é, hipóteses que não só vão além de fatos aceitos, mas que também vão contra eles. Popper claramente prefere as tradições teóricas e, em seu *Poverty of Historicism* [Pobreza do historicismo], argumenta que só elas contam. Examinemos essa suposição!

Tradições históricas (que contêm as humanidades, as artes – tanto no sentido antigo quanto no moderno – bem como as chamadas

"Geisteswissenschaften" [ciências humanas]) produzem um conhecimento restrito, explicitamente ou pelo uso, a certas regiões e depende das condições que caracterizam essas regiões: elas produzem *conhecimento regional* ou, com respeito às condições, *conhecimento relativo* (daquilo que é bom ou mau, verdadeiro ou falso, bonito ou feio etc.) A história de Dario de Heródoto (*Histories* iii, 38), que Popper cita aprovando-a como evidência para a atitude crítica dos primeiros pensadores gregos (S, p.134), argumenta exatamente isso: os *costumes* mudam de uma sociedade para outra, eles são "relativos" às sociedades que os têm – mas isso não faz com que eles não tenham sentido, nem reduz sua força como Popper sugere (S, p.216 s.). Pelo contrário, "só um louco zombaria deles" (Heródoto, mesma passagem, não citada por Popper). Cambises, que invadiu templos, queimou imagens sagradas, violou túmulos antigos, examinou os cadáveres que tinham sido enterrados neles e zombava dos costumes com os quais não era familiar, não era, segundo Heródoto, um pensador iluminado, "era completamente louco". Protágoras (cf. o grande discurso do personagem "Protágoras" no diálogo homônimo de Platão, 322d4f e 325b6 ss.), Platão (*Theaetetus* 172a, relatando a doutrina de Protágoras de que "o que é bom e mau, justo e injusto, piedoso ou ímpio é aquilo que o Estado acha que é, e então declara que é lei") e, muito mais tarde, Montaigne e seus seguidores no Iluminismo disseram o mesmo.

A antiga literatura geográfica, médica e etnográfica aplicava esse ponto de vista não só aos costumes, mas também ao mundo como um todo: países diferentes têm formas e climas diferentes, plantas e animais mudam de uma região para outra, há diferentes raças com ideias diferentes sobre o mundo que habitam e diferentes meios de tornar essas ideias plausíveis. O universo inteiro consiste de regiões e domínios, cada um deles caracterizado por um "clima" especial e leis especiais. A objeção de Poseidon contra as pretensões universalistas de Zeus (*Il.* 15, 184 ss.) fez essa proposição no imaginário da epopeia, enquanto Aristóteles substituiu as *regiões físicas* (que eram os antepassados dos elementos) por *disciplinas teóricas* (poesia, biologia, matemática, cosmologia) com conceitos, leis e condições próprias. Combinando o fato (já conhecido de Homero: *Od.* 18, 136) que a perspicácia humana é mudada pelas circunstâncias (físicas e sociais) com a percepção (presente em Heródoto) de que até os costumes e crenças mais estranhos são partes essenciais das vidas daqueles que os têm, e os ajudam de várias maneiras, chegamos à ideia de *que todas as opiniões, embora relativas ou regionais, merecem consideração*. Portanto, Heródoto dá o mesmo peso às conquistas dos gregos e dos bárbaros. No começo de sua obra histórica, ele escreve: "Isso é o que Heródoto de Halicarnasso descobriu para que as coisas feitas pelos humanos não desapareçam e as obras grandes e surpreendentes, sejam elas produzidas por gregos ou por bárbaros, não deixem de ser divulgadas".

Mais tarde, chauvinistas gregos (Plutarco, por exemplo) não tinham nenhuma simpatia por uma perspectiva assim tão ampla.

As *tradições teóricas*, no entanto, tentam criar informações que já não dependem de condições especiais, nem são "relativas a ela" e que, portanto, são "objetivas", para usar um termo moderno. A informação regional, nessas tradições, ou é desconsiderada, ou é deixada de lado, ou é subordinada a pontos de vista abrangentes e, assim, tem sua natureza modificada. Hoje, muitos intelectuais já consideram o conhecimento teórico ou "objetivo" o único conhecimento que vale a pena considerar. O próprio Popper encoraja essa crença em virtude de sua difamação do relativismo (S, p.216).

Ora, esse conceito teria substância se cientistas e filósofos em busca de conhecimento universal e objetivo, além de uma moralidade universal e objetiva, tivessem conseguido encontrar a primeira e persuadido – e não forçado – as culturas dissidentes a adotar a última. Mas isso não ocorreu. Como argumentei no capítulo 1, seção 5, e outra vez no capítulo 2, o regionalismo de fenômenos nunca foi vencido, nem pela ciência nem pela filosofia. O que temos são sucessos modestos em domínios restritos e promessas grandiloquentes disfarçadas de resultados já obtidos. É verdade que Popper se opõe às atitudes redutivas: ele afirmou que "o realismo... deve ser pelo menos tentativamente pluralista" (1972, p.294; cf. p.252). Segundo ele, existem

> ... muitos tipos de coisas reais... alimentos ... ou objetos mais resistentes ... como pedras, árvores e humanos. Mas há muitos tipos de realidade que são bastante diferentes, tais como nossa decodificação subjetiva de nossas experiências com alimentos, pedras, árvores e corpos humanos... Exemplos de outros tipos nesse universo multifário são: uma dor de dente, uma

palavra, uma linguagem, uma sinalização viária, um romance, uma decisão governamental; uma prova válida ou inválida; talvez energias, campos de força... estruturas... (p.37)

Mas as entidades que acabamos de mencionar só podem ser partes do mesmo mundo real se as teorias que as constituem (a maioria das entidades "modernas", tais como elétrons, *quarks*, sinais de luz, regiões do tempo/espaço são "entidades teóricas" e também teóricas são as entidades de cosmologias tribais a que já nos referimos) forem facilmente unidas – e isso não ocorre. A dificuldade não é formal (embora também existam esses tipos de dificuldades), mas sim conectada com o fato ("incomensurabilidade") de que algumas das ideias a serem unidas, quando usadas, negam as condições de uso para as afirmações das outras (veja o capítulo 17 de meu *Against Method*, esp. p.269 ss., bem como p.15 do v.1 de meu *Philosophical Papers*), isto é, ela está uma vez mais conectada com seu caráter "relativo" ou "regional". A mecânica quântica, a teoria que domina a "região mediana" do universo, *contém até mesmo* a ideia de conhecimento relativo (complementaridade). Tudo isso não incomoda os cientistas praticantes: eles não têm qualquer remorso de combinar pedacinhos de várias teorias de uma forma que causaria um infarto nos puristas. Para eles, a ciência não é uma tradição teórica expressa em "sistema[s] dedutivo[s]" (Q, p.194), como Popper presume, mas é uma tradição histórica no sentido que acabamos de especificar – o que me traz para o próximo tema.

2 Falsificação e realismo

O racionalismo crítico leva a uma subdivisão das formas de vida ou culturas em formas que tendem a examinar todos os aspectos de sua existência e outras que deixam certos aspectos intocados. Nas primeiras, Popper desenvolveu uma teoria mais específica sobre a diferença entre conjecturas científicas e não científicas e a natureza da mudança científica. A teoria foi apresentada no livro *Logic of Scientific Discovery*. Em R, p.xix ss., Popper a reafirma e a defende contra seus críticos. Ele garante que "a intenção não era que a teoria fosse uma teoria histórica, nem uma teoria que fosse sustentada por fatos históricos ou de outro tipo" (R, p.xxxi; cf. p.xxv), mas acrescenta: "no entanto, duvido que exista qualquer teoria da ciência que possa lançar tanta luz sobre a história da ciência quanto a teoria de refutações seguida por uma reconstrução revolucionária e ainda assim conservadora". Examinarei agora essa afirmação, começando com o critério de demarcação de Popper – a falsificabilidade.

Segundo Popper, "as divisões do aprendizado são fictícias e extremamente enganosas" (R, p.159); não pode, portanto, haver "qualquer demarcação acentuada entre a ciência e a metafísica; e o significado da demarcação, se existe algum, não deve ser superestimado" (p.161). Por exemplo, "até pseudociências podem ser significativas" (p.189, linha do título). Mas existem duas razões – uma teórica e uma prática – pelas quais não é inteiramente frívolo falar sobre demarcação.

A razão teórica refere-se a problemas da "lógica da ciência" (p.161), isto é, de um domínio do conhecimento *sobre* as ciências e não *das* ciências. Aqui pode ser admitido (embora alguns supostos "indutivos" protestem) que o critério de falsificabilidade de Popper é pelo menos logicamente possível, enquanto os critérios "indutivos" (no sentido de Popper) não o são: dada uma teoria e uma classe de afirmações, é realmente "uma questão de pura lógica" (p.xxi) decidir se a teoria é falsificável com relação à classe, *desde que* que tanto a teoria quanto as afirmações sejam formuladas na linguagem de um sistema lógico específico (com premissas implícitas explicadas detalhadamente) e tenham recebido uma interpretação bem definida. As teorias científicas e as afirmações experimentais como são usadas pelos cientistas não estão de acordo com essa condição. Elas nunca são completamente formalizadas nem plenamente interpretadas, e a classe de afirmações básicas nunca é simplesmente "dada". Ora, podemos tratar teorias como se elas realmente estivessem de acordo com a condição – e, nesse caso, a falsificabilidade que é demonstrada não é das teorias científicas verdadeiras relativas a relatos experimentais verdadeiros, e sim de caricaturas com respeito a outras caricaturas. Todavia, podemos usar teorias científicas como são usadas por cientistas, e nesse caso o conteúdo, tanto da teoria quanto do experimento, está muitas vezes *constituído pelas* refutações realizadas e aceitas pela comunidade científica, e não sendo *a base sobre a qual* a falsificabilidade pode ser decidida e as refutações levadas a cabo; retiramos uma teoria em virtude de certas dificuldades e, desse modo, decidimos que tipo de teoria queremos que ela seja. Popper tende na direção da primeira alternativa, as caricaturas, o que significa que ele "pode... ser legitimamente tratado como um falsificador ingênuo" – para usar as palavras de Kuhn (cf. R., p.xxxiv).

"O problema de demarcação [entre a ciência e a não ciência]", continua Popper, não tem apenas um lado teórico, "é também de uma importância prática considerável" (R, p.162); ele nos fornece meios para redirecionar a pesquisa: dada uma visão influente com muitos seguidores e muitos sucessos a ela creditados, pode ser produtivo convidar os seguidores a procurarem exemplos falsificadores (p.163 ss.). Mas pode ser igualmente produtivo dar ênfase a uma teoria ameaçada pelas dificuldades e claramente "científica" (ou seja, falsificável). A maior parte dos argumentos a favor da teoria atômica era desse tipo, e foi seu peso coletivo que manteve a teoria viva; o mesmo se aplica à teoria gravitacional de Newton desde sua própria época até Laplace (o problema da perturbação e especialmente o problema da grande desigualdade de Júpiter e Saturno). Dar ênfase à falsificabilidade, portanto, é apenas *um* lance útil entre muitos no jogo da ciência (isso vai além do "anarquismo" de R, p.5 ss., que é restrito à *invenção* e à *verdade* das teorias).

A seguir, vem a falsificação. Como antes, Popper ressalta a "incerteza de toda a falsificação empírica", acrescenta que essa incerteza "não deve ser levada muito a sério... há algumas falsificações importantes que são tão 'definitivas' quanto admite a falibilidade humana" (R, p.xxiii) e chama de "lenda" a afirmação de que "a falsificação não desempenha qualquer papel na história da ciência. Na verdade", diz ele (p.xxv), "ela desempenha um papel primordial."

Não é fácil avaliar essa última afirmação. "Primordial" pode ter um significado quantitativo (o número de falsificações é muito maior que o de outros eventos), qualitativo (nenhum desenvolvimento importante sem falsificação) ou ambos (a maior parte dos desenvolvimentos importantes ocorre por falsificações). Argumentarei contra Popper com base na última interpretação (argumentos paralelos podem ser encontrados para os outros dois casos). E meu argumento é que, para estabelecer a natureza primordial da falsificação nesse sentido, seria necessário um conhecimento da *porcentagem* de mudanças teóricas revolucionárias que foram geradas por refutações entre todas as mudanças teóricas revolucionárias, bem como das decisões que definem quais mudanças são teóricas e revolucionárias e quais não são. Nenhuma informação existe com relação ao primeiro ponto e há uma enorme margem de segurança no segundo: para alguns historiadores de astronomia, Copérnico foi um revolucionário, enquanto para outros, tais como Derek de Solla Price, ele foi um conservador; para alguns cientistas a teoria especial da relatividade de Einstein foi e ainda é "a teoria da relatividade de Poincaré e Lorentz com alguma amplificação", como escreveu Whittaker, enquanto para outros ela foi e ainda é um novo e ousado ponto de vista. No entanto, apesar de todas essas dificuldades, acho que é possível lançar dúvidas sobre a afirmação de Popper.

Para começar, há muitos casos em que conflitos importantes entre teoria e fato são reconhecidos e deixados de lado como uma interferência irritante com o processo de pesquisa que então produz descobertas importantes. Um exemplo é o destino da regra de Kepler e de Descartes de que um objeto visto através de uma lente é percebido no ponto de interseção dos raios que vão da lente em direção aos olhos. A regra conectava a ótica teórica com a visão e lhe deu uma base empírica. Ela diz que um objeto situado no foco será visto infinitamente distante. "Mas, ao contrário", escreveu Barrow, o professor e precursor de Newton na Universidade de Cambridge,

> a experiência nos garante que [um ponto próximo ao foco] aparece a várias distâncias, de acordo com as diferentes situações da vista... E ele quase nunca parece mais distante do que pareceria se fosse observado a olho nu; mas, ao contrário, às vezes aparece muito mais próximo... Tudo que parece repugnante aos nossos princípios. Mas nem isso, nem qualquer outra dificuldade terá uma influência tão grande sobre mim a ponto de me fazer renunciar àquilo que sei ser obviamente agradável à razão.

E assim a situação continuou até o século XIX. O único pensador que se incomodou com o conflito (e foi estimulado por ele a desenvolver sua própria filosofia) foi Berkeley – veja seu *Essay towards a New Theory of*

Vision [Ensaio para uma nova teoria da visão]. A atitude é muito comum e evitou a modificação prematura de pontos de vista úteis. (Referências e outros exemplos são encontrados em meu livro *Against Method*, cap.5).

Examinemos agora o argumento do próprio Popper. Ele oferece uma lista de refutações decisivas (R, p.xxvi). Mas o que precisamos não é de uma indução enumerativa, e sim de uma estimativa de porcentagens (veja acima) e uma estimativa assim não é encontrada em parte alguma de sua obra. A própria lista conta uma história interessante que tem muito pouco a ver com o que Popper extrai dela.

Nem todos os itens da lista são exemplos de refutação. Assim, Galileu (item 2) rejeitou explicações especiais que Aristóteles deu para tipos especiais de movimento – por exemplo, ele refutou a teoria de antiperístase; no entanto, ele não refutou, *e sim aceitou*, a teoria geral de Aristóteles (aceitou o ímpeto). Deixou o ímpeto de lado quando introduziu aquilo que hoje é conhecido como a relatividade de Galileu (que, aliás, ele nunca formulou clara e coerentemente). A teoria geral de Aristóteles nunca foi *refutada*: ela *desapareceu* da astronomia e da física, mas continuou a ajudar a pesquisa na eletricidade, na biologia e, mais tarde, na epidemiologia. Torricelli (item 3) não refutou "a natureza abomina um vácuo" – nenhuma investigação experimental poderia ter feito isso (como é possível mostrar, por experimentos, que não há nada no espaço que você está olhando? O espaço pelo menos contém luz, como Leibniz comentou em seu debate, via Clarke, com Newton). O *Experimenta Nova* de Guericke mostra muito claramente as dificuldades da questão. Guericke promete "silenciar as conversas sem sentido deixando que os fatos falem como testemunhas"; ele descobre que nenhum espaço pode estar completamente vazio de matéria; ele atribui isso ao "eflúvio" emitido por todos os objetos e supõe que esse "eflúvio" ficará perto da Terra e, portanto, deve haver vácuo em algum lugar no espaço interestelar. Um argumento simpático (que, incidentalmente, presume aquilo que deve ser demonstrado, isso é, que a matéria consiste de átomos com nada entre eles) – mas será que isso é uma refutação? Newton viu o problema e usou a teoria planetária como um argumento contra um espaço cheio. Isso nos dá um limite mais baixo para a densidade, mas não o vácuo, a menos que interpretemos a baixa densidade como ocupação de apenas uma pequena parte do espaço, ou seja, a menos que, uma vez mais, presumamos o vácuo *a priori*.

Uma segunda dificuldade com a lista de Popper é que os casos que parecem se enquadrar no modelo de refutação seguida de reconstrução são muitas vezes eventos complexos, com a refutação sendo apenas um ingrediente insignificante, quase trivial, e certamente, não "primordial". O atomismo (item 1) é um exemplo excelente. Segundo Popper, "Leucipo toma a *existência de movimento* como uma refutação parcial da teoria de Parmênides de que o mundo é cheio e imóvel" (p.xxvi). Isso não pode, de forma alguma, ser a história completa! Ele sugere que Parmênides, estando muito envolvido em especulação, não notou o movimento e que Leucipo descobriu o que Parmênides não tinha notado e usou para refutá-lo. Mas Parmênides, é claro, sabia muito bem que havia movimento – na segunda parte de seu poema, ele chega a dar uma explicação dele – mas o considerava irreal. Ao distinguir claramente entre a verdade e a realidade, de um lado, e "o hábito, baseado na experiência múltipla", de outro, ele expulsou o movimento da primeira. Com isso, antecipou uma característica proeminente das ciências: elas também restringem o que é real a um domínio especial e desconsideram eventos "subjetivos", tais como sentimentos e percepções.

Ora, a decisão sobre o que deve ser considerado real é uma das mais importantes que um indivíduo ou um grupo pode tomar – ela afeta as vidas privadas e públicas de todos. Portanto, o desejo de manter certa forma dessas vidas pode favorecer algumas decisões em detrimento de outras. Em Aristóteles, esse elemento social ou "político" das "decisões epistemológicas" sobre a realidade e a aparência fica muito claro. Argumentando de uma forma reminiscente do autor de *Ancient Medicine*, ele escreve sobre a realidade de um Bem universal (*Nicomachean Ethics*, 1096b32 ss.):

> Presumindo que existe um Bem que é uno e pode ser predicado de tudo ou que existe separadamente e em si e para si mesmo, é claro que esse Bem não pode nem ser percebido nem adquirido pelos humanos. Mas é esse tipo de bem [o que pode ser adquirido pelos humanos] que estamos procurando...

isto é, estamos procurando coisas que desempenhem um papel em nossas vidas. E a pergunta é: *devemos adequar nossas vidas às invenções de especialistas ou devemos adaptar essas invenções às necessidades de nossas vidas?* Parmênides (e Xenófanes, cujo ser divino, longe de suplantar o antropomorfismo, é um superintelectual monstruoso e faminto por poder) escolheu o primeiro caminho. Leucipo (Q, p.162) e Aristóteles escolheram o último, assim como Popper. Para ele, "o realismo está conectado com... a realidade da mente, da criatividade humana e do sofrimento humanos" (Q, p.xviii) e "qualquer argumento contra o realismo... deve ser silenciado pela memória da realidade dos eventos de Hiroshima e Nagasaki" (Q, p.2). Leucipo parece ter atuado de uma maneira um tanto intuitiva, enquanto Aristóteles explicitou os princípios da escolha (cf. também o livro 1 de seu *Physics* [*Física*] para uma crítica de Parmênides). Tendo sido feita a escolha, a "refutação" é uma reflexão posterior, e não um elemento "primordial" da transição de Parmênides até os atomistas. Isso é verdade com relação a muitos outros casos na lista de Popper.

Uma terceira dificuldade é que "normalmente demora muito para que uma falsificação seja aceita" (R, p.xxiv) e a aceitação ocorre *como resultado* de mudanças e convulsões teóricas, que, segundo Popper, são *causadas* pela falsificação. Popper tem uma ideia vaga da situação, pois escreve que as falsificações "normalmente não [são] aceitas até que a teoria falsificada seja substituída por uma proposta de uma teoria nova e melhor" (ibidem). O efeito fotoelétrico (item 12) é um exemplo excelente (material relevante pode ser encontrado na tese de Wheaton, 1971).

Segundo Popper, "O experimento de Philipp Lenard... era incompatível com aquilo que se deveria esperar da teoria de Maxwell" (R, p.xxix). Para quem? – "... como o próprio Lenard insistiu", escreve Popper. Errado! Para Lenard, as descobertas experimentais que ele tinha reunido já em 1902 (corrente de saturação independente da intensidade da luz; influência perceptível do "tipo de luz" – mas nenhuma relação quantitativa entre frequência e a energia do elétron lançado) não apresentavam a menor dificuldade. Ele as considerava um indicativo de processos complexos que estavam ocorrendo no interior da superfície de metal e acolheu com alegria o efeito fotoelétrico como um instrumento para examinar esses processos: "Esse resultado", escreveu ele, "sugere que, no processo de emissão, a luz desempenha apenas o papel de disparar os movimentos que devem existir permanentemente com plena velocidade no interior dos átomos do corpo" (1902, p.150). (A "teoria do gatilho" foi chamada de "teoria moderna" pelo menos até 1910.) O trabalho de Einstein de 1905 contém algumas especulações interessantes e uma predição precisa, mas nenhuma refutação. Ao calcular a entropia da radiação monocromática para a densidade de baixa radiação da "falsa" lei de Wien, ele descobriu que ela era semelhante à entropia de um gás que consistia de feixes de energia. Disso, deduziu uma equação sobre o efeito fotoelétrico que foi além daquilo que tinha até então sido descoberto por experimentos. Em 1914, Millikan interpretou que a equação acarretaria necessariamente três afirmações: (1) existe uma relação linear entre a energia máxima (potencial de parada) e frequência; (2) o valor da inclinação dessa linha é h/e para todos os metais; (3) o intercepto da linha dá a frequência limiar da emissão – e ele confirmou todas elas em uma amostra de sódio. Mas nem ele, nem Planck e nem mesmo Bohr estavam preparados para considerar as equações de Maxwell como tendo sido refutadas. Bohr, especialmente, perseverou com a teoria ondulatória clássica até o início da década de 1930 – e com bons motivos. Millikan expressa a atitude geral: "O experimento passou à frente da teoria, ou melhor, guiado pela teoria errônea, descobriu relacionamentos que parecem ser do maior interesse e importância, mas as razões para elas por enquanto não são compreendidas de maneira alguma" (1917, p.230). O próprio Einstein, na primeira Conferência Solvay de 1911 (1912, p.443), descreveu suas ideias como se segue: "Insisto no caráter provisório desse conceito, que não parece reconciliável com as consequências verificadas experimentalmente da teoria ondulatória" – a última não foi ameaçada pela quântica (ou pelo efeito fotoelétrico), e sim pela teoria ondulatória. O caráter de partícula da luz (e a natureza refutadora do efeito fotoelétrico) só foram aceitos depois de as discussões sobre a interpretação da teoria quântica terem chegado a um fim preliminar, o que significa que o efeito fotoelétrico passou a ser uma refutação *depois* que os processos que seu caráter falsificador supostamente iniciaram tinham percorrido seu curso. O mesmo é verdade no que se refere ao experimento de Michelson (item 9) da "refutação" das ideias antiatomistas do elétron de Thomson. Quase todos os exemplos de Popper, quando estudados por historiadores da ciência que utilizam os documentos e não "principalmente [sua] memória" (p.xxvi), passam de refutações proeminentes que levam a reconstruções teóricas importantes para processos em que as refutações desempenham um papel secundário um tanto desinteressante. Elas realmente ocorrem, mas não são o motor primordial da mudança científica. Uma vez mais, Popper, que acha que elas são, "pode... ser legitimamente tratado como um falsificador ingênuo".

Popper é um realista – "O realismo é a mensagem deste livro", escreve ele sobre Q (p.xviii). Ele extrai sua concepção de realidade das ciências (ocidentais) e do senso comum (ocidental). Ora, o realismo científico – a ideia de que existe um mundo independente de nós que podemos explorar de uma maneira crítica – contém um componente semelhante à distinção que Parmênides faz entre conhecimento verdadeiro e opinião baseada no hábito ou na experiência. Com essa distinção ou limite, a distinção estabelecida pelos realistas na ciência ocidental pode ser movimentada por decisões práticas (cf. a discussão acima sobre Parmênides). As visões contra o realismo que Popper ataca são baseadas em algumas versões um tanto acadêmicas de tais decisões: elas enfatizam a certeza e colocam o limite entre os dados sensoriais e o resto. Infelizmente, Popper vê a questão do realismo quase exclusivamente em termos dessa escola um tanto restrita. Como observado acima, ele reduz os problemas do conhecimento e da realidade à questão entre "positivismo" e "realismo" e distorce as ideias até que elas se encaixem nesse padrão. Seu tratamento a respeito de Mach é um desses exemplos.

Mach, segundo Popper, é um "positivista", o defensor de uma "forma de idealismo" (R, p.92) que "achava que só nossas sensações eram verdadeiras" (S, p.18; R, p.91) e rejeitou os átomos precisamente por essa razão (R, p.105). Ora, com relação aos átomos, Mach afirmou (A) que os átomos discutidos na teoria cinética de sua época eram, por princípio, intestáveis, (B) que coisas intestáveis por princípio não deveriam ser usadas na ciência, mas (C) que não havia nenhuma objeção a considerá-las "auxiliares *provisórios*" no caminho para um "ponto de vista mais natural" (referências para as citações em conexão com Mach são dadas no capítulo 7 a seguir, bem como nos capítulos 5 e 6 do volume 2 de meu *Philosophical Papers*).

(A) é uma premissa histórica. Foi aceita por Einstein, que tentou estabelecer o contato entre átomos e a observação que faltava à época. (B) e (C) são marcos da filosofia de Popper, que restringe a ciência àquilo que pode ser testado, mas encoraja a especulação a ir além. Assim, Mach não "rejeitou [os átomos] imediatamente" (R, p.191) – ele aceitou a ideia, percebeu seu caráter intestável e sugeriu que algo melhor fosse procurado. (Mach também censurou o absurdo do atomismo metafísico, que tentava "explicar sensações pelos movimentos dos átomos".) O caminho sugerido por Mach foi utilizado por Gibbs e Einstein (e já tinha sido utilizado por Hertz em sua explicação das equações de Maxwell). Nos seus trabalhos iniciais sobre fenômenos estatísticos, Einstein criticou a teoria cinética porque ela "não tinha sido capaz de fornecer uma base adequada para a teoria geral do calor" (1902, p.417); ele tentou liberar a discussão dos fenômenos do calor dos modelos mecânicos especiais e demonstrou que algumas propriedades muito gerais (equações diferenciais de primeiro grau para a variação temporal de variáveis de estado, que Mach tinha considerado um fato *empírico* importante; uma única integral do movimento; e um teorema análogo ao de Liouville) eram suficientes para obter os resultados desejados. A preferência de Einstein por "teorias de princípio" em vez de "teorias construtivas" (teorias conectadas com modelos mecânicos), que o orientaram no caminho para a teoria especial da relatividade, era totalmente característica de Mach.

Com relação ao "positivismo" de Mach, no entanto, a situação é simples: ele não existe. Os "elementos" são sensações – mas apenas em alguns contextos; "eles são simultaneamente objetos físicos, ou seja, na medida em que consideramos outras dependências funcionais". A conversa sobre sensações não é certa, baseia-se em uma "teoria parcial" que deve ser complementada por uma pesquisa fisiológica. Popper percebeu algumas das diferenças entre Mach e a mitologia de Mach – mas decidiu desconsiderá-las. Usando um procedimento que ele critica severamente em outros (cf. sua objeção a Kuhn em R, p.xxxiv), ele diz que Mach "pode ser tratado legitimamente" como um datista dos sentidos (R, p.91 formulado em analogia a R, p.xxxiv). Mas as diferenças são ainda maiores que as descritas até agora.

Mach é contra os meios de indução "claudicantes", "improvisados" e "inseguros". Ele não acha certo que as ciências naturais sejam chamadas de ciências indutivas. Insiste que os cientistas devem usar seus "instintos" para introduzir "princípios" de grande generalidade, para dar "passos intelectuais ousados" a fim de "alcançar uma visão mais ampla" e usar essa visão para agrupar e corrigir resultados específicos, inclusive os resultados de experimentos precisos (como isso se harmoniza com a afirmação de Popper de que "o positivismo de Berkeley até Mach sempre se opôs à... especulação", Q, p.172?). E, embora Einstein em alguns de seus escritos mais filosóficos tenha iniciado o processo do conhecimento a partir da "experiência sensorial imediata" e enfatizado o caráter "essencialmente fictício" das suposições de longo alcance (ele era um instrumentalista, na terminologia de Popper, apesar de ser inconsistente), Ernst Mach indicou que "não só a humanidade, mas o indivíduo também encontra... uma visão de mundo completa para cuja construção ele não deu nenhuma contribuição consciente – aqui todos devem começar" (compare isso com o que diz Popper: "nós nos movimentamos, desde o princípio, no campo da intersubjetividade", R, p.87). Mach não considerava as características gerais do mundo "ficções", e sim como "fatos", isto é, algo real. Aliás, podemos dizer que Mach – que era um historiador da ciência e que não "[dependia] principalmente de [sua] memória em virtude da pressão de trabalhos urgentes" (R, p.xxvi: que trabalho urgente? Trabalho da mesma qualidade que aquele que Popper está nos oferecendo agora?) – era um racionalista crítico muito melhor do que Popper jamais poderia aspirar a ser; Mach não se deteve em declarações dogmáticas e sem sentido sobre a realidade (cf. R, p.83 ss.): ele decidiu *examinar* a questão.

Comentários semelhantes se aplicam ao tratamento que Popper dá a Bellarmino. Por que é que este (em sua carta para Foscarini) sugere uma interpretação "instrumentalista" da visão de Copérnico? O motivo não foi um dogmatismo aristotélico nem uma adesão ingênua às passagens da Bíblia (como sugere Popper). Astrônomos jesuítas tinham confirmado e aprimorado as observações da Lua, de Vênus e das luas de Júpiter feitas por Galileu, e o sistema ptolomaico foi substituído pelo de Tycho para explicar os novos fenômenos. Em ocasiões anteriores, tinha sido permitido à física e à astronomia modificarem a interpretação das passagens da Bíblia (por exemplo, a Terra esférica era uma questão óbvia já no século XI).

São Bellarmino aceitava que bons argumentos pudessem da mesma maneira modificar as visões estabelecidas sobre o movimento da Terra. Mas, acrescentou ele, tais argumentos não existiam e a fé, que era uma parte importante da vida das pessoas comuns, não deve ser ameaçada por meras suposições. Bellarmino estava certo nos dois pontos. O primeiro ponto é aceito hoje por todos os estudantes sérios da questão (o ano era 1615). Quanto ao segundo ponto, quase ninguém lhe dá atenção hoje em dia, porque já se parte do princípio de que os delírios dos especialistas determinam as preocupações públicas, mas que nunca são determinados por elas. Mas o próprio Popper, há muito tempo, advertiu-nos de que os experimentos sociais deveriam ser feitos com cuidado e de uma maneira gradual. A mudança de crenças básicas relacionadas com costumes poderosos e instituições familiares ou a "abertura de mentes" é um experimento social. E é um experimento perigoso, pois abrir mentes com relação a umas coisas sempre significa fechá-las com relação a outras. Portanto, as ideias com pouca sustentação não devem ser introduzidas de uma forma agressiva; suas consequências devem ser investigadas e elas só devem ser fortalecidas quando essas consequências forem aceitáveis e argumentos melhores estiverem disponíveis. O argumento de São Bellarmino era exatamente esse – mas de nada lhe serviu.

Assim é que o realismo-positivismo alternativo e ingênuo transforma a história da ciência e da civilização de um intercâmbio pitoresco entre personagens fascinantes e complexos em um intercâmbio enfadonho entre "os filósofos vivos mais eminentes do mundo" (Martin Gardner na capa do *Postscript* de Popper) e uma coleção de interlocutores capazes (Mach: um "filósofo pioneiro da natureza", S, p.135; Bohr: "basicamente um realista", Q, p.9), bem-intencionados (Hume, Mill, Russell: "práticos e realistas em suas intenções", R, p.81; Heisenberg: "atitude compreensível", Q, p.9), maravilhosos (Bohr: "a pessoa mais maravilhosa que já conheci", Q, p.9), mas tristemente confusos, precisando urgentemente do Iluminismo popperiano. A banalização da história culmina na discussão de Popper sobre a teoria quântica, para a qual me volto agora.

3 Teoria quântica

Quase no fim de seu *Postscript*, Popper esboça uma cosmologia que contém *mudança* e é *não determinista*: "fato[s] cosmológico[s]" (Q, p.181) que "correspondem... intimamente à visão de mundo do senso comum" (p.159). Catálogos dando pesos a todos os estados possíveis com leis para seu desenvolvimento (p.187) e leis de conservação são invocados para apoiar essa visão. As leis de conservação orientam as partículas individuais de uma maneira determinista; elas permanecem válidas para interações, mas já não são "suficientes para o determinismo" (p.190): temos *campos* de propensões para o surgimento de *partículas*. O antigo dualismo, muitas vezes comentado por Einstein e Bohr, entre campos e partículas de igual realidade é transformado em um dualismo aristotélico em que campos de *potencialidades* são *realizados* como partículas. Para tornar o novo dualismo plausível, Popper usa a teoria de buracos do pósitron de Dirac: um pósitron não é um pedaço de matéria; é uma possibilidade de ocupação que pode se tornar real como um resultado de interações.

A teoria tem pontos de contato com a chamada teoria da matriz S, especialmente na interpretação que lhe foi dada por Chew. Ambas as teorias evitam reduzir sistemas complexos a unidades cada vez menores até que "se chegue às pedras finais da construção (*quarks*, glúons, seja lá o que for). Ambas são contra considerar as partículas individuais como "dadas" e tentam obter suas propriedades através das interações. Ambas aceitam uma "democracia nuclear" – nenhuma partícula é mais fundamental que qualquer outra. Os princípios formais da teoria da matriz S – invariância relativista, unitariedade (soma das probabilidades para todos os processos possíveis = 1) e analiticidade (que é relacionada como determinismo para pesos) – se encaixam bem no esquema de Popper, enquanto a "hipótese do cadarço de botas" de Chew – segundo a qual o campo básico (a matriz S no formalismo de Chew) determina de uma maneira única as propriedades de todas as partículas (de todos os hádrons no atual estágio de desenvolvimento) – podem desempenhar um papel em uma versão mais "científica" dele.

Além disso, as duas teorias dizem que o formalismo da mecânica quântica não pode permanecer imutável. Popper, no entanto, no resto de seu terceiro volume, insiste ter também uma interpretação da teoria existente; que essa interpretação é superior às ideias dos inventores da teoria; e que a diferença é resultado de "erros simples", "confusões" e "descuidos" por parte deles. Não satisfeito de ter encontrado uma cosmologia interessante, ele quer mostrar que não vale a pena considerar as outras visões. E, portanto, de um representante capaz da tradição aristotélica na metafísica (Q, p.165, 206), ele se transforma em um crítico de física mal informado, superficial e mal-humorado.

Considere, por exemplo, sua "tese do fim da estrada", a "crença" de que "a mecânica quântica é final e completa" (Q, p.5). Essa crença, diz Popper, prejudicou a pesquisa; ela criou, por exemplo, uma resistência às partículas além do próton e do elétron. Já os físicos lembram-se das coisas de maneira diferente. Silvan Schweber, em uma mesa-redonda sobre a história da física de partículas (publicada em Brown e Hoddeson, 1983, p.265), comentou sobre a "dicotomia" entre "a posição revolucionária dos teóricos de campo dos anos 30 comparada à posição conservadora da geração pós-Segunda Guerra Mundial" (Schweber menciona o refrão bem conhecido de Bohr: "isso não é louco o bastante") e, igualmente, entre essa atitude revolucionária e uma "falta de disposição para aceitar novas partículas". Dirac, na mesma conferência, deu um motivo para o segundo tipo de conservadorismo (op.cit., p.52): "havia apenas duas partículas, duas partículas básicas carregadas – elétrons e prótons. Havia apenas dois tipos de eletricidade, positiva e negativa, e precisávamos de uma partícula para cada tipo de eletricidade". Hanson, cujo livro sobre o pósitron Popper chama de "um livro excelente" (R, p.xxix) que deveria ser lido por todos (Q, p.12), diz a mesma coisa. Conclusão: a antiga física de partículas não foi inibida por um conservadorismo teórico quântico porque (a) não havia tal conservadorismo à época e (b) a aversão à proliferação de partículas tinha uma fonte teórica não quântica.

Popper faz da "tese do fim da estrada" uma doença especial da mecânica quântica e a relaciona com a afirmação de que a mecânica quântica é "completa" (Q, p.11). Mas os teóricos quânticos não eram as únicas pessoas a achar que tinham chegado a formulações finais: afirmações do fim da estrada são encontradas em todos os ramos do ensino, até na relatividade, mesmo em Einstein. O próprio Popper chama algumas falsificações de "tão 'definitivas' quanto a falibilidade humana geral o permite" (R, p.xxiii). E a "completude", como compreendida por Bohr e Von Neumann, significa a não existência de variáveis *nas* relações de incerteza e *não* a não existência de outras partículas que *obedeçam* as relações de incerteza. O nêutron e o pósitron não eram "(anteriormente) variáveis ocultas" (p.11) e nenhum físico jamais pensou que eram. Eu disse isso a Popper em 1962, durante uma conferência no Minnesota Centre for the Philosophy of Science. Sua reação foi embaçar a noção de completude e agora faz a mesma coisa. "O termo", diz ele, "foi usado em vários sentidos durante essa discussão" (p.7): por Popper, sim – mas por ninguém mais.

Ao discutir o sentido mais restrito, Popper continua da maneira habitual. Tendo elogiado sem muita convicção as maravilhosas qualidades pessoais de Bohr (Q, p.9), ele revela duas de suas próprias armas mais queridas: a descrição imprecisa e a calúnia. Sugere que o argumento de Einstein-Podolsky-Rosen foi rejeitado em virtude da "autoridade de Bohr, e não por seu contra-argumento" (Q, p.149). Mas Einstein, certamente uma pessoa que não se impressionaria com a autoridade, considerou a resposta de Bohr um argumento e acrescentou que "ele chegou o mais perto de fazer justiça ao problema" (volume Schilpp de Einstein, p.681).

Popper afirma que "a resposta a Einstein e a seus colaboradores consiste em uma mudança sorrateira da teoria que Einstein atacou, de um deslocamento de terreno" (p.150). O que ele quer dizer é que, se antes do argumento Einstein-Podolsky-Rosen (EPR) as incertezas tinham sido explicadas por uma interação, agora elas estavam sendo explicadas de uma maneira diferente. Mas a visão da interação era afirmada não por Bohr, e sim por Heisenberg, tendo Bohr feito comentários sobre seu caráter insatisfatório muito antes do EPR (cf. o anexo na primeira impressão de Heisenberg (1927), e a seção 3 de Bohr (1928); essa diferença entre eles é um dos motivos pelos quais é um absurdo histórico juntar Bohr,

Heisenberg, Pauli e outros em uma "escola de Copenhagen" e depois atacar essa entidade fictícia).

Segundo Popper, a teoria "modificada" de Bohr era "muito mais inofensiva" (p.150) que a visão da interação. "Nada mais havia nela a não ser que, algumas vezes, um sistema coordenado é aplicável e, outras vezes, outro, mas nunca os dois juntos." Popper concluiu seu veredicto: "Isso deixa completamente em aberto o que a própria partícula faz". É claro que sim, mas o que Popper descreveu até aqui não é a visão de Bohr, e sim [sua] própria versão da" visão de Bohr, como ele mesmo diz (p.150). Então vamos acrescentar o que está explicitamente declarado na resposta que Bohr deu a Einstein, isto é, que magnitudes dinâmicas, tais como posição e *momentum,* dependem dos sistemas de referência de uma maneira que impede seu uso conjunto: escolha um sistema de referência e as noções envolvendo localização deixam de ser aplicáveis; escolha outro, e o mesmo ocorrerá com as noções que tratam do movimento; escolha um terceiro, e ambos são aplicáveis apenas até um certo grau, a ser determinado pelas relações de incerteza. Bohr comparou a dependência que acabamos de descrever com a dependência relativista de todas as magnitudes dinâmicas do sistema de referência. Acrescentando essa premissa à "versão" de Bohr apresentada por Popper, chegamos a uma situação que já não "deixa em aberto o que a própria partícula faz". Podemos ridicularizar a premissa – e estou certo de que Popper teria feito justamente isso se ele a tivesse encontrado –, mas não podemos criticar Bohr por manter uma visão que não a contém.

Em um trabalho escrito vinte anos atrás, expliquei a filosofia de Bohr e a defendi contra uma variedade de críticas, inclusive as que Popper tinha acabado de publicar (e que foram reimpressas, com mudanças insignificantes, em Q, p.35-85). O resumo que fiz foi o seguinte:

> A crítica de Popper sobre a Interpretação de Copenhagen, e especialmente sobre as ideias de Bohr, é irrelevante e sua própria interpretação é inadequada. A crítica é irrelevante à medida que ela negligencia certos fatos, argumentos, hipóteses e procedimentos importantes que são necessários para uma avaliação adequada de complementaridade e porque ela acusa seus defensores de "erros", "confusões" e "erros sérios" que não só não foram cometidos, mas contra os quais Bohr e Heisenberg publicaram ad-

vertências bastante explícitas. Sua própria visão positiva [apresentada no trabalho que eu critiquei e reimpressa como Q, p.35-85, e não a visão do Epílogo]... é um passo grande e infeliz para trás em relação àquilo que já tinha sido conquistado em 1927.

Não há uma única linha que precise ser mudada nesse resumo e nos argumentos que o precedem. Mas é interessante examinar a reação de Popper. Ele menciona o trabalho em Q, p.71, nota de rodapé 63 (acrescentada em 1980). Como é seu hábito, ele desconsidera os comentários críticos que o trabalho contém e introduz uma queixa totalmente fictícia. Acusa Jammer (que tinha reproduzido minha crítica e aparentemente concordado com ela: veja 1974, p.450) e, por implicação, Bunge e eu (1) de tê-lo transformado em um subjetivista e (2) de termos equacionado sua visão com a de Bohr. E explica nosso suposto crime por nossa suposta negligência – nós tomamos "uma formulação quase acidental", ou seja, "o sistema *experimental*" de Popper, como prova de seu subjetivismo. Mas Jammer, que expressa muito claramente (a minha visão da) a diferença entre Bohr e Popper (ibid., p.450, linhas 12 ss.), nem afirma nem implica que Popper deixou de "exorcizar o observador da mecânica quântica" (Q, p.35), embora meu argumento fosse que não há nenhum observador a ser exorcizado, porque as probabilidades de Bohr são propriedades objetivas de arranjos experimentais ou de situações naturais (segundo Bohr, o gato de Schroedinger morre ou fica vivo mesmo que não haja ninguém à sua volta para olhar para ele). E como Bohr introduziu sua visão muito antes, concluí que Popper, provavelmente, apenas repetiu Bohr. Popper, que não parece ter lido nem meu trabalho nem o resumo de Jammer, chama Bohr uma vez mais de subjetivista e infere que nós (Jammer e eu) fizemos dele, Popper, um subjetivista também. E por que, segundo Popper, Bohr é um subjetivista? Em virtude das frases que soam subjetivistas, cujo contexto claramente revela seu conteúdo objetivo. Assim, é Popper que comete o crime (contra Bohr) que ele nos acusa (a Jammer e a mim) de termos cometido contra ele – um bom exemplo da qualidade dos argumentos de Popper. Concluo que as ideias de Bohr não são nem sequer tocadas pela "análise" de Popper – e isso é uma tristeza, porque Popper poderia ter aprendido com Bohr, como outros fizeram antes dele, a lidar com as dificuldades do realismo causadas por seus ingredientes clássicos remanescentes.

Segundo Popper (R, p.149 s.), não é fácil dar um relato geral da estrutura do mundo e do lugar das leis nele. Newton, que não acreditava em ação à distância, explicou as duas coisas fazendo do espaço o sensório de deus. O problema continua em um universo relativista, pois aqui, nós, uma vez mais, temos características, tais como "a constância absoluta da carga eletrônica e da massa; ou, em termos mais gerais, a identidade qualitativa e quantitativa absoluta das propriedades das partículas elementares" (p.151). Popper rejeita as soluções idealistas em que a mente impõe ao mundo sua estrutura. Ele conclui que "nós realistas temos de viver com a dificuldade" (p.157), mas a generalização ("nós" realistas) é totalmente injustificada.

Realistas insatisfeitos com as noções simplórias da realidade e não incomodados pela ideia de o positivismo ser sua única alternativa fizeram algumas sugestões muito interessantes. Como exemplo, tomemos Bohm (1980, p.145) e comparemos o mundo com uma chapa fotográfica que contém padrões em movimento para hologramas e observações com métodos de projeção para a obtenção de hologramas. Um método específico de projeção (um arranjo experimental específico) aplicado a uma parte especial da chapa (mundo) faz surgir um holograma (resultados experimentais) que espelha a chapa inteira (mundo), embora de uma maneira incompleta e confusa. Um método diferente aplicado a uma parte diferente produz um holograma diferente, que, uma vez mais, espelha o mundo de uma maneira incompleta e confusa. Isso é tudo que é preciso dizer quanto à *física* da situação: é "objetiva" (se quisermos usar um termo assim tão superficial) e não precisa de um "observador" para que ocorra. Agora acrescentamos algumas considerações *históricas* (elas desempenharam um papel importante na filosofia de Bohr): físicos trabalhando no primeiro domínio tentam explicar suas características. Eles encontram uma teoria que sobrevive a vários testes e parece descrever características básicas do mundo. O mesmo ocorre no segundo domínio, mas com uma teoria diferente e conceitos também diferentes. Podemos tentar reduzir uma teoria à outra ou agrupar as duas sob uma teoria "mais profunda" e, assim, chegar mais perto da realidade. O presente modelo sugere um ponto de vista diferente. Sugere que, embora possamos melhorar nosso conhecimento de um holograma específico (dos fatos em uma região específica do mundo), nunca obteremos uma visão completa ou uma estimativa de nossa distância dele: a frase "chegando mais perto da verdade" não faz nenhum sentido. Podemos, também, reduzir uma descrição parcial de um holograma específico a uma descrição mais completa – mas, uma vez mais, não faz nenhum sentido tentar reduzir uma teoria conectada com um método de projeção a uma teoria conectada com um método diferente. Para dar um exemplo: faz sentido aprimorar a termodinâmica fenomenológica e faz sentido aprimorar a mecânica do ponto (*point mechanics*), mas não faz sentido tentar reduzir uma à outra. Por quê? Porque não faz sentido falar da temperatura de um sistema em que todos os elementos têm posições precisas. Essa situação física/histórica é precisamente o que Bohr tinha em mente quando falava dos aspectos complementares do mundo. Bohm acrescenta a ideia de um substrato que pode ser explorado por tipos diferentes de arranjos experimentais (meios de projeção) produzindo hologramas diferentes, mas que é, ele próprio, "indefinível e imensurável" (p.51, grifo no original). Dado esse modelo, a ideia é muito plausível. Ela nos dá um vislumbre das muitas possibilidades que existem além do horizonte restrito de Popper.

Um comentário final. Em seu ataque a Bohr, Popper compara sua própria filosofia "crítica" com o suposto dogmatismo do Círculo de Copenhagen; mais especificamente, ele contrapõe seus próprios "argumentos" ao irracionalismo de Bohr. Isso é uma deturpação dos fatos. É difícil encontrar um grupo tão agressivo e desrespeitoso em relação a seu "líder" quanto o grupo de cientistas, filósofos, estudantes e ganhadores do Prêmio Nobel, que regularmente se reuniam à volta de Bohr; e é difícil também encontrar um pensador tão ciente dos problemas relacionados com nossas tentativas de captar a realidade quanto Bohr. No entanto, é difícil duplicar o servilismo insípido que caracteriza o Círculo Popperiano e é quase impossível desfazer todos os mitos, distorções, calúnias e contos de fada históricos espalhados por seu líder. Uma simples comparação entre os estilos editoriais do *Postscript* de Popper e das obras completas de Bohr mostra a enorme distância entre o respeito amigável e ocasionalmente brincalhão e a admiração manipulativa. As ideias de Bohr nos dão assunto para pensar por muitas gerações futuras. Quanto às "ideias" de Popper, essas devem ser esquecidas o mais rapidamente possível.

4 Conclusão histórica

Segundo Popper, "nossos padrões de discussão racional deterioraram seriamente [desde a época de Boltzmann]. A decadência começou com a Primeira Guerra Mundial e com o crescimento da atitude tecnológica e instrumental com relação à ciência" (Q, p.157). Há hoje um "clima geral antirracionalista que se tornou uma ameaça importante em nossos dias" (p.156).

Há um grão de verdade nessa reclamação – mas vamos determinar onde ele se encontra.

Não está na área da interação das culturas. Pois, embora o fenômeno principal aqui seja ainda a expansão implacável da civilização ocidental, temos alguns primeiros sinais bastante esperançosos de uma atitude mais respeitosa para com modos de vida diferentes do nosso. Esse respeito não é meramente uma questão de sentimento; ele tem uma base prática. Está relacionado com uma série de descobertas surpreendentes e interessantes, que vão desde a descoberta, quase no final do século passado, da magnífica arte paleolítica tardia até a descoberta recente, ou melhor, a redescoberta da eficiência de sistemas médicos não ocidentais. O conhecimento que possuem as civilizações não ocidentais e as chamadas tribos primitivas é verdadeiramente surpreendente. Ele ajuda seus médicos em suas próprias condições sociais e geográficas *e* contém elementos que superam aquilo que os elementos correspondentes na civilização ocidental podem fazer por nós. À medida que as descobertas foram ficando amplamente conhecidas, a admiração cega pela ciência ocidental e pelo "racionalismo" que a acompanha deu lugar a uma atitude mais diferenciada e – eu acrescentaria – também mais humanitária: *todas as culturas*, e não apenas as culturas ligadas à ciência e ao racionalismo ocidentais, fizeram e, apesar de grandes obstáculos, continuam a fazer contribuições das quais a humanidade como um todo pode se beneficiar.

Essa atitude não é nova – ela tem antepassados grandiosos e importantes. Ela caracterizou o "Primeiro Internacionalismo" da civilização do fim da Idade do Bronze no Oriente Próximo. Os povos desse período lutavam constantemente entre si – mas intercambiavam linguagens, obras de arte e literatura, estilos, tecnologias, minerais, grãos, artistas, generais, prostitutas e até deuses. A atitude foi ressuscitada e defendida com vigor pelos sofistas; foi a base da maravilhosa história de Heródoto, como vimos. Foi a filosofia de Montaigne e de seus seguidores antes e durante o Iluminismo. Então foi colocada de lado pela expansão estridente de uma filosofia cientista. Seu retorno em nosso próprio século significa que as pessoas finalmente estão olhando para as coisas estranhas de uma maneira mais sensata. Esse aumento de "racionalidade" ocorre acidentalmente em uma área de importância muito maior que a cosmologia teórica ocidental, a principal medida de excelência de Popper (cf. seus comentários sobre Newton, S, p.208, e Einstein, Q, p.158, que mostram uma estreiteza de visão bem característica). Nem é preciso dizer que nossos racionalistas não estão satisfeitos: eles resmungam sobre o "relativismo" e o "irracionalismo" – novos substitutos não articulados para a maldição antiga que nunca foi abandonada: *anathema sit*!

A deterioração dos padrões de racionalidade lamentada por Popper tampouco pode ser localizada na física (embora, é claro, existam idiotas lá como em todas as partes). Ao contrário, o surgimento de novas formas de organização (CERN, a organização europeia para a investigação nuclear, por exemplo) levou a uma situação em que cientistas passam a ser artesãos, especuladores e administradores exatamente como Giotto, Brunelleschi, Ghiberti e outros artistas do Renascimento. Problemas éticos se impõem com uma força totalmente desconhecida à época de Boltzmann.[1] Bell trabalhou na CERN (acho que ainda está lá) e a maioria dos teóricos do campo conheciam pelo menos superficialmente Los Alamos, muitos deles têm fortes interesses em outros campos (leia as autobiografias de Feynman e Dyson e o livro desse último sobre a ameaça nuclear) – e tudo isso sem um aumento do "instrumentalismo". Por que é que os experimentalistas buscam tão ansiosamente *quarks* isolados ou monopolos

---

[1] Para uma apresentação excelente de uma fase específica desse desenvolvimento, veja Rhodes, 1986.

magnéticos, por que é que eles devem tentar captar neutrinos do centro do sol para explorar as atividades da energia solar se todas essas coisas são apenas instrumentos? Tenho diante de mim um volume organizado por Wheeler e Zurek (1983) contendo artigos sobre a interpretação da mecânica quântica. Popper e/ou seu editor devem ter gostado dele, pois correram para fazer parte da bibliografia (que contém uma referência às primeiras cópias de *Postscript*). Há trabalhos que vão desde o problema mente-corpo até considerações puramente formais, passando por testes experimentais de localidade. Examinando esse material, não percebi nenhuma deterioração de padrões – pelo contrário, comparado com "as controvérsias ao redor de Boltzmann" (Q, p.157), temos um aprimoramento considerável da argumentação, acompanhado por uma profundidade filosófica extremamente ampliada. E não nos esqueçamos do trabalho de Bohr e Heisenberg, seu trabalho verdadeiro, e não as caricaturas de Popper. Há apenas uma área onde a deterioração é óbvia: no campo do próprio Popper, a filosofia da ciência – e Popper fez o que pôde para mantê-la assim. Portanto, deixem-me agora fazer alguns comentários finais sobre *essa* situação.

A filosofia da ciência do fim do século XIX foi desenvolvida por cientistas em íntima conexão com seu trabalho. Ela era pluralista e eliminava condições que tinham sido consideradas essenciais para o conhecimento. É claro, todos os autores favoreciam alguns procedimentos e rejeitavam outros – mas a maioria dos cientistas concordava que essas preferências pessoais não deviam ser transformadas em limites "objetivos" da pesquisa. "A melhor maneira de promover o desenvolvimento das ciências", escreveu o químico, físico, historiador e filósofo da ciência Pierre Duhem, após um discurso vigoroso e exaltado contra a construção de modelos, "é permitir que cada forma do intelecto se desenvolva seguindo suas próprias leis e realizando plenamente seu tipo" (1962, p.99). "Devo confessar", escreveu von Helmholtz, talvez o cientista mais versátil do século XIX,[2]

---

[2] Prefácio a *Die Principien der Mechanik*, de Hertz, Leipzig, 1894, p.21, citado por Duhem.

que até o momento eu mantive o último procedimento [equações matemáticas em vez de modelos] e me senti seguro com ele – mas não gostaria de levantar objeções gerais contra a maneira que foi escolhida por esses físicos excelentes. A descoberta não está sujeita a qualquer regra fixa. Não há nenhuma doutrina tão tola que não possa algum dia ser capaz de dar à luz uma ideia nova e feliz. A astrologia judicial desempenhou seu papel no desenvolvimento dos princípios da mecânica celestial. (Duhem, 1962, p.98)

E Ludwig Boltzmann concluiu um levantamento muito interessante das novas ideias e métodos na física teórica dizendo: "Foi um erro considerar os procedimentos antigos os únicos corretos. Mas seria igualmente parcial rejeitá-los completamente agora, após terem levado a tantos resultados importantes..." (1905, p.10).

O pluralismo implícito nessas citações encontrou sustentação na teoria de Darwin. Antes dele, era normal considerar que os organismos foram criados divinamente e, portanto, eram soluções perfeitas para o problema da sobrevivência. Darwin chamou a atenção para inúmeros "erros": a vida não é uma realização de objetivos claros e estáveis, cuidadosamente planejada e meticulosamente desempenhada; ela é irracional, esbanjadora, produz uma imensa variedade de formas e deixa para o estágio específico que alcançou (e para o ambiente natural que existe naquele momento) o papel de definir e eliminar as falhas. Da mesma forma, e assim inferiram Mach, Boltzmann e outros seguidores de Darwin, o desenvolvimento do conhecimento não é um processo bem planejado e que opera suavemente: ele, também, é perdulário e cheio de erros; ele, também, precisa de muitas ideias e procedimentos para se manter. As leis, teorias, padrões básicos de pensamento, fatos e até os princípios lógicos mais elementares são resultados transitórios, e não propriedades definidoras desse processo. Os cientistas, portanto, não são escravos obedientes que, ao entrar no Templo da Ciência, tentam ansiosamente se adequar a suas regras; eles não perguntam "o que é ciência?", ou "o que é conhecimento?", ou "como é que deve atuar um bom cientista?" e depois adaptam sua pesquisa às limitações contidas na resposta; pelo contrário, eles vão avançando rapidamente e redefinem constantemente a ciência (assim como o conhecimento e a lógica) pelo seu trabalho.

A visão que acabei de descrever faz da história uma parte importante da pesquisa científica. Segundo Mach (1917, p.200), "o esquema da lógica formal e da lógica indutiva são pouco úteis [para o cientista], pois a situação intelectual nunca é exatamente a mesma". Entender a ciência, diz Mach, é entender as realizações dos grandes cientistas. Tais realizações são "muito instrutivas", não porque elas contêm elementos comuns que o pesquisador deve pegar e decorar caso queira se tornar um bom cientista, mas porque fornecem um parque de diversões rico e variado para sua imaginação. Ao entrar no parque "como um caminhante atento" ("*wie ein aufmerksamer Spaziergänger*"; op. cit., p.18), o pesquisador desenvolve sua imaginação, torna-a ágil e versátil e capaz de reagir a novos desafios de maneiras novas. A pesquisa, portanto, "não pode ser ensinada" (p.200), não é "um saco de truques de um advogado" (p.402, nota de rodapé), é uma *arte* cujas características explícitas revelam apenas uma parte mínima de suas possibilidades e cujas regras são, muitas vezes, suspensas e modificadas por acidentes e/ou engenhosidade humana. Muitos cientistas do século XIX pensavam dessa maneira, como vimos. E isso não era um luxo filosófico sem nenhum efeito na prática da ciência; isso produziu as duas teorias mais fascinantes da física do século XX: a teoria quântica e a teoria da relatividade. Seus criadores estão totalmente cientes da conexão.

Assim, Niels Bohr indicou que, "ao lidar com a tarefa de organizar um campo de experiência totalmente novo, quase não [podemos] confiar em quaisquer princípios tradicionais, por mais amplos que sejam" (Einstein, 1949, p.228), enquanto Leon Rosenfeld acrescentou que, "ao especular sobre as perspectivas de alguma linha de investigação, [Bohr] dispensava as considerações normais de simplicidade, elegância ou até coerência" (Bohr, 1967, p.117). A melhor explicação é a de Einstein. Ao comentar sobre os esforços dos filósofos "racionais" e "sistemáticos, ele escreveu (Schilpp, p.684):

> Assim que o epistemólogo, que está procurando um sistema claro, luta até chegar a tal sistema, ele tende a interpretar o conteúdo do pensamento da ciência no sentido de seu sistema e a rejeitar o que não se encaixa nele. O cientista, no entanto, não pode levar seus esforços por uma sistematicidade

epistemológica até esse ponto...; as condições externas que são estabelecidas para ele pelos fatos da experiência não permitem que ele se deixe ficar muito restrito na construção de seu mundo conceitual pela adesão a um sistema epistemológico. Portanto, aos olhos do epistemólogo sistemático, ele deve parecer um tipo de oportunista inescrupuloso.

Ora, é surpreendente ver a pouca influência que essas ideias tiveram na filosofia, nas ciências sociais e em intelectuais de um modo geral. Pior ainda, o neopositivismo, que surgiu enquanto a revolução da física moderna estava em pleno vapor, usou o nome de ciência para propagar um ponto de vista rígido, intolerante e irrealista. O neopositivismo não foi uma reforma ousada e progressista da filosofia; foi uma queda em um novo primitivismo filosófico. Rodeados por mudanças fundamentais na física, na biologia, na psicologia e na antropologia, por pontos de vista interessantes e muito discutidos nas artes, e por desenvolvimentos imprevisíveis na política, os antecessores do Círculo de Viena se retiraram para um baluarte estreito e mal construído. As conexões com a história foram cortadas: a forte colaboração entre o pensamento científico e a especulação filosófica chegou ao fim; a terminologia alheia às ciências e problemas sem relevância científica predominaram e a imagem da ciência foi deturpada a ponto de se tornar irreconhecível. Fleck, Polanyi e depois Kuhn compararam a ideologia resultante com seu suposto objeto – a ciência – e mostraram seu caráter ilusório. Seu trabalho não melhorou as coisas. Os filósofos não voltaram para a história e não abandonaram as charadas lógicas que são sua marca registrada. Eles as enriqueceram com gestos ainda mais vazios, a maioria deles tirada de Kuhn ("paradigma", "crise", "revolução") sem considerar o contexto e assim complicaram sua doutrina sem aproximá-la da ciência. O positivismo pré--kuhniano era infantil, mas relativamente claro. Ele continuou a ser infantil – mas também é muito obscuro. Onde é que Popper se situa nessa confusão?

Ele começou com uma sugestão técnica que continuava no arcabouço do positivismo: separe o problema de demarcação do problema de indução, solucione o primeiro por falsificabilidade e o segundo por um método de conjecturas ousadas e testes severos. A sugestão era técnica porque era formulada na terminologia lógica favorecida dos positivistas e porque seguia o positivismo ao substituir teorias científicas reais por caricaturas lógicas (veja acima e cf. também a afirmação insistente de Popper de que sua teoria da ciência não é uma teoria histórica e não pode ser criticada por evidências históricas). A contribuição de Popper foi para a teoria da confirmação e não para a prática científica. Popper então incorporou essa sugestão técnica a uma visão mais ampla – o racionalismo crítico – e tentou ilustrá-lo com episódios históricos: a batalha sobre falsificação, ele queria dizer, não eram apenas calúnias positivistas – ela tinha um escopo histórico. Isso estava certo em um sentido, mas incorreto em outro. Popper repete o que outros disseram antes dele, mas o repete mal e sem a perspectiva histórica de seus antecessores.[3]

Ainda assim alguns cientistas nervosos, que tinham levado o positivismo a sério e leram Popper, ficaram muito aliviados: agora eles podiam especular sem ter de temer por suas reputações. Isso explica parte da popularidade de Popper – uma popularidade às vezes transferida para suas outras visões, das quais algumas pessoas também gostavam por si mesmas, em parte porque eram simples, em parte porque elas construíram um altar filosófico para a ciência. Mas a simplicidade oferecida por Popper não é resultado de penetração, e sim de simploriedade, e aqueles que elogiam sua física (Bondi, Denbigh, Margenau e outros) têm muito em comum com os primeiros oponentes de Einstein que elogiavam Lenard e Stark, "porque eles eram incapazes de acompanhar as maneiras difíceis de pensar que a física moderna exigia deles" (Heisenberg, 1982, p.36). Cientistas independentes nunca precisaram de um simplificador, de uma muleta metodológica ou de um altar; e as chaves para a liberdade que

---

[3] Isso é percebido até por alguns dos admiradores de Popper. Assim, Medawar, 1979, p.90f, escreve que "Wheweel foi o primeiro a propor uma visão da ciência do mesmo tipo geral que a desenvolvida por Karl Popper em um sistema completo", ou seja, Popper = Whewell petrificado. Neurath, 1942, citado de Koppelberg, 1987, p.327, vai direto ao ponto: "Li Popper outra vez. Espero que depois de tantos anos você veja como aquela coisa toda é vazia... Que decadência depois de Duhem, Mach etc. Nenhum sentimento pela pesquisa científica". Lakatos, no fim da vida, chegou à mesma conclusão.

Popper oferecia para os membros mais covardes de seu ofício estão e sempre estiveram em sua posse (cf. o esboço acima da filosofia dos cientistas do século XIX, de Einstein e de Bohr). Não há nenhuma necessidade de pagar um preço por essa liberdade e de trocar um tipo de escravidão (o puritanismo positivista) por outro (a ciência simplificada de Popper).

7

A teoria de pesquisa de Ernst Mach e sua relação com Einstein

Introdução

Em suas notas autobiográficas, Einstein diz que foi Mach quem abalou a fé dogmática no papel fundamental da mecânica. O *Geschichte der Mechanik** de Mach, escreve Einstein,

> exerceu uma influência profunda sobre mim nesse sentido quando eu era estudante. Vejo a grandeza de Mach em seu ceticismo e independência incorruptíveis; nos meus anos mais jovens, no entanto, a posição epistemológica de Mach também me influenciou muito – uma posição que hoje me parece essencialmente insustentável (Schilpp, 1949, p.20).

Segundo essa passagem, Mach estava envolvido em dois tipos de atividade: fez críticas à física de sua época e desenvolveu uma "posição epistemológica". As duas atividades parecem ter sido relativamente independentes uma da outra, pois Einstein, em seus últimos anos, aceitou uma e rejeitou a outra, além de tê-las descrito de maneira diferente. Mach, o

---

* Dedicado a Adolfo Grünbaum na ocasião de seu aniversário de sessenta anos.

epistemólogo, disse ele,[1] considerava "as sensações tijolos do mundo real", enquanto Mach, o físico, criticava o espaço absoluto sem nunca deixar o domínio da física.[2]

No ensaio que se segue, tentarei separar os argumentos físicos de Mach de sua "epistemologia". Veremos que essa separação não é difícil de realizar. Em conjunto, os argumentos físicos de Mach constituem uma filosofia da ciência que difere do positivismo, está de acordo com a prática de pesquisa de Einstein (e com algumas das observações mais gerais de Einstein sobre pesquisa) e acarreta objeções totalmente sensatas contra os átomos do século XIX e a teoria especial da relatividade. Veremos também que, quando Mach e Einstein divergiam, era Einstein que falava sobre positivismo, enquanto Mach dava uma descrição muito mais complexa do conhecimento científico e do senso comum. A "epistemologia" de Mach, no entanto, acaba não sendo nenhuma epistemologia: é uma teoria científica geral (ou esboço teórico) comparável em forma (embora não em conteúdo) ao atomismo e diferente de qualquer ontologia positivista.

1 Mach sobre o uso de princípios na pesquisa

No capítulo 4, seção 3, expliquei como Ernst Mach, usando o experimento mental de Simon Stevin como ilustração, argumentou em defesa de princípios intuitivamente plausíveis e contra uma abordagem indutiva em uma série de passos (1933, cap.1, seção 2).[3] Agir dessa maneira, disse ele, "não é um erro. Se fosse um erro, então todos nós estaríamos compartilhando dele. Além disso, é certo que só o instinto mais forte, combinado com o poder conceitual também mais forte, pode fazer de uma pessoa um grande cientista" (p.27; cf. p.E163). Realmente,

---

[1] Carta a Michele Besso, de 6 de janeiro de 1948, citada em Holton, 1973, p.231.
[2] Cf. Relato de Einstein em Schilpp, op.cit., p.28.
[3] Estou citando a 9.ed. (Leipzig, 1933). Números entre parênteses são as páginas do livro. Números precedidos por E são páginas de *Erkenntnis und Irrtum*, Leipzig, 1917. Ênfase no original, a não ser que seja indicado o contrário.

podemos dizer que os avanços mais importantes e de mais peso da ciência são feitos dessa maneira. Esse procedimento, praticado por grandes cientistas, de harmonizar ideias particulares com o contorno geral (*Allgemeinbild*) de uma área de fenômenos, essa consideração constante pelo todo ao contemplar efeitos individuais, pode ser chamado de um verdadeiro procedimento filosófico. (1933, p.29)

O procedimento afeta nossos conceitos. Os princípios desconsideram as peculiaridades dos eventos físicos concretos. Basear a ciência em princípios nos força a liberar esses eventos das "circunstâncias perturbadoras" (p.30) e a apresentá-los de uma forma idealizada; arestas e vigas são substituídas por planos inclinados e alavancas,[4] assim como na geometria as arestas e as superfícies lustradas foram substituídas por linhas e planos (p.30): nós "reconstruímos ativamente os fatos com a ajuda de conceitos exatos e [agora] podemos controlá-los de uma maneira científica" (p.30).

2 O uso de princípios feito por Einstein

Agora, considere a descrição de Einstein sobre como ele chegou à teoria especial da relatividade (Schilpp, 1949, p.52). Ao enfrentar uma situação difícil na física, ele tentou "descobrir leis verdadeiras por meio de esforços construtivos baseados em fatos conhecidos"; mas "perdeu a esperança" de conseguir sucesso dessa maneira. Guiado pelo exemplo da termodinâmica, que começa com princípios e não com fatos, ele se convenceu de "que apenas a descoberta de um princípio universal levaria... a resultados seguros". Encontrou, então, um princípio graças ao seguinte experimento mental:

> se eu perseguir um raio de luz com a velocidade c (a velocidade da luz no vácuo), devo observar esse raio de luz como se fosse um campo eletro-

---

[4] O próprio Stevin considera um fio com 14 bolas de mesmo peso e a uma distância igual – cf. a ilustração de seu livro que aparece na p.31 de Mach, 1933.

magnético oscilando espacialmente em repouso. No entanto, parece não haver tal coisa, seja com base na experiência, seja de acordo com as equações de Maxwell.

Quase não há qualquer diferença entre esse procedimento e os passos descritos e recomendados por Mach.

A semelhança se estende aos detalhes. Assim, Einstein, em mais de uma ocasião, negou ter sido influenciado pelo experimento de Michelson-Morley: "Suponho que presumi que era verdade. Pois não importa se o experimento é realmente realizado", escreveu Mach no caso de Stevin (1933, p.29), "se já não houver dúvida quanto a seu sucesso".[5] Quando lhe perguntaram sobre a fonte de sua convicção, Einstein se referiu à intuição e ao "sentido da coisa" (*die Vernunft der Sache*),[6] fazendo um paralelo com a ênfase de Mach na natureza instintiva (intuitiva) de princípios frutíferos. "Ela está adequada à economia de pensamento e à estética da ciência", disse Mach (p.72),

> diretamente para *reconhecer* um *princípio*... como uma chave para compreender *todos* os fatos de um domínio e *ver* em nossa mente como ele penetra *todos* os fatos – em vez de descobrir que é necessário prová-lo de uma maneira improvisada e claudicante, usando como base proposições conhecidas por nós *acidentalmente*... Realmente, a ansiedade para provar leva a um rigor *falso e erroneamente concebido*; algumas declarações são consideradas mais seguras e como a base necessária e incontestável para outras, embora elas tenham apenas a mesma certeza ou até um grau menor dela.

---

[5] Shankland, 1963, p.55: Cf. também a reação de Einstein ao telegrama de Eddington de 1919, como foi relatado nas reminiscências de Ilse Rosenthal-Schneider (citado de Holton, 1973): "Mas eu sabia que a teoria está correta". Com relação à igualdade de massa inercial e gravitacional, Einstein disse: "Não tive dúvidas sobre sua estrita validade mesmo sem saber o resultado do experimento admirável de Eötvös, que – se minha memória está certa – só vim a conhecer mais tarde" (1954, p.287).

[6] Carta a Besso citada em Seelig, 1954, p.195. Cf. também a observação de Born de 4 de maio de 1952 e a resposta de Einstein de 12 de maio no *Born-Einstein Letters* (1971) – "Só a intuição que se vale de uma experiência favorável pode alcançar" as leis básicas: discurso feito na comemoração dos sessenta anos de Planck (1918) diante da Sociedade de Física de Berlim, citado de *Ideas and Opinions*, 1954, p.226.

Isso, é claro, significa preferir Einstein a Lorentz, como fica claro pela descrição que o último faz de seu próprio procedimento.[7]

> Einstein simplesmente postulou aquilo que nós deduzimos, com alguma dificuldade e de uma maneira não totalmente satisfatória, das equações fundamentais do campo eletromagnético. Ao fazê-lo, ele pode certamente atribuir-se o mérito de fazer-nos ver nos resultados negativos como os de Michelson, Raleigh e Bruce não *uma compensação fortuita de efeitos opostos*, mas a manifestação de um princípio geral e fundamental. (1952, p.230, grifo meu)

Segundo Mach, os princípios são capazes de ser testados pela experiência e é preciso que isso ocorra (p.231). Einstein concorda. A ciência, diz ele, tenta "encontrar um sistema teórico unificador" (1954, p.234),[8] mas ele acrescenta que

> a base lógica está sempre mais ameaçada pelas novas experiências ou pelo conhecimento novo do que as disciplinas secundárias com seu contato empírico mais próximo. Na conexão da base com todas as partes únicas reside seu grande significado, mas também seu maior perigo diante de qualquer fator novo. (op.cit., p.325)[9]

Todavia, ele não estava disposto a abandonar uma ideia plausível apenas porque ela estava em conflito com algum resultado experimental, em paralelo à ênfase de Mach na autoridade dos princípios instintivos e na

---

[7] Não afirmo que o próprio Mach preferia Einstein a Lorentz – não existe qualquer evidência sobre isso. Mas as duas maneiras esboçadas por Lorentz se enquadram perfeitamente com as duas maneiras descritas por Mach – e este preferia o uso de princípios abrangentes, e não de fatos e premissas isolados e derivações tortuosas a partir deles.

[8] "The Fundaments of Theoretical Physics", *Science*, 1940, citado de Einstein, 1954, p.234. Cf. Mach: "aquelas idéias que podem ser mantidas no domínio maior e que mais extensivamente complementam a experiência são as *mais científicas*" (p.465).

[9] Mach considera os princípios gerais instintivos mais confiáveis do que os resultados experimentais individuais precisamente porque eles estão em um conflito em potencial com um domínio abrangente dos fatos e sobreviveram apesar disso. Cf seção 5 a seguir.

necessidade de adaptar fatos empíricos a eles: não há melhor maneira de descrever o procedimento de Einstein em seu trabalho sobre relatividade do que repetir, com os elementos principais intercambiados, o breve relato que Mach faz do argumento de Stevin.[10]

3 Algumas críticas de Mach refutadas

Considere agora alguns comentários populares sobre as relações entre Mach e Einstein.

O Professor Arthur Miller, que escreveu um livro excelente, perceptivo e muito detalhado sobre a pré-história e as primeiras interpretações da teoria especial da relatividade (1981), quer explicar a crítica de Mach àquela teoria no prefácio de seu *Optics*. Não acho que ele descreve a crítica corretamente quando diz que Mach "rudemente repudia a teoria da relatividade" (Miller, 1981, p.138).[11] Mach (1921) promete explicar "por que e até que ponto (*inwieferne*) ele rejeita a relatividade *em seu próprio pensamento (für mich)*",[12] o que significa que a questão da natureza e da aspereza da rejeição não está decidida e que a resposta é adiada até uma

---

[10] Holton, 1973, p.205 ss., relaciona o estilo peculiar de Einstein (começando de princípios em vez de experimentos ou problemas) com Föppl. Ele poderia igualmente tê-lo relacionado com Mach, que Einstein tinha estudado e que era adorado por Föppl. Arthur Miller escreve (Holton e Elkana, 1982, p.18) que Einstein "refugiou-se na visão neokantiana que foi predicada sobre a utilidade dos princípios organizadores, tais como a segunda lei da termodinâmica". Considerando a admiração de Einstein por Hume que Miller menciona (loc. cit.), isso não é muito provável. Mas o mesmo tipo de princípios que os neokantianos tentaram estabelecer de uma maneira *a priori* foram discutidos e recomendados por Mach, que os baseou no instinto, explicou por que devíamos confiar no instinto (seção 5 a seguir) e rejeitou os argumentos *a priori* (p.73). Sobre premissas *a priori*, cf. também a carta de Einstein para Born, sem data (Einstein, 1971, p.7).

[11] O próprio Einstein interpretou Mach da mesma maneira. "Mach rejeitou a teoria especial da relatividade *apaixonadamente*." Carta a Besso de 6 de janeiro de 1948, citada de Holton, 1973, p.232, minha ênfase.

[12] A restrição em itálico foi omitida na tradução inglesa, Dover Publications, p. viii.

publicação futura (que nunca saiu). Tampouco podemos aceitar as razões de Miller para a crítica.

Segundo ele (1981, p.167), "a declaração *a priori* de Einstein dos postulados da relatividade já indicava que ele tinha ido além de Mach".

Ora, é bem verdade que Einstein começa seu trabalho de 1905 com postulados e não com fatos experimentais e que ele continua deduzindo certas consequências desses postulados – mas esse é exatamente o procedimento descrito e recomendado por Mach. Também é verdade que o último deu ênfase à necessidade de testar os princípios pela experiência (1921, p.231), mas aqui, uma vez mais, encontramos concordância, como já vimos. O outro comentário de Mach de que os princípios "podem ser usados como pontos de partida para deduções matemáticas" em virtude "da estabilidade de nosso meio" (p.231) nos aproxima novamente de Einstein, que considerava que a teoria especial da relatividade só era válida em meios especiais e estáveis.

"O *status* axiomático dos dois postulados da relatividade de Einstein", escreve Miller (1981, p.166), "colocou-os fora do alcance da observação experimental direta". Correto – exceto pela implicação que Mach teria desaprovado. Até a (correta) observação de Miller de que "os dados (em Einstein) poderiam também significar os resultados dos *experimentos Gedanken*" (p.166) não leva a um conflito com Mach, como já vimos: o choque aparente entre Mach e Einstein não pode ter sido sobre o procedimento de pesquisa apropriado.[13]

Considerando princípios fundamentais, tais como a primeira e a segunda leis da termodinâmica, a primeira lei de Newton, a constância da velocidade da luz, a validade das equações de Maxwell e a igualdade da massa inercial e gravitacional, Gerald Holton escreve que "nenhum desses princípios teriam sido chamados de 'fatos da experiência' por Mach" (1973, p.229).

Holton *afirma* que Mach não aplica o termo "fatos (da experiência)" a princípios de certa generalidade e *implica* que Mach teria se oposto a

---

[13] A mesma crítica se aplica à declaração de Itagaki (1982) que "a direção do princípio até o experimento é diametralmente oposta à metodologia de Mach".

usar esses princípios como base do argumento. Tanto a afirmação quanto a implicação entram em conflito com partes importantes da obra de Mach. Como tentei mostrar nas seções 1 e 2 e como irá aparecer na seção 4, Mach é muito crítico de procedimentos indutivos ingênuos e prefere o uso direto e "instintivo" de princípios de grande generalidade. Além disso, existem muitas passagens em sua obra que usam o termo "fatos da experiência" exatamente da forma que Holton nega que ele faz.[14]

Outra crítica, também mencionada no livro de Holton (1973, p.239),[15] vem de Einstein. Segundo ele, "o sistema de Mach estuda as relações existentes entre os dados da experiência: para Mach a ciência é a totalidade dessas relações. Esse ponto de vista está errado e, na verdade, o que Mach fez foi um catálogo e não um sistema". Muitos filósofos e histo-

---

[14] São exemplos: o princípio do paralelogramo das forças (p.44 ss.), a lei da inércia (p.264, 244), a existência de massas (p.244) cuja magnitude é independente do método (direto ou indireto) usado para determiná-las (p.E175 – isso significa aceitar a igualdade da massa gravitacional e inercial como um fato da experiência). Também a visão de que aquilo que leva ao movimento determina as acelerações não obstante se estivermos lidando com "gravidade terrestre, a atração dos planetas [ou] a ação de ímãs" (p.187) é explicitamente descrita como expressando "um único fato grande" (p.244). "Concordo totalmente com Petzold", escreve Mach em outro lugar (p.371 – todos os grifos originais), "quando ele diz, 'portanto todas as afirmações feitas por Euler e Hamilton não são nada mais que expressões analíticas do *fato empírico* segundo o qual os processos da natureza são determinados de uma maneira única'." A conservação da energia é chamada de um fato empírico tanto diretamente quanto por implicação (p.437, 477 ss.), embora ela tenha sido revelada por experimentos mentais e não por uma pesquisa experimental cuidadosa (p.E194). Faraday é elogiado como um pesquisador que limitou a física "a expressar aquilo que é factual" (p.473 – isso inclui a ideia de ação de contato, p.E443), "mas os físicos presos em uma física de ação a distância começaram a compreender suas ideias só quando Maxwell as traduziu em uma linguagem com a qual estavam familiarizados" (p.E442): não há dúvida de que Mach teria considerado "a existência (e o comportamento) dos campos elétricos e magnéticos no vácuo que surgiram do trabalho de Faraday, Maxwell e Hertz" (p.E444) como um fato empírico. Mesmo o axioma paralelo é considerado entre os princípios que aceitamos intuitivamente e usamos (p.E414) como base para uma "reconstrução exata dos fatos" (p.30). Ao discutir o papel dos princípios na pesquisa e especialmente na construção de fatos, ele os chama de "observações que são tão legítimas quanto quaisquer outras" (*so gut eine Beobachtung als jede andere*: p.44, referindo-se ao princípio do paralelograma das forças).

[15] A citação é de Einstein, da conferência de Paris, dia 6 de abril de 1922.

riadores repetiram essa crítica. Eles podem ser refutados se observarmos com que frequência e insistência Mach enfatiza a necessidade de livrar fatos gerais das peculiaridades das observações e experimentos individuais e sempre "prestar atenção ao todo" (1921, p.29). Da maneira que ele o representa, o desenvolvimento histórico da mecânica consiste na revelação gradativa, no "reconhecimento passo a passo" (p.244) de, basicamente, "um grande fato". Os cientistas mais produtivos são aqueles que, premiados com uma "visão ampla" (*Weitsichtigkeit* – p.E442 e cf. p.476), podem "perceber claramente os princípios através de todos os fatos" (p.61, 72, 133, 266 e muitos outros lugares), "reconhecendo um princípio diretamente como a chave para a compreensão de *todos* os fatos em um domínio e vendo em suas mentes como ele permeia *todos* os fatos" (p.72), "*intuindo*[-o] nos processos da natureza" (p.133: a referência é a Galileu; cf. também p.E207), assim "abrangendo mais em uma olhadela" (p.133) do que observadores ingênuos que, tendo uma "visão mais estreita" (*Kurzsichtigkeit* – p.E442), são distraídos por "circunstâncias secundárias" (p.70 – *Nebenumstände*; cf. p.E414; perturbações acidentais) e "acham difícil selecionar e prestar atenção naquilo que é essencial" (p.70). Os cientistas produtivos, portanto, não enumeram fatos e os organizam em listas, ou os "reconstroem" (p.30) ou envolvem-se em "esforços construtivos" construindo "casos ideais" (p.E190 s.) a partir de seu "próprio reservatório de ideias" (p.E316). Tampouco se contentam com a coerência – eles procuram *"uma harmonia cada vez maior"* (p.E178, grifo meu) e a encontram nos fatos gerais e nos princípios instintivos já descritos.

4 Mach sobre indução, sensações e o progresso da ciência

As ideias de Mach sobre a ciência emergem muito claramente de sua atitude com relação à indução. "É realmente estranho", escreve ele,

> que a maioria dos cientistas considere a indução como o meio principal de pesquisa, como se as ciências naturais não tivessem outra coisa a fazer a

não ser organizar fatos individuais manifestos diretamente em classes. A importância dessa atividade não é negada, mas ela não esgota a tarefa do cientista; acima de tudo, o cientista deve encontrar as *características* relevantes e sua *conexão* e isso é muito mais difícil do que classificar aquilo que já é conhecido. Não há, portanto, qualquer justificativa para chamar as ciências naturais de ciências indutivas. (p.E312)

O que são características relevantes e como são encontradas?

Segundo Mach, a característica relevante da dinâmica clássica é que existem massas, que maneiras diferentes de medir as massas sempre levam ao mesmo resultado e que tudo aquilo que induz movimento (gravitação terrestre; atração dos planetas, da lua, do sol; magnetismo; eletricidade) determina as acelerações e não as velocidades (p.187, 244 etc.); em suma, é aquilo que é descrito pelos *princípios* da mecânica. Já vimos que o instinto e a intuição desempenham um papel importante na descoberta de princípios (p.E315: "a *intuição* é a base de todo o conhecimento"). Como diz Mach:

> A operação psicológica por meio da qual adquirimos novos discernimentos e que é, com frequência, embora bastante inadequadamente, chamada de indução, não é um processo simples – é muito complexo. Não é um processo lógico, embora processos lógicos possam ser inseridos como elos intermediários e auxiliares. A *abstração* e a *imaginação* desempenham um papel importante na descoberta de novo conhecimento. O fato de o método só poder nos ajudar muito pouco nessas questões explica o *ar de mistério* (*das Mysteriöse*) que, segundo Whewell, caracteriza as descobertas indutivas. O cientista busca uma ideia iluminadora. Para começar, ele não conhece nem a ideia nem como ela pode ser encontrada. Mas quando o objetivo e o caminho até ela se revelaram, o cientista fica primeiramente surpreso com suas descobertas, como uma pessoa que, tendo se perdido em um bosque, subitamente, ao sair do matagal, obtém uma visão aberta e vê tudo se estendendo claramente diante dele. O método pode impor ordem e aprimorar os resultados (*kann ordnend und feilend eingreifen*) só depois de a coisa principal ter sido encontrada. (p.E318 ss.)

Encontrar princípios envolve observações lado a lado com ingredientes que o cientista "acrescenta *sozinho*, usando seu próprio reservatório de ideias". Assim, a premissa experimental de Kepler sobre a forma elipsoidal da órbita de Marte é sua própria construção (p.E152).[16] O mesmo se aplica à premissa de Galileu com relação à proporcionalidade da velocidade e do tempo para a queda livre e à de Newton sobre a proporcionalidade da velocidade do resfriamento e a diferença de temperatura (p.E316). A natureza e a qualidade dos ingredientes adicionais dependem do cientista, da forma da ciência de sua época e do quanto "[ele] está satisfeito com uma mera afirmação de um fato" (p.E316). O pensamento de Newton, por exemplo, é caracterizado por uma grande ousadia e considerável imaginação e, "realmente, não temos qualquer hesitação em considerar essa última o elemento mais importante" de sua pesquisa (p.181): "a apreensão da natureza pela *imaginação*[17] deve preceder o *entendimento* para que nossos conceitos possam ter um conteúdo ativo e intuitivo" (p.E107).

Vimos que a abstração, segundo Mach, "desempenha um papel importante na descoberta do conhecimento" (p.E318). A abstração parece ser um procedimento negativo: propriedades físicas reais, cores (no caso da mecânica), temperatura, fricção, resistência do ar e distúrbios planetários são *omitidos*. Para Mach, isso é um efeito colateral do trabalho *positivo* e *construtivo* que é "acrescentado" (p.E316) pelo cientista e usado por ele para "reconstruir" os fatos. A abstração, segundo a interpretação de Mach, é, portanto, *"um passo intelectual ousado"* (*ein intellektuelles Wagnis*: p.E140 e cf. p.E315 sobre a conexão entre abstração e atenção). Ele pode dar errado e "é justificado pelo *sucesso*" (p.E140). O famoso

---

[16] A construção omite variações irregulares e, portanto, produz "casos ideais" (p.E190 ss.).
[17] Aqui está outra semelhança entre Mach e Einstein. O último enfatizou repetidamente que a pesquisa não pode ficar satisfeita com sensações e conceitos que ordenam sensações, e sim que ela precisa de objetos que são "até um alto grau independentes das impressões sensoriais" (1954, p.291) Mas, enquanto Einstein considerava esses objetos "arbitrários" e "criações mentais livres" (loc. cit. e muitas outras passagens), parando, assim, de fazer perguntas em um momento decisivo, Mach examinou sua origem e a natureza e fonte de sua autoridade. Como resultado, ele deu argumentos para defender pontos de vista gerais diante de fatos contrários, enquanto Einstein, que com frequência e exuberantemente violava as regras de um falsificassionismo ingênuo, só podia apelar para suas convicções subjetivas. Essa questão será discutida em maior detalhe na seção 5 a seguir.

slogan de Mach, "ciência significa adaptar ideias a fatos e umas às outras" (p.478, e muitos outros lugares), deve ser lido dessa maneira. Adaptar as ideias aos fatos não significa *repetir* os fatos *inalterados* no meio mental, é um processo dialético que transforma ambos os ingredientes. Lembremo-nos, dessa vez com maiores detalhes, de como o processo se desenrola.

Ao tentar encontrar ordem no mundo, o cientista busca princípios e os encontra de uma maneira "claudicante", "improvisada" e "insegura", consultando experimentos ou instintivamente, com a ajuda de experimentos mentais ousados e generalizações extraídas deles. Os princípios definem um estilo de pensar e nos convidam a "esboçar" (p.73), ou a "idealizar" (p.30; p.E190 ss.) os fatos conhecidos nesses estilos, "abstraindo" dos elementos não contidos nele. Esse é um empreendimento verdadeiramente criativo que conecta os fatos e as ideias modificando e reconstruindo ambos.[18] Os resultados não são únicos.[19] Princípios diferentes

---

[18] "É *logicamente* possível que alguém produza uma análise puramente foronômica do movimento kepleriano e tenha a ideia de descrevê-lo por acelerações que estão no inverso do quadrado do raio do sol e direcionado para ele. Mas esse processo, em minha opinião, é *psicologicamente* impensável. Por que alguém sem uma concepção física para orientá-lo ia descobrir *acelerações*? Por que não usar o primeiro ou o terceiro quociente diferencial? Por que usar, dentre as infinitamente muitas análises possíveis do movimento entre dois componentes, aquela que produz um resultado tão simples? Para mim, a análise da trajetória parabólica de objetos lançados já é difícil o bastante sem a ideia orientadora de aceleração gravitacional." (p.E147 ss.)

[19] Para Einstein, o fato de a experiência poder ser coberta por "dois princípios essencialmente diferentes" mostra o "caráter *fictício* dos princípios fundamentais" (1954, p.273, grifo meu) e "o elemento livremente construtivo na formulação de conceitos" (carta a Besso, 6 de janeiro de 1948, citada de Holton, 1973, p.231). Isso, achava Einstein (uma vez mais, carta a Besso), não era percebido por Mach. No entanto, vimos (texto para a nota de rodapé 16) como o cientista, segundo Mach, "acrescenta [coisas] próprias, usando seu próprio reservatório de ideias" e, portanto, "constrói" (p.E316) "casos ideais" (p.E190 s.) ou, como Mach também os chama, "*ficções*" (p.E418: "o físico sabe que suas ficções apresentam os fatos apenas aproximadamente e usando simplificações arbitrárias", tais como gases ideais, fluidos perfeitos, corpos perfeitamente elásticos etc.). Agora percebemos a mesma consciência de uma pluralidade de princípios que levou Einstein a criticar Mach: Einstein não sabia, ou tinha se esquecido, da complexidade do pensamento de Mach. Cf. nota de rodapé 42.

sugerindo métodos diferentes de abstração idealizam ou "esboçam" fatos em direções diferentes ou até contrárias, enfatizando "ora esse, ora algum outro aspecto dos fenômenos" (p.73). Assim, Black, considerando o calor uma substância e, portanto, presumindo sua conservação, introduziu o calor latente para explicar o congelamento e a evaporação, enquanto os termodinâmicos do século XIX levavam em conta a transformação do calor em outras formas de energia (p.E175). Da mesma maneira, Benedetti, presumindo o ímpeto, também supôs um desaparecimento gradativo natural dele, enquanto Galileu, que mais tarde em sua vida conectou as leis da inércia com os movimentos relativos, não pôde restringir-se a obstáculos fisicamente identificáveis (p.263): a adaptação de fatos e ideias "pode ocorrer de muitas maneiras *diferentes*" (p.E175). As idealizações que surgem de áreas diferentes ou de princípios diferentes no mesmo domínio ocasionalmente colidem e fazem surgir paradoxos. (Um exemplo dessa colisão é o experimento mental de Einstein, como descrito na seção 2.) Esses paradoxos são "a *mais forte força motriz* da pesquisa (p.E176; cf. p.264 e *passim*). "Nunca podemos dizer que o processo foi totalmente bem-sucedido e que 'chegou a um fim'" (p.73) e, portanto, não podemos nunca dizer que um fato – qualquer fato – foi completa e exaustivamente descrito. Mesmo a questão de sensação "envolve uma teoria parcial" que deve ser testada e desenvolvida pela pesquisa (1922, p.18).

Segundo Mach, "o campo mental" – o domínio dos pensamentos, emoções, esforços etc. – "não pode ser plenamente explorado pela introspecção. Mas esta, combinada com a pesquisa fisiológica, que examina as conexões físicas, pode colocar esse campo claramente diante de nós e, com isso, fazer com que nos familiarizemos com nosso ser interior" (1896, p.228):[20] a introspecção não é suficiente. Toda a natureza dos eventos mentais é revelada por um empreendimento que contém psicologia introspectiva e pesquisa fisiológica como estratégias de pesquisa mutuamente dependentes.

---

[20] Cf. p.E14, nota de rodapé: "a observação *psicológica* é uma fonte de conhecimento tão importante quanto a observação *física*".

Mach tinha dois motivos para basear não só a psicologia, mas também a pesquisa científica como um todo, nessas estratégias mistas. O primeiro motivo era sua atitude crítica: ele queria examinar até os ingredientes mais gerais e mais firmemente entrincheirados da ciência. A ideia de que existe um limite nítido entre o sujeito e o objeto, a mente e a matéria, o corpo e a alma e a ideia correspondente de um mundo externo real intocado por qualquer coisa "mental" são ingredientes desse tipo. À época de Mach, essas ideias eram consideradas pressuposições inabaláveis da pesquisa (a atitude ainda sobrevive de uma forma inarticulada). Mach não concordava com isso: o que afeta a ciência, ou é parte dela, deve também ser examinado por ela. Examinar a ideia de um mundo externo real significa ou procurar frestas na mente – limite da matéria – ou introduzir "idealizações contrárias" (p.263) que já não estão conectadas com a ideia. Mach usou os dois métodos.

O segundo motivo para usar estratégias mistas de pesquisa foi que elas levaram a um sucesso parcial. Foi descoberto que partes de linha limítrofe eram causadas por processos psicofisiológicos (as bandas de Mach) e outras partes eram restos acidentais de antigos pontos de vista. Para examinar mais a questão e preparar uma ciência que já não fosse dependente daqueles acidentes, Mach introduziu seu "monismo". Esse monismo não era parte das ideias *gerais* de Mach sobre pesquisa; era uma *teoria específica* que estava de acordo com aquelas ideias *e sujeita a elas*. *Portanto, não era uma condição limítrofe necessária da pesquisa* como quase todos os críticos de Mach presumem, incluindo Einstein. Mach teve um cuidado especial para enfatizar esse ponto: "O que é o ponto de partida mais natural e mais simples para o psicólogo não é necessariamente o melhor e mais natural ponto de partida para o físico ou o químico, que se deparam com problemas inteiramente *diferentes* ou para quem os mesmos problemas oferecem aspectos muito *diferentes*" (p.E12, nota de rodapé 1). É especialmente enganoso considerar o monismo de Mach resultado de uma identificação simplória daquilo que existe com entidades (sensações) que são (a) subjetivas, (b) básicas e (c) incapazes de outras análises. Tais entidades não existem nem na ciência (que não tem nenhum ingrediente "inabalável": p.E15, e tem "necessidade de um exame contínuo": p.231, e cf. também p.E15 sobre a diferença entre maneiras filosóficas e científicas de pensar) nem, portanto, no monismo de Mach, que é uma teoria científica e não um princípio filosófico, como já vimos.

Segundo Mach, o mundo consiste de *elementos* que podem ser classificados e relacionados uns com os outros de maneiras muito diferentes (p.E7 ss.): Elementos são sensações, "mas só à medida que" consideramos sua dependência de um complexo específico de elementos, o corpo humano: "eles são ao mesmo tempo objetos físicos, ou seja, à medida que considerarmos outras dependências fundamentais" (1922, p.13) – "os elementos, portanto, são fatos tanto *físicos* quanto *psicológicos*" (p.E136). Eles dependem uns dos outros de muitas maneiras diferentes e não existe nenhum conjunto de elementos que permaneça imune ao que ocorre fora dele: "para ser mais exato, não há nenhuma coisa *isolada*" (p.E15). No entanto, seguindo métodos conhecidos vindos das ciências, introduzimos idealizações ou "ficções" (p.E15), tais como "coisa" ou "sujeito", e formulamos "princípios" em seus termos. Os elementos não são finais – "são apenas tão *experimentais e preliminares* quanto eram os elementos da alquimia e como são os elementos da química nos dias de hoje" (p.E12). Tampouco é necessário referir cada parte da pesquisa de volta a eles (p.E12, nota de rodapé 1: citada no parágrafo anterior). Formalmente, o monismo de Mach e a hipótese atômica têm muito em comum. Ambos presumem que o mundo consiste de certas entidades básicas, ambos usam a pesquisa científica para descobrir sua verdadeira natureza, ambos concordam que a premissa não é necessária e tem de ser testada pela experiência. E, assim como a teoria atômica não precisa se opor à construção de teorias fenomenológicas contanto que o objetivo seja eventualmente analisá-los em termos de átomos, da mesma maneira Mach não se opôs a ou criticou o estabelecimento gradativo de uma ciência mecânica, contanto que não se presumisse que *seus* conceitos eram finais nem se considerasse que eles eram a base de todo o resto (p.483). A diferença entre Mach e os atomistas está nas entidades básicas: e aqui, Mach afirmou ter uma vantagem. Pois, embora não seja possível, de acordo com ele, "explicar sensações pelos movimentos dos átomos" (p.483), deve ser possível explicar os átomos em termos dos elementos de um campo perceptual, ou então a hipótese atômica deixa de ser parte de uma ciência empírica. Os elementos como pensados por Mach são, portanto, mais fundamentais do que os átomos.

5 O positivismo irracional de Einstein e o racionalismo dialético de Mach

Agora, compare esse relato sofisticado do desenvolvimento e dos elementos de nosso conhecimento com uma reconsideração da descrição de Einstein (citada acima no capítulo 4, seção 3).

Segundo Einstein (R, p.291):[21]

> ... o primeiro passo no estabelecimento de um "mundo externo real" é a formação do conceito de objetos corpóreos e de objetos de vários tipos. Da multidão de nossas experiências sensoriais, nós tomamos, mental e arbitrariamente, certos complexos das impressões sensoriais que ocorrem repetidamente... e os correlacionamos a um conceito – o conceito do objeto corpóreo. Considerado logicamente, esse conceito não é idêntico à totalidade das impressões sensoriais a que nos referimos, mas é uma criação livre da mente humana (ou animal). Por outro lado, esse conceito deve seu significado e sua justificação exclusivamente à totalidade das impressões sensoriais que associamos a ele.
>
> O segundo passo será encontrado pelo fato de, em nosso pensamento (que determina nossas expectativas), atribuirmos a esse conceito de objeto corpóreo um significado, que é, em um grau muito elevado, independente das impressões sensoriais que originalmente o fizeram surgir. Isso é o que queremos dizer quando atribuímos ao objeto corpóreo "uma existência real". A justificação de um cenário assim reside exclusivamente no fato de – por meio de tais conceitos e das relações mentais entre eles – sermos capazes de nos orientarmos no labirinto das impressões sensoriais. Essas noções e relações, embora criações mentais livres, nos parecem mais fortes e mais inalteráveis que a própria experiência sensorial individual, cujo caráter – como nada mais que o resultado de uma ilusão ou alucinação – nunca é completamente garantido. Por outro lado, esses conceitos e relações e, realmente, a postulação de objetos reais e, de um modo geral, da existência do "mundo real" têm justificação só à medida que estão conectados com as impressões sensoriais entre as quais eles formam uma conexão mental.

---

[21] Os trabalhos de Einstein citados aqui no texto são: "On the Method of Theoretical Physics", 1933; "Physics and Reality", 1936; "The Fundaments of Theoretical Physics", 1940. Os trabalhos serão citados de *Ideas and Opinions*, 1954, dando o número da página daquele livro precedido da letra R.

O que surpreende o leitor familiarizado com os escritos de Mach e com a história do positivismo até o Círculo de Viena e incluindo esse período é como essa descrição está muito mais próxima do positivismo do que de Mach. Ela é, também, muito mais simplória do que a de Mach e, ainda mais importante, é *totalmente irreal*. Não existe nenhuma fase da história ou no desenvolvimento de um indivíduo que corresponda ao "primeiro estágio"; não há nenhum estágio em que, rodeado por um "labirinto de impressões sensoriais",[22] nós "mental e arbitrariamente" selecionamos feixes especiais de experiência, "criamos livremente" conceitos e correlacionamos os conceitos com os feixes. "Não só a humanidade, mas também o indivíduo encontra... uma visão completa do mundo para cuja construção ele não fez qualquer contribuição consciente. *Aqui todos devemos começar...*" (p.E5, grifo meu). "O senso comum ... capta os corpos em nosso meio como um todo, sem separar... a contribuição dos sentidos individuais" (p.E12, nota de rodapé 1).

No entanto, o "primeiro estágio" não só *não existe*, como ele *não pode existir* como um ponto de partida do conhecimento. Mach explica as razões para isso: "A experiência sozinha, sem estar acompanhada do pensamento, seria sempre estranha para nós" (p.465): uma pessoa diante de uma experiência sensorial sem pensamento fica desorientada e é incapaz de realizar a tarefa mais simples. Além disso, "uma sensação individual não é nem consciente nem inconsciente. Ela só se torna consciente ao tornar-se parte da experiência do presente" (p.E44): a articulação dessas experiências é uma pressuposição de seu ser consciente e, portanto, não pode ser alcançada por um processo ordenador aplicado ao campo consciente, mas ainda não articulado, de sensações. "A imaginação já capta uma única observação, alterando-a e acrescentando-lhe alguma coisa" (p.E105); e isso é necessário, pois "o *entendimento* da natureza deve ser precedido por uma *captação* dela na imaginação para que nossos conceitos possam

---

[22] Quando fala de impressões sensoriais, Einstein sempre quer dizer impressões sensoriais *imediatas*. Isso fica claro em sua carta a Maurice Solovine de 7 de maio de 1952 (reproduzida em French, 1979, p.270, que contém um fax da parte epistemológica da carta). O diagrama que a acompanha tem na base o "*Mannigfaltigkeit der unmittelbaren (Sinnes) Erlebnisse*" (grifo meu).

ter um conteúdo vivo e intuitivo" (p.E107): os conceitos também não podem ser "puros"; eles devem estar banhados com o conteúdo da percepção antes de poderem ser usados para a ordenação de qualquer coisa. Nem os conceitos nem as sensações podem primeiro existir separadamente para depois se combinarem e, ao fazê-lo, formar o conhecimento.

Além disso, não há nenhum limite nítido entre a memória e a imaginação – nenhuma experiência é tão isolada que outras experiências não possam influenciar a lembrança dela. As lembranças, no entanto, são "poesia e verdade combinadas" (p.E153: a referência é à autobiografia de Goethe, *Dichtung und Wahrheit*): "observação e teoria não podem ser nitidamente separadas" (p.E165) e, portanto,

> os dois processos, *a adaptação de nossas ideias aos fatos e a adaptação de nossas ideias umas às outras,* não podem ser nitidamente separados. As primeiras sensações [de um organismo] já estão codeterminadas pelo que é inato e pelo estado temporário (*Stimmung*) do organismo [que depende das necessidades biológicas, bem como da tradição: p.E70 ss.; cf. p.E60] e impressões posteriores são influenciadas por aquilo que ocorreu antes. (p.E164)

Todo o complexo de percepções que surge dessa maneira "é organicamente mais antigo e tem melhor fundamento do que o pensamento conceitual" (p.E151); e o senso comum, que "para começar não pode de forma alguma ser separado das ideias científicas" (p.E232), não só não conhece quaisquer sensações no sentido de Einstein, como não poderia ter formado uma ideia assim tão complexa e abstrata (p.E44, nota de rodapé 1).

Tanto Mach quanto Einstein acreditavam em uma íntima conexão entre a ciência e o senso comum. "As concepções científicas são imediatamente conectadas com as ideias do senso comum, das quais elas não podem ser de forma alguma separadas." (p.E232) Essa é a razão, diz Einstein (R, p.290), pela qual os cientistas "não podem agir sem considerar criticamente um problema muito mais difícil [isso é, mais difícil que a análise das ideias científicas], o problema de analisar a natureza do pensamento cotidiano e de modificá-la no ponto em que uma mudança pareça necessária". Mas pela maneira como Einstein descreve a situação, parece que as mudanças são um tanto fáceis e ele sugere os métodos errados para realizá-las. Se "as experiências sensoriais são o tema dado"

(R, p.325),[23] se os conceitos usados para trazer ordem a esse tema são "arbitrários", "criações livres" e "essencialmente fictícios" (R, p.273), então tudo o que precisamos é abandonar um conjunto de ficções, "livremente inventar" outro (e um terceiro, um quarto...), comparar como todos eles ordenam as sensações e escolher o conjunto que executa melhor a tarefa. O procedimento pode ser longo e cansativo, mas não apresenta nenhuma dificuldade intrínseca. Tudo o que ele envolve é um "jogo livre com conceitos" (Schilpp, 1949, p.6). Se, por outro lado, não há nenhuma separação nítida entre as sensações, a imaginação, o pensamento, a memória, a fantasia, a genética, os instintos (p.E164; cf. p.E323: "criar hipóteses científicas é apenas outro desenvolvimento do pensamento primitivo instintual"), um sonhar e despertar (p.E117); se qualquer tema historicamente dado é um amálgama de todas essas entidades ou talvez nenhum amálgama, mas sim uma coisa unitária simples[24] (o que significaria que as sensações não são temas, e sim "ficções"), então a pesquisa será muito diferente do procedimento implicado na descrição de Einstein. A invenção de princípios novos não será tão "livre" como foi presumida por ele nem será suficiente simplesmente reembaralhar algumas peças familiares, pois a própria existência das peças agora será questionada.

É estranho ver como cientistas inventivos como Einstein e Plank,[25] que se opunham vigorosamente ao positivismo, ainda usavam uma par-

---

[23] Lembremos que, em sua carta a Besso (nota de rodapé 1), Einstein atribuiu essa mesma premissa a Mach (que nunca a defendeu) e a criticou. Na presente citação, 12 anos antes da carta, ele próprio a aceita – e faz o mesmo em sua autobiografia (Schilpp, 1949, p.6 ss.), que foi escrita em 1946, e na carta a Solovine, escrita em 1952, cf. nota de rodapé 22; o sensacionalismo tem um jeito de se insinuar quando se presume que as sensações não são passíveis de análise.

[24] Mach, por exemplo, parece inclinado a contar algumas das "qualidades" de Duhem entre os elementos. Cf. sua introdução à tradução do alemão da obra principal de Duhem sobre a filosofia da ciência, 1908. Mas "qualidades" para Duhem são coisas como correntes, carga, e assim por diante.

[25] Para Plank, 1969: p.45 (sensações são a "fonte reconhecida de todas as nossas experiências"); p.207, 230 (todos os conceitos de física são tirados do mundo sensorial e são aprimorados e simplificados relacionando-os novamente com esse mundo); p.226 (contato com o mundo sensorial sempre deve ser mantido); p.229 ("a fonte de todo o

te essencial dele e, portanto, deram uma explicação da ciência que foi muito mais simplória que a prática em que estavam envolvidos. Ernst Mach, o suposto positivista, foi um dos poucos pensadores a reconhecer o caráter fictício da descrição e substituí-la por uma mais realista. Com isso, ele se tornou um dos precursores da psicologia Gestalt, do construtivismo na matemática, de Piaget, Lorenz, Polanyi e Wittgenstein (que, infelizmente, é muito mais prolixo que Mach), bem como das tentativas mais recentes de procurar padrões no mundo físico.

Planck e Einstein não só usaram partes do positivismo que Mach criticava, não só se opuseram a Mach nas áreas onde não existia nenhum conflito real, mas ocasionalmente até se opunham um ao outro ou pelo menos faziam declarações sugerindo essa oposição. Assim, Planck, ao afirmar a doutrina realista, acrescentou "aqui nós riscamos o positivista 'como se'" (1969, p.234), que tinha sido usado por Einstein em sua *crítica* da doutrina positivista; enquanto Einstein, ao enfatizar a "existência real" de objetos corpóreos (R, p.291), quis dizer conceitos "que [são] bastante independentes das impressões sensoriais" – o que está de acordo com Mach (veja seção 4 acima),[26] mas não com Plank, para quem a realidade era um problema ontológico e não semântico. A "fé" de Planck em um mundo externo parece contradizer Mach, mas Planck acrescentou que, em vez de falar de uma "fé", podemos também falar de uma "hipótese operacional" (1969, p.247) – um procedimento legítimo na filosofia de Mach (p.E143).[27] Tanto Planck quanto Einstein usavam for-

---

conhecimento e a origem de todas as ciências encontram-se nas experiências pessoais. Elas são dadas imediatamente, elas são a coisa mais real que podemos evocar e os primeiros pontos de partida para o encadeamento de pensamentos que constituem a ciência"); e p.327 (o mundo real só é percebido por meio dos sentidos).

[26] Observe, entretanto, que em suas discussões Mach começa a partir dos eventos *físicos* individuais, e não das sensações.

[27] Há uma diferença interessante entre as várias afirmações sobre realismo que Planck fez no decorrer de sua vida. Em seu trabalho de 1908, que levou ao famoso intercâmbio com Mach, ele chama o realismo de "fé, tão dura como uma rocha" (p.50) e mantida pela maioria dos físicos. Ele também se recusa a considerar a distinção sujeito--objeto como um limite prático (convencional) (p.47), sugerindo que ele expressa uma bifurcação da própria realidade. Em 1913, uma vez mais ele menciona a "fé", mas acrescenta: "No entanto, a fé sozinha não é suficiente, pois, como a história da ciên-

mulações que pareciam colocá-los em oposição a Mach, mas que estão de acordo com ele quando se presta atenção às várias maneiras em que os termos-chave são usados.[28] Em conjunto, a batalha sobre Mach e o positivismo era uma rede de confusões, com os inimigos adotando parte da própria doutrina que Mach supostamente tinha defendido, mas não defendia, e se chamando mutuamente de positivistas quando, na verdade, estavam tentando se afastar do positivismo. Mach e Planck estavam de acordo até ao *afirmarem* que falar do "caráter fictício e livremente inventado" dos conceitos teóricos impedia uma verdadeira compreensão do papel dos princípios fundamentais – mas tinham razões diferentes para isso. Para Planck, os princípios fundamentais não eram nem fictícios nem arbitrários *porque descreviam características reais do mundo externo real.*

---

cia nos ensina, ela pode nos desencaminhar e levar à intolerância e ao fanatismo. Para permanecer sendo uma líder confiável, ela deve ser verificada constantemente pela lógica e pela experiência" (p.78). Em 1930, uma vez mais ele chama o realismo de fé, mas acrescenta que, "falando com mais cuidado, podemos também chamá-lo de uma hipótese operacional" (p.247). Mas, nesse mesmo trabalho, ele "risca o positivista 'como se' e atribui às chamadas invenções práticas um grau maior de realidade do que as descrições diretas das impressões imediatas dos sentidos" (p.234). Ele também dá ênfase aos elementos "metafísicos" (p.235) ou "irracionais" (p.234) introduzidos por uma fé realista. Em 1937, em seu discurso "Religion and the Natural Sciences" [Religião e as ciências naturais], ele se propõe a examinar "que leis nos são ensinadas pela ciência e que verdades são intocáveis" (p.325) e menciona a existência de um mundo real independente de nossas impressões (p.327), bem como a existência de leis nesse mundo real (p.330). Com mais precaução, ele menciona o princípio de menor ação e a existência de constantes entre essas leis.

Parece que Plank hesitava entre uma versão mais científica (isto é, testável) do realismo – uma versão que o próprio Mach tinha proposto incidentalmente (1933, p.231) – e uma versão mais "irracional" ou "metafísica". Essa hesitação pode ter sido induzida pela sua lealdade dupla à ciência, que para ele sempre significou a capacidade de ser submetida a testes (seria isso um vestígio da influência de Mach?), e também por sua lealdade a certa fé filosófica, e pode ter sido encorajada por seu reconhecimento de que, embora possamos postular uma realidade, mesmo uma realidade "absoluta", devemos ao mesmo tempo admitir que jamais nenhum resultado ou princípio científico específico pode captá-la totalmente (p.182 – com uma ótima referência a Lessing).

[28] Por exemplo, Einstein argumenta contra "abstrações" como um princípio da ciência (R, p.273), apontando para o aspecto criativo da construção de teorias, enquanto, de acordo com Mach, a abstração é um "passo intelectual ousado" (p.E140).

Para Mach, eles não eram nem fictícios nem arbitrários *porque dependiam de muitos fatores históricos, dentre eles o instinto*. Planck e Einstein, é claro, também reconheciam a necessidade de uma agência que leva a pesquisa de um estágio para o seguinte e eles chamavam essa agência de intuição (R., p.226) ou fé (Planck, *passim*, e cf. nota de rodapé 35). No entanto, há uma grande diferença entre intuição ou fé como concebida por Planck e Einstein e o conceito de instinto de Mach.

Segundo Mach, "a verdadeira relação entre os vários princípios é histórica" (p.73). "A explicação mais exata e mais completa de uma ideia consiste [portanto] em expor claramente todos os motivos e todos os caminhos que levaram até ela e a confirmaram. A conexão *lógica* da ideia com ideias mais antigas, mais habituais e *incontestadas* é apenas parte desse procedimento." (p.E223)

> Entrar em contato com os autores clássicos do renascimento da pesquisa científica dá um prazer incomparável e uma instrução completa, duradoura e insubstituível, exatamente pela razão de que esses grandiosos e ingênuos seres humanos, na encantadora alegria de suas investigações e de suas descobertas, nos dizem, sem qualquer mistificação erudita (*ohne jede zunftmässige gelehrte Geheimnistuerei*), o que ficou claro para eles e como isso ocorreu. Assim, ao ler Copérnico, Stevin, Galileu, Gilbert e Kepler aprendemos sem grandiloquência (*ohne allen Pomp*) os motivos que orientaram a pesquisa explicados pelos exemplos dos maiores sucessos na pesquisa... Uma abertura cosmopolita... caracteriza a ciência dessa época. (p.E223 ss.)

Sabemos bem que os filósofos modernos da ciência escolheram desconsiderar essa abertura cosmopolita e a substituíram por aquilo que eles chamam, de uma maneira um tanto otimista, de explicação "racional" ou de reconstrução "racional". Uma explicação racional, para usar as palavras de Mach (último parágrafo), explica uma ideia mostrando "a conexão *lógica* da ideia com ideias mais antigas e incontestadas", sem indicar como essas ideias surgiram e por que elas devem ser aceitas. Ora, as explicações do conhecimento dadas por Einstein e Plank eram explicações racionais nesse sentido. Elas aceitaram um conjunto de entidades "incontestadas" (dados sensoriais) e um conjunto de ideias incontestadas ("lógica") e fizeram afirmações sobre a relação das teorias científicas reais com aquelas coisas inexplicadas e incontestadas. Naturalmente, deixaram muitas perguntas sem resposta.

Além disso, eles usaram ficções, não coisas reais, para responder as perguntas que *realmente* consideraram: não há sensações imediatas em parte alguma da ciência ou do senso comum (as sensações realmente ocorrem na psicologia, mas como entidades teóricas, não como um tema compartilhado por todas as ciências). O "caráter arbitrário e fictício" dos princípios nada mais é que um reflexo desse ponto de partida irreal e fictício: princípios da ciência existentes, comparados de uma maneira incompleta com entidades fictícias, que supostamente seriam seu único tema, irão naturalmente parecer arbitrárias e fictícias. E uma agência que conecta as ficções com a realidade – a "intuição" de Einstein, a "fé" de Planck, e a "beleza" de Dirac[29] – forçosamente terá algumas propriedades bem estranhas. É por isso que Planck enfatizava o caráter "irracional" e "metafísico" dos princípios básicos e que Einstein falava da "base religiosa do esforço científico".[30] *Mas essa irracionalidade, essa intrusão da religião em um empreendimento supostamente racional como a ciência, é nada mais que uma imagem espelhada do positivismo remanescente de Planck e Einstein,* é um reflexo da incompletude de suas visões do conhecimento. Isso não emerge em Mach.

Pois, embora Mach atribua ao instinto uma função muito importante, enfatize seu "poder" e "autoridade superior" (p.26) e o fato de ele ser "algo estranho e livre de elementos subjetivos" (p.73), embora mostre como o progresso é realizado pela reforma dos fatos com base no instinto e declare que os maiores cientistas são aqueles que "misturam o instinto mais forte com o maior poder conceitual" (p.27), há duas diferenças essenciais entre ele e Planck-Einstein. Primeiro, o instinto não opera sobre as sensações, mas sim em uma situação histórica concreta que é só parcialmente articulada na forma de postulados, padrões e resultados experimentais, mas que em grande parte consiste de tendências inconscientes (de pensar, perceber, reagir a relatos). Essa é uma agência real operando no mundo

---

[29] Cf., por exemplo, "The early years of relativity", em Holton e Elkana, 1982, p.83.
[30] Em seu ensaio de 1929, "Über den gegenwärtigen Stand der Feldtheorie", citado de Holton, 1973, p.242.

real. Segundo, "em vez de se envolver em misticismo", Mach pergunta "como é que esses conhecimentos instintivos surgem... o que está contido neles?" (p.27) e "qual é a fonte de sua autoridade superior"? (p.26) – superior aos resultados experimentais? A resposta para a última pergunta é simples: um instinto que impulsiona as ciências *se apresenta* como sendo independente de nossas ações e crenças, enquanto todos os experimentos que realizamos dependem de premissas que nós mesmos formulamos e que, portanto, *reconhecidamente*, expressam nossas expectativas (subjetivas). A questão da confiabilidade da autoridade é respondida com uma reflexão sobre sua *forma*: o conhecimento instintivo "é, sobretudo, negativo, ele não nos diz o que deve ocorrer; ao contrário, ele nos diz o que não pode ocorrer" (p.27 ss.).[31] Seu *conteúdo* fica claro a partir do fato de os eventos proibidos "contradizerem fortemente a massa obscura de experiências nas quais os eventos individuais não podem ser distinguidos" (p.28) – elas contradizem as *expectativas* de uma pessoa ou de um grupo de pessoas em certa fase da adaptação ao mundo. O conteúdo tem *autoridade* porque o conhecimento instintivo, embora um tanto vago quando comparado com resultados experimentais detalhados, "apoia-se em uma base ampla" (p.E93). Sabemos por inúmeras experiências, só algumas delas formuladas conscientemente, que objetos pesados não se erguem por si próprios, por mais complexas que sejam as conexões físicas feitas entre eles; que objetos de igual temperatura, quando postos em contato, retêm essa temperatura; que diferenças de temperatura, pressão e densidade se equalizam, mas não o contrário – e assim por diante. Agora também percebemos que a autoridade dos princípios instintivos aumenta sempre que o contato com o mundo material aumenta, o que é uma razão pela qual as ciências forçosamente irão lucrar com o conhecimento (explícito e instintivo) dos artesãos (p.E85). Deve ser admitido que "um experimento cuidadosamente realizado fornece muitos detalhes", mas "a sustentação mais segura" para as ciências "surge com o relacionamento com as experiên-

---

[31] O conhecimento instintivo compartilha essa forma com as leis da natureza. Elas são "restrições que, sendo guiadas pela experiência, nós impomos a nossas expectativas". (p.E44 ss.); "o progresso da ciência leva a uma crescente restrição de nossas expectativas" (p.E452).

cias rudimentares" contidas nos princípios instintivos. "Foi assim que Stevin adaptou suas ideias quantitativas sobre planos inclinados e como Galileu adaptou as ideias quantitativas sobre a queda livre a sua experiência geral na forma de experimentos mentais" (p.E193), e essa é a razão pela qual "pontos de vista quantitativos especiais deveriam ser adaptados experimentalmente às impressões instintivas gerais" (p.29), que é também a justificativa – dada por Mach, não por Einstein – para a recusa de Einstein de se intimidar com qualquer "verificação de pequenos efeitos":[32] *o conhecimento instintivo, tendo passado por testes de uma grande variedade de experiências qualitativamente diferentes, predomina sobre um experimento novo que é baseado em premissas especiais apenas em um domínio restrito.*[33] Uma vez mais, percebemos uma concordância sobre procedimento, mas as razões dadas por Mach e por Einstein são realmente muito diferentes.

Como vimos, Einstein deu ênfase ao caráter arbitrário e fictício dos princípios gerais. O que ele quis dizer foi que não há nenhum caminho lógico a partir da experiência (e isso, para ele, significava sensações imediatas) para os princípios (R, p.273). Mach poderia ter concordado com essa interpretação restrita, pois ele não só observou como enfatizou o conflito (lógico) entre princípios e experimentos especiais e aconselhou cientistas

---

[32] Carta a Besso de março de 1914, citada de Seelig, 1954, p.195. Cf., também Einstein, 1971, p.192: "É realmente estranho que os seres humanos sejam normalmente surdos aos argumentos mais fortes, enquanto sempre tendem a superestimar a precisão das medidas". "Seres humanos", é claro, aqui significam "físicos".

[33] Uma investigação experimental crítica não é excluída; ao contrário, Mach a exige (p.231), mas ela deve fornecer uma base comparável àquela implícita no princípio.
Segundo Mach, as teorias confirmadas em um domínio mais amplo também se sobrepõem às *teorias* confirmadas em um domínio mais restrito: "Se alguns fatos físicos precisarem de uma modificação de nossos conceitos, então o físico irá preferir abandonar (*opfern*) os conceitos menos perfeitos da física em vez daqueles mais simples, mais perfeitos e mais fortes da geometria, que são as bases mais sólidas de todas as suas ideias" (p.E418). Observem que confirmação, para Mach, sempre inclui a possibilidade de fracasso, assim como instinto e tentativas e comparações inconscientes. Observem também como essa abordagem pode ser usada para defender uma medicina empírica contra intrusões por parte de teorias que dependem de alguns experimentos sofisticados, embora remotos.

a adaptarem os últimos aos primeiros e não o contrário. Mas Mach não admitia que os princípios, portanto, eram "criados livremente pela mente humana" e com razão, pois há muitos obstáculos além daqueles supostamente impostos pela lógica, e a ação "racional" não apenas atende a esses obstáculos adicionais, mas também é carregada por eles.

Ora, quando Mach argumentou contra as "criações livres", ele deu uma descrição e lançou um alerta. A descrição menciona o que acaba de ser dito. "Muitas vezes chamamos os números de 'criações livres da mente humana'." A admiração pelo espírito humano que é expressa nessas palavras é bastante natural quando vemos o edifício terminado e imponente da aritmética. No entanto, nosso entendimento dessas criações seria maior se pesquisássemos seus *começos instintivos* e considerássemos as circunstâncias que levaram à necessidade dessas criações. Talvez iremos então perceber que as primeiras estruturas (*Bildungen*) que surgiram aqui eram inconsciente e biologicamente *forçadas* sobre os seres humanos por circunstâncias materiais e que seu valor só pôde ser reconhecido depois de elas terem começado a existir e de se provarem úteis" (p.E327). Falar de "criações livres" (ou de "hipóteses ousadas") desconsidera essa rede complexa de determinantes, substituindo-a por uma descrição ingênua e fictícia e engana o pesquisador sobre sua tarefa. Pois – e esse é o alerta de Mach – qualquer encadeamento de pensamento que se afaste do instinto perde contato com a realidade e causa "excessos irreais e tristes e monstruosas teorias especiais" (p.29 ss.).

6 Átomos e relatividade

Não há dúvida de que Mach considerava os átomos um dos monstros que tinham surgido porque os cientistas se afastaram da base instintiva da ciência de sua época. Os átomos, para ele, não eram apenas idealizações, mas "puros objetos do pensamento (*blosse Gedankendinge*) que, pela sua própria natureza, *não podem afetar os sentidos (nicht in die Sinne fallen können*: p.E418)". Uma idealização tal como um gás ideal, um fluido perfeito, um corpo perfeitamente elástico e uma esfera (p.E418) podem estar conectados com a experiência por uma série de aproximações – ela obedece a um *princípio de continuidade* (p.131). Mesmo uma teoria complexa e abrangente, como a mecânica de Newton, contém afirmações que podem ser gradativamente transformadas em descrições de questões observáveis.[34] Realmente, todo o mundo fenomenal de Kant com sua rica textura obedece a um princípio de continuidade na visão de Mach. Substâncias pré-kantianas, por outro lado, ou o *Ding an sich* de Kant não possuíam essa propriedade (p.466). Elas não podem ser nem vivenciadas nem conectadas com a experiência por uma cadeia de aproximações, idealizações, abstrações; elas são puras construções mentais (*reine Gedankendinge*) e afirmações sobre elas são, *em princípio, intestáveis*. Mach presumiu (premissa A) que entidades desse tipo não têm nenhum lugar na ciência.

Ele também presumiu (premissa B) que os átomos, como concebidos pela maioria dos atomistas de sua época, tinham essa propriedade indesejável. Suas objeções aos átomos eram baseadas nessas duas premissas, e não em um positivismo ingênuo como garantem quase todos os seus críticos, entre eles Einstein.[35]

A premissa A é aceita por Einstein (veja o texto da nota de rodapé 9 e passagens relacionadas), pela maioria dos cientistas e por quase todos os filósofos modernos da ciência. É a única premissa metodológica (epistemológica) no argumento de Mach. Portanto, não é possível criticar a rejeição dos átomos por parte de Mach por razões metodológicas.

A premissa B é uma premissa histórica e, como todas as premissas históricas, não é fácil de determinar. Além disso, Mach admite que "as teorias atômicas podem fazer com que os cientistas sejam capazes de representar vários fatos", mas insiste para que eles as considerem "ajudas

---

[34] O comentário de Einstein, na carta a Besso citada nas notas de rodapé 1 e 19 acima, de que Mach "não sabia que esse caráter especulativo pertence também à mecânica de Newton" (Hopton, 1973, p.232), mostra que ele não tinha lido Mach muito bem ou há muito tempo tinha se esquecido do que tinha lido.

[35] Mach, é claro, estava ciente da existência de cálculos que relacionavam a mecânica com leis e fatos termodinâmicos. No entanto, ele suspeitava que muitos desses cálculos eram *ad hoc* ("especialmente inventados para aquele objetivo" – p.466) e que explicações genuínas poderiam ser obtidas sem usar os detalhes do ponto de vista mecânico. Ele estava certo nos dois casos – cf. o texto da próxima nota de rodapé.

provisórias" e lutem "por um ponto de vista mais natural" (p.466). Ora, isso é precisamente o que Einstein fez em seus primeiros trabalhos sobre fenômenos estatísticos. Neles, ele não só criticou a teoria cinética existente por "não ter sido capaz de fornecer uma base adequada para a teoria geral do calor" (1902, p.417), mas também tentou livrar a discussão dos fenômenos estatísticos (do calor) das premissas mecânicas especiais e demonstrou que algumas propriedades muito gerais são suficientes para obter os resultados desejados.[36] Além disso, Einstein percebeu a necessidade de argumentos mais fortes (Schilpp, 1949, p.46) e construiu, em seu trabalho sobre o movimento browniano, o mesmo tipo de conexão contínua entre átomos e a experiência que Mach tinha exigido; portanto, eliminou uma falha importante das teorias atômicas existentes.[37] Finalmente, a teoria quântica introduziu o "ponto de vista mais natural" que Mach vinha procurando.

Temos de concluir que a crítica de Mach fazia sentido, que não tinha nada a ver com uma atitude positivista, que Einstein (e Von Smoluchowsky e os fundadores da teoria quântica) agiu como se ela fosse sensata, aprimorando a teoria cinética justamente nos pontos criticados por Mach, e que a crítica posterior que Einstein fez de Mach sobre os átomos não pode ser levada a sério. Se houve qualquer positivismo em algum lugar, ele ocorreu em Einstein e não em Mach.

A teoria especial da relatividade satisfez o princípio de continuidade como foi defendido por Mach. Vimos que (e por que) as explicações po-

---

[36] As propriedades são: equações diferenciais lineares de primeiro grau para a variação temporal das variáveis de estado (Mach, seguindo Petzold, tinha considerado isso um *fato empírico* importante: cf. nota de rodapé 14), uma integral única de movimento (a energia) e um análogo ao teorema de Liouville (que Mach poderia ter considerado apenas "outro lado do mesmo fato [mecânico básico]": p.454) Cf. Klein, 1982, esp. p.41.

[37] Loc.cit. Relata-se que (Einstein, 1902, p.48) o movimento browniano não convenceu Mach. No entanto, não sabemos se Mach leu o argumento de Einstein como um argumento a partir da continuidade ou se ele foi apenas informado sobre a identidade das constantes obtidas a partir do movimento browniano de um lado e das fórmulas de Planck do outro (Einstein, loc. cit., sugere o último). Apenas o primeiro argumento o teria convencido – e com razão, pois uma concordância de *números* não nos diz nada sobre as *entidades* a que os números pertencem.

pulares das objeções de Mach a essa teoria não podem ser aceitas: elas criticam Mach por ideias que ele nunca teve e, em contraste, elogiam Einstein por ter usado procedimentos explicitamente recomendados por Mach. No entanto, aqui também a solução parece ser bastante simples e o próprio Mach indicou onde ela pode ser encontrada. Em seus breves comentários na introdução a *Optik*,[38] ele dá três razões para sua crítica: o crescente dogmatismo dos defensores da relatividade, "considerações baseadas na fisiologia dos sentidos" e "concepções resultantes de... experimentos".[39]

A acusação de dogmatismo tinha bastante fundamento. Ela se aplicava a Planck que, apesar de cláusulas admonitórias ocasionais em seus escritos (cf. as citações na nota de rodapé 27), parece ter considerado as invariantes relativistas partes da realidade absoluta que ele postulava atrás do mundo da ciência e do mundo sensorial. Ela se aplicava também à maioria dos físicos que, sem saber que Mach examinava a questão do limite sujeito/objeto e sem estarem dispostos a se envolverem em um exame crítico de um preconceito tão básico, praticavam "a física de sempre", o que significa que presumiam que o limite estava lá e usavam a relatividade para estabilizá-lo e torná-lo mais preciso. As "considerações" estão mais provavelmente relacionadas com o exame interdisciplinar do limite feito por Mach (cf. texto da nota de rodapé 27), sua conjectura de que eventos "mentais" têm ingredientes "materiais" (e vice-versa) e sua tentativa de desenvolver um ponto de vista que levasse essas questões em consideração. O conflito entre Mach e os seguidores não críticos de Einstein foi, portanto, primeiro um conflito entre duas teorias científicas diferentes, uma contendo um limite sujeito/objeto bem definido, a outra redefinindo ou dissolvendo esse limite de acordo com os resultados da pesquisa científica na física, na fisiologia e na psicologia. Em segundo lugar, era um conflito de atitudes: Mach queria *examinar* a questão, ao passo que seus oponentes ou *a consideravam resolvida* ou nem sequer

---

[38] Mas veja o posfácio ao presente ensaio para um comentário sobre a autenticidade desse texto.
[39] *The Principles of Physical Optics.* Dover publications.

percebiam que havia um problema. Novamente, Mach emerge como um cientista crítico tentando fazer com que algumas partes muito fundamentais da ciência se enquadrassem em princípios já praticados em outras regiões da pesquisa científica. É também bem conhecido que o conflito continuou e invadiu a oposição entre Einstein e Bohr sobre a teoria quântica e o conflito mais recente entre teorias do tempo-espaço e teorias quânticas.[40]

Sobre os "experimentos" que Mach menciona no final de seus comentários críticos (cf. as curtas passagens extraídas de *Optik* no texto acima), nada sabemos.

7 Lições a serem aprendidas

O que é que aprendemos com esse esboço do episódio Mach-Einstein? Aprendemos, em primeiro lugar, que não podemos confiar em opiniões aceitas, ou em versões aceitas de "grandes momentos decisivos da ciência", ou em "grandes debates", mesmo que eles possam ter o apoio de estudiosos importantes nos campos relevantes. Aprendemos, em segundo lugar, que as falhas das opiniões aceitas podem muitas vezes ser encontradas sem estudos arquivais detalhados – uma leitura cuidadosa de alguns livros bem conhecidos é suficiente. Tal leitura nos faz perceber, em terceiro lugar, que na maior parte do tempo as versões aceitas são não só incorretas, mas também muito mais simples (e muito mais simplórias) que os eventos que elas descrevem. Assim, somos levados a suspeitar, em quarto lugar, que muitas das chamadas "grandes questões", como aquela entre "realismo" e "positivismo", que é normalmente relacionada com a questão Mach-Einstein, são batalhas falsas, causadas por mal-entendidos e distrações, e que, se tomadas por si mesmas e sem uma análise histórica (do tipo simples mencionado no ponto dois), não nos ensinam absolutamente nada sobre a ciência e o conhecimento em geral. Disso

---

[40] Esse conflito, também, é um conflito entre premissas físicas encobertas por uma atitude crítica de um lado (Bohr) e uma teimosia dogmática do outro (Einstein). Cf. meu ensaio sobre Bohr no v.1 de meu *Philosophical Papers*, 1981.

aprendemos, em quinto lugar, que os sistemas filosóficos que afirmam ter solucionado essas questões não podem ser distinguidos das produções de artistas trapaceiros, a não ser pelo fato de esses artistas saberem o que estão fazendo, enquanto os filósofos não sabem. E todas as batalhas filosóficas que surgem quando sistemas diferentes, tentando dar explicações diferentes da mesma "grande questão", ou do mesmo "grande passo à frente", ou da mesma "revolução", confrontam-se com razões e contrarrazões que não são muito mais que devaneios.[41] O devaneio, é claro – e este é o ponto seis – é um grande progresso para todos aqueles que, não tendo o talento para entender e influenciar um processo histórico complexo, podem então ser simplórios e ainda assim continuar sendo filósofos e até afirmar que são mais "racionais" que aqueles que estão insatisfeitos com seus modelos ingênuos. Isso nos encoraja, ponto sete, ocasionalmente, a irmos um pouco adiante, darmos uma olhada crítica nos eventos que supostamente constituem essas questões e "resgatar"[42] os participantes dos contos de fada que estão sendo contados sobre eles. Essa atividade é, por si só, muito interessante, pois gera surpresas grandiosas e muitas vezes bastante inesperadas. E ela é necessária para que nossa história e nossa filosofia sejam mais que devaneios fazendo-se passar por contornos de um mundo real.

Posfácio, 1988

Gereon Wolters, em uma série de artigos e em um livro, tentou mostrar que o prefácio de Mach para seu *Physikalische Optik* (que contém comentários críticos sobre a teoria da relatividade) era uma fraude inserida

---

[41] Para o devaneio criado no caso de Bohr, veja meu ensaio sobre Bohr a que me referi na nota de rodapé 40. Parte do devaneio em volta da chamada Revolução Copérnica foi discutido em meu *Against Method*, 1975, 3.ed., em grande parte reescrito *Wider den Methodenzwang*, Frankfurt, 1986.
[42] O grande poeta e filósofo alemão Lessing escreveu uma série de *"Rettungen"*, tentando resgatar grandes figuras históricas caluniadas da injustiça que lhes tinha sido feita por clérigos, acadêmicos e boatos de um modo geral.

pelo filho de Ernst Mach, Ludwig. Os argumentos de Wolters, embora indiretos, são bastante fortes e constituem uma contribuição valiosa para a erudição de Mach. O mesmo não pode ser dito de alguns dos motivos para sua aceitação. Muitas pessoas parecem presumir que alguém que rejeita uma teoria que é hoje considerada um evangelho por quase todos na área cometeu um erro grave: se Mach rejeitou a relatividade, então sua filosofia deve ser realmente muito ruim. Mas isso é puro dogmatismo! A aceitação geral não decide uma questão – são os argumentos que o fazem. E posso bem imaginar que Mach, que tentou encontrar uma explicação unificada para processos físicos, fisiológicos e psicológicos, poderia ter objeções a uma teoria do tempo-espaço que não só perpetuasse a antiga dicotomia entre espaço e tempo físicos e psicológicos, mas que, na versão de Plank, até mesmo a reforçava: a relatividade era um problema para Mach não porque ela ia além das sensações e, portanto, longe demais, mas porque ela não foi longe o bastante.

8
Algumas observações sobre a teoria da matemática e do *continuum* de Aristóteles

1. No livro II/2 de *Physics* [Física] e no livro XIII/3 de *Metaphysics* [Metafísica], Aristóteles explica a natureza dos objetos matemáticos.[1] A explicação é bastante simples, mas são acrescentadas discussões longas e elaboradas para combater ideias alternativas e eliminar erros. Não entrarei nessas discussões, nem mencionarei ou comentarei os debates modernos sobre sua interpretação correta. Apenas apresentarei as afirmações de Aristóteles, acrescentarei alguns comentários esclarecedores, examinarei as consequências para a física, compararei essas consequências com objeções de autores posteriores e mostrarei como elas estão relacionadas com problemas modernos. Ao citar Aristóteles, omitirei referências especiais ao *Physics* e ao *Metaphysics* – aqui os números das páginas falam por si mesmos. Números simples entre parênteses, tais como (14), referem-se às seções do presente trabalho.

---

[1] Uma versão anterior deste trabalho foi lida pelo Dr. Rafael Ferber, que enviou comentários e sugestões extensas tendo em vista seu aprimoramento. Adotei algumas delas e reescrevi o texto por esse motivo.

2. Corpos físicos, diz Aristóteles, têm superfícies, volumes, linhas e pontos. Superfícies, volumes, linhas e pontos passam a ser o tema da matemática *ao serem separados dos corpos* (193b34).

Lemos também (1964a28 ss.) que a física "trata das coisas que têm, nelas próprias, princípios de movimento; a matemática é teórica e é uma ciência que lida com coisas que duram – *mas que não estão separadas*".

"Essas coisas *não podem, de forma alguma, existir separadamente* – tampouco podem existir *em* objetos sensíveis" (1077b15 ss.; cf. 1085b35 ss.).

A contradição é solucionada ao percebermos que "diz-se que as coisas são de muitas maneiras diferentes" (cf. *Met.* III/2 e inúmeras outras passagens). Objetos matemáticos têm existência separada em alguns desses sentidos, mas não em outros.

Presuma que existir signifique ser uma entidade individual que não depende de outros objetos e é tão real quanto (ou talvez até mais real [028b18] que) corpos físicos. Se os objetos matemáticos existem nesse sentido, não podem estar *em* objetos físicos – pois então teríamos dois objetos em um único lugar (1076a40 ss.; cf.998a13 s.) – e tampouco podem ser objetos físicos ("linhas sensíveis não são linhas como aquelas que o geômetra descreve: não há nada perceptível que seja reto ou curvado no sentido [estritamente geométrico], o círculo toca a régua não em um ponto, mas segundo a maneira de Protágoras" (998a1 ss.). Tampouco podemos presumir que os objetos físicos são *combinações* de objetos matemáticos: uma combinação de objetos estáticos e não percebidos só produz outros objetos estáticos e não percebidos (1077a34 ss.) e a combinação de um material físico (bronze, por exemplo) com uma forma matemática (uma esfera individual, por exemplo), ambos concebidos como indivíduos completos e autossuficientes, produzirá um par de indivíduos completos e autossuficientes (bronze; esfera) e não um único indivíduo que tenha esfericidade como uma propriedade (dependente) (1033b20 ss.). Aristóteles nos dá outros argumentos, nem todos eles admiráveis, para mostrar que as entidades matemáticas, interpretadas como indivíduos completos e independentes (ou como "substâncias", na terminologia de Aristóteles), não estão nem *em* objetos físicos nem *fora* e separadas deles.

3. Embora não seja possível ter *objetos* autossuficientes, em corpos físicos ou separados deles, aos quais faltem importantes propriedades dos corpos físicos, é possível ter *descrições* incompletas desses corpos.

> Por exemplo ... há muitas afirmações sobre objetos considerados apenas à medida que possam estar em movimento, o que nada diz sobre suas propriedades essenciais e acidentais sem que isso implique, necessariamente, que há movimento separado das coisas sensíveis ou que há uma entidade distinta que se move nelas. (1077a34 ss.)

Da mesma forma,

> há propriedades e domínios do conhecimento que tratam de [objetos em mutação] não à medida que eles estão em movimento, mas sim à medida que são corpos, ou apenas à medida que são planos e linhas e sejam divisíveis, ou, como indivisíveis tendo posição, ou apenas como indivisíveis. (1077b23 ss.)

"O mesmo princípio se aplica à harmonia e à ótica, pois nenhuma dessas duas ciências estuda objetos como visão ou som, e sim como linhas e números – mas os últimos são atributos que pertencem à primeira. E o mesmo é verdade da mecânica" (1078a14 ss.). Nenhum erro surge disso "não mais do que quando desenhamos uma linha no chão e dizemos que tem um pé de comprimento quando não tem – pois o erro não está incluído nas premissas" (1078a18 s.; cf. a explicação muito semelhante de Berkeley na introdução de seu *Principles of Human Knowledge*, 1710).

Tendo isso em mente, não só podemos dizer sem qualificação que o que é separável existe, mas também que o que é inseparável existe e é separável por descrição. Os objetos da geometria, por exemplo, existem: *eles são objetos sensíveis*, mas apenas acidentalmente, pois o geômetra não os trata como objetos sensíveis (1078a1 ss.).

4. Nem todas as descrições incompletas de corpos desconsideram o movimento e a perceptibilidade. "Reto" e "plano" o fazem; "roto" e "polido", não – as duas últimas descrições contêm uma referência implícita a materiais físicos mutáveis (o exemplo favorito de Aristóteles é *simós*, que

quer dizer uma pessoa com um nariz arrebitado e grosso, em oposição a "côncavo": "a definição de *simós* contém a matéria do objeto, pois o arrebitamento só é encontrado em narizes, enquanto que o mesmo não ocorre com a definição de 'côncavo'" [1064a23 ss.]). Como resultado, "reto" e "plano" podem ser separados no sentido que acabamos de explicar, enquanto "roto" e "polido" não podem. Aristóteles criticou Platão por separar coisas como "carne", "osso" e "homem", que pertencem à última categoria (194a6 ss.; cf. 1064a27 ss.) e por tentar definir "linhas [que são separáveis] a partir de comprido e curto [que não são], planos a partir de largo e estreito e sólidos a partir de profundo e raso" (1085a9 ss.).

5. Se uma característica, propriedade ou entidade é separável no sentido explicado, então podemos tratá-la como separada, isto é, podemos discuti-la sem prestar atenção às outras características *que também estão presentes*, ou podemos dar uma descrição mais completa. No entanto, não podemos fazer as duas coisas ao mesmo tempo: não podemos marcar ou subdividir um objeto físico por um ponto ou um plano matemático. É comum nos cálculos físicos "imaginar" um objeto físico O "cortado" por um plano matemático P, ou "considerar" um volume V nele (Figura 1). Segundo Aristóteles, isso é absurdo. Planos matemáticos não podem subdividir objetos físicos; só superfícies físicas podem fazê-lo e essas têm propriedades físicas que não estão presentes no corpo físico não dividido. Para que P possa dividir O, então P deve ser identificável como uma superfície – deve haver uma incisão estreita em P: "sempre que corpos são combinados ou divididos, suas fronteiras instantaneamente passam a ser uma em um tempo (quando eles se tocam) e duas em outro tempo (quando são divididos). Assim, quando os corpos são combinados, a superfície não existe, ela sucumbiu" (1002b1 ss.). Devemos comparar essa explicação com o que a teoria quântica diz sobre locação e divisão.

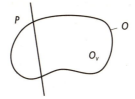

Figura I

6. Essas considerações desempenham um papel importante na teoria de lugar de Aristóteles. Segundo ele, o lugar de um objeto é "a superfície interior limitadora do corpo que contém" o objeto (212a7) e esse limite interior é uma verdadeira subdivisão física. Portanto, "se uma coisa não está separada do ambiente que a envolve e sim é contínua com esse ambiente, ela não tem nenhum lugar nele, mas tem um lugar como parte do todo" (211a29 ss.). Por exemplo, uma garrafa parcialmente cheia de água e flutuando em um lago tem um lugar no lago: a superfície consiste da superfície na qual a água externa se encontra com a garrafa (Figura 2). A água dentro da garrafa também tem um lugar, a saber, a superfície interior do vidro em que ele toca a água interna mais a superfície do ar dentro da garrafa que toca a água. No entanto, ambos os lugares são superfícies fisicamente identificáveis; uma gota de água dentro da garrafa é *parte* daquela água; ela não tem *nenhum lugar* naquela água; ela tem apenas, como parte daquela água, um lugar dentro da garrafa. Podemos dizer que a gotinha, potencialmente, tem um lugar dentro da água da garrafa e que esse lugar em potencial pode ser realizado quando a gotinha estiver fisicamente separada do resto da água, por exemplo, quando ela congelar (212b3 ss.).

O argumento em 3 também mostra que o lugar não pode ser uma extensão interior (diastema) de um corpo que fica para trás quando o corpo partiu (como o lugar supostamente ficaria para trás [208b1 ss.]), pois, se existisse tal entidade, "haveria infinitamente muitos lugares na mesma coisa" (211b21). Esse argumento, diz H. Wagner (1974, p.544 ss.) "é um dos grandes enigmas que a física aristotélica ofereceu a seus intérpretes desde a antiguidade". Mas a situação é bastante simples, quase trivial. No argumento, o *diastema* de um corpo específico é considerado física e não matematicamente (o local, afinal de contas, exerce uma influência física [208b11]) e é supostamente idêntico ao lugar. Considerar o *diastema* fisicamente implica que um objeto físico real está associado a ele; identificar o *diastema* com lugar significa exigir que esse objeto se comporte como um lugar, ou seja, que ele fique para trás quando o corpo em cujo lugar ele deveria estar segue adiante (208b1 ss.). Ao ficar para trás, o *diastema* não se transforma em uma entidade matemática, e tampouco deixa de ser uma característica particular de um corpo particular para se transformar em algo que é compartilhado por todos os corpos (todos os objetos físicos têm seus próprios lugares individuais e, portanto, seu próprio *diastema* individual). Portanto, todos os lugares, tendo sido ocupados e abandonados por muitos objetos diferentes, contêm muitos *diastemas* diferentes; e, como cada lugar é ocupado por um corpo (não existe vácuo) e todo *diastema* é um lugar, todo corpo irá conter uma infinidade de lugares.

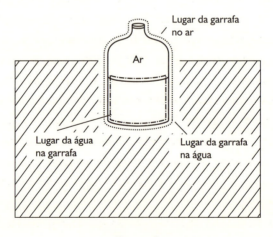

Figura 2

7. Comentários semelhantes se aplicam à ideia de que o vácuo poderia ser uma entidade existente independentemente, como ocorre com um *diastema* (216a23 ss.). O movimento local consiste em um corpo substituindo outros corpos. O vácuo foi introduzido não a fim de ser substituído por um corpo, mas para recebê-lo (213b5 ss.). Ele pode, portanto,

receber um cubo de madeira. Nesse caso, haveria duas coisas no mesmo lugar – o que é impossível (216b11 s.). É interessante observar que Guericke (1672, livro 2, capítulo 3) introduz o *diastema* para representar o vácuo sem mencionar os argumentos contrários de Aristóteles, mas com um profundo sarcasmo com relação à filosofia aristotélica.

8. A explicação de Aristóteles também desarma um dos argumentos de Galileu contra a suposição de que corpos pesados caem com mais rapidez que os leves. Segundo o argumento, podemos imaginar que um corpo pesado consiste de dois corpos de tamanhos diferentes: um deles pequeno e, portanto, leve, e o outro grande e, portanto, mais pesado. A parte leve, caindo mais lentamente, irá retardar a parte mais pesada, o que significa que o corpo total irá cair mais lentamente que parte dele, ao contrário do que se supõe. Mas Aristóteles não permite que consideremos a ação (separada) de parte de um todo, a menos que essa parte seja fisicamente separada do todo. Mas nesse caso o argumento já não funciona.

9. A visão que Aristóteles tem da matemática tem aplicações especialmente interessantes no campo do movimento. Em 5, vimos que, a fim de fazer sentido, do ponto de vista da física, afirmações sobre partes e subdivisões devem ser sobre separações fisicamente identificáveis: um corpo contínuo não tem partes verdadeiras a não ser que seja cortado, e com isso sua continuidade seja interrompida. Aplicado ao movimento, isso significa que parte de um movimento contínuo pode ser separada de outra parte do mesmo movimento apenas por uma modificação real, dessa vez do movimento: ou seja, o movimento deve ou ficar mais lento ou parar temporariamente; ele deve "parar e começar a se mover outra vez" (262a24 ss.). É assim que Aristóteles soluciona um dos paradoxos de Zeno. O último salientou (262a4 ss.) que um movimento por certa distância deve primeiro percorrer metade daquela distância, depois metade da metade e assim por diante – o que significa que o movimento nunca se completa. Segundo Aristóteles, subdividimos o movimento usando pontos matemáticos – e então nenhuma subdivisão ocorreu – ou usando pontos físicos ("reais" [263b6 ss.]) – e então a subdivisão altera o movi-

mento, transforma-o em um "movimento interrompido", (263a30 s.) que, realmente, nunca se completa.

10. Poucas pessoas se satisfazem com essa solução. A razão é que a ideia de movimento normalmente relacionada com o paradoxo difere da ideia de movimento que Aristóteles usa para solucionar o paradoxo. Aristóteles, os críticos acham, não confronta o paradoxo frente a frente; ele usa subterfúgios. E o faz de uma maneira particularmente simplória, introduzindo atos de subdivisão quando o problema é a natureza de um movimento que continua sem interferência externa. A suposição por trás do sentimento é que a ideia de tal movimento não tem erro, que o paradoxo surge de um uso errôneo e que a tarefa é corrigir esse erro e não começar a falar sobre processos completamente diferentes.

Se essa premissa é incorreta, isto é, se a ideia de movimento envolvida é inadequada e talvez até incoerente, então sua substituição não é uma iniciativa evasiva, e sim uma necessidade. O argumento de Zeno, então, deixa de ser um mero paradoxo e passará a ser mais uma contribuição para sua queda. A questão principal é: qual é a ideia de movimento que aqueles que falam de evasão têm em mente, e como é que ela pode ser defendida?

Resumidamente, a ideia pode ser expressa da seguinte maneira: para cada ponto A da linha a ser atravessada, o evento "passando o ponto A" é parte do movimento *se agora interferirmos com ele ou se o deixarmos em paz*. Os movimentos consistem de eventos puntiformes individuais desse tipo e as linhas consistem de pontos individuais. Essa é uma hipótese cosmológica interessante, mas será aceitável? Aristóteles diz que não e sua razão principal para isso (que será discutida em maior detalhe no item 19 a seguir) é muito simples: uma entidade contínua, tal como uma linha ou um movimento contínuo, é caracterizada pelo fato de suas partes estarem conectadas ou permanecerem unidas de uma forma especial. Entidades indivisíveis, tais como pontos ou passagens de pontos, não podem ser conectadas de forma alguma; portanto, as linhas não podem ser compostas de pontos e os movimentos contínuos não podem ser compostos de passagens de pontos.

Argumentos semelhantes, embora mais complexos, são dados pela teoria quântica quando ela afirma que podemos ter um movimento puro (um *momentum* bem definido), mas sem qualquer passagem de pontos ou uma passagem precisa de pontos, mas aí já não teremos qualquer movimento coerente.

A premissa é, portanto, incorreta, a ideia de movimento aqui implícita é impossível e eliminá-la é uma necessidade, não uma evasão.

11. Se o movimento só pode ser subdividido se o modificarmos, então qualquer subdivisão claramente marcada deve estar acompanhada por uma mudança temporária do movimento; por exemplo, uma pedra jogada para cima deve parar no ponto mais alto de sua trajetória (262b25 ss.; 263a4 s.). Galileu (citado de Drake-Drabkin, 1960, p.96) criticou o resultado do que Aristóteles diz quando o introduz. Há uma pausa temporária, diz Aristóteles, "pois um ponto deve ser considerado dois, sendo o ponto de chegada de uma metade [do movimento] e o ponto de partida da outra" (262b23 ss.). Galileu tem objeções contra isso, dizendo que, embora o ponto crítico possa ser *descrito* de duas maneiras diferentes, isto é, como ponto de partida de um segmento e ponto de chegada de outro, ele ainda *é* apenas um ponto que corresponde a um instante, o instante da inversão. Mas, sem considerar o fato de Aristóteles exigir um intervalo (o objeto em movimento "não pode ter chegado a [um certo ponto] e saído [dele] simultaneamente pois, nesse caso, ele estaria e não estaria lá no mesmo momento; portanto, há dois pontos de tempo relacionados com um período de tempo entre eles" [262b28 ss.]), um intervalo é exigido também por sua explicação geral da diferença entre entidades matemáticas e entidades físicas (cf. a citação no final de 5).

Galileu também usa um exemplo para ridicularizar a explicação de Aristóteles: uma linha ab move-se na direção de b, com o movimento tornando-se gradativamente mais lento. Um corpo c, situado sobre a linha, move-se na direção de a, com o movimento tornando-se gradativamente mais rápido (Figura 3).

> Ora, é claro que no começo c irá se mover na mesma direção que a linha... E, no entanto, como o movimento de c é mais rápido, em algum momento c irá na verdade mover-se para a esquerda e assim fará uma mudança de um movimento para a direita para um movimento para a esquer-

da na mesma linha. E, no entanto, ele não estará em repouso por qualquer intervalo de tempo no ponto em que a mudança ocorre. A razão para isso é que ele não pode estar em repouso a não ser que a linha se mova para a direita à mesma velocidade que o corpo *c* move-se para a esquerda. Mas essa igualdade nunca continuará durante qualquer intervalo de tempo, já que a velocidade de um movimento está sendo diminuída continuamente e a do outro aumentada continuamente.

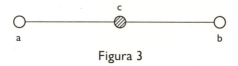
Figura 3

Esse comentário critica um argumento (os movimentos só podem ser subdivididos se forem introduzidas mudanças físicas neles) que leva a uma afirmação (pausa temporária em pontos de inversão) ao apresentar um caso que se enquadra no argumento; pois é claro que, se o argumento é correto, isto é, se os movimentos podem ser marcados (subdivididos) apenas pela introdução de mudanças físicas tais como pausas, então a inversão de *c* irá implicar uma pausa temporária dele e, com isso, pausas temporárias dos dois processos de aceleração que o geram.

12. Entidades físicas diferentes (e entidades matemáticas diferentes) podem, por separação, produzir as mesmas entidades matemáticas, por exemplo, linhas e áreas, mas isso não significa que elas possam ser comparadas. Assim, ângulos curvos e ângulos retos podem ser mapeados (Figura 4) em um contínuo linear (ou, usando a terminologia aristotélica, um contínuo linear "pode ser separado" de ambos), mas não há nenhuma maneira de dizer que um determinado ângulo curvo é menor, igual, ou maior que um ângulo reto (não há nenhuma maneira de inserir um ângulo reto em um ângulo curvo [Euclides, *Elements*, iii, 16]). Da mesma forma, a área de um círculo não pode ser igual, menor ou maior que a área de um polígono. A tentativa de Bryson de medir a área de um círculo pela área de um polígono (o círculo é menor que qualquer polígono circunscrito e maior que qualquer polígono inscrito; coisas menores ou maiores que a mesma coisa são iguais entre si; portanto, há um polígono

com área igual à do círculo) foi criticada por Aristóteles precisamente por essa razão. "O igual é aquilo que não é nem grande nem pequeno, mas poderia ser grande ou pequeno *em virtude de sua natureza*." (1056a23 ss.) Segundo Aristóteles, Bryson usa "um termo intermediário comum" (*Anal. Post.* 75b42 ss.) – "área" – referindo-se a uma entidade que foi separada tanto do círculo quando do polígono, mas sem investigar se antes da separação essa entidade ocorria junto com outras propriedades, diferentes em ambos os casos e evitando uma comparação: "ele não lida com o assunto relacionado" (Soph. Ref. 171b17 s.), ou seja, a área *de um círculo*. (O geômetra, diz Aristóteles, não precisa nem considerar o "esgotamento" do círculo pelos polígonos de Antífono. O procedimento não só é errôneo: ele sequer toca no seu tema. [485a16 s.])

Figura 4

13. Considerações como essas podem explicar por que Aristóteles se recusou a medir a mudança qualitativa pelo comprimento e por que ele achou que os movimentos lineares e circulares eram incomparáveis (227b15 ss.; 248a10 ss.). Elas explicam também por que a definição euclidiana de proporções matemáticas (*Elements* [*Elementos*], V, Def. 3) é explicitamente restrita às quantidades "homogêneas" e por que os matemáticos gregos, e matemáticos posteriores até Galileu, incluindo ele, nunca introduziram quantidades "mistas", tais como a velocidade, definidas como um cociente de magnitudes espaciais e temporais. Mas o fato de certas entidades, tais como áreas, poderem ser separadas tanto de círculos quanto de polígonos indica que elas compartilham algumas propriedades e que afirmações gerais podem ser feitas sobre elas. Segundo Aristóteles, essas afirmações gerais desempenham um papel importante na matemática: "há certas afirmações matemáticas gerais que não estão restritas a substâncias [especiais]" (1077a9 ss.). Por exemplo:

A comutabilidade dos termos internos de uma proporção era, em tempos antigos, provada separadamente por números, comprimentos, corpos e tempo, enquanto isso pode ser demonstrado para todos por uma única prova. Mas a falta de uma notação unificada e porque números, comprimentos, tempos e corpos parecem tão diferentes, cada um deles foi captado separadamente. Agora a prova é geral, pois o que ela afirma é verdadeiro não só para comprimentos como tais, ou números como tais, mas para aquilo que supostamente é válido para o todo. (*An. Pr.*74a17 ss.)

Da mesma maneira, alguns princípios são válidos para várias ciências. Um exemplo é o princípio de que iguais subtraídos de iguais resultam iguais (*An. Post.* 76a38 ss.). No entanto, a generalidade não pode ser simplesmente presumida e deve ser verificada por argumentos especiais.

14. Aristóteles oferece esses argumentos para extensão linear, tempo e movimento. Extensão linear, tempo e movimento diferem em muitos aspectos. Eles não são "homogêneos" no sentido de Euclides V, Def. 3 (veja 12). No entanto, têm propriedades comuns. *A teoria de sistemas lineares contínuos* de Aristóteles descreve essas propriedades e extrai conclusões delas. O resto do presente trabalho será dedicado a essa teoria.

A existência de propriedades comuns para o comprimento, o tempo e os movimentos já é sugerida pelo senso comum. Por exemplo, "dizemos que a estrada é longa quando a viagem é longa e que a viagem é longa quando a estrada é longa – o tempo também [é chamado de longo] se o movimento é longo e o movimento, se o tempo é longo" (220b29 ss.). Também observamos que a distinção do senso comum entre o que está "na frente" e o que está "atrás" é uma distinção que se aplica ao lugar e, daí, à extensão e que "também deve ser verdadeira sobre o movimento, pois os dois [extensão e movimento] correspondem um ao outro. Mas se isso ocorre, também deve ocorrer para o tempo [antes e depois], pois tempo e movimento correspondem sempre um ao outro" (219a15 ss.). Para Aristóteles, tais analogias são "sensatas" (220b24), porque extensão, tempo e movimento são *quantidades contínuas e divisíveis* (24 ss.) e estão relacionadas umas com as outras de tal maneira que o que quer que seja verdadeiro para uma delas é verdadeiro para todas (231b19 ss.). Ora, "contínuo", "divisível" e "quantidade" como definidos na geometria são termos técnicos. Além disso, Aristóteles tem uma teoria de continuidade um tanto elaborada. São precisos, portanto, argumentos especiais para mostrar que as analogias observadas se aplicam também a essas entidades técnicas e para determinar suas limitações.

15. "Por contínuo", define Aristóteles, "quero dizer o que é divisível em outros divisíveis infinitamente" (232b25 s.), as partes sendo "distinguíveis umas das outras por seu lugar" (231b65).

A segunda parte dessa definição (e dos argumentos que a rodeiam) restringe a discussão aos contínuos lineares extensos. Outros tipos de contínuos, tais como sons (226b29) e outras propriedades não relacionadas com lugar (31 s.), são mencionados, mas não examinados. A definição faz suposições que podem parecer óbvias aos leitores modernos, mas que exigem análise e não eram consideradas banais na época do próprio Aristóteles. As premissas são: (1) que existem entidades que podem ser divididas em qualquer ponto e em qualquer intervalo, por menores que sejam; (2) que a divisão não muda a extensão das entidades e qualquer uma de suas partes; e (3) que a divisão não oblitera qualquer intervalo, por menor que seja.

A premissa 1 foi alvo da oposição de matemáticos (talvez inclusive Demócrito), que presumiam comprimentos mínimos ou "linhas indivisíveis". As premissas 2 e 3 foram criticadas por Zeno que negava a existência de coisas sem espessura, massa e extensão. "Pois aquilo que nem quando acrescentado faz uma coisa maior nem quando subtraída a faz menor, ele afirma, não tem existência – evidentemente presumindo que tudo aquilo que tem existência é uma magnitude espacial" (1001b6 ss.). Durante os séculos XVIII e XIX, a premissa 1 foi muitas vezes sustentada por referência a algo chamado de "intuição" (*Anschauung*) e a ideia de um contínuo como uma espécie de "substância pegajosa da qual escolhemos um ponto aqui e um ponto acolá"[2] era atribuída a essa fonte duvidosa. Haverá maneiras melhores de corroborar a ideia de um contínuo linear e as premissas envolvidas?

---

[2] Weyl, *Über die neue Grundlagenkrise der Mathematik*.

16. Um dos argumentos contra linhas indivisíveis era que elas fornecem uma medida comum para todos os comprimentos e, portanto, não haveria nenhuma magnitude incomensurável. Outro argumento era que as leis da geometria deixariam de ser válidas abaixo de certo comprimento, já que não se poderia dizer que a linha que secciona ao meio o ângulo de um triângulo isósceles que consiste de lados mínimos estaria atingindo o meio do lado oposto (*On Indivisible Lines* [Sobre linhas indivisíveis], 970a ss.). Para ver essas críticas sob luz apropriada, consideremos uma consequência importante dessa incomensurabilidade.

Uma maneira de encontrar a maior medida comum para duas magnitudes era o método de *antanairesis*: subtraia o menor do maior, a diferença do menor, e assim por diante, até obter zero (Figura 5). O último número nessa sequência antes de chegarmos a zero é a medida que procuramos. O procedimento era usado por matemáticos, mas também por carpinteiros, arquitetos e geógrafos, para encontrar a maior medida comum para comprimentos físicos.

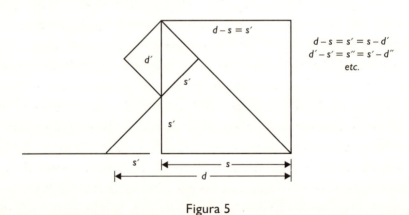

Figura 5

Para linhas incomensuráveis, tais como o lado e a diagonal de um quadrado, a *antanairesis* não tem fim. Segundo alguns autores, como Kurt von Fritz, a incomensurabilidade foi descoberta quando se descobriu essa propriedade.

A incomensurabilidade pôde ser descoberta dessa maneira unicamente por pessoas que presumiram que as relações geométricas são independentes do tamanho das figuras descritas. Mas essa era uma questão que os seguidores de Pitágoras *não* presumiam. Eles presumiam que o vácuo era estruturado por unidades indivisíveis que eram mantidas separadas por esse mesmo vácuo. Segundo essa explicação, as relações geométricas deixam de ser válidas abaixo de certo comprimento mínimo, e a descoberta não pode ser feita. Esse é um forte argumento para dar precedência à prova reproduzida no Livro X de *Elements*, de Euclides: Presuma que a relação entre a diagonal D de um quadrado e seu lado S possa ser expressa com a ajuda de números inteiros, d e s. Então $d^2 = 2s^2$. Reduzido à sua forma mais baixa, isso significa que d^2 é par; portanto d é par se s for ímpar. Ora, como d é par, $d = 2f$ e $2f^2 = s^2$ ou, reduzido à sua forma mais baixa, s é par. Portanto, s é tanto par quanto ímpar.

Segundo Eudemo (relatório em Pappus, comentário de Euclides, i44), os seguidores de Pitágoras fundaram não só a aritmética, mas também a álgebra geométrica. Presume-se normalmente que eles o fizeram a fim de tratar as incomensuráveis de uma maneira rigorosa: como os números não podem realizar essa tarefa, linhas são introduzidas em seu lugar. Mas, se essa foi a motivação, então a concepção de uma linha deve ter passado por uma mudança drástica – de uma coleção de unidades individuais separadas por um vácuo para um contínuo genuíno cujas partes, por menores que sejam, têm exatamente a mesma estrutura que o todo. Essa transição foi resultado da descoberta feita na própria escola de Pitágoras ou foi resultado de ideias externas?

Existiu realmente uma visão externa que continha todos os elementos de um contínuo – a ideia de Parmênides do Uno. Segundo ele (Diels--Kranz, *Fragmente der Vorsokratiker*, muitas edições, B8, 29 ss.), o ser é "em sua totalidade homogêneo (*homoion*), em parte alguma é mais ou menos" e está "conectado como um todo". A palavra que Parmênides usa para "conectado", *xynechés*, é o termo técnico usado por Aristóteles em seu próprio relato. Sugiro que a ideia de uma linha como uma entidade contínua com as mesmas propriedades em toda a sua extensão, na parte grande e na parte pequena, vem da explicação de Parmênides do Uno. Mas uma linha pode ser dividida e o Uno não. No entanto, se uma entidade com as propriedades do Uno pode ser dividida (note-se que a divisão deve vir de fora – não é parte da própria linha), então, se essa entidade pode ser dividida em um lugar, ela pode ser dividida em qualquer lugar e exatamente da mesma maneira, em virtude da homogeneidade. Considerações como essas podem nos dar uma compreensão histórica da premissa 1 de (15). A premissa não era trivial e não era baseada na intuição.

17. As premissas 2 e 3 podem ser sustentadas por argumentos que mostram que as entidades usadas para subdividir um contínuo linear não foram estendidas e são indivisíveis. Aristóteles oferece esses argumentos para o caso do agora, isto é, o instante que divide o tempo em passado e futuro. E, como ele mostra que o tempo, a extensão e a locomoção são três contínuos lineares diferentes, mas estruturalmente semelhantes, esse argumento se aplica a todas as subdivisões.

Para ser demonstrado: O primário agora é indivisível (um momento ou intervalo para um evento ou uma mudança é "primário" se não contiver qualquer intervalo em que o evento ou a mudança não ocorra [235b34 ss.]; assim, a afirmação de que César foi assassinado no ano 44 a.C. não dá o tempo primário ou imediato para o evento).

Argumento (233b33 ss.): O agora é um limite do passado, pois nenhuma parte do futuro se encontra do lado de cá dele. É também um limite para o futuro, pois nenhuma parte do passado se encontra além dele. Os dois limites devem coincidir. Se fossem diferentes, eles então incluiriam o tempo ou não haveria nenhum tempo entre eles. Se não houvesse nenhum tempo entre eles, então eles se sucederiam, mas eles não podem se suceder, pois a sucessão presume separação (esse ponto será discutido no item 21). Se houver tempo entre eles, então ele pode ser dividido: parte dele estará no futuro, parte no passado – e aí não estamos lidando com o agora primário. Resultado: O agora primário não pode ser dividido (e, sendo um limite de um contínuo estendido, é também sem extensão).

Leibniz, em um breve ensaio sobre movimento e continuidade (*Philosophische Schriften*, v.4, p.228 s., esp.§4) que contém uma apresentação sistemática de parte da teoria do movimento e da continuidade de Aristóteles, aprimorou esse argumento e estendeu-o a todos os limites, divisões e terminações. Tome a linha *AB* e considere seu começo *A* (Figura 6). Divida essa linha ao meio, em *C*. *CB* não contém *A*. *AB*, portanto, não é a extremidade "primária" e *CB* pode ser omitida. Divida *AC* em *D*. *CD* não contém o fim; portanto, *AC* não é a extremidade primária e DC não pode ser omitida – e assim por diante, contanto que estejamos lidando com qualquer intervalo, por menor que seja. Conclusão: a extremidade primária da linha AB (ou a divisão primária de uma linha que se estende além de A para a esquerda) é indivisível (cf. também Euclides, *Elements* I. Defs. 1 e 3). Isso estabelece as premissas 2 e 3 de 15.

18. Outro argumento consiste em mostrar que as divisões, as extremidades e as seções não pertencem à mesma categoria que as linhas: "o agora não é tempo, e sim uma propriedade acidental dele" (220a21 s.) e "linhas, ou as coisas que delas se originam [tais como pontos], não são substâncias que existem independentemente, e sim seções e divisões...

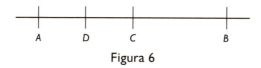

Figura 6

e limites [de alguma outra coisa] ... e elas estão inerentes em alguma outra coisa" (1060b10 s.); no entanto, elas não se aderem "como partes" (220a16) que poderiam existir independentemente (1060b17) e, portanto, poderiam obliterar um intervalo correspondente de um linha quando a dividissem. A objeção de Zeno (1001b5 s.; cf.14) é confrontada observando-se que, se acrescentarmos limites e/ou subdivisões, o número (de subdivisões) aumenta, mas não o tamanho. Por exemplo, uma linha dividida três vezes não é maior que uma linha dividida duas vezes, mas tem propriedades diferentes.

19. Estou pronto, agora, para apresentar a teoria de continuidade e movimento de Aristóteles. Não irei explorar todas as ramificações da teoria nem tentar eliminar todas as lacunas e ambiguidades (são poucas). Certamente não tentarei apresentar a teoria de uma forma que satisfaça os padrões modernos de rigor matemático. Para começar, não há qualquer versão amplamente aceita desses padrões – matemáticos, físicos e sistematizadores criativos sempre foram por caminhos diferentes. Segundo, os padrões de rigor, quando impostos firmemente, muitas vezes inibem descobertas ou fazem com que seja impossível formulá-las (cf. as ideias

de Lakatos e, em grau menor, de Polya). Terceiro, vestir Aristóteles com trajes modernos ocultaria suas realizações. Ele foi, antes de qualquer coisa, o principal filósofo matemático de sua época e estava familiarizado tanto com os problemas técnicos quanto com as maneiras mais exatas de formulá-los. Tentar apresentá-lo em termos modernos iria romper essa conexão histórica. Quarto, aqueles pensadores modernos que criticam Aristóteles (Galileu, por exemplo; cf. 25) ou que o repetem (Weyl; cf. 21) usam uma linguagem muito semelhante à dele.

20. A teoria está baseada em uma série de *definições* (226b18 s.): As coisas estão *juntas* quando têm o mesmo lugar primário (para "primário", veja 17; para lugar, cf. 6); elas estão *separadas* quando isso não ocorre. As coisas se *tocam* quando seus extremos estão juntos. *A é contíguo a B* se *A* toca *B*. *A é contínuo com B* se *A* está contíguo a B e as extremidades de *A* e *B* são um "ou, como a palavra implica, estão contidos um no outro" (227a15 s.). *Entre* é definido por referência à mudança (assim como outras noções na física de Aristóteles; cf. 262a ss.). Toda mudança envolve opostos (cf. 190b34 ss.), que são contrários (227a7 ss.) e, como tais, extremos (226b26). Todos os estágios de um movimento contínuo com extremos determinado, que passou por um extremo e ainda não atingiu o outro, estão *entre* esses extremos (os extremos não precisam ser locações; eles podem ser sons, cores e outras propriedades que admitam um arranjo linear). *A é o sucessor de B* se *A* e *B* forem do mesmo tipo e se não houver nada desse tipo entre eles. *A* e *B* são parte de um contínuo linear se há contínuos C, C', C'', C'''... entre *A* e *B* de tal forma que *A* seja contínuo com C, C seja contínuo com C'... e C_n seja contínuo com *B*. Daqui por diante, a discussão será restrita aos sistemas lineares contínuos nesse sentido.

Aristóteles define "entre" depois de "tocar", presumindo, assim, a continuidade antes de ela ter sido definida. Mudei a sequência, usando a definição de "entre" para restringir as definições anteriores a séries de eventos. As definições deixaram claro que "a continuidade pertence a coisas que se tornam uma pelo toque" (227a14 ss.). Elas, portanto, solucionam os problemas com relação ao que é que faz com que um contínuo, tal como uma linha individual, passe a ser uma única coisa individual (cf. 1077a21 ss.). No mundo físico, as coisas se tornam uma em virtude de uma unidade funcional ou de uma alma – e, se isso não ocorrer, elas são agregadas. Os contínuos lineares se mantêm juntos porque suas partes estão conectadas da maneira que acabamos de descrever.

21. A definição implica:

Proposição I: Os sistemas lineares contínuos não contêm (não consistem de) indivisíveis.

Prova: Os indivisíveis não têm partes, portanto não têm extremidades e não podem ficar juntos da maneira descrita.

Por exemplo, linhas não contêm pontos *realmente*, embora sejam divisíveis em qualquer parte, mas contêm pontos *potencialmente*. E, como os pontos marcam intervalos, devemos também dizer que as partes de uma linha, tais como sua metade direita ou seu segundo quinto a partir da esquerda, estão contidas na linha apenas potencialmente, e não realmente. A linha é uma, um todo, e não está dividida até que sua coerência interna seja interrompida por um corte.

Galileu[3] ridiculariza essa ideia da seguinte maneira:

> SALVIATI: ... Peço-lhe que me diga com confiança se, em sua opinião, as partes quantificadas do contínuo são finitas ou muitas infinitamente.
> SIMPLÍCIO: Respondo a você que elas são tanto muitas infinitamente quanto finitas; infinitamente antes da divisão, mas realmente finitas [em número] após terem sido divididas. Pois não entendemos que as partes estejam *realmente* em seu todo até depois [de serem] divididas, ou pelo menos marcadas. Não sendo assim, dizemos que elas estão *potencialmente* lá.
> SALVIATI: Portanto, não dizemos que uma linha, com vinte palmos de comprimento, por exemplo, realmente contém vinte linhas de um palmo até depois de sua divisão em vinte partes iguais. Antes disso, dizemos que ela contém essas linhas só potencialmente. Bem, seja lá como você quiser, e me diga se quando a verdadeira divisão dessas partes for feita aquele todo original aumentou, diminuiu, ou continua com a mesma magnitude?
> SIMPLÍCIO: Ele nem aumenta nem diminui.
> SALVIATI: É, eu também acho isso. Portanto, as partes quantificadas em um contínuo, estejam potencialmente ou realmente lá, não o fazem quantitativamente maior ou menor...

---

[3] *Two New Sciences*, citado da tradução de Stillman Drake, Londres, 1974, 42 s.

A implicação desse pequeno diálogo é que a falta de efeito sobre o tamanho faz com que a distinção entre partes reais e partes potenciais não tenha sentido. "Aqui Galileu continua para demonstrar que a distinção não faz sentido matematicamente a menos que ela influencie a quantidade ou a magnitude"[4]. Mas um contínuo linear no sentido de Aristóteles não só tem extensão, ele também tem estrutura – e essa estrutura se modifica com cada divisão (usando um argumento igualmente superficial, poderíamos dizer que não há distinção entre um litro de vinho e um litro de água porque ambos têm o mesmo volume). A objeção de Galileu como matemático não elimina a dificuldade, pois o argumento de Aristóteles é precisamente que as entidades matemáticas, além de terem extensão, também têm estrutura; do contrário, não haveria diferença entre o número cinco e uma linha com cinco polegadas de comprimento.

A proposição 1 implica:

Proposição 2: Os múltiplos lineares contínuos (LCM na abreviação inglesa, MLC em português) são divisíveis em MLCs sem limite; e, além disso, que (231b5 ss.);

Proposição 3: Nenhum ponto de um MLC pode ser um sucessor de outro ponto de um MLC (pois isso presumiria que a linha entre os dois pontos não pode ser mais dividida.

As proposições 1, 2 e 3 expressam uma ideia que é semelhante ao conceito moderno de um sistema denso em toda a sua extensão. A diferença é que a ideia moderna presume que os pontos são dados, enquanto para Aristóteles eles são potenciais e precisam ser concretizados pela subdivisão.

22. Um movimento não dividido é um todo individual, sem partes e está completo em um único passo. O mesmo se aplica à distância percorrida e ao tempo que é preciso para o movimento ocorrer. Dividir um movimento significa dividir o tempo e a distância; dividir a distância significa dividir o movimento e o tempo. Podemos supor que a extensão

---

[4] Stillman Drake, tradutor e comentarista (p.42, fn.27).

linear e o tempo são MLCs, exatamente como o movimento o é. Dada a continuidade do movimento, do comprimento e do tempo, podemos introduzir uma definição de "mais rápido" que era aceita na antiguidade e ainda foi usada por Galileu. Mais rápido é aquilo que ou cobre uma maior distância no mesmo tempo ou a mesma distância em um tempo menor ou uma distância maior em um tempo menor (232a23 ss.). Essa definição é mais longa e muito mais desgraciosa que a definição moderna correspondente. A "falta de graça" é intencional: distância e tempo podem ter algumas propriedades abstratas em comum (continuidade, divisibilidade), mas não são magnitudes "homogêneas" (13). Portanto, elas só podem se relacionar consigo mesmas, ou seja, distância com distância, tempo com tempo, movimento com movimento.

Considere agora dois objetos, um mais rápido e o outro mais lento. Presumindo que qualquer movimento possa ocorrer dentro de qualquer período de tempo (232b21 s.) e que para qualquer período de tempo possa haver uma distinção entre mais rápido e mais lento (233b19 s.), vemos (Figuras 7 e 8 e 233a8 ss.) que o mais rápido irá subdividir o tempo e o mais lento, a distância, estabelecendo então o seguinte: se o comprimento é contínuo, o tempo também é contínuo e vice-versa.

"Essa conclusão é dedutível não só daquilo que acaba de ser dito, mas também do argumento que a premissa oposta implica, ou seja, a divisibilidade do indivisível" (233b16 ss.). Presuma (já que as velocidades podem estar em qualquer relação) que um corpo percorre a distância AB enquanto outro corpo percorre dois terços daquela distância no mesmo tempo (Figura 9). Suponhamos que os intervalos $Aa = ab = bB$ sejam indivisíveis, e que o mesmo seja verdadeiro dos tempos correspondentes, ou seja, que $Rd = de = eS$. Então, quando o corpo mais lento chegar à possível divisão a, ele irá dividir o tempo em f, dividindo assim o indivisível.

A explicação de Aristóteles:

nesse tempo menor
o objeto mais lento
percorre uma distância menor:
ele "divide a distância"

etc.

o objeto mais rápido leva
menos tempo para percorrer
a mesma distância, ele
"divide o tempo"

O objeto mais lento
DISTÂNCIA
PERCORRIDA

TEMPO
NECESSÁRIO
leva esse tempo
para chegar ao
lugar marcado

Diagrama moderno:

Tempo

O mais rápido divide o
tempo

o mais lento divide a distância

o mais lento

o mais rápido

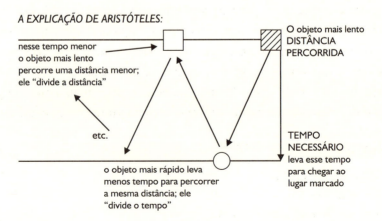

Figura 7

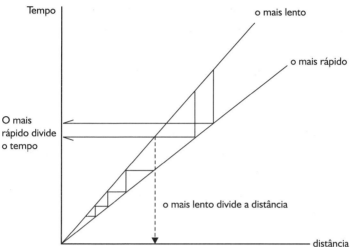

Figura 8

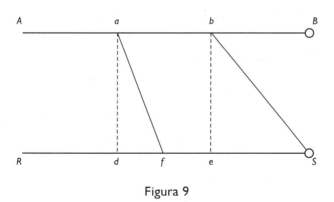

Figura 9

Isso dá apoio à suposição e mostra a coerência das noções usadas e das conexões estabelecidas. Mas não há nenhuma prova absoluta dessas noções e conexões.

23. A seguir, temos uma sequência de teoremas referentes à relação do tempo com o movimento e a distância.

Proposição 4: Não há qualquer movimento no agora (234a24).

Se houvesse movimento no agora, haveria um movimento mais rápido e um mais lento e o primeiro dividiria o agora da maneira descrita no texto que discute a Figura 7. Mas o agora é indivisível (17).

Proposição 5: Tampouco qualquer coisa pode estar em repouso no agora (234a33 s.).

A imobilidade só pode ser atribuída a um objeto se aquele objeto for capaz de movimento. Mas não há qualquer movimento no agora.

Owen, em um ensaio sobre o papel do tempo na obra de Aristóteles, criticou essas duas proposições por serem baseadas em uma falsa interpretação do senso comum e por terem prejudicado o progresso científico. O progresso científico, disse ele, ocorreu apenas quando as funções conectando tempo e velocidade foram introduzidas e usadas no cálculo do movimento dos corpos.

A primeira crítica pode ser rejeitada quando lembramos que a noção de continuidade de Aristóteles deve algo a Parmênides (16). É bem verdade que Aristóteles ocasionalmente usa exemplos domésticos, tais como cola e pregos (227a17), para *ilustrar* a continuidade. Mas o *conteúdo* da noção encontra-se em suas consequências e entre elas temos a Proposição 2 (divisibilidade ilimitada), que só pode ser provada por meio de um postulado de homogeneidade tal como aquele proposto por Parmênides.

A segunda crítica apenas mostra que cientistas podem chegar muito longe pensando muito pouco. Em 21, citei Galileu quando ele diz que o que importava era o comprimento de uma linha, não sua estrutura. Essa atitude foi muito útil para os cientistas, contanto que os problemas que eles encontrassem não envolvessem estrutura. O problema surgiu na mecânica quântica, em que considerações da estrutura tornaram-se essenciais. Na tentativa de resolver os problemas relacionados a ela, os físicos introduziram ideias muito semelhantes àquelas expressas nas Proposições 4 e 5 (relações de incerteza entre tempo e energia) e agora podemos dizer que elas concordam com o princípio de Aristóteles segundo o qual "o movimento daquilo que está em movimento e o repouso daquilo que está em repouso deve levar tempo" (234b9 s.).

Proposição 6: Um ponto não tem nenhum lugar (212b4 s.).

Isso se deduz da definição de lugar no item 6 como o correlato espacial das Proposições 4 e 5. As três proposições (e algumas outras que se seguirão) são previstas na discussão de Platão sobre o Uno (*Parmenides,* 137 ss.). Essa passagem também contém um material que Aristóteles parece ter usado em sua definição de continuidade (veja 20).

24. Segundo 9, o movimento só pode ser subdividido se for levado a uma parada temporária – "o móvel deve parar e começar a se mover novamente" (262a24 s.). Quando um movimento para, o objeto que se move está em um lugar bem definido e tem propriedades também bem definidas: por exemplo, um objeto é cinza quando foi parado no caminho entre o branco e o preto (234b18 ss.). Estar em um lugar bem definido e ter propriedades bem definidas é o caráter de um objeto que não se mexe. Mexer-se, portanto, implica não estar em um lugar bem definido e não ter propriedades bem definidas. Parece que Aristóteles, embora tenha ocasionalmente chegado a essa conclusão (cf. Proposição 14), não estava sempre preparado para dar esse passo (cf. a restrição: "pois, como um todo [o objeto], não pode estar em ambos [no estado inicial e no estado subsequente de mudança] ou em nenhum dos dois" [234b17]). Ele conclui, ao contrário, que, "durante todo o processo de mudança [o objeto], deve estar parcialmente sob uma condição e parcialmente sob outra", isto é, deve estar dividido em partes que estão em uma condição e partes que estão em outra condição.

Proposição 7: O que muda é divisível (234b10).

Aplicado à locomoção, isso significa que estamos lidando com objetos elásticos e deformáveis. Observe a semelhança com a explicação relativista do movimento de objetos estendidos.

Proposição 8: Sempre que uma mudança é completada, aquilo que passou pelo processo de mudança está no estado para o qual ele mudou (literalmente: o que mudou é aquilo em que ele se transformou [235b6 ss.]).

Isso simplesmente resulta dos significados dos termos.

Proposição 9: O tempo primário em que aquilo que foi alterado completou sua mudança é indivisível.

Presuma que ele é divisível e que a mudança ocorre nas duas partes. Então a mudança ainda não terá chegado ao fim. Se a mudança ocorre apenas em uma parte, então não estamos lidando com o tempo primário (235b33 ss.).

As Proposições 8 e 9 estão conectadas com o fato (enfatizado em 11) de os estágios claramente marcados de um movimento estarem acompanhados por uma interrupção daquele movimento. Ora, o movimento envolve opostos (189a10); um dos opostos é o "em benefício de que" ou o objetivo (*telos*) do movimento (194b33). Quando o objetivo é alcançado, o movimento está completo e, portanto, interrompido; e a interrupção fornece um limite indivisível (236a13) para o movimento. As Proposições 8 e 9 expressam essa situação.

Proposição 10: Não há qualquer tempo primário indivisível quando aquilo que muda está completando sua mudança (239a1 ss.).

A razão é que o que está completando sua mudança está em movimento e (Proposição 4) não há qualquer movimento em um momento indivisível. De forma semelhante, a Proposição 5 leva à Proposição 11.

Proposição 11: Tampouco há um tempo primário indivisível em que o repouso ocorre pela primeira vez (239a10).

E mais:

Proposição 12: Tudo que muda em um determinado momento mudou antes daquele momento.

Presuma que AB é o tempo primário para a mudança. A mudança deve ocorrer em um ponto a, que está entre A e B, mas também em b, entre A e a, e em c, entre b e A e assim por diante. Portanto,

Proposição 13: Não há uma coisa como o começo de um processo de mudança (236a13 ss.).

25. Os resultados da seção anterior podem ser resumidos da seguinte maneira: todas as mudanças são caracterizadas por um momento indivisível bem definido, o momento primário em que a mudança se completou. Não há qualquer último momento em que a mudança ainda esteja ocorrendo, não há qualquer primeiro momento em que a mudança comece, e não há qualquer primeiro momento de repouso após a mudança ter sido completada.

Poderíamos estar inclinados a considerar essa situação uma consequência trivial do fato de uma série de mudanças que terminaram em um objetivo estar fechada à direita e aberta à esquerda e ela ser densa em todas as outras partes (cf. capítulo 4 de Huntington, 1917). Mas a comparação é enganosa em vários aspectos. Para começar, a estrutura de uma linha aristotélica difere da estrutura de uma série densa. Todos os elementos de uma série densa existem e constituem a série. Todavia, uma linha aristotélica é una e não está dividida até que as partes sejam concretizadas por meios especiais. Segundo, o ponto final da mudança é real não porque todos os pontos de uma mudança sejam reais e nem porque a mudança foi parada por meios externos, mas em virtude da maneira particular em que a mudança, qualquer mudança, é completada: ela surge em virtude da estrutura interna do processo de mudança. Terceiro, ela não tem começo porque não há qualquer movimento no agora.

A diferença entre o contínuo aristotélico e o matemático foi descrita com muita clareza (mas sem a interferência de Aristóteles) por Weyl (1919a, p.71):

> Não há nenhum acordo entre o intuitivo [que é como Weyl descreve o considerado um todo indivisível] e o matemático [que consiste de pontos]... ambos estão separados por um abismo intransponível. No entanto, temos motivações sensatas que, na nossa tentativa de compreender a natureza, nos fazem ir de um para o outro. São os mesmos motivos que nos levaram do mundo da experiência humana em que vivemos nossas vidas normais para um mundo físico "verdadeiramente objetivo", preciso e quantitativo "por trás" da experiência e que nos fez substituir as qualidades

coloridas dos objetos visíveis por vibrações de éter... Nossa tentativa de desenvolver análises [a partir de unidades indivisíveis] pode, portanto, ser considerada uma *teoria do contínuo* que tem de ser testada através de experimentos assim como qualquer outra teoria física.

A reconstrução matemática do *continuum*, diz Weyl (1919b, p.42):

> seleciona da substância pegajosa que flui... um monte de pontos individuais. O contínuo é despedaçado em elementos isolados e a capacidade de se interconectar de todas suas partes é substituída por certas relações entre os elementos isolados. Quando praticamos a geometria euclidiana, é suficiente usar o sistema de pontos cujas coordenadas são números euclidianos. O "molho espacial" contínuo que flui entre eles não aparece.

Essa é a atitude de Galileu (veja citação em 21), a não ser pelo fato de que Weyl está ciente da perda e da possibilidade que suas consequências podem ter para a física. O "molho espacial contínuo" pode se fazer notar à medida que entramos em novos domínios de pesquisa. Há alguns físicos que acham que ele já apareceu na microfísica.

26. Segundo as Proposições 4 e 5, não há nem movimento nem repouso em um instante; todo movimento preenche um intervalo de tempo. A localização de um objeto que se move no espaço é indeterminada de acordo com o tamanho desse intervalo. Se a localização é indeterminada, então o comprimento também o é.

Proposição 14: O que se move não tem nenhum comprimento bem definido [na direção do movimento].

Inversamente, um comprimento definido pode ser atribuído a um objeto só se pudermos fazer com que ele "percorra" uma régua de medição estacionária, isto é, se ele estiver em repouso. Estar em repouso leva tempo (Proposição 5); portanto,

Proposição 15: Só podemos dizer que um objeto tem um comprimento bem definido se ele estiver em repouso por um intervalo de tempo, por menor que seja.

27. Concluo com uma breve explicação da maneira pela qual Aristóteles soluciona os paradoxos do movimento de Zeno. Aristóteles descreve quatro desses paradoxos (239b10 ss.). Sua descrição é o primeiro relato detalhado que temos dos argumentos de Zeno.

De acordo com o primeiro paradoxo, o movimento é impossível, porque antes de chegar a um ponto a coisa que se move deve primeiro percorrer metade da distância, depois metade daquela metade e assim por diante. Uma solução já foi descrita em 9. Aristóteles tem uma segunda solução, que ele considera menos satisfatória (263a4 ss.).

De acordo com o segundo paradoxo, chamado de "Aquiles", o mais rápido nunca pode ultrapassar o mais lento, "já que o perseguidor precisa primeiro alcançar o ponto em que o perseguido começou, para que o mais lento deva sempre manter uma dianteira". Isso Aristóteles considera uma versão diferente do primeiro paradoxo e resolve-o da mesma maneira.

O terceiro paradoxo, a "flecha" afirma que, como uma seta voando em qualquer momento de sua trajetória ocupa um lugar igual a suas próprias dimensões, ela está em repouso em qualquer momento de sua trajetória e, portanto, em repouso durante toda a trajetória. O paradoxo é solucionado por referência às Proposições 4 e 14.

O quarto paradoxo, que é mais difícil de interpretar, supostamente mostra "que metade do tempo é duas vezes o tempo". Há (Figura 10) três séries de massas, A, B e C. A está em repouso; B se move para a direita, e C, para a esquerda, ambos com igual velocidade. Enquanto C passa todos os Bs, B passa apenas metade dos As. Presumindo que a passagem de duas massas leva o mesmo tempo se as massas estão se movendo ou em repouso, podemos dizer que B, enquanto passa a metade dos As, passa todos os Cs e, portanto, leva metade do tempo, enquanto os Cs passam duas vezes mais Bs do que As e, portanto, levam o dobro do tempo para o mesmo processo. Aristóteles rejeita a premissa e, portanto, elimina o paradoxo.

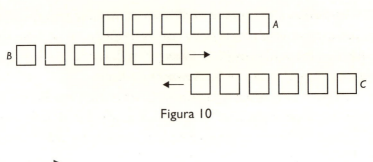

Figura 10

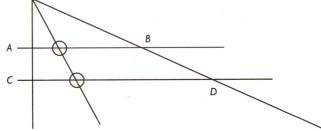

Figura 11

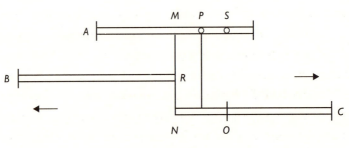

Figura 12

Ferber (1981), em um livro interessante e provocador, sugeriu uma conexão entre esse paradoxo e algumas versões anteriores da ideia de que aquilo que é infinitamente divisível tem o mesmo número de indivisíveis, não importa de que tamanho eles sejam. Hoje, essa ideia é ilustrada por desenhos como o da Figura 11. Para cada ponto de AB corresponde um e apenas um ponto de *CD* e as duas linhas têm um número igual de pontos. Segundo Szábo (1969), de onde Ferber cita o Axioma 8 de *Elements* I, de Euclides: o todo é maior que a parte (que nas provas é substituída por um estereótipo; "caso contrário, o que é menor seria igual ao que é maior, o que é impossível"); isso foi introduzido porque algumas pessoas o negavam (nenhuma outra razão pode ser imaginada para formular um princípio assim tão óbvio). Uma das pessoas que negou o princípio foi Anaxágoras (Diels-Kranz, B3).

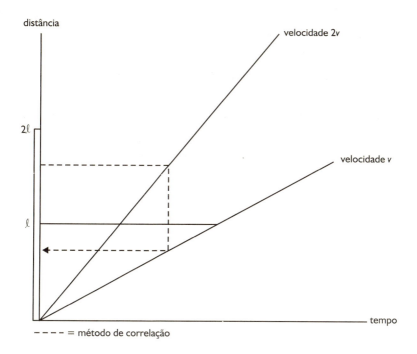

Figura 13

Para qualquer coisa pequena há coisas que são ainda menores, pois é impossível que o ser cesse. Mas também para aquilo que é grande há sempre algo maior que *é igual ao pequeno em quantidade*. Tomado por si próprio, no entanto, tudo é tanto grande quanto pequeno.

Podemos presumir que essa afirmação que subjaz à ideia de Anaxágoras de que todo pedaço de material contém ingredientes de todo o resto – há carne no metal, metal no ar, ar em ossos e assim por diante – está também relacionada com a premissa de Parmênides sobre a homogeneidade do Uno, introduzida em 16 acima. Se o Uno é homogêneo em toda a sua extensão, então a parte menor tem exatamente a mesma estrutura que o todo; ou seja, ela tem o mesmo número de partes (subdivisões).[5] Será possível encontrar uma interpretação do quarto paradoxo que leva ao mesmo resultado? Sim, é possível! (veja Figura 12) Tome qualquer ponto de C, supostamente contínuo. Quando esse ponto, digamos, O, passa a extremidade direita R de B, então R estará embaixo de P, a meio caminho entre R e O e, portanto, P irá corresponder a O. Inversamente, para cada ponto S sobre A há um e apenas um ponto em C, isso é, aquele ponto que é $2MS$ à direita de N. Em um diagrama moderno (Figura 13), as correlações tornam-se especialmente claras: o todo é mapeado sobre metade de si mesmo. Considerando a definição em 15, podemos supor que Aristóteles poderia ter aceitado esse resultado, *contanto* que o mapeamento fosse entre cortes que criam pontos e não entre pontos preexistentes. As consequências que ele teria extraído disso já são outra questão.

---

[5] É claro, o Uno de Parmênides não tem partes e, portanto, nenhuma estrutura, a não ser a de ser homogêneo. Mas, se contradissermos Parmênides e acrescentarmos essa estrutura, a homogeneidade irá garantir sua presença em todas as partes.

9
Galileu e a tirania da verdade

Esta foi uma palestra dada por fita cassete para a Academia Pontifícia em Cracow, Polônia. Foi em grande parte reescrita, mas mantive o estilo original. Uma versão expurgada foi publicada em The Galileo Affair: A Meeting of Faith and Science [O caso Galileu: um encontro da fé com a ciência], *1985b.*

Estimados membros desta conferência! Em primeiro lugar, quero apresentar minhas desculpas por não ter vindo pessoalmente e ter enviado um representante eletrônico em meu lugar. Este representante – a fita cassete que estou preparando para vocês neste momento – lhes dará algumas de minhas opiniões sobre o tema da conferência, mas infelizmente não poderei responder às suas perguntas ou objeções. O motivo de minha ausência é uma série de acidentes que me impediram de conseguir meu visto a tempo e, portanto, estou sentado aqui, sozinho, em um pequeno quarto no último andar de um prédio alto, com uma vista dos Alpes suíços, algumas colinas verdes e o Lago Zurique bem à minha frente. A paisagem é maravilhosa, mas, infelizmente, não há um único rosto humano – o que é uma desvantagem quando supostamente devemos estar dando uma conferência. Ainda assim, espero poder fazer com que minha apresentação seja animada e interessante e que eu também possa prever quais partes da minha palestra vocês podem não receber com um sorriso nem com uma atenção curiosa, mas sim, com uma descrença desaprovadora: a essas partes, naturalmente, darei um cuidado especial.

Minhas segundas desculpas são sobre a maneira como apresentarei minhas opiniões. A meu ver, a melhor maneira de descrever um conflito histórico é apresentar os *indivíduos* que o criaram, descrever seu temperamento, seus interesses, suas esperanças e ambições, a informação que tinham à sua disposição, seu contexto social, os indivíduos e instituições aos quais eram leais e que, por sua vez, lhes davam apoio e muitas coisas semelhantes. Depois teríamos de explicar como os indivíduos se envolveram uns com os outros e com as instituições associadas, o que achavam desse envolvimento e como reagiam a ele; teríamos de explicar, por exemplo, como usavam o poder que tinham para diminuir o envolvimento e fazer com que este contribuísse para a realização de seus objetivos; teríamos de descrever como o conflito foi moldado pelas leis jurídicas e sociais da época e as tensões entre aquelas leis e o temperamento dos indivíduos – e assim por diante.

Isso, a meu ver, seria a maneira mais desejável de apresentar um conflito, tal como aquele entre Galileu e a Igreja, mas, infelizmente, isso não pode ser feito. O material é volumoso demais para ser examinado em uma hora e, além disso, só conheço uma pequena parte dele. Portanto, usarei um procedimento diferente para defender meu argumento: irei "alçar-me a um nível mais alto de abstração". Não falarei de indivíduos e suas idiossincrasias, falarei sobre *tradições*. Apresentarei o conflito entre Galileu e a Igreja como um conflito entre tradições e tentarei mostrar que a tradição representada pela Igreja tinha antepassados interessantes na antiguidade e defensores progressistas nos dias de hoje. É claro, falar de tradições (ou de paradigmas, ou de programas de pesquisa, ou de temas, para usar termos de campos mais estreitos que o que temos diante de nós) é uma abordagem natural na história, na sociologia e na filosofia. Uso essa abordagem não porque esteja apaixonado por ela, mas em virtude das dificuldades que acabo de mencionar. Portanto, não se esqueçam de que estaremos sempre pelo menos dois passos distantes da realidade.

As tradições que tenho em mente são tradições relacionadas ao papel dos especialistas na sociedade. Em escritos anteriores, descrevi duas dessas tradições.[1] Consideramos um especialista a autoridade final sobre o uso e as interpretações das ideias e procedimentos especializados, e as outras disciplinas declarações de especialistas diante de um tribunal superior que pode ser composto ou de superespecialistas – essa era a visão de Platão – ou de todos os cidadãos – isso parece ter sido recomendado por Protágoras. Sugiro que a oposição entre Galileu e a Igreja foi semelhante àquela entre o que chamei de primeira e segunda visão (ou tradição). Galileu era um especialista em uma área especial que compreendia a matemática e a astronomia. Na classificação da época, ele era um matemático e um filósofo. Galileu afirmava que as questões da astronomia deveriam ser deixadas totalmente para os astrônomos. Somente "daqueles poucos que merecem ser separados do rebanho" poderíamos esperar que encontrassem o significado correto das passagens bíblicas que tratavam das questões da astronomia, como escreveu ele em sua carta a Castelli de 14 de dezembro de 1613 (Copérnico, antes dele, e Spinoza, depois dele, usaram uma linguagem semelhante; esse é um tema antigo, como mostra Voigtländer, 1980: ela já ocorre na antiguidade). Além disso, Galileu exigia que as ideias dos astrônomos fizessem parte do conhecimento público, exatamente sob a mesma forma com que tinham surgido na astronomia. Galileu não pedia simplesmente a liberdade para publicar seus resultados; ele queria impô-los aos demais. Nesse aspecto, ele era tão atrevido e totalitário quanto muitos dos profetas modernos da ciência – e tão desinformado quanto eles. Ele simplesmente presumia que os métodos especiais e muito restritos dos astrônomos (e daqueles físicos que seguiam sua liderança) eram a maneira correta de acessar a Verdade e a Realidade. Era um representante perfeito daquilo que chamei de primeira visão ou tradição.

A posição da Igreja, contudo, era muito semelhante à segunda visão (em sua versão platônica e não na versão de Protágoras). O conhecimento astronômico, segundo a Igreja, era importante e interessante e era procurado ativamente por alguns de seus membros. Mas os modelos que os astrônomos produziam para explicar, digamos, as trajetórias dos plane-

---

[1] Veja o capítulo 1, seção 6 do presente volume.

tas não podiam ser relacionados com a realidade assim, sem mais nem menos. Eles surgiam em virtude de objetivos especiais e limitados e tudo que poderia ser dito é que serviam a esses objetivos, como era o caso da predição.

Esse mesmo ponto é abordado na primeira parte de uma carta famosa que o Cardeal Bellarmino, mestre de questões polêmicas no Colégio Romano, escreveu a Paolo Antonio Foscarini, um monge carmelita de Nápoles que tinha perguntado sobre a realidade do sistema copernicano. A carta é citada com frequência e é com mais frequência ainda criticada através da comparação de suas afirmações com certos princípios abstratos que supostamente controlam a prática da ciência. Parece muito diferente quando comparada com a própria prática, como veremos. A meu ver, é um documento muito sábio e contém sugestões sensatas sobre a posição das ciências em nossa cultura.

Escreve Bellarmino:

> Parece-me que Vossa Reverendíssima e o Senhor Galileu agem com prudência quando se satisfazem em falar hipotética e não absolutamente... Dizer que na suposição do movimento da Terra e da quiescência do Sol todas as aparências celestiais são mais bem explicadas que pela teoria dos excêntricos e epiciclos é falar com um excelente bom-senso e não correr qualquer risco. Essa maneira de falar é suficiente para um matemático. Mas querer afirmar que o Sol, verdadeiramente, está no centro do universo e só gira em torno de seu próprio eixo sem ir do leste para o oeste é uma atitude muito perigosa e calculada não só para provocar todos os filósofos e teólogos escolásticos como também para ferir nossa fé sagrada ao contradizer as Escrituras.

Para usar termos modernos: os astrônomos estão totalmente seguros quando dizem que um modelo tem vantagens preditivas sobre outro modelo, mas se complicam quando afirmam que essa é, portanto, uma imagem fiel da realidade. Ou, de uma maneira mais geral: o fato de que um modelo funciona não mostra por si só que a realidade é estruturada como esse modelo.

Essa ideia sensata é um ingrediente elementar da prática científica. Aproximações são lugares-comuns na ciência. São usadas porque facilitam os cálculos em um domínio restrito. Suas simetrias-propriedades muitas vezes diferem daquelas da teoria subjacente. Portanto, se presumirmos que a teoria corresponde à realidade, as aproximações não podem corresponder a ela no mesmo sentido. As teorias, no entanto, são muitas vezes desenvolvidas como passos para uma visão mais satisfatória, mas ainda desconhecida. Elas podem ser bem-sucedidas, mas o próprio objetivo para o qual foram introduzidas nos proíbe de tirar consequências realistas a partir delas. A antiga teoria quântica é um exemplo – e também a teoria de gravitação de Newton, pelo menos como Newton a via. Mesmo uma teoria formalmente perfeita com poderes preditivos surpreendentes pode falhar se for vista como uma expressão direta da realidade. A mecânica ondulatória de Schrödinger ilustra esse ponto adicional. Ela era elegante, coerente, fácil de manipular e extraordinariamente bem-sucedida. Schrödinger inferiu que partículas elementares eram ondas. Contudo, examinando um espectro maior de fenômenos, Bohr e sua escola mostraram que essa interpretação estava em conflito com fatos importantes (havia também dois obstáculos formais: a chamada redução do pacote ondulatório e o fato de a teoria não ser a invariante de Lorentz). Tomemos agora as melhores teorias da física moderna: a relatividade geral em sua forma mais recente e a mecânica quântica geral. Até aqui ficou provado que seria impossível fundi-las em um todo coerente – uma das teorias faz afirmações que são terminantemente contraditas pela outra. Poderemos ainda assim afirmar que obteremos uma descrição correta da realidade de alguma delas? É claro que não. Podemos dizer que ambas as teorias são aproximações úteis, mas que não temos a menor ideia de como é a realidade da qual elas se aproximam.

Todos esses exemplos têm aplicação imediata ao caso da teoria copernicana, cuja coerência e sucesso parcial foram também considerados sinais de uma correspondência estreita com a realidade, tanto por seu autor quanto por autores como Rheticus e Mästlin. Pois a teoria copernicana não era a única visão cosmológica em existência e nem mesmo a mais geral. Portanto, seus sucessos e a coerência de sua estrutura, por si só, não significavam ainda uma concordância com a realidade. Para mostrar essa concordância, era necessário passar para um domínio mais amplo.

Na ciência moderna, o domínio mais amplo escolhido com frequência é a física das partículas elementares. Os cientistas que trabalham nesse campo concordam que químicos, biólogos, reologistas etc. podem ter descoberto algumas regularidades interessantes, mas negam que essas regularidades sejam características básicas da realidade. Da mesma forma, alguns biólogos modernos olham de soslaio para coisas, como a botânica ou a prática de observar pássaros, afirmando que a única informação real sobre o processo da vida vem da biologia molecular. Nessa busca por uma saída das dificuldades da ciência do começo do século XX, Einstein baseou-se na termodinâmica. Em todos esses casos, os modelos são comparados com a ciência básica e suas implicações realistas são julgadas de acordo com isso. Qual era o domínio mais amplo que determinava a realidade para a Igreja?

Segundo Bellarmino, o domínio mais amplo continha dois ingredientes: um científico – filosofia e teologia – e um religioso e, até aquele ponto, normativo – "nossa fé sagrada".

O primeiro ingrediente diferia das medidas modernas da realidade (biologia molecular, física das partículas elementares, cosmologia) em conteúdo, mas não em função. A filosofia significava principalmente a obra de Aristóteles, que incluía uma teoria geral da mudança e do movimento, uma teoria (matemática e física) do contínuo (a teoria é descrita no capítulo 8 do presente livro), uma teoria de elementos e algumas considerações sobre a estrutura do mundo. A teologia tratava do mesmo tema, mas o via como uma criação, não como um sistema autossuficiente. Era e ainda é uma ciência, aliás, uma ciência muito rigorosa: enquanto os manuais de teologia contêm longos capítulos metodológicos, na física isso não ocorre.

O segundo ingrediente significa que os resultados científicos, interpretados erroneamente, podem ferir os seres humanos. Esse ingrediente ainda está conosco. Os defensores modernos da ciência muitas vezes nos avisam que uma apresentação enganosa de resultados científicos ou de conflitos científicos básicos pode levar à irracionalidade e assim ferir "nossa fé sagrada" na razão. Inversamente, os oponentes do reducionismo tentam interpretar os resultados científicos de uma maneira que não viole sua "fé sagrada" na integridade da natureza, culturas e seres humanos individuais. A diferença entre a versão de Bellarmino e as versões modernas é dupla. A maioria das versões modernas deixou de relacionar sua fé (na razão, na integridade dos seres humanos etc.) com um criador divino; e o apoio institucional dos avisos antigos era mais forte que o apoio institucional da razão e do antirreducionismo de hoje. Essa última diferença, no entanto, não reflete a Igreja, e sim toda uma era. E não nos esqueçamos de que muitos racionalistas modernos tentam aumentar o poder da Razão aumentando o poder das instituições que a apoiam.

O segundo ingrediente, como apresentado por Bellarmino, implica que as questões de fato e realidade dependem das questões de valor. Para um positivista, isso é uma ideia pouco familiar e até repulsiva, mas apenas porque ele não está ciente de seus próprios preconceitos normativos. Um breve exame da história do conceito de realidade revela quais são esses preconceitos.

Em Homero, eventos como sonhos, as ações dos deuses ou ilusões eram vistos como sendo "igualmente reais" (coloquei a expressão entre aspas porque a noção da realidade que ocorre nela já presume que algumas coisas podem não ser tão reais quanto outras). Nenhuma separação existia entre a realidade fora dos seres humanos e o resultado de uma agência interna perceptiva e deformadora. Simplificando a situação um pouco, podemos dizer que isso era assim porque não havia qualquer "mente"; não havia nenhuma região especial, nenhum "sujeito" que continha eventos separados do resto do mundo e capaz de distorcê-los. Anaximandro, então, baseava todos os processos cósmicos nas mudanças de uma única substância, o *apeiron*. Sonhos, deuses, premonições não tinham lugar neste mundo – ficaram ao relento.

O que poderia ser feito com eles? A resposta foi dada por Parmênides, que introduziu uma distinção profunda entre dois tipos de coisas e processos: coisas reais por um lado, meras aparências por outro. A realidade era constituída por procedimentos novos que diferiam tanto da tradição quanto da simples observação. As aparências eram atribuídas a uma mente errônea (assim a mente surgiu parcialmente como um receptáculo para todas aquelas coisas que não podiam ser acomodadas no "mundo real"). Aceitar alguns fenômenos como reais e rejeitar outros como ilusórios significa, portanto, escolher uma tradição e não a outra. Isso se tornou muito claro mais tarde, quando gnósticos e naturalistas brigaram sobre a realidade da matéria, e é aparente até hoje, quando alguns cientistas afirmam ter descoberto uma realidade última (partículas elementares e seus campos), enquanto outros dão ênfase às leis em grande escala e consideram a física da alta energia uma versão um tanto cara e complicada de colecionar selos. Aristóteles descreveu a situação em termos maravilhosamente simples, quando defendeu a realidade das coisas e processos não parmenidianos com o comentário de que eram essenciais para a vida na cidade:

> Mesmo que existisse uma única Bondade que fosse universalmente predicável de bens ou fosse capaz de ter uma existência separada e independente, claramente ela não poderia ser alcançada ou obtida pelo homem, *mas nós estamos buscando algo obtenível.* (*Nicomachean Ethics*, 1096b32f, grifo meu.)

Ele também salientou, em seu livro sobre a alma, que as explicações materialistas, psicológicas e sociológicas da alma, em benefício de objetivos diferentes, eram todas corretas em seus respectivos domínios. Assim, a Igreja estava não só no caminho certo quando media a realidade pelas preocupações humanas, mas era consideravelmente mais racional que alguns cientistas e filósofos modernos que estabelecem uma distinção profunda entre fatos e valores e depois presumem que a única maneira de chegar aos fatos e, portanto, à realidade é aceitar os valores da ciência.

Na época de Galileu, uma fonte importante para a discussão dos interesses humanos era a Bíblia – e ela ainda mantém essa posição em nossos dias. A Igreja, sendo sua guardiã e intérprete principal, também fez dela uma condição-limite da realidade.[2] Newton, que se opunha ao catolicismo, ainda levava essa condição-limite muito a sério. A pesquisa, segundo Newton, deve usar duas fontes: as Obras de Deus, o magnífico Universo, e a Palavra de Deus, a Bíblia. Detalhes da Bíblia (tal como a história do dilúvio) eram usados por cientistas para apoiar as ideias científicas até as o século XIX (catastrofismo).

---

[2] Aqui os oponentes de Galileu podem ter ido além da "opinião comum dos Papas", mencionada por Bellarmino posteriormente em sua carta. Essa "opinião comum" considerava a Bíblia um guia para a moralidade, mas não em questões de astronomia.

A Igreja não só usava a Bíblia como uma condição-limite da verdade e da realidade, mas também tentava impô-la por medidas administrativas. Bellarmino é muito claro com relação a isso: "Como vocês estão cientes, o Concílio de Trento proíbe a interpretação das Escrituras de uma maneira contrária à opinião comum dos Papas".

É aqui que o leitor moderno, e especialmente o epistemólogo liberal que está familiarizado com algumas ambições abstratas, mas nunca viu a ciência de perto, está inclinado a erguer as mãos para o alto em desespero. A seu ver, o conhecimento não tem nada a ver com administração e ele sente pena do pobre Galileu que tinha de aguentar tamanho absurdo. Mas não é assim tão óbvio que um Galileu moderno teria uma vida mais fácil.

Presuma, por exemplo, que ele quisesse testar a eficácia da medicina científica moderna usando grupos de controles de voluntários tratados por métodos alternativos. Em muitos estados dos Estados Unidos, ele teria sido visitado pela polícia, exatamente como Galileu. Ou presuma que ele quisesse ensinar Evolução e Gênese em iguais condições, como duas explicações alternativas da origem dos seres humanos. Ele se depararia, então, com outra restrição jurídica, ou seja, a separação do Estado e da Igreja, que impõe limites legais e administrativos às reivindicações de transmissão de conhecimento. A evolução deve ser ensinada como um fato, ou como uma teoria que lida com fatos, enquanto a Gênese pode, quando muito, ser ensinada como uma crença. Essa é uma inversão de Bellarmino, que atribuiu a determinação de fatos básicos à filosofia e à teologia e concedeu à ciência no máximo um papel instrumental – mais uma confirmação do argumento defendido acima de que a "realidade" é um termo carregado de valores e que as questões da realidade são intimamente conectadas com os interesses humanos.

Nosso Galileu moderno também irá descobrir que os argumentos só raramente são suficientes para conseguir que uma ideia seja aceita e financiada. A ideia precisa adequar-se à ideologia do instituto que supostamente irá absorvê-la e deve estar de acordo com as maneiras como a pesquisa é feita naquele lugar. E não há nenhum ser humano individual a quem ele pudesse explicar suas sugestões e quem ele pudesse instruir em seus próprios modos de pensar – o que há são comitês anônimos, muitas vezes repletos de incompetentes que consideram sua própria ignorância uma medida das coisas.³ Como é que uma pessoa inteligente pode ter sucesso nessas circunstâncias? É muito difícil. Galileu tentou combinar a filosofia, a astronomia, a matemática e uma variedade de disciplinas que são mais bem caracterizadas como engenharia em um único ponto de vista novo que também implicava uma atitude nova com relação à Sagrada Escritura. Disseram-lhe que ficasse na matemática. Um físico ou químico moderno tentando reformar a nutrição ou a medicina se defronta com restrições semelhantes. Um cientista moderno que publique seus resultados em um jornal ou dê entrevistas públicas antes de tê-los submetido ao escrutínio do corpo editorial de um periódico profissional ou de grupos com autoridade comparável comete um pecado mortal que faz dele um pária por bastante tempo.

É bem verdade que o controle não é tão rígido quanto era à época de Galileu e não tão universal, mas isso é resultado de uma atitude mais tolerante com relação a certos crimes (os ladrões, por exemplo, já não são enforcados ou mutilados), e não de uma mudança de atitude quanto à natureza dos próprios crimes. As restrições administrativas feitas a um cientista moderno são certamente comparáveis àquelas em vigor na época de Galileu. Mas, enquanto aquelas restrições antigas que eram emitidas pela Igreja estavam disponíveis na forma de regras explícitas, tais como as regras do Concílio Tridentino, as restrições modernas muitas vezes são implícitas, e não explicadas detalhadamente. Há muitas insinuações e indiretas, mas não há qualquer código explícito que poderíamos consultar e, talvez, criticar e aprimorar. Uma vez mais, o procedimento da Igreja era mais direto, mais honesto e certamente mais racional.

Agora vem um ponto muito importante: esse limite direto e racional à pesquisa não era imutável. Isso é o que Bellarmino diz muito claramente na última parte de sua carta:

---

[3] Ao comentar sobre a história da teoria do estado estável, Hoyle (1982b, p.21) escreve: "Os periódicos aceitavam trabalhos de observadores examinando-os apenas superficialmente, enquanto nossos próprios trabalhos [trabalhos de Bondi, Gold e Hoyle] sempre passavam com dificuldade, a ponto de ficarmos bastante esgotados por ter de explicar pontos de matemática, física, fato e lógica para as mentes obtusas que constituíam a classe misteriosa e anônima de árbitros fazendo seu trabalho como corujas, na escuridão da noite".

> Se houvesse alguma prova real de que o Sol está no centro do universo e de que a Terra está no terceiro céu, e de que o Sol não gira ao redor da Terra e sim a Terra ao redor do Sol, então teríamos de agir com grande prudência ao explicar as passagens da Escritura que parecem ensinar o contrário e de preferência admitir que não as tínhamos entendido em vez de declarar como falsa uma opinião comprovadamente verdadeira.

A doutrina da Igreja, diz Bellarmino aqui, é uma condição-limite para a interpretação de resultados científicos. Mas não é uma condição-limite absoluta. A pesquisa pode movimentá-la. No entanto, Bellarmino continua...

> quanto a mim, não acreditarei que essas provas existem até que elas me sejam mostradas. Tampouco é uma prova dizer que, se supusermos que o Sol está no centro do universo e a Terra no terceiro céu, tudo funciona da mesma maneira como se tudo fosse o inverso. No caso de dúvida não devemos abandonar a interpretação do texto sagrado como dada pelos Papas.

A ideia expressa nessa última frase é hoje aceita por todos os diretores de escolas secundárias e até por alguns reitores de universidades – não introduza uma nova base para a educação até que você esteja certo de que ela é pelo menos tão boa quanto a base antiga. Também é uma ideia sensata. Ela nos aconselha a fazer a educação fundamental independente de modas e aberrações temporárias. A educação não é só ideia. Ela também é livros, habilidades, equipamento para demonstrações, laboratórios, filmes, diapositivos, cursos para professores, programas de informática, problemas, exames e assim por diante. Quando construída de uma maneira judiciosa, ela pode acomodar modas, aberrações e visões alternativas e com isso iluminar o processo de pesquisa científica; no entanto, seria muito pouco prudente reconstruí-la de cima a baixo sempre que um ponto de vista novo e arrojado aparece no horizonte. Além disso, não saberíamos como proceder – sempre existem muitas modas, aberrações, sugestões e "ideias ousadas" conflitantes. A Igreja levava isso em consideração. Ela exigia argumentos rigorosos antes de considerar qualquer mudança em um item importante do conhecimento.

Mas será que Bellarmino estaria fazendo corpo mole? Será que ele resistiu diante da evidência clara e sem ambiguidade? Ou, pior ainda, não teria informações sobre a evidência que existia à época? Essa questão técnica, infelizmente, passou a ser *a* questão para muitos pesquisadores. Atacarei o problema relacionado com ela fazendo uma pergunta diferente: qual teria sido o julgamento de cientistas e filósofos da ciência moderna se eles tivessem sido transferidos para o começo do século XVII e lhes tivessem feito a mesma pergunta que fizeram a Bellarmino, ou seja: o que é que você pensa de Copérnico?

A resposta é que pessoas diferentes teriam dito coisas diferentes. A ciência, como qualquer outro empreendimento, conhece pessoas de linha dura e pessoas mais tolerantes. Há cientistas que leem o sucesso de uma teoria em pequenos sinais e há outros cientistas que querem provas mais substanciais. Há cientistas que ficam satisfeitos com simplicidade e harmonia intelectual, há outros que querem um endosso empírico sólido. Há cientistas que se assustam com as incoerências em uma teoria ou entre a teoria e o experimento e há outros que consideram essas incoerências companheiras naturais do progresso. Michelson e Rutherford nunca aceitaram a relatividade plenamente, Poincaré, Lorentz e Ehrenfest ainda duvidaram depois dos experimentos de Kaufmann, enquanto Planck e Einstein, convencidos pela sua simetria interna, foram mais persistentes. Sommerfeld teve muito sucesso ao fazer a antiga teoria quântica tão formidável quanto a mecânica celestial clássica, ao passo que Bohr, apesar dos sucessos obtidos, achou que Sommerfeld estava no caminho errado. Pauling adorava confundir seus colegas com conjecturas deduzidas da simples construção de modelos, enquanto eles preferiam ponderar sobre as dificuldades das fotografias de raios-X.

Quem sabe o que qualquer um deles teria dito se fosse transportado de volta à mesa de Bellarmino? Michelson, diante das *observações telescópicas* de Galileu, poderia ter apontado para suas contradições internas (os planetas são puxados na direção do observador; as estrelas fixas são empurradas para longe; a parte interna da Lua mostra montanhas, enquanto sua circunferência é perfeitamente plana) e ele poderia ter rido da tentativa de obter informação física de um instrumento tão pouco compreendido. E quase todos os filósofos da ciência que escrevem hoje teriam concordado com Bellarmino que o caso de Copérnico era realmente muito frágil.[4] O argumento mais poderoso mencionado por Copérnico, Rheticus e Mästlin, um argumento que convenceu Kepler,[5] era a harmonia criada pelo ponto de vista copernicano; pela primeira vez havia um sistema astronômico e não apenas um conjunto de instrumentos de cálculo. Mas um argumento pode induzir em erro, como mostra o caso de Schrödinger: a interpretação correta de um ponto de vista simples e harmonioso pode diferir consideravelmente da interpretação sugerida por um primeiro exame superficial desse mesmo ponto de vista.

Galileu estava ciente do problema – senão, por que teria dado tanta importância à sua "prova decisiva" da teoria das marés? Além disso, os *elementos da mecânica* que ele conseguiu inventar durante sua vida eram bastante inadequados para fornecer uma dinâmica do sistema planetário como descrito por Copérnico. Eles poderiam ter sustentado círculos, mas faziam parecer absurdo os epiciclos que ainda eram necessários para predições corretas e não eram aplicáveis às leis de Kepler que, de qualquer forma, não eram aceitas por Galileu. Uma solução aceitável surgiu mais tarde, com Newton, e até ele precisou das intervenções divinas para manter o sistema planetário em ordem. Além disso, as ideias de Galileu sobre a relatividade dos movimentos eram incoerentes. Às vezes, ele afirmava a relatividade de *todos* os movimentos, e, em outras ocasiões, ele aceitava o ímpeto que presume um sistema de referência fixo.

A *física básica* de Galileu era ainda pior. Aristóteles tinha nos dado uma teoria geral da mudança, do movimento e do contínuo. A teoria lidava com locomoção, mudança qualitativa, geração e corrupção e dava uma explicação para pedras em queda livre, bem como para a transmissão de informação de um professor para um aluno atento. A teoria da locomoção era muito sofisticada, implicando que um objeto não pode se mover e, ao mesmo tempo, ter uma posição exata. Galileu se restringiu à locomoção e até nesse caso usou termos muito mais simplórios do que aque-

---

[4] Detalhes sobre essas questões são encontrados em meu livro *Against Method*, especialmente na terceira edição alemã, em grande parte reescrita. *Wider den Methodenzwang*, 1986.
[5] O argumento também apareceu na discussão da presente palestra em Cracow.

les já introduzidos por Aristóteles (Aristóteles tinha dado um passo na direção da teoria quântica no que concerne ao movimento como um todo indivisível, enquanto Galileu se distanciou daquela conquista).[6] Por conseguinte, biólogos, fisiologistas (Harvey!), os fundadores da nova ciência da eletricidade e bacteriologistas continuaram a usar as ideias de Aristóteles durante grande parte do século XVIII e em certa medida mesmo já no século XX (Prigogine tinha algumas coisas muito simpáticas a dizer sobre Aristóteles). Newton certamente levou a sério os comentários de Aristóteles sobre movimento, como pode ser visto por seus manuscritos. Einstein, com seu desprezo por uma "verificação de pequenos efeitos" e com sua capacidade incomum de adivinhar esplendores futuros na confusão presente, poderia ter ficado do lado de Copérnico, mas muitos outros físicos teriam erguido as mãos para o céu em desespero. O julgamento de Bellarmino, portanto, é um ponto de vista inteiramente aceitável.

Com isso, concluo minha breve descrição da forma que as duas tradições antigas assumiram à época de Galileu. As tradições tratavam do papel da ciência na sociedade.

Segundo a primeira tradição, a sociedade deve se adaptar ao conhecimento na forma em que ele é apresentado pelos cientistas. Essa tradição era defendida por Galileu e foi usada mais recentemente por cientistas como base para "negociações" com a Igreja depois de o Cardeal König, de Viena, ter sugerido uma cooperação mais estreita:[7] o representante dos físicos disse que cooperação significa "que conceitos [científicos] não sejam reinterpretados e usados com um sentido diferente [daquele dos cientistas e] que os princípios da Igreja sejam coerentes com as descobertas das Ciências Naturais".

Essa é a posição de Bellarmino, a não ser pelo fato de o conhecimento especializado de uma área especial e um tanto restrita ter agora tomado o lugar do ponto de vista mais amplo e mais humanitário do catolicismo do século XVII.

---

[6] Para uma discussão detalhada desse ponto, veja o capítulo 8 deste livro.
[7] *Physikalische Blätter*, v.26, Nr. 5, 1970, p.217 ss.

De acordo com a segunda tradição, o conhecimento científico é especializado demais e relacionado a uma visão muito restrita do mundo para ser adotado pela sociedade assim, sem mais nem menos. Ele deve ser examinado e julgado a partir de um ponto de vista mais amplo que inclua os interesses humanos e os valores que fluem desses interesses, e suas reivindicações de realidade devem ser modificadas para que estejam de acordo com esses valores. Por exemplo: a dor, os sentimentos de amizade, de medo, de felicidade e a necessidade de salvação, ou em termos seculares ou em termos de algum domínio transcendente do ser, desempenham um papel muito importante nas vidas humanas. Elas são realidades básicas. Portanto, as reivindicações de alguns físicos das partículas elementares de que encontraram os constituintes últimos de tudo devem ser rejeitadas e substituídas por uma posição mais "instrumentalista": suas teorias não são sobre a realidade, e sim sobre predições em uma realidade determinada independentemente de seus esforços.

Na época de Galileu, essa segunda tradição era a tradição defendida pela Igreja. A Igreja usava a versão platônica: o conhecimento mais amplo era o conhecimento especializado, mas, ao estar relacionado com um documento predominantemente humano, a Bíblia, ele tinha e ainda tem uma tremenda vantagem sobre os princípios de um racionalismo abstrato. Também é verdade que os nobres sentimentos inerentes a um conhecimento desse tipo nem sempre prevaleceram e que algumas diretrizes da Igreja eram simplesmente um exercício de poder. Mas os melhores representantes da Igreja pensavam de forma diferente e eram predecessores dignos das tentativas modernas de moderar as tendências totalitárias e desumanizadoras do objetivismo científico moderno por elementos tirados diretamente da vida humana e, nessa medida, "subjetivos".

É preciso também admitir – como já reconheci – que hoje as infrações das regras epistemológicas raramente são uma questão de polícia. No entanto, a lei ainda interfere, a ideia de uma pesquisa livre e independente é uma quimera, e a presença ou ausência da intervenção policial não tem nada a ver com o problema diante de nós, a saber, a interpretação das reivindicações científicas de conhecimento. Além disso, vimos (veja a curta citação depois da nota de rodapé 7 acima) que mesmo o clima liberal da idade moderna não evitou que cientistas exigissem o mesmo tipo de autoridade que Bellarmino possuía automaticamente, mas exercia com sabedoria e graça muito maiores. É uma pena que a Igreja atual, temerosa do barulho universal feito pelos lobos científicos, prefira uivar com eles em vez de tentar lhes ensinar algumas boas maneiras.[8]

Finalmente, umas poucas palavras sobre a afirmação por parte de alguns cientistas e filósofos de que a ciência não precisa de supervisão porque é inerentemente humana e corrige a si própria. Sejam quais forem os erros que os cientistas cometam, essas pessoas nos dizem, os cientistas corrigem; eles fazem isso melhor do que qualquer estranho e, portanto, devem ser deixados em paz (exceto, é claro, por um influxo constante dos milhões de que eles necessitam para pagar por suas correções). É fácil demonstrar as falhas nessa afirmação.

É obviamente verdade que a ciência é inerentemente humana e que um cientista pode ser tão bondoso ou tão ruim quanto qualquer outra pessoa. O problema é que a crescente competitividade dentro do estabelecimento científico e a crescente atenção que é dada às declarações dos cientistas tende a encorajar o egoísmo, o convencimento e um desprezo pelas pessoas – pelo "rebanho", como Galileu as chamava – que não possam acompanhar as contorções sutis das mentes que almejam o prêmio Nobel. A institucionalização de questões anteriormente nas mãos de indivíduos e de pequenos grupos também encoraja o oportunismo e a covardia. Os primeiros cientistas que eram membros das comunidades religiosas sabiam que *sub specie aeternitatis* suas conquistas não valiam muita coisa. Os cientistas modernos que combinam a curiosidade científica com o amor pela Natureza e por seus semelhantes até certo ponto compartilham o senso de perspectiva de seus predecessores religiosos – mas estão rodeados por pessoas com ideias bem diferentes. Será que a ciência tem a capacidade

---

[8] Em 1982, Christian Thomas e eu organizamos um seminário no Instituto Federal de Tecnologia em Zurique com o objetivo de discutir como a ascensão das ciências tinha influenciado as religiões principais e outras formas tradicionais do pensamento. O que nos surpreendeu foi o comedimento temeroso com que os teólogos católicos e protestantes trataram a questão – não havia qualquer crítica ou de conquistas científicas específicas nem da ideologia científica como um todo. Comentei sobre esse comedimento em uma carta que foi reimpressa no apêndice deste capítulo. As atas do seminário foram publicadas sob o título *Wissenschaft und Tradition*, 1983.

de corrigir as aberrações que podem surgir em um empreendimento complexo desse tipo?

É claro que sim – não existe nenhum empreendimento que não possa ser autocorretivo até certo ponto e que não possa ser mudado pelas ações até mesmo de uns poucos indivíduos decididos. Mas a ciência é parte de unidades maiores; ela é parte de uma cidade, de uma região, de nações inteiras. Dependendo de sua estrutura política, essas unidades maiores também podem ser autocorretivas. A democracia, especialmente a democracia da Grécia antiga, estava pronta para corrigir tudo que ocorria em seu meio, inclusive as efusões dos especialistas. Mas a democracia, segundo a posição que estou discutindo agora, não tem nada que interferir com o trabalho da ciência. Por que? Uma razão dada é que esse trabalho é complexo demais para ser compreendido por leigos. O mesmo pode ser dito sobre o trabalho interdisciplinar dentro das ciências – e, no entanto, esse trabalho é encorajado e seus resultados são elogiados. Muitos cientistas, ao defenderem seus resultados, usam argumentos que fariam um filósofo ficar de cabelo em pé – e, no entanto, os argumentos são aceitos e a ciência continua a atuar com base neles. Além disso, instituições como um julgamento por um júri e iniciativas dos cidadãos[9] mostram que leigos podem ser instruídos, ou podem se instruir eles próprios sobre assuntos complicados e, dessa forma, adquirir o conhecimento necessário para um avaliação equilibrada. A legalização da acupuntura na Califórnia foi resultado de um processo de aprendizagem desse tipo.

Uma segunda defesa da autonomia científica é que a ciência é "objetiva" e por isso deve ser separada das opiniões "subjetivas" da política (isso é uma defesa antiga, que pode ser encontrada em Platão). Mas uma democracia não pode simplesmente abaixar a cabeça para as afirmações de cientistas e filósofos. Ela deve examinar essas afirmações, especialmente quando elas abordam questões fundamentais; por exemplo, deve examinar a afirmação de "objetividade". Em outras palavras, deve se envolver em uma análise filosófica das afirmações científicas exatamen-

---

[9] Exemplos da eficiência dessas últimas são discutidos em Meehan, 1984. Cidadãos comuns, não especialistas, encorajaram a colaboração entre construtores e geólogos para avaliar a segurança de usinas nucleares na Califórnia.

te como ela se envolve na análise financeira dos orçamentos locais e nacionais. E, ao se envolver nessa análise, terá de lançar mão não só de verdades objetivas, mas também da maneira pela qual essas verdades se apresentam a seus membros, isto é, terá de depender das avaliações subjetivas desses membros. Para resumir essa parte do argumento: a ciência, que é autocorretiva, é parte de unidades maiores que também são autocorretivas. Em uma democracia, a autocorreção das unidades maiores inclui todas suas partes, o que significa que a autocorreção democrática anula os resultados temporários da autocorreção científica.

A autocorreção inclui uma crítica de mudança ilimitada. A essa altura a ciência já deixou o mundo qualitativo de nossa experiência cotidiana muito para trás. Alguns cientistas afirmam que esse mundo é uma mera aparência e que a realidade está em algum outro lugar. Eles veem os seres humanos em termos dessa realidade e os tratam de acordo com isso. Mas é possível que os seres humanos tenham objeções a esse tratamento. Eles podem se declarar como uma realidade diferente daquela definida pelos cientistas e podem decidir estabilizar a primeira. Por exemplo, podem decidir estabilizar o mundo qualitativo de nossas experiências cotidianas e considerar todos os desvios dela como um passo na direção da desumanidade. É assim que as decisões sobre a qualidade de nossas vidas podem determinar o que deve ser considerado real e o que deve ser considerado uma aparência ou um mero instrumento de predição.

O entusiasmo pela crítica, demonstrado pelos filósofos e cientistas cujas ideias estou discutindo agora, embora compartilhado por muitos intelectuais, não é a *única* base para uma vida rica e compensadora e há sérias dúvidas se ele pode sequer ser *uma* base. Os seres humanos precisam de um *milieu* que seja bastante estável e que dê sentido à sua existência. A crítica permanente que supostamente caracteriza a vida de cientistas pode ser *parte* de uma vida satisfatória, mas não pode ser sua *base*. (E certamente não pode ser a base do amor ou da amizade.) Portanto, os cientistas podem *contribuir* para a cultura, mas não podem fornecer seu *alicerce* – e, estando restritos e cegos por seus preconceitos de especialistas, certamente não podemos deixar que eles decidam, sem controle por parte de outros cidadãos, que tipo de alicerce os cidadãos devem aceitar. As Igrejas têm muitas razões para dar apoio a esse ponto de vista e usá-

-lo para uma crítica de resultados científicos específicos assim como do papel da ciência em nossa cultura. Eles devem vencer sua cautela (ou será medo?) e reviver a sabedoria equilibrada e graciosa de Roberto Bellarmino, exatamente como os cientistas estão sempre se fortalecendo com as opiniões de Demócrito, Platão, Aristóteles e seu próprio e atrevido santo padroeiro, Galileu.

Apêndice

O que se segue é uma carta que escrevi (em alemão) para um dos participantes de um debate sobre a relação moderna entre as ciências e a Igreja Católica.

Prezado Padre Rupert,

Escutei com interesse sua palestra da última quinta-feira. Fiquei surpreso com duas características. Uma delas é a velocidade com que a Igreja agora bate em retirada diante de resultados científicos. Esse fenômeno não existe nas ciências (embora haja muito oportunismo mesmo aqui). Muitas vezes demonstra-se que um ponto de vista científico é errôneo, mas seus defensores não desistem, continuam perseguindo-o por décadas, até por séculos, e com frequência acaba-se descobrindo que eles tinham razão. A teoria atômica é um exemplo disso. Foi "refutada" com frequência, mas sempre voltou e derrotou os que a derrotavam. Quase no fim do século XIX alguns físicos do Continente a consideraram um monstro metafísico; a teoria estava em conflito com os fatos e era internamente incoerente. Ainda assim, seus defensores (Boltzmann e Einstein entre eles) perseveraram e finalmente a levaram à vitória. Ora, se é legítimo manter e defender ideias refutadas *dentro* das ciências, se um procedimento assim pode levar ao progresso científico, por que então a Igreja hesita em fazer a mesma coisa *de fora*? Pois a situação é certamente muito semelhante. Um dos primeiros ataques científicos contra as doutrinas da Igreja estava baseado nos argumentos de Aristóteles contra uma origem do universo. Esses argumentos tinham muito em comum com os argumentos cosmológicos modernos – baseavam-se em leis naturais conhecidas e sumamente confirmadas e extrapolações a partir delas. Muito tempo depois de Aristóteles, a eternidade do mundo material como o conhecemos era considerada um fato básico da ciência – e então a ciência mudou. Hoje há inúmeros modelos de mundo que postulam um começo no tempo e que levam a "criações" complexas durante os primeiros minutos do mundo. O constrangimento, para não dizer o temor, da Igreja, portanto, não pode ser justificado apontando para a *prática* científica. Ele tem como base uma *ideologia* pura e simples. O que me traz para o segundo ponto.

O senhor disse que o que importa não é tanto certa física ou cosmologia, mas sim a relação dos seres humanos com Deus, e o senhor disse também que essa relação tem muito em comum com o amor. Ora, o amor no campo difere do amor na cidade e há situações em que o amor torna-se quase impossível. Por exemplo, o amor torna-se impossível para pessoas que insistem em "objetividade", isto é, que vivem inteiramente de acordo com o espírito da ciência. As ciências encorajam a objetividade, chegando até a exigi-la: com isso elas reduzem nossa capacidade de amar, exceto de uma maneira muito intelectual, o que significa que uma pessoa que quiser disseminar o amor não pode esquecer as ciências – ele/ela deve lidar com elas e lutar contra certas tendências que lhes são inerentes.

Quando era estudante eu venerava as ciências e zombava da religião e me sentia um tanto grandioso ao fazê-lo. Agora que olho a questão mais de perto estou surpreso ao descobrir quantos dignitários da Igreja levam a sério os argumentos superficiais que eu e meus amigos usamos em uma determinada época, e como estão prontos para diminuir sua fé de acordo com isso. Nisso, eles tratam as ciências como se elas também formassem uma Igreja, só que uma Igreja de outrora e com uma filosofia mais primitiva, quando ainda acreditávamos em resultados absolutamente certos. Um exame da história das ciências, no entanto, mostra um quadro muito diferente.

Cordiais saudações,

Paul Feyerabend

10
Hilary Putnam sobre a incomensurabilidade

1. Hilary Putnam (1981, p.114) afirma que "as duas filosofias da ciência mais influentes do século XX... refutam a si próprias". As filosofias que ele tem em mente são o positivismo lógico e a abordagem histórica. Aqui, discutirei uma ideia que pertence a essa última – a incomensurabilidade – e mostrarei que, embora o conceito possa ter consequências pouco comuns, a autorrefutação não é uma delas.

2. Segundo Putnam, "a tese da incomensurabilidade é a tese segundo a qual termos usados em outra cultura, digamos, o termo 'temperatura', como era usado pelos cientistas do século XVII, não pode ser igualado em significado e referência com quaisquer termos ou expressões que *nós* possuímos" (p.114). Chamarei de I a tese da incomensurabilidade como foi definida nessa afirmação.

Para rejeitar I, Putnam indica

(A) que "se [I] fosse realmente verdade, não poderíamos, de forma alguma, traduzir outras línguas – ou até mesmo fases passadas de nossa língua" (p.114), acrescenta

(B) que "se Feyerabend... estivesse certo, membros de outras culturas, inclusive cientistas do século XVII, seriam conceitualizados por nós apenas como animais que produzem respostas a certos estímulos", e conclui:

(C) "dizer que Galileu tem noções 'incomensuráveis' e *depois continuar e descrevê-las em detalhes* é totalmente incoerente" (p.114f, grifo de Putnam).

3. A, B e C estão baseadas nas duas premissas seguintes:
[i] a compreensão de conceitos estrangeiros (culturas estrangeiras) exige tradução
[ii] uma tradução bem-sucedida não muda a linguagem traduzida.

Essas duas premissas são características das tradições teóricas e os argumentos de Putnam, portanto, nos dão uma boa ilustração das observações gerais feitas no capítulo 3.

Nem [i] nem [ii] estão corretas. Podemos aprender um idioma ou uma cultura do começo, como uma criança as aprende, sem digressão pela nossa língua nativa (linguistas, historiadores e antropólogos, tendo percebido as vantagens desse procedimento, hoje preferem estudos de campo em vez de relatórios de informantes bilíngues). E nós podemos mudar nossa língua nativa para que ela se torne capaz de expressar noções estrangeiras (traduções bem-sucedidas sempre mudam o meio em que ocorrem: as únicas linguagens que satisfazem [ii] são as linguagens formais e as de turistas).

A lexicografia moderna explora ambas as possibilidades. Em vez das equações semânticas que formavam a base dos dicionários antigos, ela emprega artigos de pesquisa de uma natureza aberta e especulativa. (Veja, por exemplo, a introdução e os principais artigos de pesquisa em Snell *et al.*, 1971.) Analogias, metáforas, caracterizações negativas e pedaços da história cultural são utilizados para apresentar uma nova paisagem semântica, com novos conceitos e novas conexões entre eles. Os historiadores da ciência atuam de maneira semelhante, porém mais sistematicamente. Ao explicar, digamos, a noção de "ímpeto" na ciência dos séculos XVI e XVII, eles primeiro ensinam aos leitores a física, a metafísica, a tecnologia e até mesmo a teologia da época: em outras palavras, eles também introduzem uma paisagem semântica nova e inicialmente pouco familiar e depois mostram onde o ímpeto está localizado nela. Exemplos são encontrados na obra de Pierre Duhem, Anneliese Maier, Marshall

Clagett, Hans Blumenberg e, para outros conceitos, Ludwik Fleck e Thomas Kuhn.

Traduzir uma língua em outra língua é, de muitas maneiras, como construir uma teoria científica; nos dois casos precisamos encontrar conceitos adequados à "linguagem dos fenômenos". Nas ciências naturais, os fenômenos são os de natureza inanimada. Ninguém duvida que seja difícil dar uma explicação geral desses fenômenos e que, talvez, seja preciso revisar os termos com os quais começamos e que precisamos revisá-los ainda mais quando surgem novos fenômenos. No caso da tradução, os fenômenos são as ideias implícitas em outra língua. Essas ideias se desenvolveram em ambientes geográficos diferentes e muitas vezes desconhecidos e sob circunstâncias sociais também diferentes e desconhecidas, e passaram por inúmeras mudanças, intencionais ou não (a influência de outras línguas, deterioração, licença poética etc.). O item [ii] de Putnam presume que todos os idiomas contêm tudo que é necessário para lidar com todas essas eventualidades. Para usar um exemplo, levanta a hipótese um tanto improvável de que o suaíli moderno já está adaptado à linguagem dos esquimós e, portanto, à história deles. Só há duas maneiras em que uma premissa assim poderia ter sucesso: apriorismo ou harmonia preestabelecida. Sendo um empirista, rejeito ambas.

4. Segundo Putnam, I faz com que seja impossível explicar conceitos estrangeiros (primitivos, técnicos, antigos) em inglês – esse é o conteúdo do item C. Ele tem razão em um sentido, mas não em outro. É realmente impossível, e trivialmente impossível, formular ideias em uma linguagem que não seja adequada para recebê-las. Mas os critérios que identificam uma linguagem natural não excluem a mudança. O inglês não deixa de ser inglês quando novas palavras são introduzidas ou palavras antigas ganham um novo sentido. Todos os filólogos, antropólogos ou sociólogos que apresentam uma visão de mundo arcaica (primitiva, exótica etc.), todo escritor de ciência popular que quer explicar ideias científicas incomuns no inglês corriqueiro, todo surrealista, dadaísta, contador de contos de fada ou de histórias de fantasmas, todos os escritores de ficção científica e todos os tradutores da poesia de idades e nações diferentes sabem como construir primeiro, com *palavras* inglesas, um

modelo que *soa* como inglês de um padrão de uso de que eles precisam e depois adotar aquele padrão e "falá-lo". Um exemplo bastante trivial é a explicação que Evans-Pritchard (1975, p.55) nos dá da palavra zande *mbisimo*, que designa a capacidade de seu oráculo de veneno ver coisas muito distantes. Evans-Pritchard "traduz" *mbisimo* como "alma". Ele acrescenta que não é alma em nosso sentido, implicando vida e consciência, mas sim uma coleção de eventos públicos ou "objetivos". A adição modifica o uso da palavra "alma" e a torna mais adequada para expressar o que os zande tinham em mente. Por que "alma" e não outra palavra? "Porque a noção que essa palavra expressa em nossa própria cultura está mais próxima da noção zande do *mbisimo* do que qualquer outra palavra inglesa" – ou seja, em virtude de uma *analogia* entre a alma inglesa e o *mbisimo* zande. A analogia é importante, pois ela suaviza a transição do sentido original para o novo; sentimos que, apesar da mudança de significado, ainda estamos falando a mesma linguagem. Ora, se uma mudança conceitual como a que acabamos de descrever não passa por uma metalinguagem e fica na própria linguagem (e neste caso estaríamos falando sobre mudar as propriedades das coisas e não o uso das palavras) e se não é apenas um único termo, mas todo um sistema conceitual que está sendo recebido, temos, nesse caso, a situação referida em (C), enfraquecida, entretanto, pois o inglês com que começamos não é o inglês com que terminamos nossa explicação.

5. As ideias dos zande já existem em uma linguagem falada e as noções inglesas foram modificadas para acomodá-las. Há outros casos em que a mudança linguística introduz um ponto de vista novo e até então não expressado. A história da ciência contém muitos exemplos desse tipo. Explicarei a questão com um exemplo da história das ideias.

Na *Ilíada* 9, 225 ss., Odisseu tenta fazer com que Aquiles volte para a batalha contra os troianos. Aquiles resiste. "Um destino igual", responde ele, "ocorre para o lutador negligente e para o lutador valente; uma honra igual vai para o imprestável e para o virtuoso" (318 s.). Ele parece dizer que a honra e a aparência da honra são duas coisas diferentes.

A noção arcaica de honra não permitia tal distinção. Honra, como entendida na epopeia, era um agregado que consistia parcialmente das ações e eventos individuais e parcialmente das ações e eventos coletivos. Alguns dos elementos do agregado eram: a posição (do indivíduo que possuía ou a quem faltava honra) na batalha, na assembleia, durante dissensões internas; seu lugar em cerimônias públicas; os espólios e presentes que ele recebia quando a batalha terminava e, naturalmente, seu comportamento em todas essas ocasiões. A honra estava presente quando os elementos do agregado (ou a maior parte deles) estivessem presentes e estava ausente quando isso não ocorria (cf. Il. 12, 310 ss. – discurso de Sarpédon).

Aquiles introduz um ponto de vista diferente. Ele foi insultado por Agamenon que tinha tomado seus prêmios. A ofensa criou um conflito entre os ingredientes individuais e coletivos da honra. Os gregos que recorriam a Aquiles, Odisseu entre eles, ilustram a resolução habitual do conflito: os prêmios de Aquiles foram devolvidos, mais prêmios foram prometidos, a harmonia retornou ao agregado, a honra foi restaurada (519, 526, 602 s.). Até aqui estamos precisamente de acordo com a tradição. Aquiles se afasta dela. Levado por sua raiva, que ainda permanecia, ele percebe um desequilíbrio igualmente duradouro entre o mérito pessoal e as recompensas sociais. O que ele tem em mente não só difere do agregado tradicional, como não é nem mesmo um agregado, pois não há nenhum conjunto de eventos que garanta a presença da honra como ele a vê agora. Usando a terminologia de Putnam, podemos dizer que a ideia de honra de Aquiles é "incomensurável" com a ideia tradicional. E, realmente, considerando o contexto épico, o breve excerto que citei do discurso de Aquiles parece tão absurdo quanto a afirmação de que "o rápido e o lento precisam do mesmo tempo para atingir a meta". No entanto, Aquiles introduz sua ideia exatamente na mesma linguagem que parece excluí-la. Como isso é possível?

Isso é possível porque, como Evans-Pritchard, Aquiles pode mudar os *conceitos* mesmo mantendo as *palavras* associadas. E ele pode mudar conceitos sem deixar de falar grego porque os conceitos são ambíguos, elásticos, passíveis de reinterpretação, de extrapolação e de restrição; usando um termo da psicologia da percepção, os conceitos, como os perceptos, obedecem às relações figura-fundo.

Por exemplo, a tensão entre os elementos individuais e os coletivos da honra que foi causada pelo feito de Agamenon pode ser vista de pelo menos duas maneiras: como se envolvesse ingredientes de igual peso ou como um conflito entre elementos fundamentais e outros mais periféricos. A tradição aceitou a primeira concepção, ou, melhor dizendo, não se tratava de uma aceitação consciente – as pessoas *simplesmente agiam* daquela forma: "Com os prêmios prometidos siga adiante. Os aqueus irão honrá-lo como fariam com um imortal!" (602 s.). Aquiles, compelido por sua raiva, aumenta a tensão de forma que ela deixa de ser uma perturbação transitória e se transforma em uma desavença cósmica (as relações figura-fundo muitas vezes mudam como resultado de emoções fortes; esse é o princípio por trás do teste de Rohrschach).

A extrapolação não esvazia seu discurso de sentido, porque existem analogias para aquilo que ele está tentando expressar. O conhecimento divino e o conhecimento humano, o poder divino e o poder humano, a intenção e o discurso humanos (um exemplo usado pelo próprio Aquiles: 312 s.) são contrapostos uns aos outros à medida que Aquiles contrapõe a honra pessoal e suas manifestações coletivas. Guiado pelas analogias, o público de Aquiles é atraído para a segunda maneira de ver a tensão e então descobre, tal Aquiles, um novo lado da honra e da moralidade arcaica. Esse novo lado não está tão bem definido quanto a noção arcaica – é mais um presságio do que um conceito –, mas o presságio produz novas maneiras de falar e assim, eventualmente, esclarece novos conceitos (os conceitos de alguns dos filósofos pré-socráticos são pontos finais dessa linha de desenvolvimento). Os presságios são excluídos das tradições teóricas, o que, portanto, ou bloqueia a mudança conceitual ou não pode explicá-la quando ela já ocorreu. Assim, se tomarmos os conceitos tradicionais não modificados como medida de sentido, somos forçados a dizer que Aquiles está falando absurdos (Parry, 1956, e meus próprios comentários em *Against Method*, 1975, p.267). Mas medidas de sentido não são rígidas e sem ambiguidade e suas mudanças não são, tampouco, não familiares a ponto de evitar que os ouvintes captem o que Aquiles tem em mente. Afinal, falar uma língua ou explicar uma situação significam, ambos, *seguir* regras e *modificá-las*; é uma rede quase inextricável de passos lógicos e retóricos.

Pelo que acabamos de dizer, deduz-se também que falar uma língua passa por estágios em que a fala realmente nada mais é do que um mero "fazer barulho" (Putnam, 1981, 122). Para Putnam, isso é uma crítica das ideias que ele atribui a Kuhn e a mim (cf. seção 2, objeção B do presente capítulo). Para mim, é um sinal de que Putnam, em virtude de seu viés a favor das tradições teóricas, não está ciente das muitas maneiras em que uma língua pode ser usada. Crianças pequenas aprendem um idioma prestando atenção em ruídos que, sendo repetidos em ambientes apropriados, gradativamente adotam um significado. Ao comentar sobre as explicações que seu pai lhe deu sobre questões de lógica, Mill escreve em sua autobiografia:

> As explicações não esclareceram a questão para mim à época, mas isso não quer dizer que foram inúteis; elas permaneceram como um núcleo para que, sobre ele, minhas observações e reflexões se cristalizassem; a importância de seus comentários gerais vindo a ser interpretados por mim, pelas instâncias que observei *posteriormente*. (Lerner, 1965, p.21)

Santo Agostinho aconselhava os párocos a ensinar as fórmulas da fé automaticamente, acrescentando que seu significado iria emergir como resultado de seu uso prolongado em uma vida rica, memorável e piedosa. Os físicos teóricos muitas vezes brincam com fórmulas que ainda não fazem muito sentido para eles, até que uma combinação afortunada faz com que tudo se encaixe (no caso da teoria quântica ainda estamos esperando por essa combinação afortunada). E Aquiles, com sua maneira de falar, criou novos hábitos de linguagem que eventualmente fizeram surgir concepções novas e mais abstratas da honra, da virtude e do ser. Assim, usar palavras como meros ruídos tem uma função importante mesmo nos estados mais avançados do uso de uma língua (cf. meu *Against Method*, 1975, p.270).

Um cientista que estava ciente da natureza complexa do discurso explicativo e que usava seus elementos com uma habilidade incrível era Galileu. Como Aquiles, Galileu deu novos sentidos a palavras antigas e familiares; como Aquiles, ele apresentava seus resultados como partes de um arcabouço que era compartilhado e compreendido por todos (estou falando agora de sua mudança das noções básicas da cinemática e da dinâmica); mas, ao contrário de Aquiles, ele sabia o que estava fazendo e tentava ocultar as mudanças conceituais de que ele precisava para garantir a validade de seus argumentos. Os capítulos 6 e 7 de meu livro

Against Method (1975) contêm exemplos de sua arte. Agregados ao que eu disse aqui, esses exemplos mostram como é possível afirmar, sem se tornar incoerente, que as noções de Galileu são "incomensuráveis" com as nossas "e depois continuar para descrevê-las em detalhes".

6. Esses exemplos também solucionam o enigma de Putnam sobre a relação entre relatividade e mecânica clássica. "Se I estiver certo", diz Putnam, "então o sentido das afirmações que ocorrem em um teste ou de relatividade ou de mecânica clássica não pode ser 'independente da escolha entre a teoria newtoniana e a einsteiniana'." Além disso, é então impossível encontrar equações de sentido entre "qualquer palavra na... teoria newtoniana [e] qualquer palavra na... relativi[dade] geral" (1981, p.116). Ele infere que não há meios de comparar as duas teorias.

Uma vez mais, a inferência está errada. Como mencionei na seção 3, há muito tempo os linguistas deixaram de usar equações de significado para explicar ideias novas e pouco familiares, enquanto que os cientistas sempre deram ênfase à novidade de suas descobertas e dos conceitos usados em sua formulação. No entanto, isso não faz com que eles parem de comparar teorias. Assim, o relativista pode dizer que as fórmulas clássicas, se *interpretadas adequadamente* (isto é, interpretadas na maneira relativista), são bem-sucedidas, mas não tanto quanto o aparato relativista completo. Ele pode argumentar como o psiquiatra que, falando a um paciente que crê em demônios (Newton), adota sua maneira de falar sem aceitar suas implicações demoníacas (newtonianas) (isso não exclui a possibilidade de que o paciente, um belo dia, dê meia-volta e o convença da existência de demônios). Ou ele pode ensinar relatividade ao classicista como uma língua estrangeira e convidá-lo a avaliar suas virtudes a partir de uma perspectiva interna ("tendo aprendido o espanhol à perfeição e tendo lido Borges e Vargas Llosa, você não preferiria escrever histórias em espanhol em vez de alemão?"). Existem muitas outras maneiras que o newtoniano e o relativista podem divergir e de fato divergem. Expliquei-as em trabalhos escritos desde 1965, alguns deles em resposta direta às críticas de Putnam daquela época: veja meu *Philosophical Papers*, v.1, capítulo 6, seções 5 ss., e v.2, capítulo 8, seção 9 ss. e apêndice. Isso conclui minha resposta a A, B e C.

7. Os argumentos das seções anteriores foram baseados em I, que é a versão de Putnam de incomensurabilidade. Mas a versão dele não é a que introduzi quando examinava a relação entre teorias abrangentes, tais como a mecânica e a relatividade de Newton ou a física aristotélica e a nova mecânica de Galileu e Newton (cf. *Against Method*, p.268 ss. e *Philosophical Papers*, v.1, capítulo 4, seção 5). Existem duas diferenças. Primeiro, em meu entendimento, a incomensurabilidade é um evento raro. Ela ocorre apenas quando as condições de significância para os termos descritivos de uma linguagem (teoria, ponto de vista) não permitem o uso dos termos descritivos de outra linguagem (teoria, ponto de vista): a meu ver, meras diferenças de significado ainda não levam à incomensurabilidade. Segundo, linguagens (teorias, pontos de vista) incomensuráveis não estão completamente desconectadas – existe uma relação sutil e interessante entre suas condições de significância. Em *Against Method*, expliquei essa relação no caso do senso comum homérico *versus* a linguagem a que os antigos filósofos gregos almejavam. Em *Philosophical Papers*, v.1, capítulo 4, expliquei a mesma coisa no caso de Aristóteles e Newton. Devo acrescentar que a incomensurabilidade é uma dificuldade para os filósofos, não para os cientistas. Os filósofos insistem na estabilidade de significado em toda a extensão de um argumento, enquanto cientistas, estando cientes de que "falar uma língua ou explicar uma situação, significam, ambos, *seguir* regras e *modificá-las*" (veja a seção 5 do presente capítulo), são especialistas na arte de argumentar atravessando linhas que os filósofos consideram barreiras insuperáveis do discurso.

11
Pluralismo cultural ou a admirável monotonia nova?

Em janeiro de 1985, fui convidado a contribuir para um debate sobre o papel das artes, da filosofia e das ciências na era do pós-modernismo. Na minha resposta, (a) critiquei a premissa de que debates intelectuais têm qualquer coisa a ver com "cultura mundial", (b) salientei que o fenômeno básico da "cultura mundial" é a expansão incansável dos pensamentos e tecnologias ocidentais – monotonia, e não variedade, é o tema básico da era, (c) afirmei que o intercâmbio cultural não precisa de valores, um idioma ou uma filosofia compartilhados, (d) defendi a variedade e a "cacofonia" onde quer que seja que ela erga sua cabeça e (e) fiz um breve relato sobre o desenvolvimento da filosofia da ciência desde Maxwell até Kuhn. Não há necessidade de reproduzir minha resposta já que todas essas questões são abordadas em outras partes deste livro. Mas acho que a seguinte carta, que escrevi como resposta a uma longa crítica de minha réplica, levanta novas questões e pode ser de algum interesse.

8 de março de 1985

Prezados senhores Vergani, Shinoda e Kesler,

Obrigado por sua carta longa e detalhada e pela preocupação que tiveram de responder a meu pequeno panfleto. Naturalmente, não concordo. Deixem-me explicar por quê.

Os senhores perguntam:

— Você pode realmente negar a importância de uma estrutura coerente que organize a diversidade?

Respondo que isso não cabe a mim nem a vocês decidir – cabe às pessoas que criaram a diversidade e que agora estão vivendo no meio dela. Se as nações do continente africano estão satisfeitas de viver lado a lado, sem qualquer contato cultural ou de outro tipo, isso é o que irão fazer, não importa o que "pensadores" distantes achem de sua conduta. Se os americanos gostam da "inflação de bens, imagens, ideias e tradições", esperam com ansiedade laquês para cabelo, modelos de automóvel e novelas novas e melhores e usam o dinheiro como a medida última de valor, então um intelectual dissidente pode, é claro, protestar junto a eles como um pregador, mas, se ele tentar usar meios de persuasão mais poderosos, passa a ser um tirano. "Nós, os filósofos", escreveu Edmund Husserl (1936) em um ensaio extraordinário, "somos *funcionários da humanidade* [ênfase no original]. A responsabilidade bastante pessoal de nosso próprio e verdadeiro ser como filósofos, nossa vocação pessoal interna, carrega dentro de si, ao mesmo tempo, a responsabilidade pelo ser verdadeiro da humanidade." É possível que os senhores concordem com essa citação. Quanto a mim, acho que ela mostra uma ignorância espantosa (o que é que Husserl sabe sobre o "ser verdadeiro" do nuer?), um convencimento fenomenal (será que existe um único indivíduo que tenha conhecimento suficiente de todas as raças, culturas e civilizações para ser capaz de falar do "ser verdadeiro da humanidade"?) e, é claro, um desprezo enorme por qualquer pessoa que viva e pense de maneira diferente.

É verdade que, com frequência, as nações e grupos na sociedade estabelecem algum tipo de contato; mas não é verdade que, ao fazê-lo, eles criam, ou adotam, um "metadiscurso comum" ou um vínculo cultural comum. As conexões podem ser temporárias, *ad hoc*, e bastante superficiais: líderes sul-africanos brancos, muçulmanos negros e terroristas europeus têm uma grande atração pelo dólar – mas há poucas outras coisas que os unam.

Até uma conexão mais estreita entre as culturas A, B, C etc. não precisa ser "organizada" por uma "estrutura coerente"; tudo que é necessário é que A interaja com B, B com C, C com D e assim por diante, em que o modo de interação pode mudar de um par para o próximo par e até mesmo de um episódio de interação para o seguinte. O uso da língua acádia durante o Primeiro Internacionalismo é um exemplo disso. Não foi uma pressuposição necessária dessa civilização, mas era uma de suas muitas características; por acaso foi usada por grupos especiais que escreveram o que fizeram e, portanto, chamaram a atenção de escribas trabalhando milênios depois deles, isto é, nossos próprios estudiosos. Nem todos os intercâmbios eram em acádio: havia contatos locais que usavam os dialetos ou linguagens de uma região restrita e mesmo eles se estendiam apenas até onde iam as necessidades e a curiosidade dos participantes. Além disso, não devemos confundir uma cultura com suas manifestações escritas ou com os produtos de seus artistas e pensadores: as leis escritas do Código de Hamurabi tiveram pouca influência na prática jurídica; os primeiros usos da Linear B eram puramente comerciais, mas a educação grega não era baseada em ideias comerciais, e sim em Homero, isto é, na poesia oral. (Alguns poetas posteriores, Platão entre eles, nunca se reconciliaram totalmente com o fato de terem seus trabalhos distribuídos em forma escrita – cf. Platão, *Phaedrus* 274d ss. e a *Seventh Letter*, esp. 241b ss.) Hoje temos muitos livros marxistas e muitas ideias marxistas flutuando ao redor de nossas universidades e centros de pesquisa – mas será que isso "mancha" nossa cultura com o marxismo? Não creio, pois não há nem um vestígio de marxismo em nossas novelas ou em nossos canais religiosos. *Os intelectuais ainda não fazem uma cultura.* É claro, podemos estipular que cultura é igual a literatura mais arte mais ciência – mas então decidimos a questão dos efeitos culturais da literatura e assim por diante, por decreto, e não pela pesquisa.

Admito também que os contatos ocasionalmente tornaram-se mais intensos e levaram a unidades culturais no sentido que os senhores parecem ter em mente – mas observem cuidadosamente como isso foi obtido: na maior parte do tempo a unidade foi imposta pela força, e só muito raramente ela surgiu dos desejos e das ações das pessoas envolvidas. Cientistas, artistas e intelectuais comuns não parecem ser contrários a tais desenvolvimentos, podendo até mesmo encorajá-los – é por isso que tentam infiltrar agências governamentais, que ficam tão irritados quando seus produtos são submetidos ao controle público, que admiram "líderes" culturais que compartilham sua ideologia e seu desejo de poder e os apoiam com jogos de poder próprios. O anseio de vocês por um novo "metadiscurso" cheira perigosamente a uma reciclagem das maquinações de Constantino o Grande, ou da "educação" dos índios americanos. Eu, por outro lado, prefiro uma forma de vida em que as unidades surjam de uma fusão fortuita de elos temporários e em que elas possam decair no momento em que os elos já não forem mais populares.

Meu próximo ponto é que os senhores parecem ser incapazes de decidir sobre a atual condição da "cultura mundial". Em sua *Declaração Editorial*, vocês dizem que há um "caos cultural" sem um laço unificador. Mas em sua carta insinuam que pode haver algum laço, só que é um laço que os senhores desprezam (o dinheiro). Concordo com sua carta: há uma uniformidade crescente, não só no chamado "primeiro" mundo (um convencimento simpático, esse, o de chamar um retardatário atrevido de "primeiro" mundo!), mas em outros lugares também, e todas as diferenças e pluralismos que também existem desaparecem por comparação. Trata-se de pequenas confusões divertidas que mal irão perturbar a General Motors, a Proctor and Gamble ou o Pentágono. No entanto, mesmo em sua carta, os senhores repetem que o caos "permeia a essência de nossa cultura". Isso soa agradavelmente abstrato e filosófico, mas me pergunto com que rigor os senhores consideraram a questão. Terão comparado a clientela das novelas, do Reverendo Falwell ou do Super Bowl com a clientela da arte moderna ou da questão racionalismo/irracionalismo na filosofia? Os senhores têm os números? A força do comprometimento? A influência sobre as vidas do resto de nós?

Acho que não. Nem eu, mas até o cálculo mais simples mostra que os senhores não podem de forma alguma ter razão: existem hoje cerca de dez mil filósofos ensinando nos Estados Unidos e no Canadá. A maioria deles são servos obedientes do *status quo*, mas suponhamos que 25% sejam criadores de desordem – uma estimativa extremamente exagerada. Suponhamos também que cada criador de caos tenha cem alunos. A maioria desses alunos irá se formar em filosofia porque precisa fazê-lo, ficará profundamente entediada e depois feliz quando as aulas e os exames tiverem terminado – mas, uma vez mais, suponhamos que 25% passem a ser seguidores comprometidos de seus professores criadores de caos. Isso daria quarenta mil. Os senhores sabem quantos milhões estão acompanhando a série *Dallas*? Quantos viram o Super Bowl? Sabem o número de seguidores de todos os pregadores da televisão juntos? Lembram-se de quantas pessoas votaram em Reagan? Quantas pessoas ainda estão apoiando suas políticas? A ordem de magnitude aqui é de dezenas de milhões – incomparavelmente maior do que aquele número já bastante exagerado a que cheguei em meu pequeno cálculo. Ou comparem a quantidade de dinheiro que está sendo usada para manter o caos com a quantidade de dinheiro que apoia a monotonia. As porcentagens do Produto Interno Bruto para a Defesa e para contribuições para as artes darão uma primeira aproximação; elas mostram a pouca importância que têm as artes e as humanidades – e as forças do caos são apenas uma parte minúscula delas. Não me digam que os números não contam: os artistas e pesquisadores nas ciências básicas constantemente insistem em falar de números quando estão tentando mostrar quão pouca atenção eles recebem. Uso o mesmo argumento para contestar sua tese da penetração do caos.

(Incidentalmente, os senhores não deveriam ser tão modestos e justificarem sua confusão entre "cultura mundial" e "cultura do primeiro mundo" como resultado de "inexperiência editorial" – estudiosos com muitos títulos honoríficos e toneladas de livros e artigos a eles atribuídos já falaram e ainda falam exatamente da mesma maneira. Basta ler uma vez mais a breve citação de Husserl que fiz acima. Essas pessoas falam de "cultura" ou de "Homem" – mas o que querem dizer são eles próprios e as poucas criaturas escolhidas que conseguem entender seus trabalhos: portanto, vejam só, os senhores estão em excelente companhia.)

Chego agora a minha última divergência com os senhores. Vejo que "creem na autonomia da arte, do pensamento e do sentimento em detrimento do dinheiro". Uma vez mais, escrevem de uma maneira que parece admirável, mas que não dá nenhuma sugestão sobre as implicações que essas coisas devem ter para o mundo real. No mundo real, um artista precisa de dinheiro: dinheiro para o aluguel, comida, tintas, pincéis, visitas a museus, talvez ele ou ela tenham de manter um(a) amante ou um cônjuge, ocasionalmente até os dois, ele ou ela pode ter filhos e assim por diante. O mesmo se aplica aos filósofos, dançarinos, diretores de cinema, roteiristas e poetas. Todas essas pessoas precisam de *e querem* salários maiores e/ou de melhores preços para seus produtos.

Então, o que querem os senhores dizer com autonomia? Querem dizer que um artista deve viver sem dinheiro e morrer de fome, ou morar em um buraco? Querem dizer que ele ou ela deve ser alimentado e abrigado, mas sem que nenhum dinheiro esteja envolvido? Talvez na base da troca, por exemplo? Bem, isso vai depender do artista. Se ele gostar de morar em um casebre no campo e criar uma vaca para ter leite, então mais poder para ele, mas, infelizmente, para começar isso ele também precisa de dinheiro. Querem dizer que seria melhor se não houvesse dinheiro à nossa volta? Esse é um sonho interessante, mas de nenhuma relevância para nosso problema, pois a questão não é como os artistas possam viver em uma terra do nunca, mas sim como podem viver aqui e agora, em 1985, neste país. E aqui e agora o dinheiro é essencial. O dinheiro não é inerentemente mau; é um meio para um fim. Foi usado para fins ruins e algumas pessoas ficam tão fascinadas por ele que dedicam sua vida inteira a acumulá-lo. Presumo que nosso artista não é uma dessas pessoas (ele não seria um artista pior se o fosse – Giotto brigava muito por dinheiro e preocupou-se muito em aumentar suas riquezas, mas mesmo assim foi um dos maiores artistas que jamais existiu).

Portanto, nosso artista irá usar dinheiro, mas ele não irá venerá-lo como um Deus. Quem irá lhe pagar? Talvez um patrocinador rico. Nesse caso, o artista pode ter de adaptar sua arte aos desejos de seu patrono. Ora, quando os senhores falam de "autonomia" querem dizer que o patrono não tem direito de fazer conhecer seus desejos? Porque o artista, pelo próprio fato de ser um artista, está acima do julgamento de outras pessoas? Isso é puro elitismo, eu o rejeito e rejeito o desprezo pelos outros que ele implica. Rejeito o elitismo ainda mais enfaticamente quando o dinheiro público está envolvido: uma pessoa que é paga com dinheiro público deve estar preparada para aceitar a supervisão pública. Tenho uma sensação desagradável de que, quando os senhores falam sobre "autonomia" de sua maneira abstrata e aparentemente a milhas de distância de qualquer coisa assim tão baixa e suja como o dinheiro, na verdade querem que o público pague aos artistas (e cientistas e grandes "sentidores") para viver e trabalhar como eles (os artistas etc.) queiram, isto é, como *parasitas*: acadêmicos, usando o capuz mágico da "liberdade acadêmica", conseguiram há muito tempo tornar o parasitismo respeitável – agora os artistas querem um pedaço da ação. Sou contra o parasitismo (a não ser que todas as partes envolvidas estejam de acordo) e isso significa que sou contra a liberdade acadêmica e, naturalmente, contra qualquer "autonomia artística" correspondente.

"Mas a grande arte", os senhores podem dizer, "presume a autonomia total do artista." Isso não é verdade, como demonstrado pelos artistas do Renascimento, que tinham de obedecer aos conselheiros municipais e ricaços privados, e por compositores como Haydn ou Mozart, que escreveram *Gebrauchsmusik*, foram pagos por isso e mesmo assim produziram algumas das melhores artes de seu adorado "primeiro mundo". "Mas hoje", os senhores podem continuar, "a situação é diferente. Hoje o público não tem gosto – veja a popularidade de *Dallas* e *Dynasty*." Aqui vocês argumentam do ponto de vista do Desprezo. *Dallas e Dynasty* são a arte das massas – isso é verdade. Mas as massas consistem de indivíduos, portanto os senhores ou podem dizer "indivíduos como eu e você" – e então estarão sendo humanitários e irão respeitar as escolhas deles – ou podem dizer "indivíduos sem gosto" – e então são uns patifes convencidos e por que, então, deveriam as massas lhes pagar? Além disso, um bom filme, isso é, um filme que é artístico sem se vender para os gostos recônditos de umas poucas almas sublimes – e há muitos desses filmes –, mostra como a colaboração entre a grande arte e o bom dinheiro pode ser intensa. A colaboração não é fácil – poucas coisas importantes o são – mas ela pode ser frutífera e foi uma colaboração frutífera assim, e não exigências veladas (e no fundo desdenhosas) por autonomia, que nos deram as artes do passado.

Mais um ponto antes de eu me despedir. Observo com frequência as discussões e as reações do público do programa de Phil Donahue. Essas são pessoas comuns, que veem televisão, vão ao cinema, muitas delas apoiam uma ou outra política de Ronald Reagan, muitas são pessoas religiosas, elas trabalham muito para ganhar uma renda, para educar seus filhos, para ajudar seus parentes. Também leio autores como Russell Baker (sua autobiografia) e Evelyn Keyes (sua autobiografia). Eles também falam dos negócios humanos, e falam clara e simplesmente e em termos concretos; eles têm um coração, demonstram sabedoria, compreensão, muitas vezes ficam confusos, não sabem, e dizem que não sabem, não escondem sua perplexidade atrás de palavras vazias. Ora, os interesses de todas essas pessoas e seus próprios interesses parecem ser extraordinariamente semelhantes – todos estão preocupados com ocorrências adversas – mas que diferença de linguagem! Narrativa simples e pessoal de um lado e uma mistura desconfortável de abstrações impessoais do outro. Sei o que os especialistas estão dizendo sobre esse contraste. Dizem que a análise social é uma questão difícil e que ela precisa de um discurso fortemente teórico para ter sucesso. Eu replico que um discurso teórico faz sentido nas ciências naturais, nas quais os termos abstratos são resumos de resultados prontamente disponíveis, mas que às afirmações teóricas sobre questões sociais muitas vezes faltam conteúdo e elas passam a ser ou absurdas ou superficialmente falsas quando o conteúdo é dado (cf. meus breves comentários sobre sua tese principal e sua demanda de autonomia artística). O muro de incompreensão construído por esse tipo de conversa, portanto, não está baseado no conhecimento, e sim na pretensão e no desejo de intimidar – um motivo a mais para olhar de uma maneira muito crítica os muitos privilégios que os intelectuais conseguiram roubar em nossa sociedade.

E agora, muito boa sorte para os senhores e para todos os seus outros empreendimentos!

12
Adeus à razão

A versão alemã deste ensaio baseou-se na terceira edição alemã de Against Method *(abreviado para AM), que difere das edições inglesa, francesa, japonesa e portuguesa e foi publicada em 1986.* Erkenntnis Für freie Menschen *(abreviado para EFM) é a edição alemã de* Science in a Free Society *(SFS), que foi em grande parte reescrita. Ela não contém os capítulos sobre Kuhn, Aristóteles e Copérnico e as respostas aos críticos que constituíram mais da metade do texto inglês. Em vez disso, há uma explicação mais detalhada da relação entre razão e prática, um longo capítulo sobre relativismo e um esboço sobre o surgimento do racionalismo na antiguidade. As críticas sobre as quais faço comentários foram publicadas em Duerr, 1980/81.*

1 Levantamento

Este capítulo aborda os seguintes tópicos: a estrutura do raciocínio científico e o papel de uma filosofia da ciência; a autoridade da ciência comparada com outras formas de vida; a importância dessas outras formas de vida; o papel do pensamento abstrato (filosofia, religião, metafísica) e os ideais abstratos (o humanitarismo, por exemplo). Ele contém também respostas aos ensaios críticos que apareceram em alemão em 1980 e esclarece argumentos desenvolvidos em *AM* e *EFM*.

1 A estrutura da ciência

Minha tese principal sobre esse ponto é: os eventos e resultados que constituem as ciências não têm qualquer estrutura em comum; não há elementos que ocorram em todas as investigações científicas, mas que estejam faltando em outros lugares (a objeção de que sem esses elementos a palavra "ciência" não tem qualquer significado presume uma teoria de significado que foi criticada, com argumentos excelentes, por Ockham, Berkeley e Wittgenstein).

Desenvolvimentos concretos (tais como o fim das cosmologias do estado estável ou a descoberta da estrutura do DNA) têm, é claro, características bastante distintas e muitas vezes podemos explicar por que e como essas características levam ao sucesso. Mas nem todas as descobertas podem ser explicadas da mesma maneira e procedimentos que deram certo no passado podem criar uma devastação quando impostos no futuro. A pesquisa bem-sucedida não obedece a padrões gerais; ela ora utiliza um truque, ora outro, e os movimentos que a fazem avançar nem sempre são conhecidos por aqueles que os fizeram. Uma teoria da ciência que planeje padrões e elementos estruturais de *todas* as atividades científicas e as autorize por referência a alguma teoria da racionalidade pode impressionar as pessoas de fora – mas é um instrumento por demais grosseiro para as pessoas envolvidas, isto é, para os cientistas que estão enfrentando algum problema de pesquisa concreto. O máximo que podemos fazer por eles estando de longe é enumerar regras práticas, dar exemplos históricos, apresentar estudos de caso que contêm procedimentos divergentes, demonstrar a inerente complexidade da pesquisa e, com isso, prepará-los para o pântano em que estão a ponto de entrar. Ao escutar nossas histórias, os cientistas terão uma sensação da riqueza do processo histórico que querem transformar, serão estimulados a deixar para trás coisas infantis, tais como as regras lógicas e os princípios epistemológicos e a começar a pensar de maneira mais complexa – e isso é tudo o que podemos fazer *em virtude da natureza do material*. Uma "teoria" do conhecimento que tenha a intenção de fazer mais do que isso perde o contato com a realidade. Não só suas regras não *são* usadas pelos cientistas, mas elas *tampouco podem*, de forma alguma, *ser* utilizadas em todas as circunstâncias – assim como é impossível escalar o Everest usando passos de balé clássico.

As ideias que acabamos de apresentar (e que foram ilustradas com exemplos históricos em *AM* e em meu *Philosophical Papers*, 1981) não são novas. Como escrevi na seção 4 do capítulo 6, encontramo-las em filósofos como Mill (seu *On Liberty* [Sobre a liberdade] – a apresentação extraordinária de uma epistemologia libertária), em cientistas como Boltzmann, Mach, Duhem, Einstein e Bohr e, mais tarde, de uma maneira filosoficamente já bastante dessecada, em Wittgenstein. Foram ideias frutíferas: as revoluções da física moderna, da relatividade e da mecânica quântica e as mudanças posteriores na psicologia, biologia, bioquímica e física da alta energia teriam sido impossíveis sem elas. No entanto, na filosofia, tiveram só um impacto muito sutil. Mesmo o movimento filosófico mais iconoclasta da época, o neopositivismo, ainda se apegou à ideia antiga de que a filosofia deve fornecer padrões gerais para o conhecimento e a ação e que a ciência e a política só podem lucrar se adotarem esses padrões. Rodeados por descobertas revolucionárias nas ciências, pontos de vista interessantes nas artes e desenvolvimentos imprevistos na política, os severos fundadores do Círculo de Viena retiraram-se para uma fortaleza restrita e malconstruída. A conexão com a história foi dissolvida; a colaboração estreita entre o pensamento científico e a especulação filosófica chegou ao fim; a terminologia estranha às ciências e os problemas sem relevância científica assumiram o comando.

Fleck, Polanyi e depois Kuhn foram (após muito tempo) os primeiros pensadores a comparar a filosofia escolar resultante com seu suposto objeto – a ciência – e a mostrar seu caráter ilusório. Isso não melhorou as coisas. Os filósofos não voltaram para a história nem abandonaram as charadas lógicas que eram sua marca registrada. Enriqueceram essas charadas com mais gestos vazios, a maioria deles tirada de Kuhn ("paradigma", "crise", "revolução" e assim por diante), sem consideração pelo contexto e assim complicaram sua doutrina; mas não a trouxeram mais perto da realidade. O positivismo pré-kuhniano era infantil, mas relativamente claro (isso inclui Popper, que é apenas uma pequena baforada de ar quente na xícara de chá positivista). O positivismo pós-kuhniano continuou a ser infantil – mas ainda é também muito obscuro.

Imre Lakatos foi o único filósofo da ciência a aceitar o desafio de Kuhn. Ele lutou contra Kuhn em seu próprio território e com suas próprias armas. Admitiu que o positivismo (verificacionismo, falsificacionismo) nem ilumina os cientistas, nem os ajuda em sua pesquisa. No entanto, negou que uma aproximação da história nos force a relativizar todos os padrões. Essa pode ser a reação de um racionalista confuso, que pela primeira vez se depara com a história em seu pleno esplendor, mas, assim disse Lakatos, um estudo mais minucioso do mesmo material mostra que os processos científicos compartilham uma estrutura e obedecem a regras gerais. Podemos ter uma teoria da ciência e, em termos mais gerais, uma teoria da racionalidade porque o pensamento entra na história de maneira legal.

Em *AM* e também no capítulo 10 do v.2 de meu *Philosophical Papers*, tentei refutar essa tese. Meu procedimento foi em parte abstrato, consistindo de uma crítica da interpretação de Lakatos da história, e em parte histórico. Alguns críticos negam que os exemplos históricos apoiem meu argumento: suas objeções serão abordadas a seguir. No entanto, se estou correto – e tenho plena certeza de que estou –, então é necessário voltar à posição de Mach, Einstein e Bohr. Nesse caso, uma teoria da ciência é impossível. Tudo o que temos é o processo de pesquisa e, ao lado dele, todos os tipos de regras práticas que *podem* nos ajudar em nossa tentativa de fazer avançar o processo, mas que também podem nos levar para o caminho errado. (Quais são os critérios que nos informam que fomos mal-orientados? São critérios que parecem se enquadrar com a situação que temos nas mãos. Como determinamos enquadramento? Nós o *constituímos* pela pesquisa que fazemos: os critérios não apenas avaliam eventos e processos, muitas vezes eles também são constituídos por esses eventos e processos e devem ser introduzidos dessa maneira para que a pesquisa possa pelo menos começar: *AM*, p.26.)

Essa é minha resposta simples aos vários críticos que ou me puniram por me opor às teorias da ciência e, ao mesmo tempo, desenvolver uma teoria própria, ou me censuram por não ter dado uma "determinação positiva sobre de que deve consistir uma boa ciência": se uma coleção de regras práticas é chamada de uma "teoria", bem, então é claro que tenho uma "teoria" – mas ela difere consideravelmente dos castelos de areia antissépticos de Kant e Hegel e das casas de cachorro de Carnap e Popper.

A Mach, Einstein e Wittgenstein, contudo, falta um edifício de pensamento mais impressionante, não porque lhes falte poder especulativo, mas porque eles perceberam que congelar esse poder em um sistema significaria o fim das ciências (das artes, da religião e assim por diante). E as ciências naturais, especialmente a física e a astronomia, entram nessa discussão não porque eu esteja "fascinado por elas" como alguns defensores confusos das humanidades observaram, mas porque elas são a questão: elas são as armas que os positivistas e seus inimigos ansiosos, os racionalistas "críticos", apontam para as filosofias mal-amadas, e elas são as armas que agora causam, em vez disso, sua própria extinção. Tampouco falo de progresso porque creio nele ou finjo saber o que ele significa (o uso de um *reductio ad absurdum* não força o argumentador a aceitar as premissas: cf. AM, p.27). Quanto ao *slogan* "vale tudo", que certos críticos atribuíram a mim para depois atacá-lo, não é meu e eu não tinha a intenção de resumir os estudos de caso de AM e SFS. Não estou procurando novas teorias da ciência. Estou perguntando se a busca por tais teorias é um empreendimento sensato e concluo que não é: o conhecimento de que precisamos para entender e fazer progredir as ciências não vem das teorias, ele vem da participação. Os exemplos, portanto, não são detalhes que podem e devem ser omitidos uma vez que a "explicação real" seja dada – eles *são* a explicação real. Os críticos, tendo uma crença que eu explicitamente rejeito (de que pode haver uma teoria da ciência e do conhecimento), só leem parte da minha história e a leem de uma maneira que é contradita pelo resto. Não é de se surpreender que estejam desconcertados com o resultado.

Observações semelhantes se aplicam aos leitores que aceitam o *slogan* e o interpretam como se isso tornasse a pesquisa mais fácil e o sucesso mais acessível. Minha objeção a esses "anarquistas" preguiçosos é, uma vez mais, que eles leem mal as minhas intenções: "vale tudo" não é um "princípio" que defendo, é um "princípio" forçado sobre um racionalista que ama princípios, mas que também leva a história a sério. Além disso, e ainda mais importante, uma ausência de padrões "objetivos" não significa menos trabalho; significa que os cientistas têm de checar *todos* os ingredientes de sua profissão e não apenas aqueles que filósofos e cientistas que aderem ao sistema consideram caracteristicamente científicos.

Assim, os cientistas já não podem dizer: já temos os métodos e padrões corretos de pesquisa – agora só precisamos aplicá-los. Pois, segundo a visão da ciência que foi defendida por Mach, Boltzmann, Einstein e Bohr e que eu reafirmei em *AM*, os cientistas não só são responsáveis pela *aplicação* correta dos padrões que eles importaram de algum outro lugar, eles são responsáveis *pelos próprios padrões*. Nem mesmo as leis da lógica são isentas de seu escrutínio, pois as circunstâncias podem forçá-los a mudar a lógica também (algumas circunstâncias assim surgiram na teoria quântica).

Essa situação deve ser lembrada quando a relação entre os "grandes pensadores", de um lado, e editores, patrocinadores e instituições científicas, do outro, for considerada. Segundo a explicação tradicional, cientistas com ideias incomuns e as instituições nas quais buscam apoio têm certas ideias gerais em comum: ambos são "racionais". Tudo que um cientista em busca de dinheiro tem a fazer é mostrar que sua pesquisa, além de conter sugestões inovadoras, está de acordo com essas ideias. Segundo a explicação defendida por mim, os cientistas e seus juízes devem primeiro estabelecer alguma base em comum – eles já não podem depender de *slogans* padronizados (seu intercâmbio é "livre", não "guiado": cf. *SFS*, p.29).

Nessa situação, a demanda de cientistas "anárquicos" por mais liberdade pode ser interpretada de duas maneiras. Pode ser considerada uma demanda por um intercâmbio aberto, que busque o entendimento sem estar atado a regras específicas, mas também pode ser interpretada como uma demanda por aceitação sem exame prévio. Nos termos de *AM* e *SFS*, essa última demanda pode até ser sustentada indicando que ideias que, em um determinado momento, foram consideradas absurdas posteriormente levaram ao progresso. O argumento deixa de considerar que os juízes, editores ou patrocinadores podem usar as mesmas justificativas: o *status quo* também levou ao progresso e "vale tudo" inclui os métodos de seus defensores. É, portanto, necessário oferecer um pouco mais do que arrogância e generalizações vagas.

Os estudos de caso mostram que rebeldes científicos deram um passo a mais. Galileu, por exemplo, não só reclamava; ele tentou convencer seus oponentes com os melhores meios que tinha disponíveis. Esses meios muitas vezes diferiam dos procedimentos profissionais padronizados, estavam até em conflito com o senso comum – aqui está o componente anárquico da pesquisa de Galileu –, mas tinham um motivo próprio que poderia ser expresso em termos do senso comum e ocasionalmente tinham sucesso. E não nos esqueçamos de que uma plena democratização da ciência irá fazer a vida ainda mais difícil para os que se declararam descobridores de Grandes Ideias que então terão de se dirigir a pessoas que nem mesmo compartilham seu interesse na ciência ou pesquisa. O que nossos "anarquistas" amantes da liberdade irão fazer nessas circunstâncias? E quando seus oponentes já não forem os chefões importantes e sim os muito amados cidadãos livres?

3 Estudos de caso

Nesta seção, cuidarei principalmente das objeções a meu tratamento de Galileu. Deixem-me repetir que não critico os procedimentos de Galileu – que são exemplos excelentes da inventividade da prática científica mencionada na seção 2 –, mas sim aquelas teorias filosóficas que, se aplicadas com um melhor conhecimento da história, teriam que rejeitar esses procedimentos como "irracionais". Galileu era irracional em termos dessas teorias – mas foi também um dos maiores cientistas-filósofos que já existiu.

Segundo Gunnar Andersson, o caso de Galileu pode pôr em perigo uma "versão exageradamente simples e ingênua de falsificacionismo" – mas ele não ameaça uma filosofia em que tanto as teorias quanto as observações são falíveis. Minha interpretação das premissas de Galileu ainda revela, segundo Andersson, que não entendi a definição de Popper de hipóteses *ad hoc*. Essas hipóteses, diz Andersson, não são introduzidas meramente para explicar efeitos especiais; elas também reduzem o grau de falsificação do sistema em que ocorrem.

Ora, é precisamente isso que as premissas de Galileu fazem. A explicação de Galileu do movimento transforma o argumento da torre[1] de

---

[1] Segundo o Argumento da Torre (*AM*, capítulo 7), uma pedra lançada de uma torre em uma Terra que se move será deixada para trás. Ela não é deixada para trás e, portanto, a Terra não se move. O argumento presume (lei da inércia de Aristóteles) que

uma refutação de Copérnico em um exemplo confirmador e reduz o conteúdo da dinâmica aristotélica que o precedeu (*AM*, p.99 s.). Essa última teoria (explicada nos livros I, II, VI e VIII de *Physics*) trata de uma maneira geral de uma variedade de mudanças, inclusive locomoção, geração, corrupção, mudança qualitativa (tais como a transmissão de conhecimento de um professor bem informado para um aluno ignorante – um exemplo usado com frequência por Aristóteles), aumento e diminuição. Ela contém teoremas tais como: todo movimento é precedido por outro movimento; existe uma hierarquia de movimentos que começa a partir de uma causa fixa de movimento, é seguida de um movimento primário com velocidade (angular) constante e se ramifica a partir dali; o comprimento de um objeto em movimento não tem qualquer valor preciso – atribuir a um objeto um comprimento exato significa presumir que ele está imóvel; e assim por diante. O primeiro teorema foi demonstrado presumindo que o mundo é uma entidade legal. (A prova pode ser usada hoje contra a teoria do Big Bang da origem do universo ou contra a ideia de Wigner de que a redução do pacote de onda é resultado de um ato de consciência.) O último teorema, que é baseado na explicação da continuidade de Aristóteles, antecipa algumas ideias básicas da teoria quântica (cf. capítulo 8 para detalhes).

A teoria do movimento de Aristóteles é coerente e foi confirmada em alto grau. Ela estimulou a pesquisa na física (eletricidade – cf. Heilbron, 1979), fisiologia, biologia e epidemiologia até o fim do século XIX e continua relevante até hoje: as ideias mecânicas dos séculos XVII e XVIII e seus sucessores modernos são incapazes de lidar até mesmo com seu próprio processo principal, a locomoção (cf. a obra de Bohm e Prigogine, bem como o capítulo 8 do presente livro). O que foi que Galileu fez? Ele substituiu essa teoria complexa e sofisticada, que já continha a distinção entre as leis da inércia (elas descrevem o que ocorre quando nenhuma

---

um objeto fora do alcance de forças continua imóvel ou volta à imobilidade. À época do debate, essa premissa foi confirmada. Ela foi usada por um tempo considerável após a Revolução copernicana para estabelecer a existência de ovos de moscas, bactérias, vírus etc.

força está atuando) e as leis das forças (elas descrevem como as forças influenciam o movimento), por sua própria lei da inércia, à qual faltava corroboração, aplicada unicamente à locomoção, e "drasticamente reduziu o grau de falsificação de todo o sistema".

Com relação à falsificabilidade de afirmações observacionais, a situação é, no entanto, como se segue. O racionalismo crítico, a "filosofia" defendida por Andersson, ou é um ponto de vista frutífero que orienta os cientistas ou é uma "conversa fiada" que pode ser harmonizada com qualquer procedimento. Os seguidores de Popper dizem que é o primeiro (rejeição da afirmação de Neurath de que qualquer afirmação pode ser eliminada por qualquer razão). É por isso que eles insistem que as afirmações básicas, cuja intenção é refutar uma teoria, devem ser extremamente corroboradas. As observações telescópicas de Galileu não satisfizeram essa demanda: elas se contradiziam, nem todas as pessoas podiam repeti-las, aqueles que as repetiam (Kepler) conseguiram resultados confusos e não existia qualquer teoria para separar "fantasmas" de fenômenos verídicos (a ótica física, mencionada por Andersson, é irrelevante; as afirmações básicas sob discussão não são acerca de raios de luz, e sim sobre a posição, cor e estrutura de manchas visuais, e a falsidade de uma hipótese popular correlacionando a primeira com a segunda poderia ser facilmente demonstrada; cf. *AM*, p.137). As afirmações básicas de Galileu, portanto, são hipóteses ousadas sem muita corroboração. Andersson aceita essa descrição – precisamos de tempo, diz ele, para obter a evidência corroborante (e as teorias "que servem como critério de julgamento" relacionadas, para usar uma expressão excelente de Lakatos). A primeira interpretação do racionalismo crítico mencionado acima afirma que, durante a busca, as afirmações não têm qualquer poder de refutação. Se ainda dissermos, como faz Andersson, que Galileu refutou ideias populares em virtude de suas observações, então passamos da primeira interpretação para a segunda, em que afirmações básicas podem ser usadas de qualquer maneira, seja ela qual for. A verbosidade continua crítica – mas seu conteúdo evaporou.

A seguir vem uma crítica que Whitaker publicou em duas cartas no periódico *Science* (2 de maio e 10 de outubro de 1980). Whitaker salienta que existem dois conjuntos de imagens da lua: as xilogravuras (que apresentei em *AM*) e as gravuras em cobre, que, de um ponto de vista moderno, são mais precisas. As placas de cobre, diz Whitaker, mostram que Galileu era um melhor observador da lua do que eu sugeri.

Ora, em primeiro lugar, eu nunca duvidei da capacidade de Galileu como observador. Citando Wolf, que escreveu que "Galileu não era um grande observador astronômico; ou então a excitação das muitas observações telescópicas feitas por ele à época tinham embaçado temporariamente sua habilidade ou seu senso crítico", eu respondo (*AM*, p.129) que

> essa afirmação pode bem ser verdadeira (embora eu tenha minhas dúvidas em virtude da extraordinária técnica observacional que Galileu demonstrou em outras ocasiões). Mas é pobre em conteúdo e, sugiro, não muito interessante... Há, no entanto, outras hipóteses que levam a novas sugestões e nos mostram como a situação era complexa à época de Galileu.

Eu então menciono duas dessas hipóteses, uma que trata das características gerais da *visão* telescópica contemporânea e a outra que considera a premissa de que as percepções, isto é, as coisas vistas a olho nu, têm uma *história* (que pode ser descoberta combinando a história da astronomia visual com a história da pintura, da poesia etc.).

Segundo, a referência às gravuras em cobre não elimina todos os aspectos complicados das observações (da lua) de Galileu. Galileu não apenas desenhou imagens, ele também deu descrições verbais. Por exemplo, ele perguntou (cf. *AM*, p.127):

> Por que vemos irregularidades, asperezas e ondulações na periferia mais externa da lua crescente, que está voltada para o oeste, na outra margem circular da lua decrescente, voltada para o leste, e na circunferência total da lua cheia? Por que elas parecem perfeitamente redondas e circulares?

Kepler respondeu, com base nas observações a olho nu (cf. *AM*, p.127, fn.24): "Se você olha para a lua cuidadosamente quando ela está cheia, parece obviamente que lhe falta redondez" e ele respondeu à pergunta de Galileu, dizendo:

> Não sei com que cuidado você pensou sobre esse assunto ou se sua pergunta, como é mais provável, está baseada em impressão popular. Pois...

eu afirmei que certamente havia alguma imperfeição nesse círculo mais externo durante a lua cheia. Estude a questão uma vez mais e nos diga como lhe parece.

Esse breve intercâmbio mostra, em terceiro lugar, que os problemas de observação que existiam à época de Galileu não podem ser solucionados mostrando que as observações de Galileu estão de acordo com *nossa* visão da questão. Para ver como Galileu procedia, se ele era "racional" ou se quebrava regras importantes do método científico, temos de comparar suas realizações e sugestões com *seu* meio e *não* com a situação em um futuro então desconhecido. Se descobrirmos que os fenômenos relatados por Galileu não foram confirmados por ninguém mais, e que não havia motivos para confiar no telescópio como instrumento de pesquisa e sim muitas razões, tanto teóricas quanto observacionais, que falavam contra isso, então foi tão pouco científico da parte de Galileu fazer publicidade desses fenômenos quanto seria pouco científico de nossa parte fazer publicidade de resultados experimentais aos quais falta a corroboração independente e que são obtidos por métodos duvidosos – por mais que essas observações estejam muito próximas às nossas. Pois ser científico no sentido que está em jogo aqui (e que *é criticado* em AM e SFS) significa agir adequadamente, com respeito ao conhecimento existente e não com respeito ao conhecimento possível.

Usei as xilogravuras a fim de medir as reações dos contemporâneos de Galileu. Observe, outra vez, que não tentei argumentar que Galileu era um cientista ruim porque as xilogravuras são diferentes das imagens modernas da lua – um argumento assim seria conflitante com as considerações que acabo de fazer. Minha premissa foi, ao contrário, que a lua vista a olho nu parece diferente das xilogravuras, que ela poderia ter parecido diferente aos contemporâneos de Galileu e que alguns deles podem ter criticado o *Sidereus Nuncius* com base em suas próprias observações a olho nu. Essa premissa ainda é útil, pois as xilogravuras acompanhavam a maioria das edições do livro. Isso se aplica às estampas também? Sim, como é demonstrado pela crítica de Kepler.

Havia, além disso, muitas razões pelas quais o telescópio não era uniformemente considerado um produtor confiável de fatos (algumas dessas razões, tanto empíricas quanto teóricas, estão reunidas em *AM*). A afirmação de Whitaker, feita em sua segunda comunicação, de que os desenhos que Galileu fez da lua são de alta qualidade quando comparados com imagens modernas, não tem nenhuma relevância para essa discussão.

John Worral atribui a mim o "truísmo de 'fatos teóricos' serem dependentes da teoria", bem como argumentos que "dependem de considerar 'fato' em um nível teórico muito elevado". O que eu realmente afirmo no trabalho em que esses assuntos são explicados (agora reimpresso como capítulo 2 do v.1 de meu *Philosophical Papers*) é que *todos* os fatos são *teóricos* (ou, no modo de falar formal, "logicamente falando todos os termos são 'teóricos'" – op. cit., p.32, fn.22) e não apenas *carregados de* teoria. Também argumento a favor dessa afirmação e mostro que e por que ela é preferível às alternativas, inclusive à alternativa que Worral parece ter em mente. As reclamações de Worral em parte alguma discutem essa posição e esses argumentos.

As dificuldades de John Worral mostram como os seguidores de Popper avançaram muito pouco além das formas mais ingênuas de empirismo. Worral quer estabelecer uma distinção entre fatos empíricos e fatos teóricos, mas não sabe como proceder. Às vezes, ele age psicologicamente, ou seja, distingue entre fatos que são aceitos por todos os especialistas em uma certa área e fatos mais duvidosos que geram debates. Isso Carnap (em *Testability and Meaning* [Testabilidade e significado]) e eu (na seção 2 do trabalho acima mencionado) já tínhamos feito antes dele e de uma forma muito mais clara. Em outras ocasiões, ele parece presumir que as concordâncias obtidas vão além da psicologia e estão baseadas nos próprios fatos: fatos empíricos são menos permeados pela teoria do que fatos teóricos, eles têm um "núcleo empírico". Neurath, Carnap e eu diríamos que tais fatos *parecem* ser menos permeados pela teoria: os antigos gregos percebiam seus deuses diretamente – os fenômenos não continham qualquer elemento teórico –, mas os filólogos eventualmente descobriram a ideologia complexa em sua base e mostraram como mesmo "fatos" divinos muito simples eram constituídos de uma estrutura sumamente complexa (*AM*, cap.17). Os físicos clássicos descreveram e ainda descrevem nosso ambiente em uma linguagem que negligencia a relação entre o observador e o objeto observado (presumimos coisas estáveis e imutáveis e baseamos nossos experimentos nelas), mas a teoria da relatividade e a teoria quântica mostraram que essa linguagem, esse modo de percepção e essa maneira de realizar experimentos baseavam-se em premissas cosmológicas. As premissas não foram explicitamente formuladas – e é por isso que não as percebemos e simplesmente falamos de "fatos" empíricos – mas elas subjazem todos os fenômenos: os "fatos" aparentemente empíricos são teóricos em toda a sua extensão. No entanto, eles frequentemente funcionam como juízes entre visões alternativas.

Worral presume que juízes devem ser neutros (e, portanto, a necessidade de um "núcleo" empírico sólido), isto é, presume que os cientistas que usam fatos quando examinam uma variedade de teorias não as modificam no decorrer do exame. Podemos demonstrar facilmente que essa premissa está errada. Os relativistas e teóricos do éter têm fatos diferentes, mesmo na área de observação. Para o relativista, massas, comprimentos ou intervalos de tempo observados são projeções de estruturas quadridimensionais em determinados sistemas de referência (cf. Witt e Witt, 1964), enquanto os "absolutistas" os consideram propriedades inerentes aos objetos físicos. Os relativistas admitem que as *descrições* clássicas (que eram destinadas a expressar fatos clássicos) podem ocasionalmente ser usadas para transmitir informação sobre fatos relativistas e eles as empregam nas circunstâncias relevantes. Mas isso não significa que eles aceitem sua *interpretação* clássica. Pelo contrário, sua atitude está muito próxima daquela de um psiquiatra que fala com um paciente, afirmando estar possuído pela linguagem do paciente, mas sem aceitar uma ontologia de diabos, anjos, demônios e assim por diante: nossas maneiras comuns de falar, inclusive os argumentos científicos, são muito mais elásticas do que Worral imagina.

O argumento da torre, segundo Worral, foi enfraquecido por Galileu da seguinte maneira: a Terra em movimento, tomada em conjunção com a teoria aristotélica de movimento (segundo a qual um objeto que não está sob a influência de forças fica imóvel), aumenta a distância entre a pedra e a torre. A pedra não se distancia da torre. Portanto, diz o Galileu de Worral, "o experimento não refuta Copérnico, e sim um sistema teórico mais complexo" e ele substitui a dinâmica de Aristóteles, que é parte desse sistema, por sua própria lei da inércia. Aqui ele permanece no arcabouço da análise da teoria-mudança de Duhem. Mais especialmente, ele corrige um "erro lógico" dos anticopernicanos, segundo os quais a afirmação falsa (a pedra se afasta da torre) é consequência direta da premissa de que a Terra gira. Até aqui John Worral.

Ora, em primeiro lugar, o suposto "erro lógico" nunca foi cometido pelos anticopernicanos. Sendo bons lógicos aristotélicos, eles sabiam muito bem que a derivação precisava de pelo menos duas premissas. Eles até as mencionaram explicitamente, mas direcionaram a seta da falsificação contra apenas uma premissa – o movimento da Terra – já que a outra era teoricamente plausível e tinha sido confirmada em alto grau; além disso, não era o tópico em debate (cf. os comentários de Popper sobre o argumento de Duhem contra a falsificabilidade simples). Segundo, a substituição da lei da inércia de Aristóteles foi apenas parte da mudança realizada por Galileu. A lei aristotélica descrevia movimentos absolutos – e o mesmo fazia o argumento da torre (o desvio previsto da pedra afastando-se da torre é, claro, uma mudança relativa, mas o problema em debate aqui é o que Galileu mudou e não que motivos ele usou quando realizou essa mudança). Se uma nova "hipótese auxiliar" for introduzida, então essa hipótese também deve usar movimentos absolutos: ela deve ser uma forma da teoria do ímpeto. Mas Galileu gradativamente se transformou em um relativista cinemático (*AM*, p.78, fn.10; p.96, fn.15). *Sua* hipótese auxiliar tinha de funcionar *sem* o ímpeto. Assim, ele não apenas mudou uma *hipótese* de um sistema conceitual que em tudo o mais permaneceu sem mudanças (o movimento absoluto ao redor da Terra, ou ao redor do sol, mas não diretamente na direção do centro); ele também substituiu os *conceitos* do sistema – introduziu uma nova visão de mundo (que tinha sido preparada por outros). O primeiro processo pode ser explicado pelo esquema de Duhem, o segundo não.

Worral também critica a maneira como uso o movimento browniano para argumentar a favor de uma pluralidade de teorias. Essa crítica é um exemplo tão maravilhoso das deficiências de uma abordagem puramente filosófica (como descritas por mim no v.2, capítulo 5 de meu *Philosophical Papers*) que merece nossa total atenção.

No capítulo 3 de *AM*, mostrei que o movimento browniano contradiz a segunda lei da termodinâmica fenomenológica somente quando analisado pela teoria cinética, que também contradiz aquela lei. Worral diz que ele não compreende meu argumento. Até aí, tudo bem. Há muitas coisas que muitas pessoas não entendem. A fim de entender o argumento, Worral o traduz para uma linguagem com a qual ele está familiarizado, uma espécie de lógica para principiantes. Isso também não é objetável: se não entendo um argumento, tentarei reformulá-lo à minha maneira. Worral faz mais. Ele reclama que não formulei meu argumento na linguagem dele desde o princípio. Mas meu argumento não era parte de uma carta pessoal para ele; foi dirigido aos físicos que são a favor de um monismo teórico – e eles parecem tê-lo entendido perfeitamente. Além disso, Worral não reclama só de ter sido deixado de fora; ele presume que a linguagem que ele entende é a única linguagem sensata que existe. Nisso ele está errado, certamente, como é demonstrado pelo absurdo que sua tradução produz (sua noção de evidência, por exemplo, faz com que seja impossível falar de evidência desconhecida ou de eventos que, embora bem conhecidos, e embora sendo evidência, não são conhecidos como evidência). Como um falante nativo de uma língua limitada demais para expressar certas questões, ele projeta essa lacuna sobre meu argumento e afirma ter demonstrado sua incoerência. Eu, por outro lado, concluiria que existem línguas melhores que a lógica de principiante. Usando uma linguagem desse tipo, meu argumento pode ser expresso como se segue.

Presuma que temos uma teoria T (e com isso quero dizer o conjunto inteiro: teoria mais condições iniciais mais hipóteses auxiliares e assim por diante). T diz que C irá ocorrer. C não ocorre, e em vez disso, C' ocorre. Se esse fato fosse conhecido, poderíamos dizer que T foi refutado e C' seria a evidência refutadora (observe que não distingo fatos e afirmações; nenhum passo no argumento depende dessa distinção e nenhuma pessoa inteligente irá se confundir em virtude de sua ausência). Presuma além disso que existem leis da natureza que nos impedem de separar diretamente C de C': não há nenhum experimento que possa nos dizer qual é a diferença entre eles. Finalmente, presuma também que é possível identificar C' de uma maneira indireta com a ajuda de efeitos especiais que ocorrem na presença de C', mas não na presença de C, e que são postulados por uma teoria alternativa T'. Um exemplo de um efeito assim seria que C' desencadeia um macroprocesso M (Worral tem dificuldades com a palavra "desencadeia": qualquer dicionário irá lhe dizer o que significa essa palavra). Nesse caso, T' nos dá evidências contra T que não poderiam ter sido descobertas apenas usando T e os experimentos associados: para Deus, M ou C' são evidências contra T; nós, humanos, no entanto, precisamos de T' para averiguar aquele fato.

O movimento browniano é um caso especial da situação que acabo de descrever: C são os processos em um meio imperturbado em equilíbrio termal segundo a teoria fenomenológica da termodinâmica; C' são os processos nesse meio segundo a teoria cinética. C e C' não podem ser distinguidos experimentalmente porque qualquer instrumento para medir o calor contém as mesmas flutuações que supostamente revelaria em nosso caso especial. M é o movimento da partícula browniana e T' é a teoria cinética. Como no caso de Galileu, podemos pressionar esses elementos no esquema de Duhem dizendo que uma hipótese auxiliar foi substituída por outra hipótese auxiliar e que com isso eliminamos algumas dificuldades. Observe, no entanto, que em nosso caso não foi a dificuldade que levou à substituição, e sim a substituição que nos ajudou a encontrar a dificuldade – e *essa* característica desaparece na análise de Worral.

Voltando-nos para objeções mais gerais, concordo plenamente com Ian Hacking quando ele diz que as ciências são mais complexas e multifárias do que eu presumi em alguns de meus primeiros escritos e também em partes de *AM*. Eu tinha ideias simplistas sobre os elementos da ciência e sobre suas relações. A ciência realmente contém teorias – mas as teorias não são seus únicos ingredientes, nem podem ser analisadas de maneira adequada em termos de afirmações ou outras entidades lógicas. Podemos admitir que existam formulações axiomáticas e que algumas ideias científicas foram definidas de uma maneira exata; podemos também admitir que cientistas, quando pesquisam, ocasionalmente lançam mão dos resultados desses esforços. No entanto, eles os usam de uma forma um tanto vaga, combinando axiomas de áreas diferentes de uma maneira capaz de causar um ataque cardíaco aos filósofos fascinados pelas formas simples da lógica. A própria lógica agora entrou em uma fase em que as formalizações são usadas de uma maneira livre e improvisada e em que considerações "antropológicas" (finitismo) desempenham um papel importante. De um modo geral, o empreendimento científico parece estar muito mais próximo das artes do que os antigos lógicos e filósofos da ciência (inclusive eu) costumavam pensar (para esse lado da questão, cf. meu ensaio *Wissenschaft als Kunst*, 1984).

Minhas primeiras dúvidas sobre a identificação da ciência com as características explícitas de suas teorias e de seus relatórios observacionais surgiram em 1950, quando li uma cópia manuscrita de *Philosophical Investigations* [Investigações filosóficas], de Wittgenstein. Eu ainda expressava essas dúvidas de uma maneira abstrata, em termos de problemas conceituais (incomensurabilidade, elementos "subjetivos" da teoria da explicação). Começando a trabalhar no capítulo 17 de *AM*, fui então levado a questionar a adequação dos procedimentos abstratos tanto nas ciências quanto na filosofia da ciência. Aqui, aprendi com três livros: o magnífico *Discovery of the Mind* [Descoberta da mente], de Bruno Snell, que me foi recomendado por Barbara Feyerabend; *Principles of Egyptian Art* [Princípios da arte egípcia], de Heinrich Schaefer, um livro cuja importância vai muito além do tema que ele aborda; e *Optics, the Science of Vision* [Ótica, a ciência da visão], de Vasco Ronchi. Hoje eu acrescentaria também os escritos de Panofsky sobre a história das artes (especialmente seu ensaio pioneiro *Die Perspektive als Symbolische Form*) e *Spätrömische Kunstindustrie*, de Alois Riegl, em que a doutrina do relativismo artístico é explicada de uma maneira simples e com argumentos poderosos. Tudo que me foi preciso fazer para estender esses argumentos para as ciências foi perceber que os cientistas também produzem obras de arte – a diferença é que seu material é o pensamento, não a tinta, nem o mármore, nem metais, nem sons melodiosos.

Com relação ao próprio pensamento, comecei minha fuga do positivismo distinguindo entre dois tipos diferentes de tradições, que chamei de tradições abstratas e tradições históricas respectivamente (detalhes no capítulo 1, v.2 de meu *Philosophical Papers* e em *Wissenschaft als Kunst*, bem como no capítulo 3 do presente livro). Há muitos meios de caracterizar essas tradições. Uma diferença, que achei ser um ponto de partida de grande utilidade, é a maneira pela qual as duas tradições lidam com seus objetos (pessoas, ideias, deuses, matéria, universo, sociedades – e assim por diante).

As *tradições abstratas* formulam afirmações. As afirmações estão sujeitas a certas regras (regras de lógica; regras de experimento; regras de argumento – e assim por diante) e os eventos influenciam as declarações apenas de acordo com as regras. Isso, dizem, garante a "objetividade" da informação transmitida pelas afirmações, ou do "conhecimento" que elas contêm. É possível entender, criticar ou aprimorar as afirmações sem ter encontrado um único dos objetos descritos (exemplos: física das partículas elementares; psicologia behaviorista; biologia molecular, que podem ser operadas por pessoas que nunca em sua vida viram um cão ou uma prostituta).

Membros das *tradições históricas* também usam afirmações, mas eles falam de um jeito muito diferente. Eles presumem, por assim dizer, que os objetos já têm uma linguagem própria e tentam aprender essa linguagem. Tentam aprendê-la não só com base nas teorias linguísticas, mas por imersão, exatamente como as crianças pequenas se familiarizam com o mundo. E tentam aprender a linguagem dos objetos como eles são, e não como eles parecem depois de terem sido submetidos a procedimentos padronizadores (experimentos, matematicismo). As categorias da abordagem abstrata, tais como o conceito de uma verdade objetiva, não podem descrever um processo desse tipo, que depende das idiossincrasias tanto dos objetos quanto dos observadores (não faz sentido falar da "existência objetiva" de um sorriso, que, dependendo do contexto, pode ser visto como um sorriso bondoso, um sorriso cruel ou um sorriso entediado).

As tradições abstratas e históricas lutaram entre si desde o começo do pensamento ocidental. Sua luta começou com "a antiga batalha entre filosofia e poesia" (Platão, *República*, 607b – veja o capítulo 3 deste livro). Ela continuou na medicina, quando a abordagem teórica de Empédocles e dos físicos do elemento foi criticada pelo autor de *Ancient Medicine* (detalhes no capítulo 1, seção 6 e no capítulo 6, seção 1). O antagonismo caracterizou a crítica que Tucídides fez de Heródoto e sobreviveu até hoje – na psicologia (behaviorismo *versus* métodos *"verstehende"*), na biologia (biologia molecular *versus* tipos qualitativos de pesquisa biológica), na medicina (medicina "científica" *versus* curandeiros de todos os tipos), na ecologia e até na matemática (cantorianismo *versus* construtivismo – para usar termos que foram sugeridos primeiramente por Poincaré). As tradições abstratas se transformam em tradições históricas em épocas de crise e revolução, o que sustenta minha tese de que *boas ciências são artes ou humanidades, e não ciências no sentido dos livros escolares*. A análise que Ian Hacking fez dos procedimentos experimentais é uma ilustração excelente do aspecto artístico da pesquisa científica.

Alan Musgrave mostra que a tradição instrumentalista na astronomia antiga era muito mais frágil do que Duhem achava. Ele se esqueceu de mencionar que o realismo científico moderno usa um instrumentalismo de qualidades e leis qualitativas: os realistas presumem que as qualidades que não entram no corpo da ciência, mas que nos permitam contribuir com ele, não nos levarão pelo mau caminho. A ciência moderna, que criou, mas nunca solucionou o problema mente-corpo, usa o instrumentalismo em sua própria base – e isso é visível (por exemplo, na teoria quântica de medição). Em uma breve introdução que não tem nada a ver com a maior parte de seu trabalho e que ele parece ter acrescentado como uma reflexão posterior, Musgrave produz uma crítica curiosa de um ensaio meu anterior (reimpresso em *Philosophical Papers*, v.1, capítulo 11). Lá eu argumentei que a maior parte das razões filosóficas para o realismo é muito frágil para superar as razões físicas contra ele e que é preciso que as tornemos mais fortes; depois, desenvolvi as razões mais fortes necessárias. Segundo Musgrave, fiz exatamente o oposto – tentei encontrar argumentos universais para o *instrumentalismo*! Não creio que Alan tenha mal interpretado o que eu escrevi, pois ele é um crítico cuidadoso e o trabalho que critica é um dos mais claros que já escrevi – mas estou bastante disposto a aceitar uma alegação de insanidade temporária. Deixe-me acrescentar, incidentalmente, que já não creio na relevância, para nossa compreensão das ciências, de argumentos gerais como aqueles produzidos em meu trabalho.

Concordo com praticamente todos os pontos e todas as objeções feitas no excelente ensaio de Grover Maxwell sobre o problema mente-corpo. Admito que, apesar das boas intenções, eu "com muita frequência reincido na prática... empirista de tratar... o significado de uma maneira apriorística" (mas eu tive meus momentos sãos também, e então tratei os significados como estruturas ou "programas" neurofisiológicos: veja *Philosophical Papers*, v.1, capítulo 6; v.2, capítulo 9). Também admito que ocasionalmente esqueci-me da natureza contingente da teoria pragmática da observação (para meus momentos sãos sobre esse ponto, cf. minha breve nota "Science without Experience", *Philosophical Papers*, v.1, capítulo 7, que fez Ayn Rand me amaldiçoar em uma carta aberta a todos os filósofos americanos). É verdade que, ao criticar diretamente a experiência eu criei um "homem de palha".* Na verdade, o homem (ou mulher?) de palha não foi criado por mim, e sim pelos "datistas sensoriais"** – mas pensei que ele (ela?) tendo sido eliminado, seriam eliminados também todos os aspectos da experiência direta – e nisso certamente eu estava errado. Não fui consistente em meu erro porque ocasionalmente presumi, como Russell tinha feito, que o cérebro poderia ser percebido diretamente, mas não cheguei à conclusão correta e declarei que alguns eventos físicos eram mentais. Não estou muito aborrecido pelo fato de que alguns de meus argumentos possam fornecer munição para o mentalista eliminador – isso, penso eu, se aplica a todos os argumentos sobre questões contingentes. A própria teoria de Grover, todavia, me parece depender demais das noções e procedimentos científicos. A afirmação de Grover de que a "ciência funciona" não elimina meu desconforto. A ciência funciona às vezes, muitas vezes ela fracassa e muitas das histórias de sucesso são rumores e não fatos. Além disso, a eficiência da ciência é determinada por critérios que pertencem à tradição científica e assim não podem ser considerados juízes objetivos. (Por exemplo, a ciência não salva almas.) Concluo que Grover mostrou como nossas noções de mente e corpo podem ser desenvolvidas *dentro do arcabouço científico* sem com isso eliminar ideias que vêm de tradições diferentes (as tradições dos dogon, dos zande ou de camponeses equatorianos). E estou muito contente por ele não ter tido sucesso em fazer essa última coisa; pelo menos agora há uma chance de encontrá-lo outra

---

* No original, *straw man*: um adversário imaginário inventado para que possamos ser refutados. (N. T.)

** No original, *sense-datist*: uma pessoa que acredita que só é possível perceber o mundo através das sensações. (N. T.)

vez, em um plano diferente, em circunstâncias diferentes, mas, espero, com seu humor cáustico inalterado.

4 Ciência – uma tradição entre muitas

O segundo tópico de meus escritos é a autoridade das ciências. Afirmo que não existem quaisquer razões "objetivas" para preferir a ciência e o racionalismo ocidental e não outras tradições. Realmente, é difícil imaginar quais poderiam ser essas razões. São razões que convenceriam uma pessoa, ou os membros de uma cultura, quaisquer que fossem seus costumes, suas crenças ou sua situação social? Então, o que sabemos sobre culturas nos mostra que não há razões "objetivas" nesse sentido. São razões que convencem uma pessoa que foi adequadamente preparada? Então todas as culturas têm razões "objetivas" a seu favor. São razões que se referem a resultados cuja importância pode ser vista num relance? Então, uma vez mais, todas as culturas têm pelo menos algumas razões "objetivas" a seu favor. São razões que não dependem dos elementos "subjetivos", tais como comprometimento ou preferência pessoal? Então as razões "objetivas" simplesmente não existem (a escolha da objetividade como uma medida é ela própria uma escolha pessoal e/ou grupal – ou então as pessoas simplesmente a aceitam sem pensar muito).

É verdade que a ciência ocidental agora infectou o mundo todo como uma doença contagiosa e que muitas pessoas acham que seus produtos (intelectuais e materiais) são um dado – mas a questão é: isso foi resultado de argumentos (no sentido dos defensores da ciência ocidental), isto é, cada passo do avanço foi coberto por razões que estão de acordo com os princípios do racionalismo ocidental? A infecção melhorou a vida daqueles que foram afetados por ela? A resposta é não para as duas perguntas. A civilização ocidental ou foi imposta pela força, e não em virtude de argumentos que mostravam sua veracidade intrínseca, ou aceita porque ela produzia armas melhores (veja o capítulo 1, seção 9); e seu avanço, embora fizesse algum bem, também causou enorme dano (para um levantamento, consulte Bodley, 1982). Ela não só destruiu os valores espirituais que davam sentido às vidas humanas como também danificou um controle correspondente do ambiente material sem substituí-lo por métodos de uma eficiência comparável. As tribos "primitivas" sabiam como lidar com desastres naturais, tais como pestes, enchentes e secas – elas tinham um "sistema imunológico", que lhes permitia vencer uma grande variedade de ameaças ao organismo social. Em períodos normais, elas exploravam seu meio ambiente sem danificá-lo, usando o conhecimento das propriedades das plantas, dos animais, das mudanças climáticas e das interações ecológicas que só lentamente estamos recuperando (detalhes e ampla literatura são dados em Lévi-Strauss, 1966, e mais tarde em estudos detalhados de um tipo semelhante). Esse conhecimento foi seriamente prejudicado e parcialmente destruído, primeiro pelos bandidos do colonialismo e depois pelos humanitários da ajuda desenvolvimentista. A resultante impotência de grandes partes do chamado Terceiro Mundo é consequência da interferência externa, e não uma razão para ela.

Majid Rahnema, um estudioso iraniano, comparou os efeitos da ajuda desenvolvimentista com aqueles da AIDS, que destrói o sistema imunológico do corpo humano (*From "Aid" to "Aids"*, manuscrito não publicado, 1984). Ele comentou também sobre a maneira pela qual o conhecimento foi transformado, deixando de ser um bem comum para ser uma mercadoria rara e inacessível. "Culturas e civilizações", escreve ele,

> foram formadas, enriquecidas e transmitidas por milhões de pessoas que *aprendiam vivendo e fazendo*, para quem viver e aprender eram sinônimos, já que tinham de aprender para viver e aprendiam o que fazia sentido para elas e para a comunidade a que pertenciam. Antes de o atual sistema escolar começar a existir, por milhares de anos, a educação não era uma mercadoria escassa. Não era o produto de algumas fábricas institucionais, cuja possessão daria à pessoa o direito de ser chamada de "culta" ... O [novo] sistema escolar ... serv[iu] como um canal bastante eficiente para peneirar, [colocando] no Estabelecimento do Poder os mais ambiciosos – e às vezes os mais inteligentes – que tinham como objetivo o reconhecimento pessoal e profissional. Paradoxalmente, ele serviu também como um "meio de cultura" para alguns indivíduos extraordinários, entre eles pensadores radicais e revolucionários, que usaram alguns de seus recursos educacionais peculiares para seus próprios objetivos libertários. No entanto, de um modo geral, o sistema logo passou a ser uma "máquina infernal" que se distinguiu na organização sistemática de processos excludentes contra os

mais pobres e os impotentes... Aqueles dias de outrora... em que "cada adulto era um professor" tinham acabado. Agora, só aqueles certificados pelo sistema escolar, segundo seus critérios autodefinidos, poderiam ter o direito de ensinar. *A educação, assim, passou a ser uma escassez.* (1985, grifo meu)

É interessante ver que pouca influência essas descobertas tiveram nos sermões pregados pelos racionalistas profissionais. Karl Popper, por exemplo, deplora a "atmosfera geral antirracionalista... de nossa época", elogia Newton e Einstein como grandes benfeitores da humanidade, mas não pronuncia uma única palavra sobre os crimes cometidos em nome da Razão e da Civilização. Pelo contrário, ele parece achar que os benefícios da civilização podem ter sido impostos ocasionalmente a vítimas que não os queriam, por uma "forma de imperialismo" (veja capítulo 6, seção 1).

Há várias razões pelas quais tantos intelectuais ainda argumentam dessa maneira míope. Uma delas é a ignorância. A maioria dos intelectuais não tem a menor ideia das realizações positivas da vida fora da civilização ocidental. O que tínhamos (e, infelizmente, ainda temos) nessa área são rumores sobre a excelência da ciência e a terrível qualidade de todo o resto. Outra razão se encontra nas iniciativas imunizadoras que os racionalistas inventaram para vencer as dificuldades. Por exemplo, eles distinguem entre ciência básica e suas aplicações: se alguma destruição foi feita, ela foi trabalho dos aplicadores e não dos bons e inocentes teóricos. Mas os teóricos não são assim tão inocentes. *Eles* estão recomendando a análise em detrimento do entendimento, e isso mesmo em áreas que lidam com seres humanos; *eles* louvam a "racionalidade" e a "objetividade" da ciência sem perceber que um procedimento cujo objetivo principal é livrar-se de todos os elementos humanos com certeza irá levar a ações desumanas. Ou eles distinguem entre o bem que a ciência pode fazer "em princípio" e as coisas ruins que ela realmente faz. Isso não pode ser realmente um consolo. Todas as religiões são boas "em princípio" – mas, infelizmente, esse Deus abstrato só muito raramente evitou que seus praticantes se comportassem como patifes.

As pessoas imprevidentes têm o hábito de salientar que todas as pessoas "sensatas" serão persuadidas de que a ciência sabe o que faz. O comentário admite uma fragilidade de argumentação: os argumentos não funcionam com todos, funcionam apenas com pessoas que foram preparadas adequadamente. E essa é a característica geral de todos os debates ideológicos: os argumentos a favor de certa visão de mundo dependem de premissas que são aceitas em algumas culturas, rejeitadas em outras, mas que, em virtude da ignorância de seus defensores, supostamente têm validade universal. A tentativa de Kekes para vencer o relativismo é um exemplo excelente dessa situação.

Ele propõe três premissas: (1) é importante solucionar problemas; (2) existem métodos mais ou menos claros para resolver problemas; (3) alguns problemas são independentes de todas as tradições – aos problemas desse tipo, Kekes chama de problemas da vida. Kekes também presume que a conceitualização explícita desempenha um papel importante no reconhecimento, formulação e resolução de problemas. Mas para os órficos, alguns cristãos e alguns fundamentalistas muçulmanos, muitas das coisas que um intelectual ocidental pode chamar de problemas não eram situações indesejáveis esperando para serem eliminadas pela engenhosidade humana, e sim seriam ou testes da fibra moral (cf. a função de ritos de iniciação) ou preparações para uma tarefa difícil ou ainda os ingredientes necessários de uma vida que deixaria de ser humana sem eles. Algumas culturas tratam problemas como sutilezas que causam divertimento e não consternação; simplesmente os deixamos passar em vez de tentar "solucioná-los".

Funcionários brancos do governo da África Central costumavam ficar irritados porque problemas que eles percebiam e comunicavam a seus colegas negros não eram tratados com seriedade, com um esforço mental extra, mas eram considerados absurdos: quanto maior o problema, maior a hilaridade. Isso, diziam os racionalistas brancos, era uma maneira muito irracional de se comportar – e, segundo seus padrões, realmente era. Por outro lado – que ótima maneira de evitar as guerras e a tristeza que elas geram! "Faça alguma coisa" não é uniformemente superior a "Deixa prá lá". Kekes articula os procedimentos costumeiros de certas tradições – ele não nos dá princípios "objetivos", ou seja, transtradicionais.

"Os problemas da vida", como Kekes entende, são partes de tradições especiais e relativamente jovens de inclinação materialista-humanista. Suas soluções não podem ser juízes imparciais do resto. Além disso, mesmo as soluções seculares levam em conta muitos modos de vida fora das ciências, como é demonstrado por nossos artistas e pelo amplo espectro coberto por conceitos aparentemente "objetivos", tais como o conceito de saúde (cf. Foucault). Temos de admitir que muitos valores e muitas culturas deixaram de existir; eles foram mortos e quase ninguém hoje se lembra deles. Mas isso não significa que não podemos aprender com eles e, além disso, Kekes quer uma solução *teórica* para o problema do relativismo – e uma solução assim não está disponível.

Comentários semelhantes se aplicam ao ensaio interessante e provocador de Noretta Körtge. Ela deve ser elogiada por salientar que, ao lidar com cidadãos, a aparência é pelo menos tão importante quanto a "realidade" (que, de qualquer maneira, nada mais é do que a maneira como as coisas parecem aos especialistas na moda): "não só a justiça deve ser feita como deve *parecer* que está sendo feita". Muito bem dito! *O que conta em uma democracia é a experiência dos cidadãos, isto é, sua subjetividade e não o que pequenos grupos de intelectuais autistas declaram ser real* (se um especialista não gosta das ideias das pessoas comuns, tudo o que ele precisa fazer é conversar com elas e tentar persuadi-las a pensar de maneira diferente; ao fazê-lo, ele não deve se esquecer de que ele é um pedinte e não um "professor" tentando socar algumas verdades na cabeça de alunos de castigo). Mas sua tentativa de separar essa experiência de alguma "realidade" não pode ter sucesso. Concordo que as ciências e as civilizações construídas a seu redor contêm algo chamado de "opinião especializada" e que isso difere daquilo que os especialistas chamam de "superstições populares" – mas eu acrescentaria que isso é verdadeiro com relação também a outras tradições (por exemplo, é verdade com relação aos dogon, como Griaule mostra em seu livro maravilhoso). Concordo também que a opinião especializada ocasionalmente mostra alguma uniformidade – todas as igrejas têm uniformidades temporárias – mas as convergências ocasionais em algumas áreas são mais do que compensadas pelas divergências em outras. Tampouco a convergência da opinião especializada estabelece uma autoridade objetiva e, se o faz, então temos muitas autoridades diferentes entre as quais escolher: a distinção entre a realidade do especialista e a aparência do leigo se dissolve naquilo que parece ser para todos nós, inclusive os especialistas.

O fato de os racionalistas que clamam por objetividade e racionalidade estarem apenas tentando vender o credo tribal próprio torna-se muito claro com as reações de alguns dos membros menos talentosos da tribo. Assim, Tibor Macham, escrevendo à custa de uma companhia chamada desastrosamente de Fundação da Razão (refiro-me aqui a uma resenha de *SFS* que apareceu em *Philosophy of the Social Sciences* [Filosofia das ciências sociais], 1982), distingue entre padrões, ideias e tradições aceitáveis e tradições que são "mera fantasia e destruidoras da vida humana". Qual é a justificativa para essa distinção? Uma teoria do homem. Qual é o ponto principal de sua teoria do homem? Que "seres humanos são animais racionais... seres biológicos com a peculiar necessidade de pensamentos e ações moralmente honrados (ou conceituais) e a capacidade de tê-los". Isso, obviamente, é uma descrição perfeita dos intelectuais (a única coisa que falta é a ânsia de salários altos) –, mas uma pessoa com uma perspectiva um tanto diferente terá de indicar, com toda a modéstia, que a "teoria do homem" de Macham é apenas uma visão entre muitas e que os intelectuais, felizmente, ainda são uma pequena porcentagem da humanidade. Há a visão de que os humanos são desajustados no mundo material, incapazes de entender sua posição e seu objetivo e "com uma necessidade peculiar" de salvação; há também a visão, intimamente relacionada com a que acabo de mencionar, de que os humanos consistem de uma faísca divina envolta em um recipiente terreno, um "vestígio de ouro engastado na sujeira", como os gnósticos tinham o hábito de dizer, com "a necessidade peculiar" de libertação pela fé. E essas não são apenas visões abstratas e "fantasiosas" – elas foram, e ainda são, parte da vida de milhões de pessoas. Há a visão, encontrada entre os budistas, de que os humanos querem evitar a dor, que o pensamento e a ação intencional baseados no pensamento são as causas principais da dor, e que a dor irá cessar quando as distinções habituais forem eliminadas e os objetivos habituais abolidos. A gênese dos hopi representa os humanos como estando originalmente em harmonia com a Natureza. O pensamento e a luta, ou, em outras palavras, aquela mesma "necessidade de pensamentos e ações moralmente honrados", de que Macham faz o centro da humanidade, destrói a harmonia original, os animais se distanciam dos humanos, a espécie humana se divide em raças, tribos e grupos pequenos com ideias diferentes, e línguas diferentes surgem até que nem os indivíduos se entendem entre si. Mas os humanos, "tendo a necessidade peculiar de harmonia e a capacidade para isso", podem superar a fragmentação ao se libertarem dos grilhões do pensamento conceitual e da rivalidade que ele cria, baseando suas vidas no amor e na compreensão intuitiva.

Há inúmeras visões desse tipo e todas diferem da teoria mencionada por Macham e que *ele pressupõe como verdadeira*. Ora, é claro que Macham tem todo o direito de preferir uma visão e de condenar outra. Mas ele o faz posando de racionalista e de humanitário. Ele afirma ter não só anátemas, mas também argumentos e estar motivado pelo amor pela humanidade. Uma olhadela em sua crítica mostra que ambas as afirmações são espúrias. Seus argumentos são apenas maldições pronunciadas na retórica formal do acadêmico tímido e seu amor pela humanidade acaba bem na porta de seu escritório (ou na caixa registradora da Fundação da Razão).

Como costuma acontecer entre intelectuais, Macham usa casos não analisados, tais como os assassinatos de Jonestown, para amedrontar seus leitores em vez de tentar torná-los mais lúcidos (os "racionalistas" alemães usam Auschwitz e, mais recentemente, o terrorismo *ad nauseam* com o mesmo objetivo). "Esses são casos fáceis", diz Macham. Como é possível ser tão ingênuo? Em Jonestown, algumas pessoas se suicidaram livremente, com pleno conhecimento daquilo que estavam fazendo (caso 1). Outros hesitaram, ficaram indecisos, teriam gostado de sobreviver, mas se submeteram à pressão de seus pares e de seus líderes (caso 2). Outros ainda foram simplesmente assassinados (caso 3). Para Macham, as diferenças não existem. No entanto, elas são essenciais para uma análise esclarecedora do caso. O caso 3 pode ser "fácil" se quisermos falar de uma maneira superficial, embora existam problemas enormes até mesmo aqui (deveríamos matar corpos para salvar almas? Os inquisidores racionais achavam que sim e com argumentos excelentes; esses argumentos devem ser desconsiderados? Devemos considerar o materialismo como dado? Não tenho qualquer objeção a esse último passo – mas onde é que fica o racionalista, isto é, uma pessoa que afirma ter argumentos para cada passo que dá?). Uma vez mais, o caso 1 pode ser "fácil", embora não da maneira presumida por Macham. É claro, ele é "destruidor da vida humana" – mas será que a vida humana é um valor superior a todos os outros?

Os mártires cristãos não achavam que era e nem Macham nem qualquer outro racionalista conseguiram demonstrar que eles estavam errados. Eles tinham uma opinião diferente – só isso. Sócrates expressou um sentimento semelhante antes de morrer; ele não estava sozinho, pois o mesmo sentimento pode ser encontrado em Heródoto, em Sófocles e em outros representantes extraordinários da Grécia clássica. Nem uma só vez passa pela mente de Macham que sua visão de um ser humano é uma entre muitas, que ele é apenas uma parte do debate e não seu supervisor.

Resta ainda o caso 2; aqui concordo plenamente com aqueles que exigem que as pessoas sejam protegidas das pressões dos pares e dos líderes. Mas essa condição se aplica não só a líderes religiosos, tais como o Reverendo Jones, *mas também* a líderes seculares, tais como os filósofos, os ganhadores do prêmio Nobel, marxistas, liberais, atiradores contratados de fundações e seus representantes educacionais: os jovens devem ser fortalecidos para que aqueles chamados de professores não lhes imponham coisas, e especialmente contra os fascistas da razão, como Macham e seus pares. Infelizmente, a educação contemporânea está longe de concordar com esse princípio.

Finalmente, há o antigo argumento de que as tradições não científicas já tiveram sua chance, que elas não sobreviveram à confrontação com a ciência e com o racionalismo e que tentativas de revivê-las são, portanto, irracionais e desnecessárias. Aqui a pergunta óbvia é: elas foram eliminadas por justificativas racionais, deixando que competissem com a ciência de uma maneira imparcial e controlada, ou seu desaparecimento foi resultado de pressões militares (políticas, econômicas etc.)? E a resposta é quase sempre: a última. Nunca pediram aos índios americanos que apresentassem suas ideias, eles foram primeiro cristianizados, depois forçados a sair de suas terras, e finalmente arrebanhados em reservas no meio de uma cultura científico-tecnológica em crescimento. Os remédios dos índios (que eram usados normalmente pelos praticantes da medicina do século XIX) não foram testados para compará-los com os novos produtos farmacêuticos que invadiam o mercado, foram simplesmente proibidos, como se pertencessem a uma era antediluviana em termos de cura. E assim por diante.

A referência a oportunidades passadas também deixa de considerar o ponto de que até refutações claras e sem ambiguidade não selam o destino de um ponto de vista interessante (para o que se segue, cf. *SFS*, p.100 ss., e cap. 1, seção 1 deste livro); os meios de refutação (equipamento experimental, as teorias usadas para a interpretação dos resultados obtidos) mudam constantemente e, com eles, muda a natureza do argumento. Deveríamos também observar a semelhança surpreendente entre o argumento de sucesso e comentários, como aqueles feitos pelos nazistas após seu triunfo em 1933: o liberalismo já tinha tido sua chance, tinha sido vencido pelas forças nacionais e seria tolice tentar reintroduzi-lo.

Finalmente, cabe aos cidadãos escolher as tradições que eles preferem. Assim, a democracia, a imperfeição fatal da crítica e a descoberta de que a prevalência de uma visão nunca é nem nunca foi resultado de uma aplicação exclusiva de princípios racionais, tudo isso sugere que os esforços para reviver antigas tradições e para introduzir visões anticientíficas devem ser elogiados como começos de uma nova era de iluminismo, em que nossas ações são guiadas pelo *insight* e não meramente por *slogans* piedosos e muitas vezes bastante idiotas.

5 Razão e prática

O que eu disse até agora pode ser resumido nas duas afirmações seguintes:

(A) a maneira pela qual os problemas científicos são atacados e resolvidos depende das circunstâncias em que esses problemas surgem, dos meios (formais, experimentais, ideológicos) disponíveis naquele momento e dos desejos de todos que estão lidando com eles. Não existem quaisquer condições-limite permanentes da pesquisa científica.

(B) a maneira pela qual os problemas da sociedade e a interação das culturas são atacados e resolvidos também depende das circunstâncias em que eles surgem, dos meios disponíveis naquele momento e dos desejos daqueles que estão lidando com eles. Não existem quaisquer condições-limite permanentes da ação humana.

Assim, critiquei a ideia que chamarei de (C), segundo a qual a ciência e a humanidade devem estar de acordo com condições que podem ser determinadas independentemente de desejos pessoais e circunstâncias culturais. E levantei uma objeção à premissa (D) de que é possível resolver problemas à distância, sem participar das atividades das pessoas envolvidas.

(C) e (D) caracterizam-se como o núcleo daquilo que poderíamos chamar de *abordagem intelectualista (à ciência e) aos problemas sociais*. Elas são o normal para acadêmicos marxistas, liberais, cientistas sociais, homens de negócio e políticos ansiosos para ajudar "as nações subdesenvolvidas" e os profetas de "novas eras". Todos os escritores que querem aprimorar o conhecimento e salvar a humanidade e que estão insatisfeitos com as ideias existentes (o reducionismo, por exemplo) acham que a salvação só pode vir de uma nova *teoria* e que tudo que é necessário para desenvolver essa teoria são os livros certos e algumas ideias inteligentes.

(C) e (D) também foram usadas para desacreditar o que eu digo sobre a política. Segundo meus críticos, faço muito barulho, mas realizo muito pouco. Minha abordagem, dizem eles, é totalmente negativa. Oponho-me a certos procedimentos – mas não tenho nada a oferecer em seu lugar. Os marxistas ficaram especialmente exasperados pelo meu menosprezo que zomba de dois de seus brinquedos favoritos: a ciência ocidental e o humanitarismo.

Esses comentários com certeza estão certos. Realmente, não tenho quaisquer sugestões positivas a fazer. Mas a razão não é que eu tenha esquecido o assunto, ou que não possa competir com os talentos especulativos de meus colegas acadêmicos – a razão é meu respeito pelas tradições que eu deveria supostamente abençoar com meus dons intelectuais. Essas tradições são tradições históricas, não tradições abstratas (veja acima seções 2, 3 e 4 e capítulo 3). As tradições históricas não podem ser compreendidas à distância. Suas premissas, suas possibilidades, os desejos (muitas vezes inconscientes) daqueles que as mantêm só podem ser descobertos por imersão, ou seja, *precisamos viver a vida que queremos mudar*. Nem (C) nem (D) se aplicam às tradições históricas. As condições-limite e as soluções inventadas por especuladores distantes ainda podem ser impostas, *mas só desconsiderando a plena humanidade das vítimas*. Os intelectuais que apoiam a imposição não deixam de ter consciência da "dimensão humana"; eles têm "teorias do homem" e as usam como diretrizes para suas ações. Mas essas teorias não refletem suas vítimas; elas refletem a mentalidade do lugar onde surgiram – os escritórios e salas de seminário das universidades principalmente (cf. meus comentários sobre Tibor Macham na seção 4 acima): minha objeção principal às soluções intelectuais dos problemas sociais é que elas começam em um contexto cultural restrito, atribuem validade universal a esse contexto e usam o poder para impô-lo a outros. É de se surpreender que eu não queira ter nada a ver com esses sonhos dos fascistas da razão? Ajudar as pessoas não significa chutá-las até que terminem no paraíso de alguma outra pessoa; ajudar as pessoas significa tentar introduzir a mudança *como um amigo*, como uma pessoa, isto é, alguém que possa se identificar com sua sabedoria *bem como* com suas loucuras e que esteja maduro o suficiente para deixar que as últimas prevaleçam: *uma discussão abstrata das vidas de pessoas que não conheço e com cuja situação não estou familiarizado não é apenas uma perda de tempo, é também desumano e impertinente.*

É uma perda de tempo porque a aplicação prática das teorias encontradas sempre terá de ser precedida por inúmeras mudanças que podem destruir o programa básico. É impertinente, pois, não estando familiarizado com as condições dos estranhos, com as maneiras como essas condições parecem a eles, não tendo qualquer experiência direta de seus sonhos, medos e desejos, eu recuso fazer de meus próprios padrões, do que chamo de meu conhecimento (seja ele insignificante ou impressionante, isso não importa), de minha própria e muito limitada humanidade a base de diagnósticos e sugestões "objetivas" (somente pessoas muito ingênuas ou intolerantes podem acreditar que um estudo da "natureza do homem" pode ser superior a contatos pessoais, tanto em nossa vida privada quanto na política). Jutta, que tem um nome de mulher, mas que parece inclinado a superar o chauvinismo do mais atrevido de seus colegas acadêmicos masculinos, diz que me falta coração e imaginação. Pelo contrário: *eu* posso imaginar que existam situações as quais nunca cogitei, que não estão descritas em livros, que cientistas nunca encontraram e não reconheceriam caso se deparassem com elas. Creio que essas situações ocorrem com bastante frequência; posso imaginar também que essas situações parecem diferentes a pessoas diferentes, afetam-nas de maneiras diferentes, fazem surgir esperanças, medos e emoções que nunca senti, e tenho coração para submeter minhas suposições distantes às impressões daqueles imediatamente envolvidos. Jutta diz que eu deveria "examinar" com "respeito" o que não conheço. Examinar? Se amo uma mulher e quero compartilhar de sua vida, para meu benefício e talvez também para o dela, então não "examinarei" aquela vida, seja respeitosamente ou com desdém, tentarei *participar* dela (se ela me permitir) para que possa entendê-la *de dentro*. Participando de sua vida, eu me transformo em uma nova pessoa, com novas ideias, sentimentos, maneiras de ver o mundo. É claro, farei muitas sugestões – eu posso até deixá-la furiosa com toda minha conversa, *mas só depois de a mudança ter ocorrido* e com base nas novas e *compartilhadas* sensibilidades que ela criou. Ora, a política, como eu a compreendo, está de muitas maneiras relacionadas com o amor. Ela respeita as pessoas, considera seus desejos pessoais, não os "estuda", seja por meio de pesquisas de opinião ou por trabalho de campo antropológico, mas, uma vez mais, tenta entendê-las de dentro, e conectar sugestões para a mudança com os pensamentos e as emoções que fluem desse entendimento. Em uma palavra, a *política, se compreendida corretamente, é firmemente "subjetiva"*. É impossível desenvolver esquemas teóricos "objetivos" para ela.

6 Elementos de uma sociedade livre

Como é que essa explicação está relacionada com minhas ideias sobre a polícia, a igualdade das tradições, a separação do estado e a ciência? A resposta já foi dada em *SFS* e *EFM* (*EFM*, p.77 e *passim*): ideias como essas devem passar pelo filtro das tradições (das iniciativas dos cidadãos) para as quais elas foram desenvolvidas. Um erro fundamental de quase todos os trabalhos que lidam com essa parte de meus escritos – e isso inclui o trabalho de Christiane van Briessen, que, em muitos outros aspectos, entendeu meus motivos – é que eles interpretam minhas sugestões como se elas devessem ser lidas da maneira pela qual os políticos, filósofos, críticos sociais e "grandes" homens e mulheres de todos os tipos querem ser lidos: eles as interpretam como esboços de uma nova ordem social que deve ser imposta às pessoas hoje com a ajuda da educação, de chantagem moral, de uma pequena e simpática revolução e de *slogans* melosos (tais como "a verdade irá libertá-lo") ou utilizando as pressões resultantes das instituições já existentes. Mas sonhos de poder como esses não só estão muito longe de minha mente – eles me deixam enojado. Tenho pouco carinho pelo educador ou pelo reformador moral que trata suas malditas efusões como se elas fossem um novo sol iluminando as vidas daqueles que vivem na escuridão; desprezo os chamados professores que tentam despertar o apetite de seus alunos até que, perdendo todo o autorrespeito e autocontrole, chafurdam na verdade como porcos na lama; só tenho menosprezo por todos os planos excelentes para escravizar as pessoas em nome de "Deus" ou "da verdade" ou "da justiça", ou outras abstrações, especialmente porque seus perpetradores são covardes demais para aceitar responsabilidade por essas ideias e se escondem atrás de sua suposta "objetividade". Muitos de meus leitores parecem considerar essas maquinações um procedimento muito normal – se não fosse por isso, como eu poderia explicitar o fato de eles lerem minhas propostas dessa forma? Mas os comentários vagos e apenas esboçados sobre o Estado, a ética, a educação e os negócios da ciência que fiz em *AM* e *SFS* devem ser examinados pelas pessoas para quem eles foram dirigidos. Eles são opiniões subjetivas, e não diretrizes objetivas; devem ser testados por outras disciplinas, não por critérios "objetivos", e recebem poder político só depois de todos os envolvidos os terem considerado: o consenso daqueles a quem me dirijo, e não meus argumentos, é que finalmente decide a questão.

A objeção de que devemos primeiro ensinar as pessoas a pensar só reflete o convencimento e a ignorância de seus autores, pois o problema básico é: quem pode falar e quem deve permanecer calado? Quem tem conhecimento e quem é apenas obstinado? Podemos confiar em nossos especialistas, físicos, filósofos, curadores e educadores? Será que eles sabem o que estão dizendo ou meramente querem duplicar sua própria existência infeliz? Será que nossas grandes mentes – Platão, Lutero, Rousseau, Marx – têm algo a oferecer, ou é a reverência que sentimos por eles apenas um reflexo de nossa própria imaturidade?

Essas questões dizem respeito a todos nós – e todos nós devemos participar de sua solução. O estudante mais estúpido e o camponês mais inteligente; o muito honrado funcionário público e sua esposa sofredora;

acadêmicos e coletores de cães, assassinos e santos – todos têm o direito de dizer: olhem aqui, eu também sou humano; eu também tenho ideias, sonhos, sentimentos e desejos; eu também fui criado à imagem de Deus – mas vocês nunca prestaram atenção em meu mundo em seus contos bonitos (era diferente na Idade Média; cf. Heer, 1959). A relevância das questões abstratas, o conteúdo das respostas dadas, a qualidade de vida esboçada nessas respostas – todas essas coisas só podem ser decididas se for permitido a todos participarem do debate, e se todos forem encorajados a dar suas visões sobre a questão. O esboço melhor e mais simples das ideias que acabo de explicar pode ser encontrado no grande discurso de Protágoras (Platão, *Protágoras*, 320c-328d): os cidadãos de Atenas não precisam de qualquer instrução em sua linguagem, na prática da justiça, no tratamento dos especialistas (senhores de guerra, arquitetos, navegadores); tendo crescido em uma sociedade aberta onde o aprendizado é direto e não mediado e perturbado pelos educadores, eles aprenderam todas essas coisas a partir do zero. Quanto à outra objeção, que afirma que as iniciativas dos cidadãos não surgem do nada, mas devem ser postas em movimento por uma ação intencional – essa é fácil de responder: deixem que o objetor comece uma iniciativa de cidadãos e ele logo encontrará aquilo de que precisa, aquilo que expande suas ambições ou que as obstrui, até que ponto suas ideias são uma ajuda para os demais, até que ponto elas os prejudicam e assim por diante.

Essa, então, é minha resposta para as várias críticas de "meu modelo político". O modelo é vago – é bem verdade –, mas a indefinição é necessária, pois ele supostamente deve "abrir caminho" (*EFM*, p.160) para as decisões concretas daqueles que o usam. O modelo recomenda uma igualdade de tradições: qualquer proposta deve ser primeiramente verificada pelas pessoas a quem é dirigida; ninguém pode prever o resultado. (Os pigmeus, por exemplo, ou os mindoro das Filipinas não querem direitos iguais – só querem que lhes deixem em paz.) A "educação" não lida com os conflitos, e sim uma força policial o faz. Margherita von Brentano interpreta a última sugestão sugerindo que ela implica que os cidadãos só podem falar e talvez escrever, mas que suas ações são severamente restritas. Outros críticos jogaram as mãos para o ar em desespero; é só falar da polícia – e tanto os liberais quanto os marxistas com certeza molharão as calças. Esse é precisamente o erro descrito acima. Pois a polícia não é um agente externo que intimida e maltrata os cidadãos: ela é introduzida por eles, consiste deles e satisfaz suas necessidades (cf. meus comentários sobre os guardas protetores dos muçulmanos negros, *EFM*, p.162, 297). Os cidadãos não apenas pensam, eles decidem sobre tudo em seu ambiente. Eu apenas sugiro que é mais humano regular o comportamento por restrições externas – tais restrições podem ser eliminadas facilmente quando se percebe que são impraticáveis – do que melhorar almas. Pois presuma que nós conseguimos implantar o Bem em todas as pessoas – como é então que poderíamos voltar para o Mal?

7 Bem e Mal

Com esse comentário chego a um ponto que enfureceu muitos leitores e desapontou muitos amigos – minha recusa a condenar até mesmo um fascismo extremo e minha sugestão de que devemos permitir que ele sobreviva. Ora, uma coisa precisa ser esclarecida: o fascismo não me interessa nem um pouco (cf. *EFM*, p.156: "apesar de meu próprio sentimentalismo amplamente desenvolvido e minha tendência quase instintiva a 'agir de uma maneira humanitária'"). *Esse* não é o problema. O problema é a *relevância* de minha atitude: é uma inclinação que sigo e acolho com alegria nos outros; ou existirá um "núcleo objetivo", que me permitiria combater o fascismo não apenas porque *ele não me dá prazer*, mas porque *ele é inerentemente mal*? E minha resposta é: nós temos uma inclinação – nada mais. A inclinação, como qualquer outra inclinação, está rodeada por muito ar quente e sistemas filosóficos inteiros foram construídos sobre ela. Alguns desses sistemas falam de qualidades objetivas e de deveres objetivos de mantê-las. Mas minha pergunta não é como falamos, e sim que conteúdo pode ser dado a nossa verborragia. E tudo que posso encontrar quando tento identificar algum conteúdo é uma série de sistemas diferentes afirmando conjuntos de valores diferentes com nada, a não ser nossa inclinação, para decidir entre eles (*SFS*, parte I). Ora, se a inclinação se opõe à inclinação, então, no final, a inclinação mais forte ganha, o que significa, hoje e no Ocidente: os maiores bancos, os livros mais grossos, os educadores mais decididos, os revólveres maiores. Nesse exato momento, uma vez mais no Ocidente, a grandeza parece favorecer um humanitarismo cientificamente destorcido e beligerante (armas nucleares!) – e, portanto, o assunto chegou a uma pausa temporária a essa altura.

Isso, incidentalmente, foi uma das lições que aprendi com a vida de Remígio, o inquisidor. Margherita von Brentano, que menciona minha referência a ele, foi gentil o bastante para não presumir que estou defendendo uma volta à bruxaria e às perseguições à bruxaria. É claro, essa não é minha intenção. Nem penso que eu permaneceria uma testemunha calada de tais perseguições. Mas minha explicação seria que a questão não me agrada e não que ela é inerentemente má ou baseada em uma visão atrasada do universo. Tais expressões excedem em muito o que pode ser suportado pelas melhores intenções e os argumentos mais inteligentes. Eles dão ao usuário uma autoridade que ele simplesmente não possui. Eles o colocam do lado dos anjos, quando tudo que ele faz é expressar sua opinião particular. A própria verdade parece ser sua companheira quando, uma vez mais, trata-se apenas de uma opinião e uma opinião muito mal argumentada. Havia muitos argumentos contra os átomos, o movimento da Terra, o éter – e, no entanto, todas essas coisas retornaram à cena. A existência de Deus, do Diabo, do céu e do inferno nunca foi atacada com razões que fossem sequer meio decentes. Assim, se quero eliminar Remígio e o espírito de sua época, posso, é claro, agir para fazer exatamente isso, mas tenho de admitir que os únicos instrumentos que me estão disponíveis são os poderes da retórica e a hipocrisia. Se, por outro lado, eu aceitar apenas razões "objetivas", a situação me força a ser tolerante, pois não existem razões assim, não mais nesse caso do que em quaisquer outros (*SFS*, partes 1 e 2; *EFM*, capítulo 3).

Remígio acreditava em Deus, acreditava numa vida depois da morte, no inferno e suas torturas e também acreditava que os filhos de bruxas que não fossem queimados terminariam no inferno. Ele não só acreditava nessas coisas, ele poderia ter fornecido argumentos. Ele não teria argumentado como nós fazemos e sua evidência (a Bíblia, os Papas, as decisões dos Concílios etc.) não teria sido aquilo que chamamos de evidência. Mas isso não significa que suas ideias não tinham substância. Pois o que é que *nós* temos para nos opormos a ele? A crença de que há um método científico e de que a ciência é bem-sucedida? A primeira parte da crença é falsa (cf. seção 2 acima); a segunda parte é correta, mas deve ser complementada dizendo-se que existiam e ainda existem muitos fracassos também e que os sucessos ocorrem em uma área restrita que quase nem toca a questão em jogo aqui (a alma, por exemplo, nunca entra em cena). O que se encontra fora do domínio, tal como a ideia de inferno, nunca foi *examinado*, foi *perdido*, assim como as realizações científicas da antiguidade foram perdidas pelos primeiros cristãos.

No arcabouço de seu pensamento, Remígio agia como um ser humano responsável e racional e deveria ser elogiado, pelo menos pelos racionalistas. Se suas ideias nos repelem e se não somos capazes de lhe dar o que lhe é devido, então devemos perceber que não existem quaisquer argumentos "objetivos" para dar apoio à nossa repulsão. Podemos, é claro, cantar árias morais, podemos até escrever uma ópera inteira na qual essas árias se harmonizariam lindamente – mas não podemos construir uma ponte que vá de todo aquele barulho até Remígio e que, apelando para *sua* razão, traga-o para nosso lado. Pois ele realmente usa sua razão, mas com um objetivo diferente, segundo regras diferentes e com base em uma evidência diferente. Não há escapatória: *temos total responsabilidade por não proceder como Remígio procede e nenhum valor objetivo irá sustentar nosso caso se descobrirmos que nossas ações provocaram um desastre.*

Todavia, não nos esqueçamos de nossos próprios inquisidores, nossos cientistas, físicos, educadores, sociólogos, políticos, "desenvolvimentistas". Basta olhar para aqueles físicos que até bem pouco tempo cortavam, envenenavam e irradiavam sem ter examinado métodos alternativos de tratamento que eram bem conhecidos, não tinham consequências perigosas e afirmavam ter bons resultados. Não teria valido a pena tentar esses métodos (não valia a pena tentar manter os filhos das bruxas vivos?). Valia a pena. Mas o que ouvíamos em resposta era: *anátema, sente!* Ou examinemos os esforços de nossos educadores, que, ano após ano, são jogados sobre a geração mais jovem para enchê-la de "conhecimento" sem consideração pelo passado e pelo contexto dos alunos. Culturas inteiras foram mortas, seus sistemas imunológicos destruídos (cf. seção 4), seu conhecimento passou a ser uma raridade – e tudo isso em nome do progresso (e do dinheiro, é claro): o espírito de Remígio, minha cara Margherita von Brentano, ainda está conosco, na economia, na produção e no uso (inadequado) de energia, na ajuda externa, na educação. A diferença importante é que Remígio agia por razões humanitárias (ele queria salvar as criancinhas do castigo eterno), enquanto seus sucessores modernos só se preocupam com sua integridade profissional: não só lhes falta perspectiva, falta-lhes também humanidade. Tampouco gosto deles – mas aqui meus motivos, uma vez mais, não são padrões objetivos, e sim sonhos de uma vida melhor.

Ora se combinarmos esses sonhos (que eu tenho) com uma ideia de valores objetivos (que eu rejeito) e chamarmos o resultado de consciência moral, então *não tenho qualquer consciência moral* e, felizmente, diria eu, pois a maior parte da desgraça em nosso mundo – guerras, destruição de mentes e corpos, carnificinas sem fim – é causada não por indivíduos maus, mas por pessoas que objetivaram seus desejos pessoais e suas inclinações e assim as tornaram desumanas.

Isso, incidentalmente, é a única coisa que Agassi parece ter percebido em seu estranho desabafo. Ele diz que irá falar a verdade. Isso é muito simpático por parte dele, mas não nos dá muito conforto. Pois, como críticos de seu trabalho científico salientaram há muito tempo, ele só raramente sabe o que está dizendo mesmo quando está tentando dizer a verdade (por exemplo: item 882 na bibliografia sobre Copérnico de Rosen, *Three Copernican Treatises* [Três tratados copernicanos], 1971). Seu trabalho confirma essa impressão. Ele diz que eu me ofereci como voluntário para o exército alemão – não, fui convocado. Ele diz que tentei esquecer os aspectos políticos e morais da Segunda Grande Guerra – eu não os percebi; aos 18 anos eu era um verme de livros, não um *mensch*. Ele diz que eu idolatrava Popper. Ora, é bem verdade que gosto de idolatrar as pessoas, gosto de poder admirar alguém, tomá-la como exemplo – mas Popper não é feito daquilo de que os ídolos são feitos. Agassi me chama de discípulo de Popper. Isso é verdade em um sentido, bastante inverdade em outro. É verdade que escutei as palestras de Popper, assisti a seu seminário, ocasionalmente o visitei e conversei com seu gato. Não fiz isso por vontade própria, mas porque Popper era meu orientador; trabalhar com ele era uma das condições para que eu fosse pago pelo Conselho Britânico. Não escolhi Popper para essa tarefa, tinha escolhido Wittgenstein e este tinha aceitado. Mas Wittgenstein morreu e Popper era o próximo candidato em minha lista. Além disso, será que Agassi não se lembra de quantas vezes ele me implorou, de joelhos, que desistisse de meu *reservatio mentalis* para me comprometer por inteiro com a "filosofia" de Popper, e, especialmente para espalhar muitas das notas de rodapé de Popper por todos meus ensaios? Essa última coisa eu fiz – bem, sou um sujeito legal e estou quase sempre disposto a ajudar aqueles que parecem viver só quando veem seu nome impresso –, mas não fiz a primeira; no final do ano de que fala Agassi (1953), Popper me pediu para ser seu assistente; eu disse que não, apesar de estar sem dinheiro e de ter de ser alimentado ora por um, ora por outro de meus amigos mais ricos.

Agassi também produz alguns dos rumores que são supostamente necessários para fazer com que a vida na Igreja popperiana seja suportável: ele cita Popper, que segundo ele, disse que uma vez eu me arrependi de ter participado da Segunda Guerra Mundial a ponto de chorar. Isso é bastante possível, sou uma pessoa emotiva e fiz muitas coisas idiotas em minha vida – mas é pouco provável; nunca discuto questões pessoais com estranhos e, além disso, não tenho nada de que me arrepender, a não ser talvez o fato de não ter sido inteligente o suficiente para escapar do alistamento. As lágrimas, muito provavelmente, foram lágrimas de tédio que fluíam bastante livremente durante minhas visitas ao Mestre. É uma visão triste da decadência dos padrões acadêmicos na Alemanha, que uma peça de disparate lacrimoso como o ensaio de Agassi pudesse ser escrito com a ajuda de uma bolsa que leva o antigo e honorável nome de Alexander von Humboldt.

Há um só ponto onde Agassi mostra alguma compreensão da realidade no que se refere à nossa discussão sobre questões morais. Lembro-me bem dessa discussão. Agassi insistiu para que eu assumisse uma posição, isto é, que cantasse árias morais. Senti-me muito desconfortável. Por um lado, a questão parecia bastante idiota – eu canto minha ária, o nazista canta a dele – e daí? Por outro lado, senti a pressão irracional de Auschwitz que Agassi e muitos cantores de rua ideológicos antes e depois dele usaram desavergonhadamente para insistir que as pessoas fizessem gestos vazios (ou para fazer lavagens de seus cérebros para que os gestos recebessem "significado"). O que é que digo hoje?

Digo que Auschwitz é uma manifestação extrema de uma atitude que ainda prospera em nosso meio. Ela se mostra no tratamento das minorias nas democracias industriais; na educação, inclusive a educação de um ponto de vista humanitário, que na maior parte do tempo consiste em transformar jovens maravilhosos em cópias descoloridas e hipócritas de seus professores; ela se manifesta na ameaça nuclear, o aumento constante do número e do poder de armas letais e a disposição de alguns chamados de patriotas para começar uma guerra que comparativamente fará o holocausto parecer insignificante. Ela se mostra na matança da natureza e das culturas "primitivas" sem um único pensamento para aqueles que assim foram privados do significado de sua vida; no convencimento gigantesco de nossos intelectuais e seus esforços incansáveis para recriar pessoas à sua própria e triste imagem; na megalomania infantil de alguns de nossos médicos que chantageiam seus pacientes com o medo, os mutilam e os perseguem com contas gordas; na falta de sentimento de muitos dos chamados pesquisadores da verdade que sistematicamente torturam animais, estudam seu desconforto e recebem prêmios por sua crueldade.

A meu ver, não há diferença alguma entre os carrascos de Auschwitz e esses "benfeitores da humanidade" – abusa-se da vida para objetivos especiais nos dois casos. O problema é a crescente desconsideração por valores espirituais e sua substituição por um materialismo grosseiro mas "científico", ocasionalmente até chamado de humanismo: o homem (isto é, os humanos treinados por seus especialistas) pode resolver todos os problemas – ele não precisa de nenhuma confiança em e nem de qualquer assistência de outras agências. Como é que eu posso levar a sério uma pessoa que lamenta crimes distantes, mas elogia os criminosos em sua própria vizinhança? E como posso decidir um caso à distância considerando que a realidade é mais rica até mesmo que a imaginação mais maravilhosa?

Uma coisa é estar à frente da luta contra a crueldade e a opressão, pois então é possível ver e cheirar seu inimigo; e todo o seu ser, não apenas sua habilidade de recitar poemas épicos, estará envolvido na tentativa de vencê-lo. É uma coisa bastante diferente sacudir a cabeça e decidir sobre o Bem e o Mal sentado em um escritório confortável. Eu sei – muitos de meus amigos podem tomar uma decisão assim com as duas mãos atadas às costas – que eles obviamente têm uma consciência moral bem desenvolvida. Eu, no entanto, levando a distância a sério, gostaria de considerar uma visão diferente, em que o Mal é parte da Vida, assim como foi parte da Criação. Nós não abrimos os braços para ele – tampouco nos satisfazemos com reações infantis. Nós o delimitamos – mas deixamos que ele permaneça em seu território. Pois ninguém pode dizer o quanto de bem ele ainda contém e até que ponto a existência de até a coisa boa mais insignificante pode estar conectada com os crimes mais atrozes.

8 Adeus à razão

Qual foi a origem das críticas que comentei nesse capítulo? E por que escrevi uma resposta?

É fácil responder a primeira pergunta.

Cerca de oito anos atrás (1979), Hans Peter Duerr foi convidado para se tornar um dos autores da famosa editora Suhrkamp, na Alemanha. Ele recusou porque tinha outras obrigações, mas ficou com a consciência pesada – não era fácil para Hans Peter rejeitar convites amigáveis. Dr. Unseld, o espírito orientador da editora, cuja capacidade de sentir de longe a dor de consciência das pessoas só é superada por sua perícia em manipulá-la, descobriu a dificuldade de Hans Peter e a tratou com palavras, comida e bebida. Resultado: Hans Peter teve a ideia de um festival PKF (Paul K. Feyerabend) e começou a enviar cartas em todas as direções. Algumas das cartas voltaram fechadas, outras com reflexões sobre sua sanidade, outras ainda com a desculpa habitual de falta de tempo – mas umas tantas pessoas decidiram me elogiar ou me maldizer ou me exorcizar rodeando-me com círculos retóricos. Assim, não foi o mérito de minha "obra" que levou a essa coleção, e sim o poder do álcool.

É muito mais difícil responder a segunda pergunta. Muitas pessoas – cientistas, artistas, advogados, políticos, padres – não fazem nenhuma distinção entre sua profissão e suas vidas. Se têm sucesso, consideram-

-no uma afirmação de sua própria existência. Se fracassam em sua profissão, então pensam que fracassaram também como seres humanos, não importa quanta alegria possam ter dado a seus amigos, filhos, esposas, amantes, cachorros. Se escrevem livros, sejam eles romances, coleções de poesia ou tratados filosóficos, então esses livros tornam-se parte do edifício construído a partir de sua própria substância. "Quem sou eu?", Schopenhauer se perguntou – e ele próprio respondeu "Sou a pessoa que escreveu *The World as Will and Idea* e resolveu o grande problema do ser". Pais, irmãos, irmãs, maridos, amantes, papagaios (periquitos para meus leitores britânicos) e até os sentimentos mais pessoais do autor, seus sonhos, medos e expectativas só têm sentido no que diz respeito àquele edifício e são descritos de acordo com ele: a esposa sabia cozinhar, limpar, lavar e criar o clima adequado; os amigos compreendiam o pobre coitado durante momentos difíceis e lhe davam apoio, emprestavam-lhe dinheiro, ansiosamente o ajudavam com o nascimento dos monstros que ele criava – e assim por diante. Essa atitude é generalizada. É a base de quase todas as biografias e autobiografias. É encontrada em verdadeiros grandes pensadores (Sócrates, algumas horas antes de morrer, livra-se de sua esposa e filhos para que possa conversar sobre coisas profundas com seus adorados alunos: *Phaedo* 60a7. O paralelo artístico é contado com deleite e muita raiva por Claire Goll em sua autobiografia, 1980), mas também é bastante comum entre os roedores acadêmicos de nossos dias.

Para mim, essa atitude é estranha, incompreensível e ligeiramente sinistra. É verdade, eu também admirei o fenômeno à distância; tinha esperança de entrar nos castelos de onde ele se propagava e participar das guerras de iluminismo que os cavalheiros eruditos tinham começado no mundo inteiro. Eventualmente, percebi os aspectos mais prosaicos da questão: o fato é que os cavalheiros – os professores – servem aos senhores que lhes pagam e lhes dizem o que fazer: não são mentes livres em busca de harmonia e de felicidade para todos, são funcionários públicos (*Denkbeamte*, para usar uma palavra alemã maravilhosa) e sua mania por ordem não é resultado de uma investigação equilibrada, ou de uma proximidade da humanidade, é uma doença profissional. Portanto, embora eu faça uso pleno dos enormes salários que obtive por fazer muito pouco, tive cuidado em proteger os pobres humanos (e, em Berkely, cães, gatos, quatis e até algum macaco de vez em quando) que vinham às minhas palestras saindo da doença. Afinal, eu dizia a mim mesmo, tenho algum tipo de responsabilidade para com essas pessoas e não devo abusar de sua confiança. Eu lhes contava histórias e tentava fortalecer seu antagonismo natural, pois isso, pensava eu, seria a melhor defesa contra os cantores de rua ideológicos que elas estavam prestes a conhecer: *a melhor educação consiste em imunizar as pessoas contra tentativas sistemáticas de educação*. Mas mesmo essas considerações amigáveis nunca estabeleceram um laço mais forte entre mim e meu emprego. Com frequência, quando passava de carro pela universidade, fosse agora, em Berkeley, ou em Londres, ou em Berlim, ou aqui em Zurique, onde me pagam em sólidos francos suíços, eu me assustava com o pensamento de que era "um deles", "Sou um professor", eu dizia para mim mesmo – "como é que isso foi acontecer?".

Com relação às minhas chamadas "ideias", minha atitude era exatamente a mesma. Sempre gostei de debater com amigos, sobre religião, artes, política, sexo, assassinato, teatro, teoria quântica de medição e muitos outros tópicos. Nessas discussões, eu assumia ora uma posição, ora outra: mudava de posições – e até a forma da minha vida – em parte para fugir do tédio, em parte porque sou contrassugestivo (como Karl Popper uma vez comentou com tristeza) e em parte em virtude da minha convicção crescente de que mesmo o ponto de vista mais estúpido e desumano tem mérito e merece uma boa defesa. Quase todo o meu... bem, vamos chamá-lo de "trabalho" escrito, a começar pela minha tese, surgiu dessas discussões vívidas e mostra o impacto dos participantes. Ocasionalmente, eu acreditava que tinha pensamentos próprios – quem não é vítima dessas ilusões de vez em quando? –, mas eu nunca nem sonharia em considerar esses pensamentos uma parte essencial de mim mesmo. Eu, assim eu dizia quando considerava essa questão, sou muito diferente mesmo da invenção mais sublime que já produzi e da convicção mais profundamente sentida que me permeia, e nunca devo permitir que essas invenções e convicções me controlem e me transformem em seu criado obediente. Eu podia até "assumir uma posição" (embora a prática e até mesmo a frase com suas conotações puritanas me incomodem), mas quando eu o fazia, a razão era um capricho temporário, não uma "consciência moral" ou outra tolice desse tipo.

Havia outro elemento escondido atrás de minha má vontade em "assumir uma posição" e só o descobri recentemente. Escrevi *AM* em parte para provocar Lakatos (que deveria ter escrito uma resposta, mas morreu antes de poder fazê-lo) e em parte para defender a prática científica da regra da lei filosófica. Tendo absorvido Ernst Mach quando eu tinha mais ou menos 15 anos e tendo sido aluno de física de Hans Thirring e Felix Ehrenhaft, eu parti do princípio de que a obra de cientistas era autossustentável e não precisava de qualquer legitimação externa. Eu ficava impaciente com as pessoas que, embora lhes faltasse qualquer experiência da complexidade da pesquisa científica, ainda assim afirmavam saber de que se tratava e como podia ser aprimorada. Acredito que eu era um tipo de racionalista libertário e meu grito de guerra poderia ter sido "deixe a ciência para os cientistas!" É obvio que eu mesmo tinha sido um racionalista – mas foi preciso apenas um simples exemplo prático, foram precisos apenas os argumentos concretos do Prof. von Weizsäcker em Hamburgo, em 1965 (creio eu), para revelar a superficialidade das orações racionalistas e fazer com que eu voltasse para Mach.

Houve uma segunda experiência que teve uma tremenda influência em mim. Repito-a com as mesmas palavras com que a descrevi pela primeira vez (*SFS*, 118 s.):

> Em 1964, mexicanos, negros e índios entraram na universidade como resultado de novas políticas educacionais. Lá sentaram eles, em parte curiosos, em parte desdenhosos, em parte simplesmente confusos, na esperança de obter uma "educação". Que oportunidade para um profeta em busca de seguidores! Que oportunidade, meus amigos racionalistas me diziam, de contribuir para a propagação da razão e a melhoria da humanidade. Que oportunidade maravilhosa para uma nova onda de iluminismo! Meus sentimentos eram totalmente diferentes. Pois me ocorreu que os argumentos complexos e as histórias maravilhosas que eu até então tinha contado para meu público mais ou menos sofisticado podiam ser apenas sonhos, reflexos do convencimento de um pequeno grupo que tinha conseguido escravizar todos os demais com suas ideias. Quem era eu para dizer a essas pessoas o que pensar e como pensar? Eu não conhecia seus problemas embora soubesse que tinham muitos. Eu não estava familiarizado com seus inte-

resses, seus sentimentos e seus medos, embora soubesse que estavam ansiosos para aprender. Seriam as sofisticações áridas que os filósofos tinham conseguido acumular no decorrer das várias épocas e que os liberais tinham rodeado com frases sentimentais para torná-las mais saborosas a coisa certa para oferecer a pessoas a quem tinham roubado suas terras, sua cultura, sua dignidade e que agora deveriam supostamente absorver com paciência e depois repetir as ideias anêmicas dos porta-vozes dos seus captores humanos? Eles queriam saber, queriam aprender, queriam entender o mundo estranho à sua volta – não mereciam um alimento melhor? Seus antepassados tinham desenvolvido culturas próprias, linguagens coloridas, visões harmônicas da relação entre homem e homem e do homem e a natureza, cujos restos são uma crítica viva das tendências de separação, análise e egolatria inerentes ao pensamento ocidental... Essas eram as ideias que me passavam pela cabeça enquanto eu olhava para meu público e elas me faziam recuar com repulsa e terror da tarefa que eu deveria desempenhar. Pois a tarefa – e isso agora estava claro para mim – era a de um capataz muito refinado e muito sofisticado. E eu não queria ser um capataz.

Essa experiência foi semelhante, em natureza, à minha experiência com relação à física. Lá, também, eu tinha sentido fortemente a superficialidade e as presunções de uma filosofia que queria interferir em uma prática bem formada. No entanto, enquanto a ciência é apenas parte da cultura e precisa de outros ingredientes para chegar a uma vida plena, as tradições de meu público tinham estado completas desde o princípio. Assim, a interferência foi muito mais séria e foi necessária uma resistência muito mais forte. Ao tentar construir essa resistência, eu considerei soluções intelectuais, isto é, eu ainda presumia que dependia de mim, e de pessoas iguais a mim, planejar políticas para outras pessoas. É claro, eu tinha a intenção de planejar políticas muito melhores do que aquelas impostas pelo Presidente Johnson e seus auxiliares, mas, ao fazê-lo, eu, como ele, tirei a responsabilidade daqueles que eu queria ajudar, lidei com eles como se não fossem capazes de cuidar de si próprios. Parece que eu estava ciente dessa contradição e foi essa consciência inconsciente que me fez agir de uma maneira distante e desinteressada e me recusar a "assumir uma posição".

Agora vem a terceira experiência em meu caminho – meu encontro com Grazia Borrini, uma lutadora suave, mas determinada, pela paz e pela autoconfiança. Grazia tinha estudado física, assim como eu. Como eu, ela também tinha achado esse estudo muito restrito. Mas, enquanto eu ainda estava usando abstrações (tais como a ideia de uma "sociedade livre") para chegar a um ponto de vista mais amplo e mais humano, suas ideias eram parte das "tradições históricas" (para reincidir na minha própria maneira constipada de falar). Eu *realmente* sabia acerca dessas tradições e tinha escrito sobre elas mesmo antes de conhecer Grazia, mas foi necessário um encontro concreto para me fazer perceber o que aquilo implicava. Grazia também me deu livros e trabalhos escritos por estudiosos importantes, que tratavam dos problemas de (inter)câmbio cultural e econômico. Isso foi realmente um achado. Primeiro, eu agora tinha exemplos muito melhores dos limites da abordagem científica que os que tinha usado habitualmente (astrologia, magia negra, um pouco de medicina). Segundo, eu percebi que meus esforços não tinham sido em vão e que era preciso apenas uma ligeira mudança de atitude para torná-los eficientes, tanto a meus próprios olhos quanto aos olhos de outras pessoas. Você *pode* ajudar as pessoas escrevendo livros. Fiquei muito surpreso e profundamente emocionado quando percebi que as pessoas de culturas diferentes, cujas ações eu respeitava, tinham lido algumas das coisas que eu tinha escrito e as acolhido bem. Então, finalmente desisti de meu autocinismo e decidi escrever um último livro, mas um livro bom, para Grazia, porque a conheço e porque escrevo melhor quando tenho um rosto sorridente diante de mim (lembrem, eu escrevi *AM* com Imre Lakatos em mente) e, através dela, para todas as pessoas que, apesar da fome, da opressão e das guerras, tentam sobreviver e obter um pouco de dignidade e felicidade. É claro, para escrever esse livro vou ter de cortar as cordas que ainda me prendem à abordagem abstrata ou, para reverter à minha maneira normalmente irresponsável de falar, terei de dizer

ADEUS À RAZÃO.

Referências bibliográficas

AGASSI. *Three Copernican Treatises*. Nova York, 1971.
ALEXANDER, H. G. (Org.). *The Leibnitz-Clarke Correspondence*. Manchester, 1956.
ALFIERI, V. E. *Atomos Idea*. Florence, 1953.
BAKUNIN. *Bakunin on Anarchy*. Trad. Sam Dolgoff. Nova York, 1972.
BARROW, J. D.; FRANK, J. *Tipler, The Anthropic Cosmological Principle*. Oxford, 1986.
BAY, C. *The Structure of Freedom*. Nova York, 1968.
BAYNES, B.; BOHMAN, I.; McCARTHY, Th. (Orgs.). *After Philosophy*. Cambridge, 1987.
BELL, D. Notes on the Post-industrial Society I. *The Public Interest*, inverno de 1967.
BERKELEY. *Essay towards a New Theory of Vision*. S.n.t.
BERKELEY. *Principles of Human Knowledge*. S.l.: s.n., 1710.
BLACKER, C. *The Japanese Enlightenment*. Cambridge, 1969.
BODLEY, J. H. *Victims of Progress*, Menlo Park. California, 1982.
BOHM, D. *Wholeness and the Implicate Order*. London, 1980.
BOHR, N. *The Quantum Postulate and the Recent Development of Atomic Theory*, 1928.
BOHR, N. *Atomic Physics and Human Knowledge*. Nova York, 1963.
BOHR, N. *His Life and Work as Seen by His Friends and Colleagues*. In: ROSENTAL, S. (Org.). Nova York, 1967.

BOHR, N. *Collected Works*. v.1. Amsterdam, 1972.

BOLTZMANN, L. Über die methoden der Theoretischen Physic. *Populäre Schriften*. Leipzig, 1905.

BORRINI, G. Health and Development – A Marriage of Heaven and Hell? In: UGALDO, A. (Org.). *Studies in Third World Society*. Austin Texas, 1986.

BRECHT. Kleines Organon für das Theater. *Gesammelte Werke*. v.16. Frankfurt, 1967.

BROAD, W. *Star Warriors*. Nova York, 1985.

BROWN, L.; HODDESON, L. (Orgs.). *The Birth of Particle Physics*. Cambridge University Press, 1983.

BURKHARDT, J. *Griechische Kulturgeschichte*. Munich, 1977.

CALOGERO, G. *Studien über den Eleatismus*. Darmstadt, 1970.

CARIRNS, J.; STENT, G. S.; WATSON, J. D. (Orgs.). *Phage and the Origins of Molecular Biology*. Nova York: Cold Spring Harbor Laboratory, 1966.

CARTWRIGHT, N. *How the Laws of Physics Lie*. Oxford, 1983.

CHADWICK, J. *The Decipherment of Linear B*. Cambridge University Press, 1958.

CHAO, Y. R. *Language and Symbolic Systems*. Cambridge, 1968.

CHILDE, V. G. *The Prehistory of European Sciences*. Harmondsworth, 1958.

CHOMSKY, N. Intellectuals and the State. *Towards a New Cold War*. Nova York, 1986.

COHEN, M. (Org.). *The Philosophy of John Stuart Mill*. Nova York, 1961.

CORNFORD, F. M. *Plato's Theory of Knowledge*. Nova York, 1957.

CORNFORD, F. M. *From Religion to Philosophy*. Nova York, 1965.

DELBRÜCK, M. *Mind from Matter?* Blackwell, 1985.

DEWHURST, K. *Dr. Thomas Sydenham*. University of California Press, 1966.

DIELS-KRANZ. *Fragmente der Vorsokratiker*. Berlin.

DINESEN, I. *Out of Africa*. Nova York, 1985 [1972].

DOLGOFF, S. *Bakunin on Anarchy*. Nova York, 1972.

DOVER, K. J. *Greek Popular Morality at the time of Plato and Aristotle*. Berkeley/Los Angeles, 1974/1978.

DRAKE-DRABKIN. *On Motion and Mechanics*. Madison, 1960.

DRELL, S. *Facing the Threat of Nuclear Weapons*. Seattle/London, 1983.

DUERR, H. P. (Org.). Versuchungen. 2v. Frankfurt, 1980/81.

DUERR, H. P. *Sedna*. Frankfurt, 1984.

DUHEM, P. *Ziel und Struktur der Physikalischen Theorien*. Leipzig, 1908.

DUHEM, P. *The Aim and Structure of Physical Theory*. Nova York, 1962.

EDDINGTON, A. S. *Nature*. v.127. 1931.

EHRENBERG, V. *The People of Aristophanes*. Nova York, 1962.
EHRENBERG, V. *From Solon to Socrates*. Methuen/London/Nova York, 1973.
EHRENBURG, I. *People and Life*, Memoirs of 1891-1917. London, 1961.
EHRENZWEIG, A. *The Hidden Order of Art*. Berkeley/Los Angeles, 1967.
EINSTEIN, A. Kinetische Theorie des Warmegleichgewichtes und des zweiten Hauptsatzes. *Ann. Phys.*, 9, 1902.
EINSTEIN, A. *Proceedings*. Paris, 1912.
EINSTEIN, A. On the Method of Theoretical Physics. *Herbert Spencer Lecture*, Oxford, 1933.
EINSTEIN, A. Physics and Reality. *Journal of the Franklin Institute*, 1936.
EINSTEIN, A. The Fundaments of Theoretical Physics. *Science*, 1940.
EINSTEIN, A. *Philosopher-Scientist*. In: SCHILPP, P. A. (Org.). Evanston, 1949.
EINSTEIN, A. *Ideas and Opinions*. Nova York, 1954.
EINSTEIN, A. *The Born-Einstein Letters*. New York, 1971.
ELIADE, M. *Geschichte der Religiösen Ideen*. v.2. Herder, 1979.
EMERTON, N. E. *The Scientific Reinterpretation of Form*. Cornell University Press, 1984.
EUCLIDES. *Elements*. S.n.t. [*Os elementos*. São Paulo: Ed. UNESP, 2009].
EVANS-PRITCHARD, E. E. *The Nuer*. Oxford, 1940.
EVANS-PRITCHARD, E. E. *Witchcraft, Oracles and Magic Among the Azande*. Oxford, 1937; ed. abrev. Oxford, 1975.
FERBER, R. *Zenons Paradoxien der Bewegung*. Munich, 1981.
FEYERABEND, P. *Against Method*. London, 1975. [Contra o método. São Paulo: Ed. UNESP, 2007].
FEYERABEND, P. *Science in a Free Society*. London, 1978.
FEYERABEND, P. *Versuchungen*. In: DUERR, H. P. (Org.). 2v. Frankfurt, 1980, 1981.
FEYERABEND, P. *Philosophical Papers*. v.1. Cambridge, 1981. cap.6, seção 1.
FEYERABEND, P.; THOMAS, C. (Orgs.). *Wissenschaft und Tradition*. Zurich, 1983.
FEYERABEND, P. *Wissenschaft als Kunst*. Frankfurt, 1984.
FEYERABEND, P. Was heisst das, wissenschaftlich sein? In: FEYERABEND, P.; THOMAS, C. (Orgs.). *Grenzprobleme der Wissenschaften*. Zurich, 1985a.
FEYERABEND, P. *The Galileo Affair*: A Meeting of Faith and Science. In: COYNE, C. V.; HELLER, M.; ZYCINSKI, J. (Orgs.). Vatican City, 1985b.

FEYERABEND, P. *Wider den Methodenzwang*. 3.ed. Frankfurt, 1986.
FEYERABEND, P. *Stereotypes of Reality*. (no prelo).
FISCHER, P. *Licht und Leben*. Konstanz, 1985.
FORREST, E. G. *The Emergence of Greek Democracy*. London, 1966.
FOX-KELLER, E. *A Feeling for the Organism*. San Francisco, 1983.
FRÄNKEL, H. *Wege und Formen Frühgriechischen Denkens*. Munich, 1968.
FRENCH, A. P. (Org.). *Einstein*: A Centenary Volume. Cambridge, 1979.
GALBRAITH, J. K. *The New Industrial State*. Boston, 1967.
GEERTZ, C. *Local Knowledge*. Nova York, 1983.
GELB, I. G. *A Study of Writing*. University of Chicago Press, 1963.
GOLL, C. *Ich verzeihe keinem*. Munich, 1980.
GOULD, S. *The Mismeasure of Man*. Nova York, 1981.
GRABAR, A. *Christian Iconography*. Princeton, 1968.
GRANT, R. M. *Gnosticism and Early Christianity*. Nova York, 1966.
GUERICKE. *Experimenta nova*, 1672.
GUTHRIE. *A History of Greek Philosophy*. v.1. Cambridge, 1962.
GUTHRIE. *A History of Greek Philosophy*, v.3. Cambridge, 1969.
HABERMAS, J. *Die Neue Unubersichtlichkeit*. Frankfurt, 1985.
HABERMAS, J. *Autonomy and Solidarity*. London, 1986.
HADAMARD, J. *The Psychology of Invention in the Mathematical Field*. Princeton, 1949.
HAKEN, H. *Synergetics*. Nova York, 1983.
HANKE, L. *All Mankind in One*, de Kalb. S.l.: s.n., 1974.
HANNS-DIETER, V. *Der Philosoph und die Vielen*. Wiesbaden, 1980.
HAYEK, F. A. von. *The Constitution of Liberty*. Chicago, 1960.
HEER, F. *Die Dritte Kraft*. Frankfurt, 1959.
HEGGIE, D. C. *Megalithic Science*. London, 1981.
HEILBRON, J. L. *Electricity in the 17th and 18th Centuries*. University of Califórnia Press, 1979.
HEINMANN, F. *Nomos and Physis*. Basel, 1945.
HEISENBERG, E. *Über den anschaulichen Inhalt der quantentheoretischen Kinematic und Mechanik*. S.l.: s.n., 1927.
HEISENBERG, E. *Das Polotische Leben eines Unpolitischen*. Munich, 1982.
HERDER, J. G. Journal meiner Reise im Jahre, 1769. *Sämtliche Werke*. v.IV. Berlin, 1878.
HERÓDOTO. *Histórias*, livro 3,38. Trad. Aubrey de Selincourt. Penguin Books, 1954.
HEYNEMAN, D. *Journal of Parasitology*, v.70, n.1, p.6, 1984.

HOCHBERG, J. The Representation of Things and People. In: GOMBRICH, E. H.; HOCHBERG, J.; BLACK, M. (Orgs.). *Art, Perception and Reality*. Baltimore/London, 1972.

HOLTON, G. *Thematic Origins of Scientific Thought*. Cambridge, 1973.

HOLTON, G.; ELKANA (Orgs.). *Albert Einstein, Historical and Cultural Perspectives*. Princeton, 1982.

HOYLE, F. Facts and Dogmas in Cosmology and Elsewhere. *The Rede Lectures*, Cambridge, 1982a.

HOYLE, F. *Cosmology and Astrophysics*. In: TERZIAN, Y.; BILSON, E. M. (Orgs.). Ithaca/London, 1982b.

HUME. *A Treasure of Human Nature*. Livro I. In: MACNABB, D. G. C. (Org.). *Of the Understanding*. Nova York, 1962.

HUNTINGTON, E. V. *The Continuum*. Cambridge, 1917.

HUSSERL, E. *The Crisis of the European Sciences and Transcendental Phenomenology*. S.l.: s.n., 1936.

ILLICH, I. *Deschooling Society*. Nova York, 1970.

ITAGAKI, R. *Historia Scientiarum*, 22, 1982.

JACOB, F. *The Possible and the Actual*. Seattle/London, 1982.

JAMMER. *The Philosophy of Quantum Mechanics*. Wiley, J. & Sons, 1974.

JONES, W. H. S. *Hippocrates*. v.II. Cambridge, 1967.

JONES, W. T. *The Sciences and the Humanities*. University of California Press, 1965.

JUNGK, R. *The New Tyranny*. Nova York, 1979.

KAHN, C. H. The Greek Verb 'to be' and the Concept of Being. *Foundation of Language*. v.3. 1966.

KAHN, C. H. *The Verb Be in Ancient Greek*. Dordrecht, 1973.

KANT, I. *Grundlegung der Metaphysik der Sitten*, 1786 (edição B).

KANT, I. What is Enlightenment? In: BECK, L. W. (Org.). *Kant, On History*. Library of Liberal Arts, 1957.

KAPP, E. *Gnomon*. v.12. 1936.

KATZ, D. *Die Erscheinumgsweise der Farben, Zeitschrift für Psychologie und Physiologie der Sinneorgane*, Ergänzungsband 7. Leipzig, 1911.

KAUFMANN, Y. *The Religion of Israel*. Nova York, 1972.

KIERKEGAARD, D. F.; SWENSON; LOWRIE, W. (Orgs.). *Concluding Unscientific Postscript*. Princeton, 1941.

KIERKEGAARD, D. F. In: HEIBERG (Org.). *Papirer*, vii PT, i. sec. A Nr. 182.

KLEIN, M. Fluctuations and Statistical Physics in Einstein's Early Work. In: HOLTON, G.; ELKANA (Orgs.). *Albert Einstein, Historical and Cultural Perspectives*. Princeton, 1982.

KOLATA, G. *Science*. S.l.: s.n., 1987.

KOPPELBERG, D. *Die Aufhebung der Analytischen Philosophie*. Frankfurt, 1987.

LAKATOS, I. Falsification and the Methodology of Research Programmes. In: LAKATOS, I.; MUSGRAVE, A. (Orgs.). *Criticism and the Growth of Knowledge*. Cambridge, 1970.

LAKATOS, I. History of Science and Its Rational Reconstructions. *Boston Studies in the Philosophy of Science*. v.VII. S.n.t.

LATHAM, R. G. (Org.). *Works*. v.2. 60. S.n.t.

LEIBNIZ. *Philosophische Schriften*. In: GERHARD, C. I. (Org.). v.4. Berlin, 1885-1890.

LENARD, P. *Annalen der Physik*. v.4. 1902.

LEPENIES, W. *Das Ende der Naturgeschichte*. Munich/Vienna, 1976.

LERNER, M. (Org.). *Essential Works of John Stuart Mill*. Nova York, 1965.

LEVINS, R.; LEWONTIN, R. *The Dialectical Biologist*. Cambridge, 1985.

LÉVI-STRAUSS, C. *The Savage Mind*. Chicago, 1966.

LEWONTIN; ROSE, S.; KAMIN, L. J. *Not in Our Genes*. Nova York, 1984.

LIFTON, R. J. *The Nazi Doctors*. Nova York, 1986.

LIFTON, R. J. *The Future of Immortality*. Nova York, 1987.

LLOYD, G. E. R. *Magic, Reason and Experience*. Cambridge, 1979.

LORENTZ. *The Theory of Electrons*. Nova York, 1952.

LORENZ, K. *Der Abbau des Menschlichen*. Munich, 1983.

LORENZ, K. *Die Acht Todsünden der Zivilisierten Menschheit*. Piper, 1984.

LOVEJOY, A. *Essays in the History of Ideas*. Baltimore, 1948.

LUDWIG (Org.). *Trattato della pintura*, 1881.

LURIA, S. E. *A Slot Machine, A Broken Test Tube*. Nova York, 1985.

LYOTARD, J. F. *The Post-modern Condition, A Report on Knowledge*. Minneapolis, 1984.

MACH, E. *Populärwissenschaftliche Vorlesungen*. Leipzig, 1896.

MACH, E. *Erkenninis und Irrtum*. Leipzig, 1917.

MACH, E. *Die Prinzipien der Physikalischen Optik*. Leipzig, 1921.

MACH, E. *Analyse der Empfindungen*. Jena, 1922.

MACH, E. *Die Mechnik in ihrer Entwicklung*. Leipzig, 1933.

MACH, E. *The Principles of Physical Optics*. S.l.: Dover publications, s.d.

MANUEL, F. *The Religion of Isaac Newton*. Oxford, 1974.

MARCUS, G. E.; FISCHER, M. M. J. *Anthropology as Cultural Critique*. University of Chicago Press, 1986.
MARSHACK, A. *Roots of Civilization*. Nova York, 1972.
MAYR, E. *The Growth of Biological Thought*. Cambridge, 1982.
MEDAWAR, P. *The Art of the Soluble*. London, 1967.
MEDAWAR, P. *Advice to a Young Scientist*. Harper and Row. Nova York, 1979.
MEEHAM, R. *The Atom and the Fault*. Cambridge, 1984.
MEEHL, P. E. *Clinical vs. Statistical Predictions*. Minneapolis, 1954.
MILLER, A. *Albert Einstein's Special Theory of Relativity*. Reading Massachusetts, 1981.
MILLIKAN. *The Electron*. Chicago, 1917.
MOSER, J. *Ann, Math, Stud.*, Nr. 73. Princeton University Press, 1973.
MÜLLER, W. *Indianische Welterfahrung*. Stuttgart, 1976.
NANDI, A. Pathology of Objectivity. *The Ecologist*, 1981.
NEEDHAM, J. *Celestial Lances*. Cambridge, 1978.
NEEDHAM, J. *Science in Traditional China*. Harvard University Press/ The Chinese University Press Hong Kong, 1981.
NEEDHAM, J. *Time, The Refreshing River*. Nottingham, 1986.
NEUGEBAUER, O. *The Exact Sciences in Antiquity*. Nova York, 1962.
NEUGEBAUER, O. *A History of Ancient Mathematical Astronomy*. Berlin, Heidelberg & Nova York, 1975.
NEURATH, O. *Carta a R. Carnap*. Oxford, dec. 22, 1942.
NEWHALL, B. *Photography, Essays and Images*. Nova York, 1980.
NUSSBAUM, M. C. *The Fragility of Goodness*. Cambridge University Press, 1986.
O'MALLEY, C. D. *Andreas Vesalius of Brussels*. University of California Press, 1965.
OTTO, W. F. *Die Götter Griechenlands*. Frankfurt, 1970.
PAGE, D. *History and the Homeric Iliad*. Berkeley/Los Angeles, 1966.
PANOFSKY, E. *Abbot Suger*. Princeton, 1979.
PANOFSKY, E. *Idea*. Nova York, 1986.
PANOFSKY. *Die Perspektive als Symbolische Form*. S.n.t.
PARRY'S. The Language of Achilles. *Transactions and Proceedings of the American Philosophical Association*. v.87. 1956.
PEIERLS, R. *Bird of Passage*. Princeton University Press, 1985.
PERNOUD, G.; FLEISSIER, S. *The French Revolution*. Nova York, 1960.
PIAGET, J. *The construction of reality in the child*. Nova York, 1954.
PICKERING, A. *Constructing Quarks*. Chicago, 1985.

PLANK. *Vorträge und Erinnerungen.* Darmstadt, 1969.
POLANYI, M. *Personal Knowledge.* London, 1958.
POLANYI, M. *The Tacit Dimension.* Garden City, Nova York, 1966.
POPPER, K. *The Open Society and its Enemies.* v.1. Nova York, 1963.
POPPER, K. *The Open Society and its Enemies.* v.2. Nova York, 1966.
POPPER, K. *Objective Knowledge.* Oxford, 1972.
POPPER, K. *Auf der Such nach einer besseren Welt.* Munich, 1984.
POPPER, K. Realism and the Aim of Science. *The Logic of Scientific Discovery.* v.1. S.n.t.
POPPER, K. Quantum Theory and the Schism in Physics. *The Logic of Scientific Discovery.* v.3. S.n.t.
PRIGOGINE, I. *From Being to Becoming.* Nova York, 1977.
PRIMAS, H. *Chemistry, Quantum Theory and Reductionism.* Nova York, 1982.
PUTNAM, H. *Reason, Truth and History.* Cambridge, 1981.
RAHNEMA, M. *From "Aid" to "Aids"* – a Look at the Other Side of Development. Stanford, 1984 [1983]. (manuscrito não publicado)
RAHNEMA, M. *Education for Exclusion or Participation?* Stanford, 1985. (manuscrito)
REISER, S. J. *Medicine and the Reign of Technology.* Cambridge, 1978.
RENFREW, C. *Before Civilization.* Cambridge, 1979.
RHODES, R. *The Making of the Atomic Bomb.* Nova York, 1986.
RIEGL, A. *Spätrömische Kunstindustrie.* S.n.t.
RONCHI, V. *Optics, the Science of Vision.* S.n.t.
ROSEN, E. (Org.). *Three Copernican Treatises.* Nova York, 1959.
ROSENFELD. In: ROZENTHAL, S. (Org.). *Niels Bohr, His Life and Work as Seen by his Friends.* Nova York, 1967.
ROUZÉ, M. *Robert Oppenheimer.* Nova York, 1965.
RUDWICK, M. J. S. *The Great Deconian Controversy.* University of Chicago Press, 1985.
RYAN; SCHWARZ. Speed of Perception as a Function of Mode of Representation. *American Journal of Psychology.* v.69. 1956.
SACKS, O. *The Man Who Mistook his Wife for a Hat.* Nova York, 1987.
SANTILLANA, G. de; DECHEND, H. von. *Hamlet's Mill.* Boston, 1969 [1965].
SANTO AGOSTINHO. *City of God.* Nova York: Modern Library, 1950.
SCHAEFER, H. *Principles of Egyptian Art.* S.n.t.
SCHILPP, P. A. (Org.). *Albert Einstein, Philosopher-Scientist.* Evanston, 1949.
SCHÖNE. *Über das Licht in der Malerei.* Berlin, 1954.
SEELIG, C. *Albert Einstein.* Zürich, 1954.

SHANKLAND, R. S. Conversations with Albert Einstein. *Am. J. Phys.*, v.31, p.55, 1963.
SHRYOCK, R. H. *The Development of Modern Medicine*. University of Wisconsin Press, Madison, Wisconsin, 1979 (1936).
SINGER, C.; HOLMYARD, E. J.; HALL, A. R. (Orgs.). *A History of Technology*, v.1 e 2. Oxford, 1954; 1956.
SKINNER, B. F. *Beyond Freedom and Dignity*. Nova York, 1971.
SMITH, C. S. *From Art to Science*. MIT Press, 1980.
SMITH, C. S. *A Search for Structure*. Cambridge, 1981.
SMITH, C. S. *Isis*. v.76. 1985. S.n.t.
SMITH-BOWEN, E. *Return to Laughter*. London, 1954.
SNELL, B. *Ausdrücke für den Begriff des Wissens in der vorplatonischen Philosophie*. Berlin, 1924.
SNELL, B. *The Discovery of Mind*. 1962 [Nova York, 1960].
SNELL, B. *Gesammelte Schriften*. Göttingen, 1966.
SNELL, B. *Die Entdeckung des Geistes*. Göttingen, 1975.
SNELL, B. et al. *Lexikon des Frühgriechischen Epos*. Götingen, 1971.
SNOW, C. P. *The two Cultures and the Scientific Revolution*. Cambridge, 1959.
SPENCER, J. R. *Leon Battista Alberti on Painting*. New Haven/London, 1966 [1956].
SPERRY, R. *Science and Moral Priority*. Nova York, Westport, Conn, 1985.
SPINK, W. W. *Infectious Diseases*. Minneapolis, 1978.
STARR, P. *The Social Transformation of American Medicine*. Nova York, 1982.
STORRY, R. *A History of Modern Japan*. Harmondsworth, 1982.
SZABO, A. *Anfänge der Griechischen Mathematik*. Budapest, 1969.
TALBOT, H. F. *Some Account of the Art of Photographic Drawing*. London, 1893.
TEMKIN, O. *The Double Face of Janus*. Baltimore: John Hopkins University Press, 1977.
THOMAS, L. *The Youngest Science*. Nova York, 1983.
THOMAS, L.; MEDAWAR, P. *The London Review of Books*. 12 fevereiro-2 março 1983.
THOMPSON, E. P. et al. (Orgs.). *Exterminism and Cold War*. London, 1982.
TURNBULL, C. M. The Lesson of the Pygmies. *Scientific American*, 208, 1, 1963.
VALENSTEIN, E. S. *Great and Desperate Cures*. Nova York, 1986.
VALENSTEIN, E. S. *Science Awakening*. Nova York, 1963.
Van der WAERDEN, B. L. *Geometry and Algebra in Ancient Civilizations*. Nova York, 1983.

VASARI. *Lives of the Artists*. Penguin Classics
VEITH, I. (Org.). *The Yellow Emperor's Classic of Internal Medicine*. Berkeley/ Los Angeles, 1966.
VOEGELIN, E. Order and History. *Israel and Revelation*. Louisiana State University Press. v.1. 1956.
VOIGTLÄNDER, H.-D. *Der Philosoph und die Vielen*. Wiesbaden, 1980.
Von FRITZ, K. Nous, Noein and their Derivatives in Presocratic Philosophy. *Classical Philology*, v.40, 1945; v.41, 1946.
Von FRITZ, K. *Philosophie und Sprachlicher Ausdruck bei Demokrit Platon and Aristoteles*. Neudruck Darmstadt, 1966.
Von FRITZ, K. Protágoras. *Shriften zur Griechischen Logik*. v.1, Stuttgart, 1978.
Von HALLER, A. *Über den Ursprung des Übels*. v.2. Ed. 1750.
Von HAYEK, F. A. *Missbrauch und Verfall der Vermunft*. Salzburg, 1979.
Von SENDEN, M. *Space and Ligth*. London, 1960.
Von SODEN, W. *Leistung und Grenzen Sumerisch Babylonischer Wissenschaft*. Darmstadt, 1965. (reimpresso)
WAGNER. *Aristoteles Physikvorlesung*. Darmstadt, 1974.
WATTS, M. *Silent Violence*. Berkeley/Los Angeles, 1983.
WEBSTER, T. B. L. *From Mycenae to Homer*. Nova York, 1964.
WEBSTER, T. B. L. *Athenian Culture and Society*. University of California Press, 1973.
WEHRL, F. *Hauptrichtungen des Griechischen Denkens*. Stuttgart-Zürich, 1964.
WEIZSAECKER, C. F. von. *History of Nature*. Nova York, 1964.
WESTFALL, R. S. *Science and Religion in Seventeenth Century England*. Ann Arbor Paperbacks, 1973.
WEYL, H. *Das Kontinuum*. Leipzig, 1919a.
WEYL, H. Über die neue Grundlagenkrise der Mathematic. *Math. Zs.*, v.10, p.42, 1919b.
WHEATON, B. *The Photoelectric Effect and the Origin of the Quantum Theory of Free Radiation*. Berkeley, 1971.
WHEELER, J. A.; ZUREK, W. H. *Quantum Theory and Measurement*. Princeton, 1983.
WHORF, B. L. *Language, Thought and Reality*. MIT Press, 1956.
WILAMOWITZ-MOLLENDORF, U. von. *Der Glaube der Hellenen 1*. Darmstadt, 1955.
WILSON, E. O. *On Human Nature*. Harvard University Press, Cambridge, 1978.
WITT; WITT. *Relativity, Groups and Topology*. Nova York, 1964.

Índice remissivo

A
abstração, 22, 82, 150, 170, 200, 240-3, 251n.28, 296
Agamenon, 69, 319
Agassi, 370-1
Agostinho, Santo, 173-5, 321
Alberti, Leon, 156, 179, 183
Alcaeus, 113
Alfieri, V. E., 63n.25
Altamira, Rafael, 52n.21
Améry, Jean, 125
Anaxágoras, 84-5, 143n.19, 293
Anaximandro, 82, 120, 199, 301
Anaxímenes, 120
Andersson, Gunnar, 339, 341
Antífono, 273
antropologia, 145-6, 227
aproximação (na teoria científica), 108, 151, 166
armas nucleares, 11n.5, 32n.1, 223, 368, 372
arte, as artes, 7-8, 15, 22-3, 28, 31, 44, 48-9, 56, 60, 107, 112, 130-1n.5, 134n.8, 143, 155-9, 167, 173-80, 183-7, 198-200, 222-3, 226-7, 322-3, 325, 327-31, 335, 337, 349, 351, 375
  como criação, 22, 158-169, 174-6, 180, 349
  como imitação, 155-8
astronomia, 22, 49n.19, 70, 81-2n.32, 144n.21, 158, 176n.1, 200, 206-7, 214, 297, 302n.2, 304, 337, 342, 351
Ateneu, 114-5

B
Bacon, Francis, 158
Baker, Russell, 331
Bakunin, 9n.2, 30n.3
Barrow, J. D., 206
Bay, Christian, 51
Baynes, B., 145n.23
Beck, L. W., 19
Bell, Daniel, 30n.3, 223
Bellarmino, R., 24, 213-4, 298, 300-10, 313
Berkeley, George, 187, 206, 213, 265, 334, 375

Besso, Michele, 232n.1, 234n.6, 236n.11, 242n.19, 249n.23, 255n.32, 257n.34
biologia, 43, 48n.18, 76, 93, 201, 207, 227, 335, 340
  molecular, 8, 22, 67, 93, 135, 151, 300, 350
Black, Max, 243
Blacker, Carmen, 106n.49
Blixen, Karen, 14, 28n.1
Blumenberg, Hans, 317
Bodley, John H., 10n.3, 353
Bohm, David, 220-1, 340
Bohman, I., 145n.23
Bohr, Niels, 24, 31, 48n.18, 185, 210, 214-21, 224, 226, 229, 260, 261n.41, 299, 306, 335-6, 338
Boltzmann, 47, 222-5, 313, 335, 338
Bondi, Hermann, 228, 304n.3
Born, Max, 177n.2, 234n.6, 236n.10
Borrini, Grazia, 10n.3, 26, 377
Breasted, J. Henry, 13, 27
Brecht, B., 139
Broad, W., 31-2n.4
Bruce, 235
Brunelleschi, 223
Bruno, Giordano, 133, 191
Bryson, 272-3
Burkhardt, J., 70

C
Calogero, Guido, 116, 121
Calvino, 30-1
Cambises, 55, 201
Carirns, J. C., 137n.12
Carnap, R., 336, 344
cartesianismo, 189n.5. *Ver também* Descartes, René
Cartwright, Nancy, 151n.28
Castelli, 297
CERN, 223
Chadwick, J., 133n.7
Chew, 215
Childe, V. G., 86n.35

Chomsky, Noam, 9n.2, 30n.3
Cícero, 199
ciência, natureza e métodos da, 8, 15-20, 22-7, 29-51, 75-8, 109-12, 123-26, 134-6, 139-42, 144-53, 221-29, 232-40, 244-61, 298-300, 302-14, 321-3, 330-1, 333-361
  a visão da ciência de Popper, 196-8, 203-15
  como ideologia, 8, 24-5, 47-51, 106-7, 310-1, 330-1
  como imitação, 157-8
  do século XIX, 110, 152-3, 224-8
  e criação, 158-9, 166-7, 170-7
  e política, 50-4
  e progresso, 34-50
ciências sociais, 22, 131, 227, 358
Cimabue, 175
Círculo de Viena, 23, 227, 247, 335
círculo popperiano, popperianos, 101, 215, 221, 371
Clagett, Marshall, 317
Clarke, 207
classificação, 297. *Ver também* indução
Clístenes, 20, 82
Cohen, M., 44
conceitos, conceitualização, 12, 21, 36, 43, 64, 81, 83-4, 86, 88-90, 93, 103, 109, 118-9, 138, 140-3n.18, 147, 159-64, 166, 168-9, 190, 201-2, 210, 220, 233, 241-2n.19, 245-52, 255, 282, 301, 308, 315-7, 319-20, 322, 346, 350, 356-7
conhecimento, 9-10, 16-24, 30-5, 37-40, 42-3, 46-9, 62-3, 69-71, 73, 76-8n.31, 84-97, 99-100, 102-3, 105-110, 116, 120, 122, 127-43, 157-63, 175, 180, 185, 187-90, 193, 204-5, 224-6, 252-5, 260-1, 334-6, 349-50
  "especializado", 24, 34-7, 53-4, 58-63, 67, 70, 69-76, 308-9
  banalizando o, 195-229

formas de, 38, 91, 136-40, 145, 198, 200, 296-309, 364-5
instintivo, 164-66, 199-200, 239-40, 254-5
prático/empírico, 85, 87, 153, 157, 199-200
contexto de descoberta, 135
contexto de justificação, 135
continuum, linear, 24, 263, 290
Copérnico, 93n.41, 176, 189, 206, 213, 252, 297, 306-8, 333, 340, 345, 370
Cornford, E. M., 119
criatividade, 23, 155-71, 209
cultura, 8, 29-32, 312-3, 325-32, 353
  dependência cultural da teoria, 99-110, 143-53
  grega, 109
  intercâmbio cultural, 79, 105, 107, 325
  oportunismo/relativismo cultural, 13, 83
  uniformidade cultural, 8-26, 323-32, 353, 368-70, 371-3
  variedade cultural/pluralismo, 13-6, 20, 27, 29, 50, 83-4, 325-32

D
Dalton, 87
Darwin, Charles, 225
de Santillana, Giorgio, 49n.19, 137n.11
de Selincourt, Aubrey, 54
de Solla Price, Derek, 206
de Witt, Hugh, 31-2n.4, 345
Delbrück, Max, 48n.18
democracia(s), 50-1, 54, 66, 71, 73, 78, 104, 141, 189, 191, 196, 215, 311-2, 357, 361, 372
Demócrito, 63, 85, 87, 143n.19, 275, 313
Denbigh, 228
Descartes, René, 134n.8, 141, 176, 206

desenvolvimento, ajuda desenvolvimentista, 34-8n.12, 48-9, 111, 122-3, 196-7, 354-5, 368-70
Dewhurst, K., 138n.14
Dijksterhuis, 153
Dinesen, Isak, 14, 28n.1
Diógenes Laércio, 116
Dirac, P., 215-6, 253
Dolgoff, Sam, 30n.3
Dover, K.L., 122, 136n.9
Drake, Stillman, 281n;3, 282n.4
Drake-Drabkin, 271
Drell, Sydney, 11n.5
Duerr, Hans, Peter, 137n.11, 333, 373
Duhem, P., 224-5, 228n.3, 249n.23-4, 316, 335, 346, 348, 351
Duponceau, 128n.1
Dyson, 223

E
ecologia, 351
Eddington, A.S., 17, 48n.18, 234n.5
Edelman, Marek, 132
Ehrenberg, V., 60, 63n.26
Ehrenburg, Ilya, 94n.42, 131-2n.6
Ehrenfest, 306
Ehrenhaft, Felix, 93-4n.42, 376
Ehrenzweig, Anton, 130-1n.5, 182
Einstein, Albert, 17, 24, 76-7, 93, 159-61, 165-6, 169, 177, 196, 206, 210, 212-3, 215, 217-8, 223, 226, 228-9, 231-8, 241-4, 246, 247n.22, 248-60, 300, 306, 308, 313, 335-8, 355
Eisenstein, S., 94-5n.42
Eliade, Mircea, 21, 116
Elkana, 236n.10, 253n.29
Emerton, Norma E., 87, 94n.42
Empédocles, 64, 84-6, 141, 143n.19, 350
Eötvös, 234n.5
Escola de Copenhagen, 218, 221

escrever, intercâmbio escrito, 86-7, 133-36
esquemas classificatórios, 89-90, 120, 122, 136-7, 142, 207-9, 239, 371
Ésquilo, 73-5, 89, 116, 121, 139n.15, 142, 157n.5, 192
Euclides, 274, 277, 292
Eudemo, 277
Euler, 238n.14
Eurípedes, 73, 157
Evans-Pritchard, E. E., 14-5, 92-3, 129, 318-9
experiência sensorial, 15, 92, 160, 213, 246-7. Ver também percepção
experimento, 17-8, 31-2n.4, 33, 39, 75, 164-6, 176, 198, 204, 207, 209-10, 213-4, 232-4, 236-9, 242-3, 254-5, 259-60, 290, 306, 345, 347-8, 350. Ver também conhecimento, prático/empírico

F
falsificação, falsificabilidade, 24, 195, 203-15, 227-8, 339, 341, 346
Faraday, 238n.14
Farinelli, 142
Ferber, Rafael, 263n.1, 292
Fermi, 47
Feyerabend, Barbara, 349
Feyerabend, Paul, 191, 314-5, 373
Feynman, 223
filosofia (e filósofos), 7, 12, 15-6, 20-6, 35, 38-9n.12, 48, 50, 57, 63-4, 71, 75, 78-9, 82-6, 89, 95-6, 99-108, 110, 112, 115, 120-3, 125, 134-6, 141-7, 152-3, 156, 163-4, 169-170, 175, 184-7, 191, 195, 198-202, 206, 212, 214, 218, 220-4, 226-7, 232, 238, 249-50, 252, 257, 261-2, 269, 280, 296-8, 300-4, 306, 310-5, 320, 323, 325-9, 333, 335-7, 339, 341, 349-50, 352, 358, 360, 364-5, 371, 377

na Grécia clássica, 69-70, 82, 83n.34, 91, 146n.24, 360
progresso, 184-7, 190-1
Fischer, Michael, 145n.23
Fischer, Peter, 48n.18, 94n.42, 137n.12
física, 8, 22-3, 39, 43, 67, 76-7, 81-2n.32, 87-8, 91, 100, 123, 135, 149, 158-9, 161, 170, 176, 188, 200, 207, 214, 216, 223, 225-8, 231-4n.6, 238n.14, 242n.18, 249n.25, 255n.33, 259, 263-4, 267-9, 280, 290, 299-300, 302, 304n.3, 306-7, 314, 316, 323, 335, 337, 350, 376-8
Fleck, 227, 317, 335
Fleissier, Sabine, 94n.42
Forrest, E. G., 82n.33
Foscarini, Paolo Antonio, 24, 213, 298
Foucault, M., 102
Fox-Keller, E., 94n.42
Fränkel, Hermann, 113
French, A. P., 247n.22
freudianos, 72n.29
Fukuzawa, 106

G
Galbraith, Kenneth, 9n.2, 30n.3
Galen, 145n.22
Galileu, 24, 47, 132-4n.8, 141, 188, 190, 207, 214, 239, 241, 243, 252, 255, 269, 271, 273, 280-3, 286, 290, 295-314, 316, 321-3, 338-46, 348
Gardner, Martin, 214
Garfield, Eugene, 193
Geertz, Clifford, 149n.27
Gelb, I. G., 133n.7
Gell-Mann, 76
Genghis Khan, 13
Ghiberti, 223
Gibbs, J. W., 212
Gilbert, 252

Giotto, 175, 179, 223, 330
Goethe, 248
Gold, 304n.3
Górgias, 65, 87-8
Gould, S., 94n.42
Grabar, André, 181
Grant, R.M., 81-2n.32
Grünbaum, 231n.
Guericke, 207, 269
Guthrie, W. K. C., 21, 56, 58n.23, 116

H
Habermas, Jürgen, 8, 38n.12
Hacking, Ian, 348, 351
Haken, H., 48n.18
Hall, A. R., 86n.35
Hamilton, 238n.14
Hanke, Lewis, 52n.21
Hanson, 216
Harvey, 308
Haydn, 331
Hecateus, 82, 199
Heer, Friedrich, 366
Hegel, G. W. F., 185, 336
Heggie, D. C., 137n.11
Heilbron, J. L., 340
Heinimann, Felix, 63n.24
Heisenberg, Elisabeth, 214, 217-8, 224, 228
Heráclito, 64n.27, 82, 141
hermenêutica, 135
Heródoto, 21, 54-7, 75-6, 86, 89, 92, 98, 120-1, 139, 141-2, 198-9, 201-2, 223, 350, 360
Hertz, H., 212, 224n.2, 238n.14
Hesíodo, 83, 115, 121-2, 176
Heyneman, Donald, 10
histórias, contar histórias, 23, 48n.18, 82-3, 112-3, 116-7, 131, 137-40, 144, 147, 158, 180, 182, 317, 322, 334, 352, 375
Hitler, A., 125, 142
Hochberg, Julian, 182

Holmyard, E. J., 86n.35
Holton, G., 94n.42, 232n.1, 234n.5, 236n.10-1, 237-8, 242n.19, 253n.29-30
Homero, a epopeia homérica, 63n.26, 82, 102, 112, 114-6, 118-21, 137, 163, 167, 170, 198, 201, 301, 318, 323, 327
Hoyle, Fred, 17, 48n.18, 304n.3
Hubble, E. P., 17
humanidades, 7-8n.1, 22, 35, 90, 112, 145, 186, 200, 329, 337, 351
Humbold, 128n.1
Hume, David, 97n.44, 187, 214, 236n.10
Huntington, E. V., 289
Husserl, Edmund, 326, 329

I
idealismo transcendental, 22
Igreja, a, 24, 104, 296-7, 300-5, 308-10, 312-4, 371
Illich, I., 11n.4
Iluminismo, 19, 27, 100, 106, 125, 138, 201, 215, 223, 361, 374, 376
imitação, 155-8. *Ver também* mímese
incomensurabilidade, 24, 102, 188, 190, 203, 276-7, 315-23, 349
indução, 22, 165, 168, 200, 207, 213, 227, 239-40
instinto, princípios instintivos, 165-6, 200, 213, 232, 236n.10, 240, 249, 252-6. *Ver também* conhecimento, instintivo; intuição
intuição, 62, 94, 159, 234, 240, 252-3, 275, 278
irracionalismo, irracionalidade, 17-8, 31-2n.4, 34, 221, 223, 253, 300, 328
Itagaki, R., 237n.13

J
Jacob, François, 10-1
Jammer, 219

Jantsch, 13
Johnson, Presidente Lyndon, 377
Jones, W. H. S., 60
Jones, W. T., 8n.1

K
Kahn, Charles H., 58n.23, 63n.24
Kamin, L. J., 37, 94n.42
Kant, Immanuel, 19, 49-59n.20, 52n.21, 257, 336
Kapitza, Piotr, 46n.16
Kapp, E., 64n.27
Katz, D., 130n.5
Kaufmann, Yehezkel, 81n.32, 306
Kekes, 356-7
Kepler, J., 144, 206, 252, 307, 341-3
Kesler, 325
Keyes, Evelyn, 331
Kierkegaard, Sören, 40, 184-5
Klein, Martin, 258n.36
Kokoschka, O., 131, 183
Kolata, Gina, 193
König, Cardeal, 308
Körtge, Noretta, 357
Kuhn, T., 102, 188, 205, 212, 227, 317, 321, 325, 333, 335-6

L
Lakatos, Imre, 16n.6, 95n.42, 228n.3, 280, 336, 341, 376, 378
Lao Tsé, 77
Laplace, 205
Latham, R. G., 138n.14
lei (códigos civis e jurídicos), 132-6, 296-7, 309, 327-8
   leis da natureza, 7, 11, 47-8, 66-8, 108-9, 117-20, 148-52, 250-1n.27, 254n.31, 339-40, 347
   leis de moralidade, 7, 12
   leis lógicas, 338
   leis sociais, 52, 56-62, 73-7, 100-2, 120-1, 124-5, 296
Lenard, Philippe, 209, 228
Lepenies, W., 131n.5

Lessing, G. E., 139, 251n.27, 261n.42
Leucipo, 85, 143n.19, 208-9
Levins, R., 96n.42
Lévi-Strauss, C., 49n.19, 129n.2, 136n.10, 354
Lewontin, R. C., 37, 94n.42, 96n.43, 189n.5
liberdade, 18, 20, 25, 32, 50-2n.21, 54, 68, 71-2, 87n.32, 149, 228-9, 297, 331, 338-9
Lifton, Robert Jay, 31n.4
linguagem, 13, 15, 24, 66, 107, 123-4, 130, 157, 179, 198, 202-4, 280, 297, 317, 319, 321, 323, 332, 345, 347, 350, 365-6
   e tradução, 136, 238n.15, 316-8, 347
Liouville, 212, 258n.36
listas. *Ver* esquemas classificatórios
Lloyd, G. E. R., 148n.25
Locke, John, 138n.14
Lorentz, H. A., 206, 235, 299, 306
Lorenz, Konrad, 48n.18, 49n.20, 162, 170, 250
Los Alamos, 223
Lovejoy, A., 101n.46
Luria, R. A., 140n.16
Luria, S. E., 46, 132, 135
Lutero, Martinho, 107, 365
Lyotard, J. F., 9n.2
Lysenko, T., 191-2

M
Mach, E., 17, 23-4, 151, 164-6, 170, 187, 200, 211, 212-4, 225-6, 228n.3, 231-62, 335-8, 376
Mach, L., 24
Macham, Tibor, 358-60, 363
Maier, Anneliese, 316
Mandela, N., 20
Manzoni, A., 132
Marcus, G. E., 145n.23
Margenau, 228

ÍNDICE REMISSIVO

Marshack, Alexander, 49n.19, 137n.11
Marx, Karl, 365
marxismo, 18, 54, 72n.29, 125, 327, 360, 362, 366
Mästlin, 299, 307
matemática (e matemáticos), 64, 70, 84n.34, 90, 108, 128, 135-7n.11, 144-5, 147n.25, 150, 152, 162, 189, 193, 200-1, 225, 237, 250, 263-94, 297-8, 300, 304, 351
Maturana, 13, 17
Maxwell, C., 108, 151, 209-10, 212, 234, 237-8n.14, 325, 351
McCarthy, T., 145n.23
McClintock, B., 93-4n.42
mecânica clássica, 151, 160, 187-8, 322
Medawar, Peter, 42, 45, 49n.20, 148, 228n.3
medicina (e teoria/história médica), 22, 33, 36n.9, 41-4, 49n.19, 53-4, 59-60, 64n.27, 70, 81-2n.32, 85-7, 94, 108, 114, 138n.14, 144-5, 255-6n.33, 303-4, 350-1, 361, 378
Meehan, R., 73n.30
Meehl, Paul E., 94n.42
Mersenne, M., 134n.8
Michelson, A. A., 210, 235, 306
Michelson-Morley, experimento, 165, 234
Mill, J.S., 44-5, 47, 50, 75, 214, 321, 335
Miller, Arthur, 236-7
Millikan, 93-4n.42, 210
Milosz, Czeslaw, 123-5
mímese, 155-6
monismo, 92, 244-5, 347
Monod, 7
Montaigne, H., 27, 96, 201, 223
Morgan, T. H., 93-4n.42
Moser, J., 48n.18
Mozart, 331
Müller, Werner, 128n.1

Musgrave, A., 351

N
Nandi, Ashis, 31-2n.4
narrativa. *Ver* histórias, contar histórias
Needham, Joseph, 33n.5, 49n.19-20, 108
neokantismo, 236n.10
neopositivismo, 227, 335
Nestroy, 142
Neugebauer, O., 144n.21
Neurath, 228n.3, 341, 344
Newhall, Beaumont, 157n.4
Newton, I., 81-2n.32, 134n.8, 176-7n.2, 205-7, 220, 223, 237, 241, 257, 299, 302, 307-8, 322-3, 355
Nussbaum, M. C., 139n.15

O
O'Malley, C.D., 33n.5
objetividade, 12, 15-7, 22, 30n.2, 33, 37, 67, 71, 75, 77, 91, 99-100, 103-4, 130, 179, 311, 314, 350, 353, 355, 358, 365
objetivismo, 13, 18, 66, 75, 96, 106, 309
Ockham, 334
Oldenburg, H., 134n.8
oportunismo, 13, 28, 47, 83n.34, 106, 310, 313. *Ver também* relativismo prático
Oppenheimer, Robert, 31n.4
Owen, G. E. L., 286

P
Page, D., 133n.7
Panofsky, E., 156n.1, 349
Pappus, 277
Parmênides, 63, 65, 82-4, 87-8, 92, 141-3, 146-8, 158, 162, 186, 192, 208-9, 211, 277, 286-7, 293-4n.5, 301
Parry, A., 320

Pauli, W., 218
Pauling, L., 306
Paulo, São, 81
Pavlov, 45n.15
Peierls, R., 11n.5
percepção, 17, 64-65, 76, 103, 130,
    138n.14, 153, 157, 170, 181-2,
    201, 248, 319, 345
    e representação, 179-186
Péricles, 60, 71-4
Pernoud, G., 94-5n.42
Perry, Comandante, 106
Petzold, 238n.14, 258n.36
Piaget, Jean, 162, 250
Picasso, Pablo, 183
pintura, 86, 133, 140, 156-7, 174-5,
    179-81, 184-5, 342
Pirro, 116
Pitágoras, 7
Pitagorianos, 277
Planck, Max, 166, 210, 234n.6, 250-
    3, 258-9, 306
Platão, 7, 19n.9, 27, 30, 56-9, 61-2,
    64, 70-2, 84, 87n.36, 90, 99,
    101n.47, 125, 133-5, 138n.13,
    139n.15, 141-5, 155, 158-9, 163,
    177, 198, 201, 266, 287, 297, 311,
    313, 327, 365
platonismo, platônicos, 88-9, 122,
    135, 142, 297, 309
Plutarco, 202
Podolsky, 217
Poincaré, H., 48, 206, 306, 351
Polanyi, M., 130n.3, 227, 250, 335
Polignoto, 157
polimatia, 136, 141
Polya, 280
Popper, Karl, 8n.1, 21, 23, 49-
    50n.20, 78n.31, 98-102, 116-7,
    195-229, 335-6, 339, 341, 344,
    346, 355, 370, 375
positivismo, 102, 199, 200, 211-4,
    220, 227-8, 232, 247, 249-51, 253,
    257-8, 260, 335-6, 349

irracional, 246-60
    lógico, 315
Prigogine, I., 13, 48n.18, 308, 340
Primas, Hans, 151n.28
problema mente-corpo, 8, 123, 168,
    187, 224, 351
progresso, 8, 16, 20, 23, 36, 42, 46,
    107, 122-3, 135, 190-3, 253-4,
    261-2, 306, 337-8, 369-70
    na filosofia e na ciência, 173, 184-
    93, 239-46, 254n.31, 285-6,
    313
    "qualitativo" e "quantitativo",
    173-78
Protágoras, 54, 56-8, 61-8, 73-4, 98-
    9, 101, 121, 201, 264, 297, 366
Pseudo João, 181, 183
Psicologia, 39, 94, 100, 145,
    149n.26, 181, 227, 243-4, 253,
    259, 319, 335, 344, 350
    gestalt, 94, 182, 250
Putnam, Hilary, 24, 101-3, 315-23

Q
química, 43, 76, 123, 151, 245

R
racionalidade, 17-8, 23, 25, 32,
    34n.6, 37, 72n.28, 79, 112, 223,
    334, 336, 355, 358
racionalismo, 14, 20, 49-50, 54,
    78n.31, 82, 96, 104-7, 111, 115,
    140, 144-5, 195, 222, 309, 328,
    333, 353, 360
    crítico, 23, 195-203, 228, 341
    dialético, 246-55
    Ver também razão
Rahnema, A., 10n.3, 354
Raleigh, 235
Rand, Ayn, 352
razão, 15, 17-21, 23, 25-6, 34, 71,
    97n.44, 107-8, 111-2, 124-6, 143-
    4, 159, 206, 300-1, 333-78. *Ver
    também* racionalidade

Reagan, Ronald, 329, 331
realismo, 183, 195, 202-3, 209, 211, 214, 220, 250-1n.27, 260, 351. Ver também falsificação, falsificabilidade; realismo científico
realismo científico, 150, 211, 351. Ver também realismo
realismo ótico, 179, 181-3
Reinhardt, 63n.25
Reiser, Stanley Joe, 42, 94n.42
relatividade, teoria geral da, 24, 47, 76-7, 91, 123, 151,160, 165, 177n.3, 187-8, 191, 206-7, 217, 226, 236-7, 256-9, 261-2, 299, 306-7, 322-3, 335, 345
  teoria especial de, 24, 165, 187, 206, 212, 232-3, 236-7, 258
relativismo, 14, 21, cap. 1: *passim*, 121, 123, 146, 185, 202, 333, 349, 356-7
  artístico, 349
  consequências políticas do, 50-4
  democrático, 68-78
  epistêmico, 91-5
  prático, 28-50
relatos dramáticos (papel no conhecimento de), 139
religião, 30-1, 55, 81n.32, 89, 120, 144, 170, 177, 253, 314, 333, 337, 375
  grega, 81n.32, 89n.39, 139n.15, 142
Remígio, 368-70
renascimento, 8, 156, 223, 252, 331
Renfrew, C., 49n.19
Rheticus, 299, 307
Rhodes, Richard, 31n.4, 223n.1
Riegl, Alois, 349
Ronchi, Vasco, 349
Rose, S., 37, 94n.42
Rosen, E., 176n.1, 217, 370
Rosenfeld, Leon, 226
Rosenthal-Schneider, Ilse, 234n.5

Rousseau, J.-J., 365
Rouzé, M., 31n.4, 46n.16
Rudwick, Martin J. S., 140n.16
Russell, Bertrand, 136, 214, 352
Rutherford, H., 306
Ryan, 181

S
sabedoria, 49n.20, 136-8, 144, 310, 313, 332, 363
Sacks, Oliver, 130n.3, 140n.6, 149n.26
Sartre, J.-P., 7
Schachermayr, 21
Schaefer, Heinrich, 349
Schiller, J. C. F. von, 139
Schilpp, 226, 231-3, 249n.33, 258
Schöne, 183
Schopenhauer, A., 374
Schrödinger, 299, 307
Schwarz, 181
Schweber, Sylvan, 216
Seelig, Carl, 234n.6, 255n.31
senso comum, 47, 59, 63-5, 76-7, 80, 84-5, 89, 100, 102, 112, 124, 126, 136, 140-1, 146-7, 153, 156, 162-3, 169-70, 186, 211, 215, 232, 247-8, 253, 274, 286, 323, 339. Ver também conhecimento, prático/ empírico
Serveto, 31
Sexto Empírico, 95, 116
Shankland, 165, 234n.5
Shinoda, 325
Shryock, R. H., 42, 81-2n.32
sinergia, 8
Singer, C., 86n.35
Skinner, B. F., 30n.3
Smith, C. S., 86-7n.36, 94n.42
Smith-Bowen, E., 127
Snell, Bruno, 82n.33, 138n.13, 163n.7, 167, 316, 349
sociologia, 94, 145-6, 296

Sócrates, 19n.9, 59, 73, 89, 122, 133, 136, 142n.18, 360, 374
sofistas, 27, 57, 70, 73, 87-8n.38, 138n.12, 170, 198, 223
Sófocles, 21, 63, 73, 89, 121, 139n.15, 141-2, 157 198, 360
Solovine, Maurice, 247n.22, 249n.23
Sommerfeld, 306
Spencer, J. R., 156n.3
Sperry, Roger, 8n.1, 35-6
Spink, W. W., 36n.9
Spinoza, 176, 297
Stark, 228
Starr, Paul, 42
Stent, G. S., 137n.12, 190
Stevin, Simon, 164-6, 232-4, 236, 252, 255
Suger, Abade de São Denis, 183
Sydenham, Thomas, 138n.14
Szabo, Arpad, 147n.25, 292
Szilard, L., 31n.4

T
Talbot, Henry Fox, 157n.4
tecnologia(s), 8, 10n.3, 20, 31n.4, 33, 40, 42, 49, 87, 105, 111, 146, 152, 159, 198, 223, 316, 325
Temkin, O., 138n.14, 145n.22
teoria, 14-7, 20-4, 34-43, 93-6, 98-100, 121-4, 127-53, 159-62, 187-91, 205-6, 220-1, 247-57, 298-9, 321-3, 334-7, 343-58, 362-4
  e valores, 34-41
  interpretação da, 361-3
  da matemática, 263-94
  de pesquisa, 231-39
  tradições de, 50-5, 142-9, 152-3, 200-204, 296-308, 352-61
  Ver também tradições, teóricas
teoria atômica, atomismo, 43, 87, 176, 189, 205, 208, 212, 232, 245, 313
teoria quântica, 17, 76-7, 91, 93, 123, 151, 177, 189n.5, 195, 210, 215, 226, 258, 260, 266, 270, 299, 306, 308, 321, 338, 340, 345, 351, 375
Terceiro Mundo, 10, 35, 72n.28, 104, 354
termodinâmica, 47, 108, 221, 233, 236-7, 300, 347-8
Thales, 84-5, 90, 120
Thirring, Hans, 376
Thomas, Christian, 42, 310n.8
Thomas, Lewis, 42
Thompson, E. P., 9n.2
Timon de Fleios, 116, 118
Tipler, Frank J., 151n.29
Tolstoi, L., 132
Torricelli, 207
totalitarismo, pensamento totalitário, 125, 190-1, 309
tradições, 50-5, 83-4, 87-8, 90-1, 296-7, 300-3, 362-7
  abstratas, 349-51, 362
  empíricas/históricas, 23, 144-5, 147, 153, 200, 203, 349-51, 362, 378
  teóricas, 24, 144-6, 153, 200, 202-3, 316, 320-1
Truman, Presidente, 38n.11
Tucídides, 60, 141, 350
Turnbull, C. M., 14, 78

U
Unseld, Dr., 373

V
Valenstein, Elliott, 43
valores, 7, 10, 33-5, 37, 39-40, 67, 91, 139, 197, 302-3, 309, 325, 353, 357, 367, 370, 372
van Briessen, Christiane, 364
van Dechend, 49n.19, 137n.11
van der Waerden, B.L., 84n.34, 137n.11
van Soden, W., 136
Varela, 13, 17

Vasari, 175-6, 179, 183-4
Veith, Ilza, 33n.5
Vergani, 325
Vinci, Leonardo da, 156
Voegelin, Eric, 12
Voigtländer, Hans-Dieter, 63, 141n.17, 297
von Brentano, Margherita, 366, 368, 380
von Fritz, Kurt, 58n.23, 63n.24, 64n.27, 82, 163, 276
von Haller, Albrecht, 101
von Hayek, F. A., 10n.3, 67, 87n.37, 200
von Helmholtz, 224
von Humboldt, Alexander, 371
von Neumann, 217
von Senden, M., 182
von Smoluchowsky, 258
von Weizsäcker, Christina, 33
von Weizsäecker, C. F., 48n.18, 376
von Wilamowitz-Möllendorf, N., 127

W
Wagner, H., 267
Watson, J. P., 46, 135
Watts, M., 40n.14
Webster, T. B. L., 89n.39, 114
Wehrli, Fritz, 138n.13
Westfall, R. S., 177n.2
Weyl, H., 24, 190, 289-90
Wheaton, Bruce, 209
Wheeler, J. A., 224
Whitaker, T. A., 341-2, 344
Whitehead, 142
Whittaker, E., 206
Whorf, B. L., 129, 198
Wigner, 340
Wilson, Edward O., 30n.2, 35n.7, 45n.18, 49n.20
Wittgenstein, L., 101, 150, 334-5, 337, 349, 371
Wolters, Gereon, 261-2
Worral, John, 244-8

X
Xenófanes, 21, 55, 82-3, 89, cap.2: *passim*, 141-2, 162, 196, 198, 209

Y
York, James, 193
Yuen Ren Chao, 128n.1

Z
Zeno, 84, 142, 162, 269-70, 275, 279, 291
Zeuxis, 157
Zurek, W. H., 224

SOBRE O LIVRO

Formato: 16 x 23 cm
Mancha: 28 x 44,5 paicas
Tipologia: Horley Old Style 11/15,3
Papel: Off-white 80 g/m² (miolo)
Cartão Supremo 250 g/m² (capa)
1ª edição: 2010

EQUIPE DE REALIZAÇÃO

Edição de Texto
Giuliana Gramani (Copidesque)
Geisa Mathias de Oliveira (Preparação de original)
Thaís Totino Richter e Lucas Puntel Carrasco (Revisão)

Capa
Andrea Yanaguita

Editoração Eletrônica
Studio Lume

Camacorp Visão Gráfica Ltda
Rua Amorim, 122 - Vila Santa Catarina
CEP: 04382-190 - São Paulo - SP
www.visaografica.com.br